KB176039

Be the Solver
신뢰성 분석

문제회피

Be the Solver

신뢰성 분석

송인식 지음

'문제 해결 방법론(PSM)[1]'의 재발견!

오랜 기간 기업의 경영 혁신을 지배해 온 「6시그마」의 핵심은 무엇일까? 필자의 과제 수행 경험과 강의, 멘토링, 바이블 시리즈 집필 등 20년 넘게 연구를 지속해오면서 6시그마를 지배하는 가장 중요한 요소가 무엇인지 깨닫게 되었다. 그것은 바로 **'문제 처리(Problem Handling)', '문제 해결(Problem Solving)', '문제 회피(Problem Avoiding)'**이다. 이에 그동안 유지해 온 타이틀 『6시그마 바이블』 시리즈와 『Quality Bible』 시리즈를 이들 세 영역에 초점을 맞춘 『**Be the Solver**』 시리즈로 통합하고, 관련 내용들의 체계를 재정립한 뒤 개정판을 내놓게 되었다.

기업에서 도입한 경영 혁신의 핵심은 대부분 '문제 처리/문제 해결/문제 회피(이하 '3대 문제 유형')'를 위해 사전 활동으로 '과제 선정'이 요구되고, '3대 문제 유형'을 통해 사후 활동인 '성과 평가'가 이루어진다. 또 '3대 문제 유형'을 책임지고 담당할 '리더'가 정해지고, 그들의 '3대 문제 유형' 능력을 키우기 위해 체계적인 '전문 학습'이 기업으로부터 제공된다. 이들을 하나로 엮으면 다음의 개요도가 완성된다.[2]

---

1) Problem Solving Methodology.
2) 송인식(2016), 『The Solver』, 이담북스, p.38 편집.

상기 개요도에서 화살표로 연결된 내용들은 '용어 정의'를, 아래 밑줄 친 내용들은 '활동(Activity)'을 각각 나타낸다. 기업에는 모든 형태의 문제(공식화될 경우 '과제')들이 존재하고 이들을 해결하기 위해 세계적인 석학들이 다양한 방법론들을 제시했는데, 이같이 문제들을 해결하기 위한 접근법을 통틀어 **'문제 해결 방법론(PSM, Problem Solving Methodology)'**이라고 한다.

필자의 연구에 따르면 앞서 피력한 대로 문제들 유형은 '문제 처리 영역', '문제 해결 영역', 그리고 '문제 회피 영역'으로 나뉜다. '문제 처리 영역'은 '사소한 다수(Trivial Many)'의 문제들이, '문제 해결 영역'은 고질적이고 만성적인 문제들이, 또 '문제 회피 영역'은 연구 개발처럼 '콘셉트 설계(Concept Design)'가 필요한 문제 유형들이 포함된다. '문제 회피(Problem Avoiding)'의 의미는 설계 제품이 아직 고객에게 전달되지 않은 상태에서 '향후 예상되는 문제들을 미리 회피시키기 위해 설계 노력을 강구함'이 담긴 엔지니어 용어이다. 이들 '3대 문제 유형'들과 시리즈에 포함되어 있는 '문제 해결 방법론'을 연결시켜 정리하면 다음과 같다.

[총서]: 문제 해결 역량을 높이기 위한 이론과 전체 시리즈 활용법 소개.
- The Solver → 시리즈 전체를 아우르며 문제 해결 전문가가 되기 위한 가이드라인 제시.

[문제 처리 영역]: '사소한 다수(Trivial Many)'의 문제들이 속함.

- 빠른 해결 방법론 → 전문가 간 협의를 통해 해결할 수 있는 문제에 적합. '실험 계획(DOE, Design of Experiment)'을 위주로 진행되는 과제도 본 방법론에 포함됨(로드맵: 21 – 세부 로드맵).
- 원가 절감 방법론 → 원가 절감형 개발 과제에 적합. 'VE(Value Engineering: 가치공학)'를 로드맵화한 방법론(로드맵: 12 – 세부 로드맵).
- 단순 분석 방법론 → 분석량이 한두 건으로 적고 과제 전체를 5장 정도로 마무리할 수 있는 문제 해결에 적합.
- 즉 실천(개선) 방법론 → 분석 없이 바로 처리되며, 1장으로 완료가 가능한 문제 해결에 적합.
- 실험 계획(DOE) → '요인 설계'와 '강건 설계(다구치 방법)'로 구성됨(로드맵: '빠른 해결 방법론'의 W Phase에서 'P – D – C – A Cycle'로 전개).

[문제 해결 영역]: 고질적이고 만성적인 문제들이 속함.

- 프로세스 개선 방법론 → 분석적 심도가 깊은 문제 해결에 적합(로드맵: 40 – 세부 로드맵).
- 통계적 품질 관리(SQC) → 생산 중 문제 해결 방법론. '통계적 품질 관리'의 핵심 도구인 '관리도'와 '프로세스 능력'을 중심으로 전개.
- 영업 수주 방법론 → 영업 수주 활동에 적합. 영업·마케팅 부문(로드맵: 12 – 세부 로드맵).
- 시리즈에 포함되지 않은 동일 영역의 기존 방법론들 → TPM, TQC, SQC, CEDAC, RCA(Root Cause Analysis) 등.[3]

---

3) TPM(Total Productive Maintenance), TQC(Total Quality Control), SQC(Statistical Quality Control), CEDAC(Cause and Effect Diagram with Additional Cards).

[문제 회피 영역]: '콘셉트 설계(Concept Design)'가 포함된 문제들이 속함.

- 제품 설계 방법론 → 제품의 설계·개발에 적합. 연구 개발(R&D) 부문
  (로드맵: 50 − 세부 로드맵).
- 프로세스 설계 방법론 → 프로세스 설계·개발에 적합. 금융/서비스 부
  문(로드맵: 50 − 세부 로드맵).
- FMEA → 설계의 잠재 문제를 적출해 해결하는 데 쓰임. Design FMEA
  와 Process FMEA로 구성됨. 'DFQ(Design for Quality) Process'로 전개.
- 신뢰성(Reliability) 분석 → 제품의 미래 품질을 확보하기 위해 수명을
  확률적으로 분석·해석하는 데 적합.
- 시리즈에 포함되지 않은 동일 영역의 기존 방법론들 → TRIZ, NPI 등.[4]

다음은 『**Be the Solver**』 시리즈 전체와 개별 주제들의 서명을 나타낸다.

분류	『Be the Solver』 시리즈
총서	The Solver
문제 해결 방법론 (PSM)	[문제 처리 영역] 빠른 해결 방법론, 원가 절감 방법론, 단순 분석 방법론, 즉 실천(개선) 방법론 [문제 해결 영역] 프로세스 개선 방법론, 영업 수주 방법론 [문제 회피 영역] 제품 설계 방법론, 프로세스 설계 방법론
데이터 분석 방법론	확증적 자료 분석(CDA), 탐색적 자료 분석(EDA), R분석(빅 데이터 분석), 정성적 자료 분석(QDA)
혁신 방법론	혁신 운영법, 과제 선정법, 과제 성과 평가법, 문제 해결 역량 향상법
품질 향상 방법론	[문제 처리 영역] 실험 계획(DOE) [문제 해결 영역] 통계적 품질 관리(SQC) − 관리도/프로세스 능력 중심 [문제 회피 영역] FMEA, **신뢰성 분석**

---

4) TRIZ(Teoriya Resheniya Izobretatelskikh Zadach), DFQ Process(Design for Quality Process), NPI(New Product Introduction).

들어가는 말

　연구원 또는 엔지니어들에게 느껴지는 '신뢰성(Reliability)'의 의미는 한마디로 "어렵다!"이다. 뭔가 복잡해 보이고 개념도 와 닿지 않아 탐구할 의지가 있어도 당장 손이 안 간다. 정말 '신뢰성'은 어려운 걸까? 아니면 많은 사람들이 선입견을 갖고 있는 걸까? 정답을 말하기에 앞서 과연 '신뢰성'이 우리 업무에 꼭 필요한 학문인지가 먼저 설명되어야 할 것 같다.

　'신뢰성'은 영어로 'Reliability'이다. '신뢰도'로도 해석하는데 '신뢰도'는 측정해서 값을 얻을 수 있는 '특성'이다. 이 특성 값의 범위는 '0~1'이며, 값의 크기는 '생존 확률'을 의미한다. 즉 최초 시험에 배치된 '아이템'들 중 '신뢰도 = 0'이면 '생존 0%'의 의미가, '신뢰도 = 0.5'이면 '생존 50%', '신뢰도 = 1.0'이면 '생존 100%'를 의미한다. 거꾸로 '1 - 생존 확률'은 '고장 확률'이다. 제품으로 치면 '생존 확률'은 '얼마나 많은 수가 정상 작동하고 있는가?'를 나타내는 지표이므로 '신뢰도'에는 자연스럽게 '시간(T)'이 도입된다. '생존'이 가능한 특정 시간을 정해놓고 그 시점을 기준으로 '처음 시작 아이템 수' 대비 '생존해 있는 아이템 수'의 비율 산정이 가능하다.

　만일 한 기업에서 설계 당시 정한 제품의 '신뢰도'가 '10,000시간에 0.9'이고, 이 수준에 맞춰 생산한 후 판매까지 했다고 가정하자. 그런데 안타깝게도 '6,000시간'에 제품 고장 신고가 폭주한다면 어떻게 될까? '신뢰도 = 0.9'는 고객의 요구 수준이며, '10,000시간'까지 대부분 생존해 있을 걸로 홍보가 되어있고, 고객은 그를 믿고 구매를 결정한 것이므로 기업 입장에선 약속을 못 지킨 셈이다. 따라서 수리나 교체, 환불 등의 비용이 발생할 수밖에 없다. 또 상황에 따라 브랜드 이미지에 큰 손상도 가해진다. 2016년에 발생한 삼성전자의 '갤럭시 노트 7'의 경우 배터리 발화로 초도 물량 250만 대에 대한 전량 리콜이 이루어졌고, 신제품 단종 결정으로 삼성전자 총 손실액이 7조 원대 중반인 것으로 전망했다. 전문가들은 '배터리 폭발'이 소비자에게 각인된 만큼 브랜드 이미지 타격까지 합치면 손실액이 10조 원에 이를 걸로 평가했다. 좀처럼 보기 드문 대형 사고다. 정해진 수명을 다하지 못할 경우 어느 기업에서도 유사 경험을 할 수 있다는 점에서 신뢰성 문제로부터 자유로울 순 없다.

다시 처음의 질문으로 돌아가 '신뢰성이 우리 업무에 꼭 필요한가?'에 대한 답을 해야 할 시점에 이르렀다. 삼성전자의 사례만 보더라도 기업에서 생산하는 모든 제품은 최초 설계 기능을 유지해야 할 '시간적 한계', 즉 '수명'이 약속되어 있고 그를 지켜줘야 할 책임이 있다. 결국 '제품의 신뢰도'는 어느 기업은 고려하고 어느 기업은 고려하지 않아도 될 특성이 아니라 제품을 생산하는 모든 기업이 고민하고 해결해야 할 공통된 핵심 지표이다. 확실히 대응하지 않으면 엄청난 대가를 치를 수 있다는 점을 늘 염두에 둬야 한다.

'신뢰성'이 제품을 생산하는 기업에서 꼭 고민해야 할 주요 학문임에도 왜 연구원 또는 엔지니어들이 탐구에 어려움을 느끼고 제품 신뢰도 향상에 크게 활용하지 못하는 걸까? 그것은 '신뢰성'이 '미래를 예측하는 학문'이기 때문이다. '품질'은 현재 일어나는 비정상 상태를 눈앞에서 목격하므로 바로 해결해야 할 급박한 이유가 생기지만 '신뢰성'은 '시간에 따른 품질'이므로 수명에 이상이 생길 것인지 당장은 알 수가 없다. 또 한 가지 '미래의 품질'에 대한 고민이므로 '예측'의 필요성 때문에 '확률'이란 수학적 처리가 필수이다. '확률'은 기업인들뿐만 아니라 배우는 학생들도 모두 손사래 치는 분야이니 많은 설명이 없더라도 '신뢰성'이 대접 받지 못하는 이유는 충분하다.

그럼 '신뢰성'이 제품을 생산하는 모든 기업에서 필수로 고려해야 할 학문임에도 단지 "어렵다!"란 이유로 손 놓고 있어야 할까? 그래서는 안 된다. 기업에 들어가 담당자들과 신뢰성을 논하면 공통적으로 쉽게 접근하지 못하는 이유가 드러난다. 시중의 신뢰성 서적을 보면 '확률 밀도 함수'부터 쏟아지기 시작해 복잡한 수식들이 난무하는지라 의지가 있어도 처음부터 의욕이 뚝 떨어진다는 것이다. 물론 복잡한 분포와 수학적, 통계적 처리가 많은 것은 사실이나 '어렵다'의 바탕을 가만히 들여다보면 기본 지식을 설명한 자료가 매우 부족하다는 결론에 이른다. 도대체 '확률 밀도 함수'가 무엇이고 어떻게 형성되며, 왜 내 아이템의 수명을 설명하는 방정식이 되는가 말이다! 이와 같은 기본 질문에 답을 주는 자료는 거의 전무하다. 왜냐하면 시중의 모든 서적들은 대학 교수들이 집필한 것들이고, 따라서 그를 참고할 대상자도 대학원 이상의 전공자들이 대부분이기 때문이다. 전공자가 아니면 쉽게 접할 수 없다는 뜻이다. 여기에 신뢰성을 전공하지 않은 많은 연구원·엔지니어들의 애환이 서려 있다.

본 책은 필자가 기업에 들어가 컨설팅을 하면서 느꼈던 앞서 설명된 많은 연구원·엔지니어들의 애환을 해소시키고자 **전체 분량의 약 3분의 1 정도를 '확률 밀도 함수'가 무엇이고 어떻게 형성되는지, 그리고 그들이 왜 내 아이템의 수명을 설명하는지 등 기본 지식을 확고히 하는 데 할애**하였다. 따라서 신뢰성을 전공하지 않은 대다수 연구원·엔지니어들은 본문의 서두부터 한 장씩 읽어나가면 최종적으로 신뢰성 분석 중급 이상의 수준을 확보할 수 있다는 데 확실한 한 표를 던진다.

'신뢰성'은 포기해서도 등한시해서도 안 되는, 제품을 생산하는 기업의 연구원·엔지니어라면 반드시 체득해야 할 중요한 역량들 중 하나이다. 더불어 '신뢰성'과 함께 본 책의 시리즈물인 'FMEA', '통계적 품질 관리(관리도/프로세스 능력 중심)', '실험 계획(DOE)'들까지 섭렵한다면 여러분의 문제 해결 역량은 극대화될 것이며, 제품을 연구하는 문화 역시 크게 바뀔 수 있는 토대가 마련될 것이다. 이에 꾸준히 공부하고 탐구하는 자세를 경주해주길 바란다. 본 책이 그 같은 목적에 일정 부분 일조하리라 확신한다.

저자 송인식

'신뢰성'을 책으로 엮기 위해서는 어떤 내용을 어디까지 설명할 것인지 정하는 문제가 가장 중요하다. 범위도 넓거니와 분류나 세부 사항들에 있어서도 규모가 상당하기 때문이다. 영역 모두를 다루다 보면 깊이가 없어지고, 특정 영역만 다루다 보면 소수 분야 연구원·엔지니어들의 전유물이 될 수 있다. 또 '신뢰성' 하면 '시험(Test) 방법'이 가장 먼저 떠오른다는 엔지니어들도 많으므로 '시험 평가법' 역시 중요한 논제거리다.

그러나 '신뢰성'의 대상은 '제품'이고, 그의 성격은 '시간 차원에서의 품질'이므로 결국 모든 관심과 논리는 '제품의 수명(Life)'에 집중될 수밖에 없다. 따라서 '제품의 수명을 얻는 방법', '얻어진 수명을 분석하는 방법', '분석 결과를 해석하는 방법' 들이 설명의 주를 이루는 게 바람직하고, '수명'을 얻기 위한 다양한 '시험 방법'들은 '신뢰성 운영(Operating)' 측면으로 분리하는 것이 합당하다. 즉, 설비 조작법 개발이나, 표준 절차, 상황에 맞는 결과를 얻기 위한 기술적 연구 등이 해당되며, 이 영역은 본문에 포함되어 있지 않다.

본문은 시험을 통해 얻은 '수명 자료(Life Data)'를 시작점으로 그들을 해석하기 위한 '신뢰성 분석'에 초점을 맞춘다. 이에 다음과 같은 절차와 내용으로 본문을 구성하였다.

「**Ⅰ. 신뢰성(Reliability) 기초**」에서는 신뢰성 분야의 기본이사 기초 지식을 얻는 내용을 포함한다. 세분해 들어가면 '1. 신뢰성의 탄생'은 신뢰성의 태동과 발전 과정에 대해 논하고, '2. 신뢰성 공학과 신뢰성'은 각종 용어들의 정의와 신뢰성과 함께 고려해야 할 다른 분야들에 대해 집중 조명한다. 또 정의에 혼선이 있는 '신뢰성'과 '품질'의 차이점에 대해서도 자세히 설명한다. '3. 신뢰성 기초 이론'은 제품 개발 단계에서의 다양한 신뢰성 기법들과, 개념 정립에 기반이 되는 '욕조 곡선(Bathtub Curve)' 및 기업에서 이루어지는 신뢰성 활동들의 정의, 신뢰성 자료 분석을 위한 절차와 '신뢰성 데이터' 유형, 그리고 앞서 설명된 기본 사항들을 바탕으로 신뢰성 분야의 '기초 통계'로 불리는 '신뢰성 척도(연속형/이산형)'에 대해 원리적 학습이 중점적으로 다루어진다. '4. 확률 밀도 함수의 형성'은 수명 원 자료로부터 '분포 곡선'이 만들어지는 세세한 과정과 '확률 밀도 함수'와 어떻게 연계되는지를 수학적, 원리적으로 설명한다. 또 확정된 '확률 밀도 함수'의 '모수'를 추정하는 방법에 대해서도 충분한 설명과 수학적 과정을 통해 해석한다. 초보자들이 본문을 충분히 마스터한다면 이후 과정들은 응용적 측면에서 다소 쉽게 접할 수 있도록 구성되어 있다. '5. 확률 밀도 함수'는 '수명 자료'를 분석하는 데 필수인 '확률 밀도 함수'들에 대해 설명한다. 여기엔 기존에 자주 접했던 '정규 분포(Normal Distribution)', '로그 정규 분포(Log-normal Distribution)', '와이블 분포(Weibull Distribution)', '지수 분포(Exponential Distribution)' 들이 포함된다. 각 분포들의 '수학적 특징'과 '고장 메커니즘'을 연결한 해석도 매우 차별화된 내용 중 하나이다. '6. 확률지를 이용한 도시적 분석'은 '확률 밀도 함수'를 확실하게 이해시키기 위해 도입하였다. 여기엔 가장 일반적인 '정규 분포'와 '와이블 분포'를 다루고 있으며 분포 함수를 분해해 '확률지'로 적합시키는 과정이 포함된다. 세부 내용으로는 '도시 공식(Plotting Positions Formulae)의 탄생 배경', '정규 분포의 도시적 분석', '와이블 분포의 도시적 분석' 들이 자세하게 소개된다.

「Ⅱ. 신뢰성 자료 분석」은 본격적인 '신뢰성 자료 분석'을 설명한다. 분석법들엔 현업에서 수집되는 다양한 자료 유형들을 구분한 뒤 각 유형별로 적합한 통계적 모형화 방법들이 소개된다. 여기엔 '1. 모수적 분석'으로서 '이산형 수명 자료'를 분석하는 '프로빗 분석(Probit Analysis)', 변수들이 포함된 '수명 자료의 회귀 분석(Regression Analysis)', 수명이 모두 끝난 자료를 대상으로 한 '완전 자료(Complete Data) 분석', 시험이 종료되었지만 여전히 작동 중인 자료가 포함된 '우측 중도 절단 자료(Right-censored Data) 분석', '구간 중도 절단 자료(Interval-censored Data) 분석', 여러 고장들이 포함된 고장 자료인 '다중 고장 모드 자료(Multiple Failure Modes Data) 분석' 들이 자세히 소개된다. 또 '고장 난 아이템이 극히 적거나 없을 때의 분석' 방법도 포함되어 있다. '2. 비모수적 분석'은 '완전 자료/우측 중도 절단 자료 분석'과, '구간(임의) 중도 절단 자료 분석'이 사례와 함께 자세히 소개된다.

「Ⅲ. 수명 시험 계획 수립」은 '수명 자료'를 얻기 위해 시험 전 확인해야 할 '표본 크기(n)', '허용 고장 수(r)', '시험 시간(T)' 들의 추정 방법들을 설명한다. 우선 '1. 수명 시험 계획 수립 기초 이론'에서 '수명 시험 계획' 수립에 필요한 기초 지식인 '생산자 위험 및 소비자 위험'과 'OC－곡선'에 대해 알아본다. '2. 「MIL-HDBK-H108」 시험 계획'에서는 미 국방성 표준인 '「MIL-HDBK-H108」의 본문 구성', '수명 시험 표집 계획(Life Test Sampling Plans)'과 가장 적용 빈도가 높은 '정시 중단 수명 시험 표집 계획 - 비교체 시험/교체 시험'을 설명한다. '3. 통계 패키지를 이용한 시험 계획'에서는 통계 패키지를 통해 좀 더 다양하고 심도 있는 계획 수립 방법을 알아보는데, 여기엔 '신뢰도 실증 시험 설계 계획', '비모수 이항식을 이용한 방법', '모수 이항식을 이용한 방법'과 끝으로 '신뢰도 추정 시험 계획(Reliability Estimation Test Plan)' 들이 포함된다.

독자들은 처음 접하는 내용들에 다소 낯설 수도 있겠으나 새로운 개념이나 용어들은 자세한 정의를 포함시켰으며, 원리들에 대해서는 모든 출처들을 밝히고 있어 스스로 학습할 수 있는 충분한 여건을 마련하였다. 본문 내용을 기반으로 본인들의 신뢰성 역량에 충분한 기초 소양을 확보하기 바란다.

차례

신뢰성(Reliability) 기초

'신뢰성'을 어려워하는 배경에는 기초에 대한 지식이 아예 없거나 부족한 경우가 대부분이다. 예를 들어 분포 곡선이 어떻게 형성되는지 모르는 상태에서 '확률 밀도 함수'가 눈에 잘 들어올 리 만무하다. 본 장에서는 신뢰성 관련 용어 정의부터 확률의 기초, 분포가 '원 수명 자료'로부터 어떻게 형성되고, 그것이 또 어떻게 '확률 밀도 함수'와 연결되는지 자세히 학습한다. 이로부터 독자는 아이템의 '수명 자료 분석'을 위한 충분한 기본 지식을 함양하게 될 것이다.

신뢰성 기초 개요

　　　　　　　　　　본 단원은 이어지는 「Ⅱ. 신뢰성 자료 분석」
을 충분히 이해하기 위해 학습적 바탕이 되는 '신뢰성의 기본적 배경'과, '기
초적인 수학 원리'들을 소개한다.

먼저 '신뢰성의 기본적 배경'은 '1. 신뢰성의 탄생'에서 신뢰성이 언제 어떻
게 생겨났는지를 소상히 밝히고 있으며, '2. 신뢰성 공학과 신뢰성'에서는 용
어 정의 및 신뢰성과 연계된 분야들에 대해, 그리고 제조 부문 기업에서 일상
적으로 다루어지는 '품질(Quality)'과의 관계에 대해서도 자세히 언급한다.

'3. 신뢰성 기초 이론'부터는 약간의 수학적 원리들이 등장하는데, 주로 '신
뢰성 자료'를 분석하기 위해 자주 접하는 용어들, 그중에서도 '신뢰성 척도'들
에 대해 설명한다. 대부분의 신뢰성 입문 초보자들이 거쳐야 할 필수 관문이
자 가장 기초적인 수학적, 통계학적 내용들을 다룬다. 따라서 '3장'을 이해하
지 못하고는 결코 「Ⅱ. 신뢰성 자료 분석」을 이해하지 못할 것이므로 초보자
들은 해당 본문을 정독해주기 바란다.

이어지는 '4. 확률 밀도 함수의 형성'과 '5. 확률 밀도 함수'는 '확률 밀도
함수'를 이해하기 위해 가장 기본적인 '수치 자료'부터 '분포'에 이르기까지의
형성 과정과, 또 분포가 어떻게 수학적 함수와 연결되는지를 하나하나 단계적
이고 짜임새 있게 짚어 본다. 그동안의 필자 경험으로는 연구원·엔지니어들
이 '신뢰성'을 쉽게 자기 것으로 만들지 못하고 꺼리는 밑바닥 배경에는 '확률
밀도 함수'를 정확하게 이해하지 못한 데 있다고 본다. 아마 시중의 신뢰성
관련 서적들과의 가장 큰 차별 점은 본 책이 이 영역을 구체적으로 다루고 있
는 점이다. 참고로, '확률 밀도 함수(pdf, Probability Density Function)'는 「Ⅱ.
신뢰성 자료 분석」 때 직접적으로 활용되어 분석 결과를 유도하는 핵심적인

매개체 역할을 한다.

본 단원의 끝은 '6. 확률지를 이용한 도시적 분석'이다. '분석' 영역에 속하므로 성격상 「II. 신뢰성 자료 분석」 단원에 포함되어야 하나 원리적으로 바로 앞장인 '5. 확률 밀도 함수'를 복습하기 위한 '실습' 역할을 한다. 즉 '확률지'에 특정한 '확률 밀도 함수'가 적합한지 확인하는 과정에서 자연스럽게 해당 '확률 밀도 함수'를 수학적으로 분해하고, 또 분해된 항목들의 의미를 파악하는 내용이 주를 이룬다. 따라서 실제로는 '확률지'의 사용 자체보다 학습 과정을 통해 '확률 밀도 함수'를 확실하게 이해시킬 수 있다는 점에서 본 단원인 「I. 신뢰성 기초」에 포함시켰다.

본 단원에서 어떤 내용을 전달하려는지 충분한 이해가 섰다면 각각의 세부 내용들에 대해 알아보자.

1. '신뢰성'의 탄생

　　　　　　　본문에서 '신뢰성'에 대해 본격적으로 논하기에 앞서 그의 탄생 배경에 대해 알아보자. 한 분야가 태동하기 위해서는 그 이전부터 다양한 환경 변화의 시대적 요청과, 또 생겨날 수밖에 없었던 직접적 동기가 있기 마련이다. 그 과정을 추적함으로써 나에게 '신뢰성'이 왜 필요하고, 무슨 내용을 배워야 하며, 어떤 결과로 이어질지를 이해할 수 있다. 또 주변에서 접하는 수많은 '신뢰성' 관련 정보들의 뿌리 자료를 찾아냄으로써 학습의 바탕으로 삼는 혜안도 얻게 된다. 지식의 '원조'를 찾으면 이후 파생되는 모든 응용 정보들을 쉽게 파악할 수 있다. 이어지는 내용의 출처는 위키피디아(영문판) 및 연관 자료들이며, 이들을 참고해 편집하였다.[5]

　용어 '신뢰성(Reliability)'이 공식적으로 처음 쓰인 시점은 1816년 시인 Coleridge에 의한 것으로 알려져 있다.[6] 제2차 세계대전 이전까지만 해도 모든 과학 분야에서 이루어지는 실험은 동일 조건에서 동일한 결과가 반복적으로 얻어져야 했으므로 '신뢰성'은 '반복성(Repeatability)'의 의미로 쓰였다. 그러던 것이 1924년에 미국 벨연구소 소속의 Walter A. Shewart 박사가 프로세스 관리에 '통계'를 사용함으로써 제품의 품질 관리에 획기적인 전기를 마련하였다. 1939년에는 스웨덴 물리학자 와이블(Waloddi Weibull)이 재료의 파괴 강도를 분석할 때 금속 및 복합 재료의 강도나 피로도, 전자 및 기계 부품의 통계적 모형에 '와이블 분포(Weibull Distribution)'를 고안해 활용하였다.[7] **신**

---

5) 전자부품연구원(KETI) 신뢰성 연구센터(http://www.keti.re.kr/reliability/).

6) Saleh, J.H. and Marais, Ken, "Highlights from the Early (and pre-) History of Reliability Engineering", Reliability Engineering and System Safety, Volume 91, Issue 2, February 2006, Pages 249~256.

7) Weibull, W.A., 1939, "A Statistical Theory of the Strength of Materials", Ingeniors Ventenskaps Akademien Ilandlinger, vol. 151, pp.5~45.

뢰성이 '통계'나 '와이블 분포'와 연계된다는 점은 결국 '신뢰성 공학'의 대상은 '제품(Product)'이며, 그 '품질(Quality)'을 높이려는 노력과 맥을 같이 해왔음을 알 수 있다.

1940년대 들어 미국이 제2차 세계대전에 휘말리게 되고, 이를 계기로 '신뢰성'은 미 국방성을 통해 체계화되면서 크게 발전하였다. 초창기 때 군수품에 대한 요구는 임무 수행 시 지정된 기간 동안 잘 작동하기만을 기대하는 수준이었으나, 제2차 세계대전 당시인 1945년 M.A. Miner가 ASME Journal에 발표한 "Cumulative Damage in Fatigue(피로 누적 손상)"처럼 전자 부품들이 안고 있는 고질적 문제들이 세상에 드러나기 시작했다. 예를 들어, 제1차 세계대전 후 영국과 미국에서 비행기의 엔진 수에 따른 비행 임무 완수 정도가 정성적으로 비교되었고, 주어진 기간 동안에 주어진 비행 대수 중 몇 대가 고장 났는지 등의 자료가 수집되어, 1930년대에는 '평균 고장 횟수'나 '평균 고장률' 등으로 비행기의 신뢰도를 표현하게 되었다. 이때의 안전 수준은 '최대 고장률'로 평가되었다. 반면 1940년대에 들어서는 고장 횟수로 "10만 비행시간당 1회 이하"와 같은 명확한 기준이 설정되었다. 이 당시 '신뢰성'이 수면 위로 부상한 직접적 계기가 된 사건은 '진공관'의 잦은 고장이었다. 다음 내용은 '신뢰성'의 태동 배경이 되었던 '진공관(Vacuum Tube)'의 사례를 옮긴 것이다.

'신뢰성'의 시작은 한 개의 진공관으로부터 비롯되었다. 당시는 제2차 세계대전이 한창인 시기였다. 미국은 극동 전략용으로서 남방 기지에 많은 군용 항공기를 배치했으나 극동에 선박으로 수송된 항공기용 전자 기기의 '60%'가 목적지에 도착했을 때 고장을 일으켰으며, 창고에 보관되어있던 기기 및 예비 부품의 '50%'가 사용되기도 전에 사용 불가 상태에 놓이곤 하였다. 또 공군 폭격기용 전자 기기가 '20시간' 동안 無고장이 거의 없었을 정도로 고장 빈도도 높았다. 당시 고장 보고서와 부품 교환 기록에 따르면 무선 통신 기기의 고장 발생은 시간당 '14%'에 이른 것으로 알려져 있다.

이에 그 이유를 조사한 결과 진공관의 고장이 원인인 것으로 판명되었다. 진공관은 항공기의 전자 분야에서 매우 중요한 기능을 담당하고 있었다. 이 결과는 미국 정부의 전쟁 수행 능력에 중대한 문제가 되었음은 말할 나위도 없었고, 결국 정부와 민간이 일체가 되어 긴급하게 대책을 강구하기에 이른다. 진공관이 제조 시점부터 불량 이었다는 보고를 근거로 생산 중 검사를 충분히 강화시킨 뒤 도면대로 완성된 진공관을 극동 쪽으로 다시 보냈다. 그러나 고장은 여전히 계속되었다. 수차례 반복해도 결과는 마찬가지였다. 공장에서 양품이었던 진공관이 출하 후 사용 중, 또는 사용 전에 고장 난다는 사실은 종래의 제조 기술이나 제조 검사의 한계를 넘어서는 또 다른 「무엇인가」의 고려가 더 필요하단 결론에 이르렀다.

「무엇인가」란 바로 '고장을 일으키지 않도록 하는 특성'에 있었으며, 이 특성이 '신뢰성'으로 정의되었다. 신뢰성을 미리 설계에 편성하고 그 도면을 바탕으로 생산하면 고장 없는 좋은 제품이 된다는 것을 확인한 것이다. 결국 고 신뢰성 진공관이 개발되었으며 그를 적용한 이후부터 고장은 상당부분 사라지게 되었다.

[그림 Ⅰ-1] 당시의 진공관

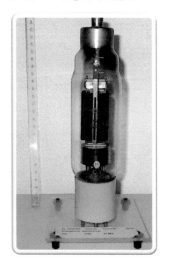

사실 문제 해결 과정은 단순치 않았다. 1943년에 '진공관 개발 위원회(VTDC, Vacuum Tube Development Committee)'가 결성되어 진공관의 전기적 특성뿐 아니라 운송 중 받는 충격, 진동 등 내 환경성 인자를 중시한 규격이 만들어졌다. 1946년에는 이 위원회가 PET(Panel on Electron Tube)로, 1953년에 다시 AGET(Advisory Group on Electron Tube)로 개칭되었다. 1951년부터 53년까지 ARINC(Aeronautical Radio Inc./1946년 설립)에서 미국 3군의 8개 기지에서 사용되고 있는 약 3만 개의 고장 난 진공관을 수집하여 검사하고 분석한 뒤 고장 형태와 그 원인을 밝혀 수명이 긴 고 신뢰성 진공관에 관한 규격을 최초로 발표하였다. 1948년 에는 진공관의 문제 해결을 위해 IEEE에 '신뢰성 협회(the Reliability Society)'가 설립되었고, 같은 해에 진동, 충격에 관한 시험 측정 기술이 진보 하여 전기 관계의 표준을 정하는 국제기관 'IEC'에 의해, 「부품에 대한 기본적 기후와 기계적 내력의 시험 절차(Basic Climate and Mechanical Robustness Testing Procedure for Components)」라고 하는 표준 보고서가 완성되었다.

1950년대부터는 신뢰성 연구 활동이 본격화되었다. 1950년 12월 미 국방성 '연구개발국(RDB, Research and Development Board)'은 가능한 보전 횟수가 적은 신뢰성 높은 기기를 얻기 위한 방법을 제안할 목적으로 전자 기기의 신 뢰성 연구를 위한 비공식 그룹(Ad Hoc Committee)을 만들었는데, 1952년 5 월 다음과 같은 6개 항의 권고안을 발표하였다.

○ 기기 작동과 부품 고장에 관한 보다 정확한 데이터를 얻기 위해 조직적 인 데이터 수집 계획을 수립하고, 그 계획에 따라 규칙적으로 작업하며, 보전을 실시하는 사람들에 의한 적절한 보고 시스템을 확립해야 한다.
○ 높은 신뢰성을 갖는 부품을 개발해야 한다.
○ 기기와 부품에 대하여 양적인 신뢰도 요구를 설정해야 한다.
○ 신규 기기 개발자들에 대한 신뢰성 교육 계획을 수립해야 한다.
○ 신규로 설계, 제조되는 기기는 양산에 들어가기 전에 실험실 또는 현장 시험에 의하여 평가되어야 한다.
○ 부품을 공급하고 있는 하청 업체들을 잘 관리해야 한다.

1952년 8월 미 국방성의 '연구개발국(RDB, Research and Development Board)'은 'Ad Hoc 그룹'이 제출한 권고안을 받아들여 전자 기기의 신뢰성에 관한 자문 그룹인 'AGREE(Advisory Group on Reliability of Electronics Equipment)'를 설치하였다. 이 그룹은 신뢰도 측정법, 규격서 작성법, 수송이나 보관의 문제 등 9개 그룹으로 나뉘어 5년 동안 활동하였고, 1957년 6월에 발표한 보고서 내용에 '신뢰성 공학'의 제 개념들이 정립되어 'MIL-STD'의 근간을 이루며 오늘날까지 신뢰성 규격의 기초가 되었다. 'AGREE'에서는 다음과 같은 세 개의 작업 지침을 권고한 바 있다.

1) 부품의 신뢰성을 향상시킬 것.
2) 공급자를 위해 품질과 신뢰성 요구 사항들을 정립할 것.
3) 시장 데이터를 수집하고 고장의 근본 원인들을 규명할 것.

'AGREE'는 군수품 생산 시작 시 신뢰성 평가법 등 여러 권고들을 문서화 했는데, 여기엔 '58년 「MIL-STD-441」인 "군사 전자 장비의 신뢰성"과 '59년 「MIL-R-26667」인 "신뢰성과 수명 요구 조건, 전자 장비" 등이 있다.

'AGREE'의 활동과 동일한 시기인 1954년 '신뢰성과 품질 관리에 대한 국제 심포지엄(National Symposium on Reliability and Quality Control)'이 미국에서 개최되었고, 2년 뒤인 1956년에 '신뢰성'에 대한 최초의 서적이 출간되었다.[8] 1962년엔 'USAF(Air Force Institute of Technology of the US Air Force)'에서 최초의 '시스템 신뢰성 공학'에 대한 'Master's Degree Program'이 시작되었다. 또 미 해군은 부품의 신뢰성에 관한 연구를 벨 전화 연구소에 위탁하였으며, 이곳에서 통신 산업 분야에서의 제품 신뢰도를 높이기 위한 방

---

8) Henney, K., Lopatin, I., Zimmer, E.T., Adler, L.K., Naresky, J.J., (1956), Reliability Factors for Ground Electronic Equipment, McGraw Hill Book Company, New York.

법들을 발전시켰는데, 이들은 1984년까지 'Bell System'으로 알려졌다. 그러나 전자 부품들에 대한 실험 데이터와 좀 더 정확한 고장률 전환 테이블 등이 추가된 것 외에는 '신뢰도 예측'은 '지수 분포'의 사용, 그리고 1982년 발행된 「MIL-HDBK-217」의 내용에 기초한다. 관련 조항들은 Telcordia, Relex S/W, Isograph S/W 등에서 제작된 'Computer Aided Engineering(CAE) Software Programs'에 응용되었다.

'부품 신뢰성' 연구에 이어 '시스템 신뢰성'의 연구도 이어졌다. 부품이 단독으로 존재하는 경우보다 주변의 다른 부품들과 상호 작용함으로써 나타나는 문제도 신뢰성 측면에서 다루어져야 하기 때문이다. 이에 대해 1958년에는 미국에 '국립 항공 우주국(NASA, National Aeronautics and Space Administration)'이 창설되어 막대한 자금과 종합 기술을 필요로 하는 국가적 우주 개발 프로젝트를 수행하게 되었으며, 이 과정에서 고 신뢰도의 인공위성과 로켓 시스템을 개발하기 위한 시스템 신뢰성 분석, 신뢰도 예측, FMEA, FTA 등 중요한 기법들이 발전하였다.

1960년대 들어서는 부품과 시스템을 대상으로 훨씬 더 강력한 신뢰성 시험이 이루어졌다. 1965년의 「MIL-STD-781」인 "설계 개발, 품질 및 생산을 위한 신뢰성 시험"과, 「MIL-STD-785」인 "시스템 및 장비 개발과 생산을 위한 신뢰성 프로그램"은 신뢰성이 생산(양산)으로 확장되는 계기가 되었다.[9]

1980년대 들어 민간 기업을 중심으로 부품과 제품 신뢰성에 일대 변혁이 일어났다. 예를 들어, 1982년 발행된 「MIL-HDBK-217」인 "전자 장비의 신뢰도 예측"은 국방부에 의해 1995년 민간에 공개되면서 전 산업의 신뢰성 활용에 길잡이가 되었다. 그러나 이 시기부터 텔레비전은 모두 반도체로 구성되었고, 자동차도 다양한 마이크로컴퓨터와 함께 반도체 비중이 높아졌다. 또 대용

---

9) 언급된 MIL Standard의 발행 연도는 "http://standards.globalspec.com/", 또는 "http://quicksearch.dla.mil/"에 기록된 시점임(최초 발행 연도는 기록된 해 이전이 될 수도 있으나 현재로선 공개된 정보만을 참고했음).

량 에어컨 시스템에 쓰이는 전자 컨트롤러와 마이크로웨이브 오븐, 가전 용품 등도 쏟아져 나왔고, 통신 시스템은 기계식 스위칭 시스템에서 전자식으로 바뀌었다. 이로 말미암아 「MIL-HDBK-217」을 적용한 부품의 신뢰성 연구는 점차 줄어들게 되었다. 같은 기간 동안 대부분의 부품 고장률은 이전에 비해 '약 10분의 1'로 줄어들었다.

1990년대에 이르러 IC 개발 속도는 더욱 빨라졌다. 독립형 마이크로컴퓨터 사용이 보편화되었고, PC마켓의 확장은 18개월마다 IC 집적도가 두 배가 된다는 '무어의 법칙(Moor's Law)'을 낳았다. '신뢰성 공학'은 이제 '고장 물리(Physics of Failure)'를 해석하는 쪽으로 큰 변화를 겪고 있다. 부품에 대한 고장률은 계속 떨어지고 있으나 시스템 단계에서의 신뢰성 중요도는 더욱 커지고 있어, 시스템적 사고의 학습이 요구된다. 또 소프트웨어가 시스템 신뢰성에 중요한 요소로 떠올랐다. 소프트웨어는 'CMMI(Capability Maturity Model Integration)'가 개발되어 신뢰성의 정량적 접근이 강화되었다.

국제 표준인 'ISO 9000'은 인증 부문에 설계·개발과 관련한 '신뢰성 척도'를 추가하였다. 인터넷 'World-Wide Web'의 확산은 보안이라는 새로운 도전 과제를 낳았다. 이전 문제들이 아주 적은 수의 신뢰성 정보만을 지닌데 반해, 이제는 인터넷으로부터 상대적으로 확실성은 떨어지나 엄청나게 많은 정보들로 채워지고 있다. 소비자와 관련한 신뢰성 문제들은 데이터가 쌓이고 있고, 실시간으로 온라인상에서 수집되고 분석된다. 나노 기술을 이용해 제작되는 새로운 기술 '미세 전자 기계 시스템(Microelectromechanical Systems)', 즉 'MEMS'나, 들고 다니는 GPS, 단말기 등이 스마트 폰과 결합되어 새로운 신뢰성 문제를 생각해야 할 지경에 이르렀다.

수년에 걸쳐 이루어질 일이 몇 개월 만에 완성될 정도로 제품 개발 기간은 계속 짧아지고, 이것은 개발 프로세스에 신뢰성이 더 밀접하게 관계해야 함을 시사한다. '신뢰성 공학'은 제품의 고장(Failure) 발생 문제를 해결하기 위해

출발한 학문으로, 얼마나 자주 고장이 발생하는가를 척도화한 '고장률'과, 고장까지의 시간(사이클, 횟수, 거리 등)을 척도화한 '수명'이 주요 측정 수단이다. 따라서 고장 발생 빈도를 줄이고 고장 발생까지의 시간을 연장시키는 '**신뢰도 성장(Reliability Growth)**' 활동이 핵심이며, 기업에서 주로 다루어야 할 주된 영역임을 인식해야 한다. 참고로 다음 [표 Ⅰ-1]은 앞서 설명된 신뢰성 역사를 시간대별로 알기 쉽게 요약한 표이다.10) 전체 흐름을 파악하는데 도움이 될 것이다.

[표 Ⅰ-1] 신뢰성의 역사 요약

연도	신뢰성 발전 내용
1939	▪ Waloddi Weibull이 고장률을 모델링하기 위한 '와이블 분포'를 제의[이후 '49, '51, '52, '61, '67(a, b) 추가 발표].
1941~ 1945	▪ 제2차 세계대전 당시 신뢰성의 중요성을 인식: 항공기용 통신 장비 등에서 60~75%의 진공관 고장 발생
1943	▪ 진공관 개발위원회(VTDC) 설치. 이후 '46년 PET, '53년 AGET로 개칭됨. ▪ ARINC에서 3군의 약 3만 개의 진공관을 검사하고, 또 고장 난 진공관을 수집하여 분석한 뒤 고장 형태와 그 원인을 밝혀냄.
1948	▪ 진공관 문제 해결을 위해 IEEE에 '신뢰성 협회(the Reliability Society)'가 설립됨. ▪ IEC에 의해, 「부품에 대한 기본적 기후와 기계적 내력의 시험 절차」라고 하는 표준 보고서가 완성됨.
1950	▪ W. Edwards Deming 교수의 '통계적 품질 관리(SQC)'는 일본 신뢰성 발전의 획기적인 전기를 마련함. ▪ 美 국방성 '연구개발국(RDB)'에서 'Ad Hoc 그룹'이 조직됨.
1952	▪ 미 DOD(국방성)의 특별 위원회 'AGREE(전자 장비의 신뢰성에 대한 자문단)' 설립.
1958 1959	▪ AGREE기 「MIL-STD-441」인 "군사 전자 장비의 신뢰성"과 「MIL-R-26667」인 "신뢰성과 수명 요구 조건, 전자 장비"를 발행함.

---

10) "윤문섭 외 5人 (2008), 「선진국 강소 기업의 신뢰성 발전 과정에 관한 연구」, 한국부품소재산업진흥원, 부품·소재 Paper, Vol.08-1. p.4."를 참고로 일부 편집.

1963	▪ 무기 체계의 신뢰성 예측을 보고하기 위한 「MIL-STD-756」인 "신뢰성 모델링과 예측" 발행.
1965	▪ 「MIL-STD-785」인 "시스템, 장비 개발, 생산을 위한 신뢰성 프로그램"
1982	▪ 「MIL-HDBK-217」인 "전자 장비의 신뢰성 예측"이 발표됨.
1994	▪ Ford社가 생산품과 생산 과정 엔지니어링에 대해 '신뢰성'과 'Robustness 설계 방식'을 통합하는 심포지엄에 신뢰성 전문가들을 초청함.
1995	▪ DOD(국방성)가 「MIL-HDBK-217」 등을 민간에 공개. ▪ '자동차 기술자 협회(SAE)'와 '자동화 산업 활동 그룹(AIAG)'이 '잠재적 고장 모드와 영향 분석(FMEA)'에 대한 규격 발표.
20C 말~21C 초	▪ 컴퓨터의 향상된 엔지니어링 도구로 하드웨어 테스트 필요성이 줄고, 가상 현실 발전으로 견본 제작이 빨라짐. ▪ RAMS(Reliability & Maintainability Symposium)의 발전('54~현재).

지금까지 신뢰성의 역사를 주로 미국에서 일어난 사건의 시각에서 알아보았다. 미국이 주류를 형성한 이유도 있지만 신뢰성과 관련한 각종 국제 표준들도 사실 미국이 주도하는 동일한 흐름 속에서 파생되고 발전해왔음을 부인하기 어렵다. 그러나 '신뢰성 예측 모형(Predictive Reliability Model)'의 기원은 다른 시각에서 보기도 하는데, 「MIL-HDBK-338B, Electronic Reliability Design Handbook」의 서두에 이 분야의 기원을 미국이 아닌 제2차 세계대전 당시 독일에서 이루어진 로켓 개발과 관련됐음을 언급한 것이 그것이다. 관련 내용을 한 출처로부터 옮기면 다음과 같다.[11]

'신뢰성'을 처음으로 깊이 있게 탐구한 사람들 중 독일의 로켓 개발 엔지니어 폰 브라운(Wernher Von Braun) 박사가 있다. 그는 제2차 세계대전 때 'Buzz-Bomb'으로 알려진 'V-1 로켓'을 최초로 개발했다(후에 'V-2 로켓'이됨). 당시 'V-1 로켓'은 신뢰성 문제들에 시달리고 있었고 브라운 박사와 그의

---

11) https://users.ece.cmu.edu/~koopman/des_s99/traditional_reliability/

팀은 이 문제를 해결하기 위해 고군분투하고 있었다. 그들은 로켓의 문제를 진단하고 그를 향상시키기 위해 단순한 기계적 신뢰성 개념을 적용했는데, 즉 사슬과 같이 최약 연결을 찾아 개선하면 고장이 나지 않을 것이라 기대하고 있었다. 그러나 최약체 부품의 신뢰도를 높여 조립했음에도 'V-1 로켓'의 신뢰도엔 별 영향이 없었다.

그때 다른 프로젝트에서 브라운 박사와 함께 연구 중이었던 독일 수학자 Eric Pieruschka가 브라운 박사의 신뢰성 문제 해결에 도움을 주게 된다. 그는 브라운 박사가 갖고 있던 "신뢰도 낮은 부품의 존재가 전체 시스템인 로켓에 악영향을 줄 것"이란 개념이 잘못됐음을 지적했다. 즉 Pieruschka는 "로켓의 신뢰도는 각 부품들의 신뢰도의 곱과 같음"을 보인 것이다. 이와 같은 접근은 최초로 문서화된 현대적 수준의 '신뢰성 예측 모형'이며, 후에 신뢰성 분야 선구자로 알려진 '루서의 법칙(Lusser's Law)'을 낳는데 기초가 되었다 [$R_s = R_1 \times R_2 \times ... \times R_n$, 또는 좀 더 현대적 표현으로 $R(t) = \prod_{i=1}^{N} R_i(t)$].

사실 제2차 세계대전 이후의 신뢰성 역사는 더 흥미로운 사건들로 채워지는데 당시 소련은 V-로켓의 폭파 잔류물들을 수거해 본국으로 옮긴 뒤 로켓 엔진을 개발하고 우주로 비행체를 쏘아 올리는 연구로 이어졌고, 미국은 폰 브라운 박사를 이주시켜 1969년 달 착륙과 무사 귀환의 역사를 이룬다. 한 번도 경험해보지 못한 우주로의 비행체 개발 경쟁은 냉전 체제 속에서 신뢰성의 무한 발전을 위한 서막을 연다.

신뢰성 역사는 이쯤에서 마무리한다. 이어지는 섹션에서 '신뢰성 공학과 신뢰성'에 대해 자세히 알아보자.

2. '신뢰성 공학'과 신뢰성

　　　　　　　　우리 주변에서 흔히 '신뢰성 있다.'는 표현을 자주 듣기도 하고, 또 자주 쓰기도 한다. '신뢰(信賴)'는 '굳게 믿고 의지함'이다. 여기에 '성(性)'이 붙어 만들어진 '신뢰성(信賴性)'은 국어사전에서 명사로서 '굳게 믿고 의지할 수 있는 성질'이다. 이때 우리에게 중요한 건 그 '대상'이다. '대상'이 '사람'이면 '신뢰성 가진 사람'이므로 '굳게 믿고 의지할 수 있는 성질을 지닌 사람'이고, '물건'이면 '신뢰성 있는 물건'이므로 '굳게 믿고 의지할 수 있는 성질을 가진 물건'이다. 물론 주 관심사는 두말할 나위도 없이 후자이며, 이때 '신뢰성 있는 물건'이 되도록 누군가가 고민하고 연구하는 분야를 특히 '신뢰성 공학(Reliability Engineering)'이라고 한다.

　'신뢰성 공학'은 위키피디아에 "'시스템 공학(System Engineering)'의 하위 분야로서, 제품의 라이프 사이클 관리를 다루는 공학"으로 기술하고 있다. 'Life Cycle'은 말 그대로 제품을 나오게 하고, 사용하며, 고장 나면 다시 보완해 더 좋은 모습으로 재생산하는 순환 과정이므로 이 여정 전체를 '관리'한다는 의미는 바로 '시간 관리(Time Management)'에 집중한다는 뜻이다. 왜냐하면 '제품' 사용자는 곧 '고객'이고, 'Life Cycle'처럼 '나고 → 사용하고 → 고장 나고 → 다시 나는……' 일련의 순환에 있어 '고객이 사용하는 기간'이 제품의 믿음, 즉 '신뢰성'을 결정짓는 핵심 항목이기 때문이다. 5년 보증의 자동차 엔진이 2년 만에 제 기능을 잃거나, 3년 보증의 선풍기 모터가 1년 만에 고장 나면 일단 고객은 불만족스러워 한다. 제품에 대한 '믿음(신뢰성)'은 깨지고 다시 구매하는 것을 꺼리게 되며, 제품은 시장에서 퇴출되는 수순을 밟는다.

결국 '**신뢰성 공학**'이란 고객이 사용하는 '**제품의 시간에 따른 품질(Quality in Time Dimension)**'을 높이는 **활동**이며, 이런 이유로 '**신뢰성**'은 '**명시된 조건(환경 등)하에서 규정된 기간 동안 요구되는 기능을 완수할 수 있는 성질**'로 정의된다. 제품이 미리 정해놓은 기간 동안 제 기능을 다하지 못하면 '신뢰성'은 떨어진 것이고, 따라서 그를 높이기 위한 '신뢰성 공학'이 발전한다.

[그림 Ⅰ-2] '신뢰성 공학'과 '신뢰성' 개요도

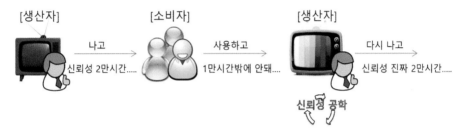

　[그림 Ⅰ-2]는 생산자가 고객의 애초 요구 사항인 TV의 '신뢰성 2만 시간'을 만들어 제공했지만 실제 '1만 시간'에 그쳤다면 생산자는 '신뢰성 공학'을 토대로 '신뢰성 2만 시간'을 다시 만들어 제공하는 순환 구조를 나타낸다. 이때 생산자에 있어 '신뢰성 공학'은 '제품의 기능이 주어진 기간 동안 잘 작동'하는데 매우 중요한 문제 해결 지식을 제공한다. 참고로 '신뢰성 공학'은 대학 내 공과대학 중 '산업공학과'에서 다룬다.

　'신뢰성 공학'의 정의에 대해, 앞서 '위키피디아'보다 더 공학적 관점에서 구체적으로 정의한 출처도 있다.[12] 즉, "기본 설계에서 신뢰성, 보전성, 가용성의 설계 목표를 달성하기 위해 관련된 요인들을 다루는 과학"으로 기술한

---

12) Balbir S. Dhillon (2007), 「Applied Reliability and Quality: Fundamentals, Methods and Procedures」, Springer Science & Business Media, p.3.

것인데, 이는 '위키피디아' 정의 중 '제품의 라이프 사이클 관리'가 '신뢰성, 보전성, 가용성'을 통해 이루어져야 함을 명백히 하는 것이다.

예를 들어, 고장 위험을 낮추거나 고장 가능성을 줄이기 위해 아이템의 수명을 추정하고 미리 예방하는 활동은 미래에 일어날 사건에 대비하는 활동이기 때문에 확률적 사고를 근간으로 정량화 작업이 이루어질 수밖에 없다. '신뢰성'을 이론적 수치로 표현하는 방법들 중 하나는 '실패(고장) 빈도'를 이용해 '실패 확률'이나, 또는 '실패 확률'을 '1'에서 뺀 '성공 확률(또는 생존 확률)', 또는 '신뢰성(Reliability)', '시험성(Testability)', '보전성(Maintainability)'으로부터 유도된 확률, 즉 '가용성(Availability)'의 식 등이 이용된다. '가용성'이란 '특정 순간, 또는 시간 간격에서 기능을 완수할 수 있는 성질'이다.

'신뢰성 공학'은 '안전 공학(Safety Engineering)'이나 '시스템 안전(System Safety)'과도 밀접한 상호 보완 관계에 있다. '신뢰성 공학'이 시스템의 정지 시간, 예비품 관리, 장비 수리 및 기술자 투입, 보증 하자 때문에 생기는 비용들에 초점을 맞춘다면, '안전 공학'은 '비용'보다 제품 수명과 본래 특성을 보존시키는 것과 관계한다. 이런 이유로 '안전 공학'은 원자력 발전소 같은 아주 특별나고 위험한 시스템의 '고장 모드'를 주로 다룬다.

지금까지 설명된 '신뢰성 공학'은 '신뢰성', '가용성', '보전성', '안전성'과 밀접한 관계를 형성한다. 이들을 한데 묶어 'RAMS'라고 부른다. 'R'은 'Reliability(신뢰성)', 'A'는 'Availability(가용성)', 'M'은 'Maintainability(보전성)', 'S'는 'Safety(안전성)'이다. 이들을 알아보기 쉽도록 개요도로 정리하면 다음 [그림 Ⅰ-3]과 같다.

[그림 Ⅰ-3] '신뢰성 공학'에서 다루는 분야 'RAMS'

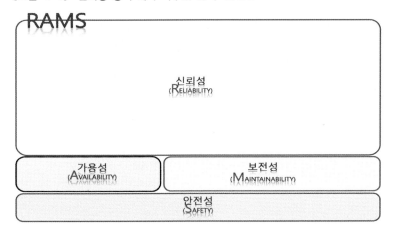

　[그림 Ⅰ-3]을 통해 앞으로 다루어야 할 '신뢰성'은 '신뢰성 공학'의 일부이
며, '가용성', '보전성', '안전성'과 관계하고 있음을 알 수 있다. 이어서
'RAMS' 각각의 용어 정의와 그들 간 관계에 대해 알아보자.

2.1. 'RAMS' 각각의 용어 정의

　앞서 설명된 바와 같이 '신뢰성 공학'에서 주요하게 다루어야 할 항목들에
'RAMS(신뢰성, 가용성, 보전성, 안전성)'가 있다. '신뢰성'만 따로 떼 내어
알아가기 전에 이들 네 개 항목들의 각 용어 정의를 다음 [표 Ⅰ-2]에 정리
하였다.

용어	정의
신뢰성 (Reliability)	■ 아이템(Item)이 주어진 조건하에서 규정된 기간 중 요구되는 기능을 완수할 수 있는 성질. ■ '신뢰도', 'MTBF', 'MTTF', '고장률'로 측정됨. (예)신뢰도→ 시스템이나 기기, 부품 등이 주어진 조건하에서, 의도하는 기간 동안, 규정된 기능을 고장 없이 발휘할 확률(KS).
가용성 (Availability)	■ 시스템의 품질 속성 중 시스템이 장애 없이 정상적으로 운영되는 성질. ■ '가용도'로 측정됨. (예)가용도→ 시스템의 고장 수리 후 임의 시점에서 가동 상태에 있을 확률. '신뢰성'과 '보전성'에 의해 결정됨.
보전성 (Maintainability)	■ 고장 나도 수리가 용이한, 즉 보전하기 쉬운 성질. ■ '보전도', 'MTTR', 'MTBM'으로 측정됨. (예)보전도→ 시스템이나 제품이 규정된 조건에서 보전되고 있을 때 규정 시간 내에 보전을 종료할 확률.
안전성 (Safety)	■ 시스템의 수명 주기 동안 사람, 환경, 기타 자산에 해를 끼치지 않는 성질. '안전도'로 측정됨.

사실 [표 Ⅰ-2]의 사전적 정의만으론 정확히 어떤 특성들인지 머리에 잘 그려지진 않는다. 또 같은 항목이라도 어느 출처를 참고하느냐에 따라 표현에 약간씩 차이가 있는 점도 이해를 어렵게 만든다. 용어의 정의를 참고할 때 가장 혼란스런 부분은 영어로 'Reliability'가 우리말로는 '신뢰성', '신뢰도' 두 개로 검색되며, 마찬가지로 'Availability'는 '가용성'과 '가용도'로, 'Maintainability'는 '보전성'과 '보전도'로 쓰인다는 점이다. 같은 영어 단어가 우리말로는 의미가 다르게 해석되는 셈이다.

'~성(性)'은 '성질'의 뜻이고, '~도(度)'는 '정도'나 '한도'를 나타내므로 전자는 "타고 났음"을, 후자는 측정이 가능한 '척도'가 되어야 한다. 따라서 '신뢰성'은 '아이템(Item)이 주어진 조건하에서 규정된 기간 중 요구되는 기능을 완수하도록 타고났음'을 의미하며, 그 '정도'를 값으로 나타낸 것이 '신뢰도'이다. 설계 단계에서 특정 제품의 '신뢰성이 높도록 설계, 즉 타고나게 만들었다면' 그 자체가 '신뢰성'이고, 그 설계 수준을 값으로 표현하면 '신뢰도'이다.

마찬가지로 '가용성'은 '시스템이 장애 없이 정상적으로 운영되도록 타고 났음(설계됐음)'이며, 그 '정도'를 측정한 값은 '가용도'가, 또 '보전성'은 '고장 나도 수리가 용이하도록 타고났음(설계됐음)'이며, 그 '정도'를 값으로 표현하면 '보전도'이다. 앞으로 본문은 '～성'과 '～도'를 구별해서 사용할 것이다.

'성질'을 측정하는 '척도'들엔 [표 Ⅰ-2]에서 '신뢰성'의 경우, '신뢰도' 외에 'MTBF(Mean Time between Failures)'와 'MTTF(Mean Time to Failure)', 또 '고장률' 등이 있으며, '보전성'의 척도로는 '보전도' 외에 'MTTR(Mean Time to Repair)'이나 'MTBM(Mean Time between Maintainability)' 등이 주로 쓰인다. 또 '가용성'의 척도는 '신뢰성'의 'MTBF'와 '보전성'의 'MTTR'에 의해 결정된다. 별다른 언급이 없는 한 '안전성' 역시 그 척도는 '안전도'로 표현한다.

2.2. 'RAMS'의 서로 간 관계('그림'으로)

'신뢰성 공학'에서 다루어질 핵심 분야 'RAMS'를 좀 더 알아보기 위해 [그림 Ⅰ-3]의 개요도에 [그림 Ⅰ-4]처럼 서로 간의 관계를 추가하였다.[13]

우선 [그림 Ⅰ-4]에서 '신뢰성' 영역은 해석의 중심에 '확률 밀도 함수 [$f(t)$]'가 자리하며, 그로부터 모든 척도(MTTF, MTBF, 백분위수)들이 유도됨을 알 수 있다. 쉽게 말해 관심을 두고 있는 '아이템(제품, 또는 부품)'이 있을 때 그것의 '신뢰성'을 알려면, 아이템의 수명을 설명할 '확률 밀도 함수'를 찾아내야 이후 해석이 가능하다는 뜻이다. 또 '보전성'은 주로 'MTTR'로 측정되며, 다시 'MTTR'과 'MTBF'가 조합되어 '가용도(A)'를 형성한다는 점도 개요도를 통해 알 수 있다. '안전성'은 '신뢰성'이나 '가용성', '보전성' 전반에

---

13) 산자부 기술표준원(2004.8), 「기술개발과 신뢰성평가 연계」, p.13. 편집해 옮김.
   원 자료는 아주대학교 장중순 교수 (2012)의 「RAMS 이론」으로 추정됨.

걸쳐 고려되어야 할 사항이므로 전체를 떠받치는 구조로 표현되어 있다.

[그림 Ⅰ-4] '신뢰성 공학'에서의 'RAMS' 간 관계도

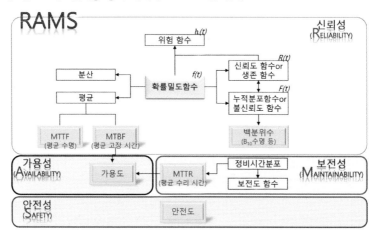

각 척도들에 대해서는 바로 이어지는 소주제에서 간단히 알아볼 것이다. 또 자세한 수학적 해석은 「3.6. 신뢰성 척도(이산형 관점)」와 「3.7. 신뢰성 척도(연속형 관점)」에서 다루고 있으니 필요한 독자는 해당 주제를 참고하기 바란다.

2.3. 'RAMS'의 서로 간 관계('식'으로)

[그림 Ⅰ-4]에 나타낸 '신뢰성'과 '보전성' 및 '가용성' 들 간 관계를 그들의 척도를 이용해 식으로 나타내보자. '가용도(A)'나 'MTBF', 'MTTR' 들의 용어에 대해서도 함께 이해하는 기회로 삼을 것이다. 다음 [그림 Ⅰ-5]는 프로세스 내 설비를 대상으로 고장 났을 때의 수리, 수리 후 정상 가동, 다시 고장

등의 반복된 상태를 나타낸 것이며 각 활동에 소요된 시간도 포함되어 있다.

[그림 Ⅰ-5] 'RAMS' 간 관계를 설명하기 위한 상황 예

[그림 Ⅰ-5]에서 아이템이 설치되어 '120시간' 동안 정상 작동하다 '최초 고장 발생' 후 '수리 활동'에 '60시간'이 소요된 뒤 다시 '정상 작동'을 '150시간' 지속하였고, 이후 '두 번째 고장 발생'과 '수리' 및 '정상 작동'이 반복되고 있다. 이때 '최초 작동(120hrs) → 수리 활동(60hrs)'의 1회 주기만 보면 'MTBF(Mean Time between Failures)', 'MTTR(Mean Time to Repair)'은 다음과 같이 계산된다.

$$MTBF(\text{평균 고장시간}) = \frac{\sum_i (\text{작동시간})_i}{\text{총 고장 횟수}} = \frac{120hrs}{1\text{회}} = 120hrs/\text{회} \qquad (\text{식 Ⅰ-1})$$

$$MTTR(\text{평균 수리시간}) = \frac{\sum_i (\text{수리시간})_i}{\text{총 고장 횟수}} = \frac{60hrs}{1\text{회}} = 60hrs/\text{회}$$

[그림 Ⅰ-5]에서 아이템을 처음 작동시켜 최초 '120hrs'만에 고장이 났고, '60hrs' 동안의 수리 완료 시점까지만 본다면 고장은 '1회' 발생하였다. 따라서 'MTBF'는 정상 작동한 '120hrs/회'이다. 「한국통계학회 통계학용어집」에는 'MTBF'가 '평균 고장 시간'으로 되어있지만 '정상 작동한 총 시간을 고장 횟수로 나눈 값'이므로 표현은 '평균 무고장 시간'이 의미상 맞다. 이렇게 보면

두 표현은 정확히 서로 반대이다. 그러나 용어는 「한국통계학회 통계학용어집」을 최우선할 것임을 선언(?)한 바 있다. 따라서 우리말 표현은 '평균 고장 시간'을 이후부터 계속 적용할 것이나 혼선을 최소화하기 위해 가급적 영문인 'MTBF'를 사용할 것이다. (식 Ⅰ-1)에 따라 'MTBF'는 '고장당 아이템이 고장 없이 평균적으로 얼마나 오래 작동했는지'를 설명한다.

본문에 포함시키지 않았지만 유사한 척도로 'MTTF(Mean Time to Failure)'가 있으며, 이는 수리할 수 없는(즉 고장 시 교체 등이 필요한) 아이템의 평균 작동 시간을 나타낼 때 쓰인다. 「한국통계학회 통계학용어집」에 따르면 '평균 수명'으로 불린다. 'MTBF'와 'MTTF'는 대표적인 '신뢰성 척도'에 해당한다.

반면에 'MTTR'은 '고장당 수리하는 데 평균적으로 얼마나 소요됐는지', 즉 '전체 수리 시간을 총 고장 횟수로 나눈 값'이다. 따라서 대표적인 '보전성 척도'의 하나로 쓰인다. [그림 Ⅰ-5]에서 '첫 수리 활동'만을 고려할 때 (식 Ⅰ-1)에 따라 'MTTR'은 '60hrs ÷ 1회 = 60hrs/회'이다.

계산을 확장해서 [그림 Ⅰ-5]처럼 '정상 작동', '고장', '수리'가 반복될 경우 평균 시간들의 일반화된 식과 계산 결과는 다음 (식 Ⅰ-2)와 같다.

['신뢰성' 척도]   (식 Ⅰ-2)

$$MTBF = \frac{\sum_i (작동\,시간)_i}{총\,고장\,횟수}$$
$$= \frac{(120+150+130+60+40)hrs}{4회} = 125hrs/회$$

['보전성' 척도]

$$\bigcirc\ MTTR = \frac{\sum_i (수리\,시간)_i}{총\,고장\,횟수}$$
$$= \frac{(60+40+10+10)hrs}{4회} = 30hrs/회$$

(식 Ⅰ-2)에서 'MTBF = 125hrs/회'의 의미는 '고장과 고장사이, 즉 이 아이템은 평균 125시간 동안 정상 작동한다.'이다. 또 'MTTR = 30hrs/회'의 의미는 '아이템이 고장이 났을 때 수리에 평균 30시간이 소요된다.'이다.

[그림 Ⅰ-4]로 돌아가 '가용도'의 상태를 보면, 그의 산식은 'MTBF', 'MTTR'과 연계되어 있음을 알 수 있다. [표 Ⅰ-2]의 '가용도' 정의 역시 "'신뢰성'과 '보전성'에 의해 결정됨."에 따라 [그림 Ⅰ-5]의 사례를 이용해 '가용도(A_i)'를 계산하면 다음과 같다.

$$['가용성' 척도] \qquad\qquad (식\ Ⅰ\text{-}3)$$

$$\bigcirc\ 고유\ 가용도(\int rinsic\ Availability,\ A_i)$$
$$= \frac{MTBF}{MTBF + MTTR}$$
$$= \frac{125hrs}{(125 + 30)hrs} \cong 0.806$$

(식 Ⅰ-3)의 '가용도'를 '고유 가용도(Intrinsic Availability, A_i)'라고 한다. 식을 보면 '분모'인 'MTBF + MTTR'은 [그림 Ⅰ-5]에서 '정상 작동 시간 + 수리 소요 시간', 즉 '전체 시간'을 대변하며, '분자'는 '정상 작동 시간'을 나타내므로 '전체 시간 중 정상 작동한 시간의 비율'을 나타낸다. 현업에서 흔히 얘기하는 '가동률'이 되는 셈이다.

'고유 가용도' 계산에 쓰인 '고장'의 의미는 아이템이 작동을 멈춘 이유들 중 '순수 고장'의 경우에만 한정한다. '고유 가용도'는 아이템 자체의 '순수 고장 시간'만을 포함하므로 아이템의 기본 설계와 밀접한 관련이 있다.

반면에 '성취 가용도(Achieved Availability, A_A)'가 있으며, [그림 Ⅰ-5]의 '고장 기간'엔 아이템 자체가 고장 난 시간 외에 '예방 정비로 인한 멈춤', '관리 미비로 인한 멈춤', '부품 등의 공급 지연으로 인한 멈춤'들을 모두 포함한

다. 따라서 기업에서 아이템을 관리하는 총체적 능력을 '성취 가용도'로 파악
할 수 있다. 수식 표현은 다음과 같다.

$$['가용성' 척도] \qquad\qquad (식\ \mathrm{I}-4)$$

$$\bigcirc 성취 가용도(Achieved\ Availability,\ A_A)$$
$$= 1 - \frac{작동이\ 중단된\ 시간}{총\ 시간}$$

(식 I-3)과 (식 I-4)의 '가용도'는 [그림 I-4]의 개요도에서 'RAMS'들
이 수식적으로 어떻게 연결되는지를 보여준다. '가용도'에 대한 다른 유형과
내용, 자세한 쓰임새에 대해서는 「MIL-HDBK-338B」를 참고하기 바란다.[14]
'MTBF', 'MTTF' 척도들에 대한 설명은 「3.7. 신뢰성 척도(연속형 관점)」
에서 유도 과정을 포함해 다시 상세하게 소개한다. 관심 있는 독자는 해당 소
주제로 바로 넘어가기 바란다.

2.4. '신뢰성(Reliability)'과 '품질(Quality)'

이제 관심을 '신뢰성'에 맞춰보자. '신뢰성' 역시 고객이 아이템을 만족스럽
게 사용하도록 유도한다는 측면에선 기존에 잘 알고 있던 '품질(Quality)'과
맥을 같이 한다. 그러나 본질적인 차이가 있는데 '신뢰성' 역시 '품질'을 중요
시 하는 점은 동일하나 단서가 붙는다. 즉 '시간 차원에서의 품질(Quality in
Time Dimension)'이란 점이다. '품질'은 '$t = t_0$'에서 아이템의 만족된 상태를

---

14) MIL-HDBK-338B, pp.152~164. '가용도'는 이 외에도 '순간 가용도(Instantaneous Availability)', '임무
가용도(Mission Availability)', '정상 상태 가용도(Steady State of Availability)'가 있다.

나타낸다면 '신뢰성'은 '$t = t_i$' 시점에서의 만족된 상태 여부를 파악한다. 이 같은 관점에서 다음 [표 Ⅰ-3]에 요약된 '신뢰성(Reliability)'과 '품질(Quality)' 의 항목별 비교를 정독해주기 바란다.[15)]

[표 Ⅰ-3] '품질'과 '신뢰성'의 비교

	품질(Quality)	신뢰성(Reliability)
역사	▪ 왜 산포가 발생하는가?	▪ 왜 고장이 발생하는가?
중점 활동	▪ 생산	▪ 설계
중요 품질	▪ 제조 시점의 품질	▪ 미래의 품질 보증
적용 환경	▪ 공정에서의 환경	▪ 공정, 수송, 저장, 사용 환경
시점	▪ 현재($t = 0$)	▪ 미래($t = t_i$)
사고방식	▪ 해석적	▪ 시스템적, 통합적
개선 방식	▪ 산포의 최소화	▪ Trade-off
조직	▪ 품질 관리 부문(검사, 공정 관리 등)	▪ 엔지니어링 부문(고장 해석, 신뢰성 시험 등)

[표 Ⅰ-3]에서 '신뢰성'이란 '미래의 품질을 현재의 상태에서 정량화하는 방법론'으로 인식하면 정확하다. 학습에 참고하기 바란다.

---

15) (출처)아주대학교 산업공학과 품질 및 신뢰성 설계실험실(http://qe.ajou.ac.kr).

Ⅰ. 신뢰성(Reliability) 기초   45

3. 신뢰성 기초 이론

'신뢰성'을 학습하려면 앞서 역사에서 보았듯이 신뢰성 연구의 토대가 된 미 국방성의 'Military Standard'를 기반으로 하되, 필요 시 다른 출처들로부터 정보를 가미하는 접근이 가장 현실적이고 바람직하다. 그 이유로 우선 'Military Standard'가 최신 버전은 아니더라도 인터넷 검색 등으로부터 쉽게 접할 수 있거니와, 본문에서 논의할 기본 원리들은 대부분 수학에 기초하고 있어 과거와 현재 간 차이가 없고, 또 쉽게 바뀌지도 않기 때문이다. 그 외에 각종 신뢰성 용어들에 대한 정의들 역시 표준으로 관리하고 있는 점, 그리고 각종 신뢰성 정보들이 관련 표준들과 엮여 있어 학습 내용의 확장이 용이한 것도 큰 장점이다.

'신뢰성'의 기본 학습에 도움이 되므로 본문에서 참고할 핵심 'Military Standard'들엔 다음의 것들이 있다.

- 「MIL-STD-721C, Definitions of Terms for Reliability and Maintainability」→ 신뢰성 관련 용어 정의를 다룸.
- 「MIL-HDBK-338B, Electronic Reliability Design Handbook」→ 전자 분야지만 신뢰성 관련 모든 기초 지식을 체계적으로 담고 있음.

따라서 이들 표준들을 기반으로 독자들의 기본적인 신뢰성 궁금증을 해소시키고 일정 수준 이상의 역량을 확보하는데 노력할 것이다. 본문에 들어가기에 앞서 「MIL-STD-721C」에서 정의한 다음의 기본 용어에 주목하자.

- 아이템(Item) - '임의 제품'을 나타내는 일반적인 용어. '임의 제품'에는 시스템, 재료, 부품, 하위 조립품, 완제품, 액세서리 등을 포함한다.

용어 '아이템(Item)'은 '제품', '부품', '조립품', '부분품' 등 그 대상이 무엇인지에 관계없이 지칭하기 편리하고, 또 내용 전달도 용이해 앞으로 본문에서 자주 활용할 것이다. 유사한 용어에 '단위(또는 유닛, Unit)'가 있다.

3.1. '제품 개발 단계'에서의 신뢰성 기법

'신뢰성 정의'를 쉽게 이해했어도 어느 내용을 어떤 순서로 학습해야 할지 논하는 일은 또 다른 얘기가 될 수 있다. 한 마디로 그 범위가 너무 넓고, 초보자들이 접근하기에 항목들도 일목요연하게 정렬되어있지 않기 때문이다.

기업에서 이루어지는 신뢰성 관련 활동은 대부분 '신뢰성 평가'에 초점이 맞춰져있다. 진동 시험, 충격 시험, 환경 시험, 수명 시험, 염수 분무 시험, 인장 시험, 전자파 차폐 시험 등등 종류도 많지만 경계를 나누기도 만만치 않다. 그렇다고 신뢰성 분야의 모든 활동이 '평가'에만 치중되어있는 것은 절대 아니다. '신뢰성 연구'도 매우 중요한 업무 중 하나이다. 오히려 '신뢰성 연구' 단계에서 아이템의 모든 '시간에 따른 미래 품질'이 결정되고 이후 '신뢰성 평가'를 통해 검증하는 것이 합리적 수순이다. 따라서 이들을 기업 내 '제품 개발 단계'에서 필요한 기법들, 또 기법들 간 적용 순서들을 체계화시킨 개요도가 있다면 신뢰성 분야에 처음 진입하는 초보자들의 학습에 매우 큰 도움이 될 수 있다. 다음 [그림 Ⅰ-6]은 이 같은 요구 사항을 만족시키기 위해 직접 정립해 강의 때 활용하는 개요도이다.

[그림 Ⅰ-6] '제품 개발 단계'별 '신뢰성' 기법 개요도

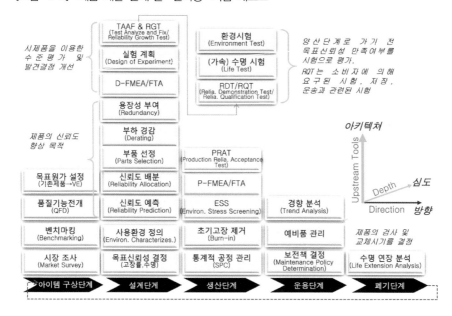

　　[그림 Ⅰ-6]의 맨 아래 'x - 축(화살표 흐름)'에 '개발 프로세스'가 마련되어 있고 각 단계별로 주요하게 쓰이는 기법들이 위쪽으로 쌓여있다. 이때 기법들의 쓰임 순서는 아래에서 위로 연결된다. 예를 들어 제품을 개발하는 시점이 '아이템 구상 단계'라면 제일 먼저 활용할 기법(또는 활동)은 '시장 조사'이며, 조사 활동을 통해 얻은 산출물들과 바로 위의 '벤치마킹'의 산출물들을 엮어 다음 수순인 '품질 기능 전개(QFD)'를 수행한다. 이들 활동이 잘 이루어지면 아이템에 대한 적정 '목표 원가'를 정할 수 있고, 이어 다음 활동인 '설계 단계'로 넘어간다.

　　앞으로 논의될 '신뢰성'의 이해도를 높이기 위해 [그림 Ⅰ-6]의 항목들을 간단히 설명할 것이다. 주로 요약 위주이며 추가 학습을 원하는 독자를 위해 관

련 규격을 함께 실어놓았다. 본 내용에 익숙한 독자는 이후 주제로 건너뛰기 바란다.

[그림 Ⅰ-6]에서 아이템 개발을 위해 최초 수행되는 활동은 「**아이템 구상 단계**」 중 '시장 조사'이며, 이어 경쟁사 등의 '벤치마킹'과 이들을 통해 '품질 기능 전개(QFD, Quality Function Deployment)'가 완성된다. '품질 기능 전개'의 최종 산출물은 '핵심 품질 특성(CTQ, Critical to Quality)'이다. 'CTQ'는 고객이 가장 중요하게 여기는 '품질 특성'이므로 결국 'QFD'는 '고객의 소리(VOC, Voice of Customer)'를 개발자 언어인 'CTQ'로 전환해주는 매개 역할을 한다. 다음 [그림 Ⅰ-7]은 지금까지 설명한 「아이템 구상 단계」의 주요 활동을 정리한 개요도이다.

[그림 Ⅰ-7] 「아이템 구상 단계」의 활동과 '산출물'

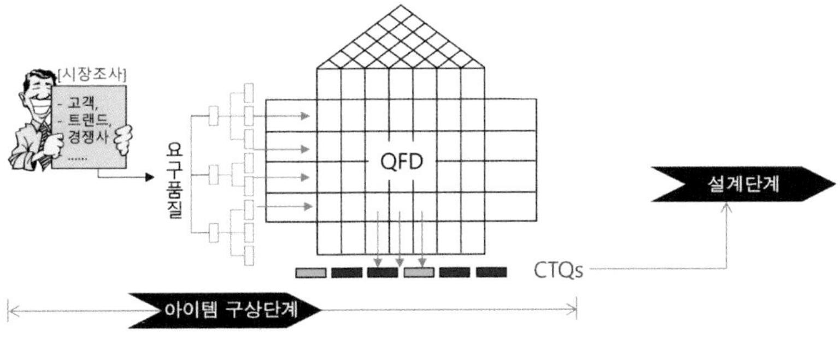

[그림 Ⅰ-7]에서 '시장 조사'를 통해 정리된 고객의 '(아이템에 대한) 요구 품질'은 'QFD'의 입력으로 작용하며, 그 산출물로 'CTQs'가 나온다. 'CTQs'는 다시 설계의 핵심 활동인 「설계 단계」와 연결된다.

[그림 Ⅰ-6]의 「**설계 단계**」는 아이템 설계의 핵심이므로 대부분의 신뢰성 기법들이 모두 모여 있다. 특히 「설계 단계」 중에서 'D-FMEA/FTA'가 변곡

점 역할을 하는데, 'D-FMEA/FTA'를 포함한 그 이전까진 아이템이 만들어지지 않은 상태에서 이루어지는 활동이며, 이후는 테스트 표본이 만들어진 상태에서 아이템의 '강건성(Robustness)'과 '신뢰성(Reliability)'을 평가하는 활동들이다. 주요 활동을 간단히 요약하면 다음과 같다.

○ **신뢰도 예측(Reliability Prediction)** - 아이템의 운용 및 사용 조건을 고려하여 '고장률' 또는 'MTTF'같은 신뢰성 척도의 값을 예측하는 과정이며, 설계 또는 개발 초기 단계에서 신뢰성 목표를 달성하기 위해 수행하는 분석들 중 하나이다. 전기·전자 장비의 예측에는 「MIL-HDBK-217F」에서 'Part Stress Analysis'와 'Parts Count Method'의 방법이 대표적이며, 「Telcordia SR-332」, 「IEC TR 62380」, 「IEEE 1413」들이 'MIL 핸드북'의 영향을 받은 표준들이다. 기계 장비의 신뢰도 예측은 '해상 전투 연구소 카더록 센터(NSWCCD, Naval Surface Weapons Center)'[16]에서 1992년 발간해 지금까지 개정되고 있는 「Handbook of Reliability Prediction Procedures for Mechanical Equipment」가 대표적이다. 최근 아이템들의 발달로 핸드북 쓰임새가 줄어들고는 있으나 '신뢰도 예측'과 관련해서는 두 분야 표준들 모두 바이블이므로 업무 적용과 학습에는 필수이다. 앞서 기술한 표준들 모두 인터넷에서 접할 수 있으므로 학습이 필요한 독자는 해당 출처를 참고하기 바란다. 추가로 '전자 장치'의 경우 「MIL-HDBK-338B」의 '6.4.5. Reliability Prediction'에도 일부 관련 내용이 포함되어 있다

○ **신뢰도 배분(Reliability Apportionment)** - '신뢰도 할당(Reliability Allocation)'으로도 불린다. 전체 시스템에 요구되는 신뢰도 목표 값을 만족하도록 서브시스템이나 더 낮은 수준의 아이템들에 신뢰도 목표 값을 배정하는 방법이다. 예를 들어 '시스템 신뢰도'가 1년 동안 '0.98'(즉, 1년 간 100개 시스템 중 98개는 고장 나지 않도록 설계)인 경우, 시스템 내 직렬로 연결된 5개 하위 아이템들의 각 신뢰도가 '0.98'이면 단순

---

16) 정확한 발간 출처는 'the Logistics Technology Support Group, Naval Surface Warfare Center Carderock Division(NSWCCD) in Bethesda, Maryland'이다.

계산으로 시스템 신뢰도는 '$0.98^5 \cong 0.9$'로 떨어진다. 따라서 하위 아이템들의 신뢰도는 '시스템 신뢰도'보다 대부분 높아야 한다. 또 비용도 고려해야 하므로 신뢰도가 너무 높은 하위 아이템, 또는 너무 낮은 하위 아이템 간 조정도 고려되어야 한다. 이와 같이 하위 아이템들의 신뢰도를 조정하는 활동을 '신뢰도 배분'이라고 한다. '배분'은 'Breakdown'의 의미로도 쓰인다. 「MIL-HDBK-338B」의 '6.3. Reliability Apportionment/Allocation'에 6가지 할당 방법(2가지는 참고 문헌만 소개)과 예가 포함되어 있다.

○ **부하 경감(Derating)** - '디레이팅'으로도 불린다. 전자·기계 장치에서 수명을 늘리기 위해 구성 아이템에 걸리는 정격 값에 여유를 두고 설계하는 방법이다. 예를 들어, 시스템을 구성하는 전자·기계 아이템들의 최대 전력, 최대 전압, 최대 전류, 최대 부하 등의 정격이 있다면 설계 때 그 값들 아래에서 작동하도록 설정하면 시스템 신뢰도가 높아지는 효과를 얻는다. 아이템들이 경험하는 스트레스를 줄이거나 반대로 아이템 자체 강도를 높이는 설계 방법 모두가 이 영역에 속한다. 「MIL-HDBK-338B」의 '7.3. Derating'에 '전자 부품'과 '기계 부품 또는 구조재'에 대한 '부하 경감 설계법'이 소개되어 있다. 관련 규격에는 「MIL-STD-975M」, 「MIL-STD-1547B」가 있다.

○ **용장성(Redundancy) 부여** - 'Redundancy'는 '중복'의 뜻이다. 우리말 '용장(冗長)'은 '쓸데없이 긺'인데 '용(冗)'이 '남아돈다.'의 의미가 있어 '중복'과 연결된다. 그냥 편하게 '중복'으로 쓰면 좋았을 거란 생각도 든다. 설계 관점에선 높은 신뢰도가 요구되는 위치에 여분의 아이템을 추가 설치함으로써 일부가 고장 나더라도 기능이 유지되게 하는 설계 방법이다.

「MIL-STD-721C」의 용어 정의에 따르면 "주어진 기능을 완수시키는 하나 이상의 방법들이 존재함. 기능을 완수하는 각 방법이 모두 같을 필요는 없다"이다. 용장성엔 두 개의 유형이 있다. 하나는 '활성 용장성(Active Redundancy)'이고, 다른 하나는 '대기 용장성(Standby Redundancy)'이다. 전자는 중복된 모든 아이템들을 동시에 작동시키는 설계를, 후자는 기능을 담당하는 주요 아이템이 고장 났을 때만 활성화시키는 설계법이다. 설계 방법들에 대해서는 「MIL-HDBK-338B」의 '7.5.3. Redundancy as a

Design Technique'이 있다.

○ **D-FMEA/FTA** - 'FMEA'는 'Failure Modes and Effects Analysis'를, 'FTA'는 'Fault Tree Analysis'를 각각 나타낸다. 둘 모두 아직 시제품이 만들어지지 않은 상태, 즉 '문제가 일어나기 전 문제를 해결하는 유일한 기법'이다. 'FMEA'는 아이템 수준에서 발생할 수 있는 '고장 모드'가 전체 시스템 수준에 어떤 영향을 미치는지 파악하는 'Bottom-up식 접근법'이며, 'FTA'는 전체 시스템 관점에서의 고장 증상을 거꾸로 하위 아이템 수준까지 분해해감으로써 원인 규명을 추구하는 'Top-down식 접근법'이다. 특히 'FMEA'가 'FMEA 양식'을 통해 '정성적 과정'을 거치는데 반해, 'FTA'는 'Tree 구조'의 '정성적 과정'뿐만 아니라 '부울 대수(Boolean Algebra)'와 '논리 기호'를 통해 '정량적 해석'도 가능하다. 'FMEA'에 대한 상세 내용에 대해서는 「Be the Solver_FMEA」 편을 참고하고, 그 외의 간단한 소개는 「MIL-HDBK-338B」의 '7.8. Failure Mode and Effects Analysis (FMEA)'를 읽기 바란다. 'FTA'는 같은 표준의 '7.9. Fault Tree Analysis'에 관련 내용이 실려 있다. 'D-FMEA/FTA'는 통상 시제품이 없는 머릿속(?) 상태에서 대부분 이뤄지지만 이를 넘어선 이후 활동엔 테스트 표본을 만들어 제품의 신뢰성을 평가하는 실험 과정과 연결된다.

○ **실험 계획(Design of Experiment)** - 고객이 원하는 '반응(Y, Response)'값이 출력되도록 조정이 가능한 요인들의 '최적 조건(Optimal Condition)'을 찾는 실험 활동이다. '요인 설계(Factorial Design)'와 '강건 설계(Robust Design)'가 대표적이다. 특히 '설계 단계'에서 중요한 실험법은 '강건 설계'이며 '다구치 방법(Taguchi Method)'으로 잘 알려져 있다. '강건성(Robustness)'이란 외부 '잡음 요인(Noise Factor)'들에 영향을 덜 받도록 아이템의 내성을 키우는 설계 방법이다. '외부 잡음에 둔감하게 설계한다.'고도 표현한다. 예를 들어, '설계 단계'에서 만들어진 아이템은 예상치 못한 다양한 고객 환경에 노출됐을 때 본래 기능을 유지하지 못할 수 있으며, 주로 목표 값으로부터의 '산포'가 증가한다. 따라서 '설계 단계'에서 아예 예상되는 잡음 환경을 만들어 그 속에서 '반응'의 '산포'를 유도한 후, '산포 값'이 가장 작게 되는 요인들의 수준 조합을

찾는 실험을 진행한다. '요인 설계/강건 설계'에 대한 상세 내용에 대해서는 「Be the Solver_실험 계획(요인 설계/강건 설계)」 편을 참고하기 바란다.

○ **TAAF & RGT** - 'Test Analyze and Fix & Reliability Growth Test'를 줄인 말이다. '개발 단계' 초기에 만들어진 시제품(Prototype)은 설계 과정뿐 아니라 제조나 사용 환경에서 드러날 수 있는 다양한 결점을 내포하고 있다. 따라서 초기에 정해놓은 아이템의 '신뢰성 목표'를 달성하려면 내재된 결점을 찾아 시정하는 활동이 매우 중요하다. 양산을 거쳐 시장에 나간 뒤에는 그를 바로잡는데 드는 자원과 비용이 엄청나기 때문이다. 이때 아이템의 신뢰성 문제를 찾고, 지속적으로 신뢰도를 설계 목표까지 높여나가는 체계적인 개선을 '신뢰도 성장(Reliability Growth)'이라고 한다. 또 '신뢰도 성장'을 위해 계획 수립과, 목표 달성 수준에 따른 자원 할당의 결정 등 전체 운영 프로세스를 '신뢰도 성장 관리(Reliability Growth Management)'라고 한다.[17] 결국 신뢰도 수용 여부를 판단할 시점까지 '신뢰도 성장'을 지속해 나가야 하는데 이를 위한 절차를 'Test - Analyze - and - Fix(TAAF) Procedure', 또는 'Test - Analyze - and - Redesign(TAAR) Procedure'라고 부른다. '신뢰도 성장'이 '문제 해결'을 위한 '방법론(Methodology)'이면, 'TAAF'는 그에 포함된 '로드맵'으로 볼 수 있다. '신뢰도 성장'에 주요하게 쓰이는 정량화 방법에 'Duane Model'과 'Crow-AMSAA Model'이 있다. 이들의 쓰임새와 자세한 내용에 대해서는 「MIL-HDBK-189C, Reliability Growth Management」에 기술되어 있다.[18]

○ **RDT/RQT** - 'Reliability Demonstration Test / Reliability Qualification Test'를 줄인 말이다. 우리말로는 'RDT(신뢰도 실증 시험)/ RQT(신뢰도 보증 시험)'으로도 불린다. 앞서 'RGT'가 아이템의 '신뢰도' 목표를 충족시키지 못할 경우 그 원인을 찾아 제거하는 시험 활동이면, 'RDT/RQT'는 아이템의 요구 신뢰도가 얻어졌는지 확인하기

---

17) 「MIL-HDBK-189C」의 '3. Definition.'
18) '신뢰도 성장'에 대해 쉽게 정리된 자료로 다음이 있다. → 「Explaining Reliability Growth」, SAS White Paper.

위한 시험 활동이다.

'RDT'는 아이템이 고장 날 때까지의 시간, 즉 '수명'을 측정하는 시험이며, '가속 수명 시험법'을 적용할 수 있다. 주로 '개발 단계'에서 아이템의 수명 정보를 획득하기 위해 실시된다. 'RDT'는 보통 정해진 기간 동안 지정된 수만큼의 아이템을 시험하면서 '설계 신뢰도(수명)'를 만족하는지 관찰한다. 예를 들어, 허용 가능한 고장 아이템 수가 '2개'일 경우, 지정된 기간 동안 실제 고장 수가 이 수를 초과하지 않는 한 '목표 신뢰도'를 만족한 것으로 판단한다. 만일 '허용 고장 수'를 넘은 경우, '목표 신뢰도' 실증에 실패한 것으로 판단하고 엔지니어는 정확한 '고장 시간', '정지 시간' 들의 기록 및 표준 데이터 분석법을 이용해 데이터 분석을 실시한 후 시험 지속 여부를 결정한다. 이때 수학적으로 좀 더 정확한 수명 정보를 얻기 위해 '고장 허용 수'와 시험 기간을 늘리는 새로운 시험법 도입을 검토할 수 있다. 그러나 최초 실증에 실패한 결과를 번복할 목적으로 이용되진 않는다.[19] 본문의 「3. 통계 패키지를 이용한 시험 계획」 참조.

'RQT'는 신뢰성 시험법들을 규정하고 있는 「MIL-STD-781D, Reliability Testing for Engineering Development, Qualification, and Production」에 따르면, "정해진 복합 환경 조건하에서 아이템의 설계가 제 성능과 신뢰성 요구 사항들을 만족하는지 실증하기 위함"으로 명시한다. 'RQT'는 종종 계약상 목표를 달성했는지 검증할 목적으로 고객이 정한 시험법을 적용하기도 한다. 이 시험법들은 양산 전에 실시되며 최초 시제품들을 대상으로 하는 것이 일반적이다.

○ (가속) 수명 시험(Accelerated Life Test) - (KSA A 3004)에 따르면 '가속 수명 시험'은 "시험 시간을 단축할 목적으로 기준보다 가혹한 조건에서 실시하는 시험"이다. 필자가 연구원 시절 당시 디스플레이의 패러다임을 바꾼 평판 패널 PDP(Plasma Display Panel)의 '가속 수명 시험법'을 처음으로 개발했었다. 패널이 아직 개발 중이었으므로 변경 점이 상당했으며, 따라서 고객 요구 수명을 만족하는지 여부와 설계 변경 때마다 제품의 적합성을 확인하기 위한 빠른 평가법

---

19) 관련 내용은 "http://www.reliasoft.com/"의 'RDT' 내용 참조.

이 절실했기 때문이다. 아울러 조금 가혹한 조건이 인가되므로 고장의 양상도 미리 관찰할 수 있어 개발 단계에서 여러모로 매우 유용한 평가 방법임을 짐작케 한다.

'가속 수명 시험'은 학문적으로 '고장 메커니즘의 단축'으로 이해될 수 있다. 아이템이 '고장(Failure)' 나는 과정은 FMEA Sheet를 연상할 때 '부하(스트레스 유발) → 원인 → (고장 메커니즘) → 고장 모드 → 고장의 영향'의 단계를 거치며, 따라서 '부하'를 높이면 '고장 메커니즘'이 단축되는 효과가 생겨 '빠른 고장'이 촉발된다. '고장 메커니즘'을 단축시키는 방법은 고온, 고압, 고습도의 상태에서 실시되는 'PCT(Pressure Cooker Test)', '온도'를 올려 화학 반응을 촉진시키는 시험법, 부하를 크게 해 피로도를 키우는 시험법, 그 외에 전류, 진동, 충·방전율 등 다양한 스트레스를 키우는 방법들이 존재한다. '수명 시험 목적'은 '① 수명 예측', '② 설계 검증', '③ 양산 검증', '④ 불량 선별', '⑤ 고장 재현'이 핵심이다. 특히 이보다 훨씬 더 강한 스트레스를 인가하는 시험법들에 'HALT(Highly Accelerated Life Test)', 'HASS(Highly Accelerated Stress Screening)'가 있다. 예를 들어 회로의 취약점을 파악하기 위해 액체 질소(-196℃)에 넣은 뒤 가장 먼저 파열된 영역이 가장 취약한 영역으로 해석하는 접근 등이다. 그러나 재현되고 예측되어야 하므로 모델링 연구의 어려움이 있다.

○ **환경시험(Environmental Test)** - 「MIL-STD-721C」에 따르면 '환경(Environment)'은 "아이템의 형태, 성능, 신뢰성, 고장에 영향을 주는 자연적, 인공적 또는 자체 유도된 내·외부 조건들 - 여기엔 온도, 습도, 방사선, 자기장, 전기장, 충격, 진동 등이 포함됨 - 의 전체"로 정의한다. 따라서 '환경시험'은 아이템을 환경에 노출시켜 그의 형태, 성능, 신뢰성, 고장을 평가하는 시험이다. 관련 군사 규격에 「MIL-STD-810G」가 있다. 이 규격은 총 세 개의 파트로 구성되어 있으며, 'Part One'은 환경 설계와 시험 맞춤 과정에서의 관리, 공학, 기술적 역할을 설명하고, 'Part Two'는 그에 따라 적용될 일반적/구체적인 시험 방법을, 'Part Three'는 전 세계 다양한 기후 지역에서 사용되는 군수품과 물자들의 연구, 개발, 시험, 평가들

에 대해 현실적으로 고려해야 할 지침을 제공한다. 'Part Two'의 시험법엔 온도, 습도, 압력 등 총 29개의 시험법이 자세히 소개되어 있다. 군수품뿐 아니라 상용 제품의 평가에서도 훌륭한 가이드가 될 수 있으므로 시험 시 참고할 만하다.

지금까지 [그림 Ⅰ-6] 중 「설계 단계」에서 쓰이는 신뢰성 기법들에 대해 알아보았다. 다음은 「**생산 단계**」에서의 신뢰성 기법들에 대해 알아보자. 대표적인 기법들에 '초기 고장 제거(Burn-in)', 'ESS(Environmental Stress Screening)', 'PRAT(Production Reliability Acceptance Tests)' 등이 있다. 다음은 이들의 역할에 대해 간단히 정리한 내용이다.

○ **초기 고장 제거(Burn-in)** - 「MIL-STD-721C」에 따르면 'Burn-in'은 "전 처리 (Pre-conditioning) 과정으로서, 아이템을 결정짓는 주요 특성들을 안정화시킬 목적으로 스트레스를 유발시킨 환경하에서 아이템을 작동시키는 활동이며 De-bugging 과는 차이가 있다."이다. 국내 제조업에서는 주로 'Aging(노화시킴)'이란 표현을 혼용해 쓴다. '숙성' 또는 '길들이기' 등으로 바꿔 쓰면 이해가 쉽다. 진공 부품의 경우 구성 재료들에 불량 이온 가스들이 포함되어있으면 시간이 지남에 따라 부품 작동에 좋지 않은 영향을 미칠 수 있다. 이를 미리 열이나 전압 등으로 강제 방출시키면 시장에서 더 오랜 기간 기능을 유지한다. 기계 장치들도 최초 조립이 매끄럽지 못할 때 미리 작동시켜 움직임을 유연하게 해놓으면 시장에 판매되었을 때 예기치 못한 초기 고장의 다량 발생을 줄일 수 있다. 그러나 'Burn-in'은 주로 전자 장치나 조립품들의 안정화에 쓰인다. 아이템에 스트레스를 유발시키기 때문에 문제 있는 아이템을 미리 걸러내는 '선별 검사(Screening)' 기능도 수행한다.

○ **ESS(Environmental Stress Screening)** - 「MIL-STD-721C」에 따르면 'ESS'는 "부품의 취약점과 제조 중 결점을 드러내 조치할 목적으로 스트레스를 유발하는 환경하에서 치러지는 일련의 시험들"이다. 'Burn-in'과 혼동하는 경우도 있어 두 용

어에 대해 다른 출처의 내용을 다음에 추가하였다.[20]

☞ ESS: 'RSS(Reliability Stress Screening)'로도 불린다. 시장에서 아이템의 고장을 최소화시키기 위해 '설계 단계'와 '생산 단계' 모두에서 사용된다. '설계 단계'에서는 보통 'Testing'으로 불리며, 양산 전 설계에 존재할 수 있는 내적 결점이나 취약 부위를 찾는데 이용된다. '생산 단계'에서는 'Screening'으로 불리며, 고객의 사용 환경에서 아이템의 고장을 유발하는 잘못된 부품이나 제조 과정 중 생겨난 결점들을 찾는데 이용된다.

☞ Burn-in: 전자 조립품의 경우 출하 전 열적 노화를 촉진시키는 과정이다. 일반적으로 시장에 처음 출시될 때 '초기 고장률'이 매우 높은데, 그 원인이 주로 제조상 결점에 기인함에 따라 '초기 고장(Early Failure)'을 일으키지 않도록 조립품의 노화를 가속화시키는데 이용된다.

○ **PRAT(Production Reliability Acceptance Tests)** - 「MIL-STD-781D」의 'Task 302'에 따르면 'PRAT'은 "지정된 환경 조건하에서 아이템의 요구 성능과 신뢰성 요구 사항들을 생산 설비가 계속 유지시켜 주는지를 평가하는 시험"이다. 우리말로는 '생산 신뢰성 수용 시험'쯤 된다. 내용을 풀어 쓰면 '양산 승인된 아이템이 생산 과정, 부품 선택, 조업 능력, 그 밖의 여러 절차들을 거치면서 그의 신뢰성 수준이 저하되지 않도록 보증하는 활동, 또는 양산 중 아이템의 신뢰성 저하 여부를 검출하는 활동'으로 요약된다. 통상 생산 전반에 걸쳐 지속적으로 진행되며, 이를 위해 매 생산 로트로부터 아이템 표본들이 추출된다. 시험 초기엔 생산이 '관리하'에 있다는 분명한 확신이 설 때까지 평가 기간은 길게, '표본 크기'도 충분히 크게 가져갈 수 있다. 그러나 '관리 상태'에 이르면 품질을 관찰할 수 있는 최저 수준까지 '표본 크기'와 '시험 기간'을 줄여나간다. 'PRAT'은 아이템의 실제 작동 환경을 가장한 환경에서 진행되며, 'PRAT' 시작 전에 조업과 생산 문제, 재료의 결점들을 미리 걸러내기 위한 'ESS' 시험이 선행되어야 한다.

---

20) P. D. J. Clark and A. Dye (2001), A Draft Environmental Stress Screening and Burn In Test Procedure for Electronic Equipment used within the Pierre Auger Observatory, p.2.

관련 내용은 「MIL-STD-781D」의 'Task 302'에 실려 있다.

다시 [그림 Ⅰ-6]으로 돌아가 **「운용 단계」**를 보자. 여기에는 설계된 아이템 이 잘 생산되도록 양산 프로세스를 보전하는 '보전책 결정(Maintenance Policy Determination)'과, 아이템 고장 시 대응하기 위한 '예비품 관리', 데이터 분석 을 통해 아이템의 상태를 추적하고 설계치 만족 여부를 판단하는 '경향 분석 (Trend Analysis)'이 있다. 이들에 대한 내용은 다음과 같다.

○ **보전책 결정(Maintenance Policy Determination)** - '보전(保全)'은 '온전히 지킨 다.'의 뜻이다. 제조 부문의 경우 주로 생산 설비가 그 대상이다. 설비가 제 기능 을 발휘하지 못하거나 시간에 따라 기능이 떨어지는 것을 방치하면 아무리 설계 가 완전해도 기대를 충족시키기 어렵다. 특히 보전의 대상인 설비들은 '자산 (Asset)'이고, '보전책 결정'을 위해서는 '설계(Engineering)→구매(Procurement)→ 건설(Construction)→운영(Operation)→보전(Maintenance)→폐기(Disposal)'의 전 과 정, 즉 '자산(설비) 생애 주기(Asset Life Cycle)'를 고려하는 것이 바람직하다. 이를 통해 설계 아이템의 생산이 원활하고 생산비 절감과 생산 운용 전체의 효율 을 높일 수 있다. 보전 정책의 결정엔 'RCM(Reliability Centered Maintenance)' 과 또 다른 접근법인 'PMO(Plant Maintenance Optimization)'가 있다.
먼저 'RCM'은 1978년 민간 항공기의 초기 보전 요구 사항들을 정의할 목적으로 'Nowlan & Heap'에 의해 개발되어 '설계 단계'에 처음 도입되었다. 항공기는 서 비스를 하기 전 반드시 정비 프로그램을 인증 받아야 하기 때문이다. 수행 절차 는 「SAE-JSA-1011」인 'Evaluation Criteria for Reliability Centered Maintenance (RCM) processes'에 근거하며, 일부 통계적 방법들은 「MIL-STD-2173」에 기술 되어 있다.
'PMO'는 'RCM'의 의사 결정 논리를 반영해 개량된 또 다른 접근법이다. 'RCM'과 달리 'PMO'는 많은 방법들이 개발되었으며, '미국 원자력 산업(US

Nuclear Power Industry)'에서 8년 동안 적용한 뒤, '북미 원자력 규제 위원회 (North American Nuclear Regulatory Commission)'에서 그 유용성을 인정받았다. 여러 방법들이 있기 때문에 특정 방법을 규격으로 정하지 않고 있다. 일반적으로 'OMCS'[21]라는 기업에서 몇몇 오스트레일리아 기업들의 도움으로 5년간 개발된 'PMO 2000'의 방법 등이 활용되고 있다. 참고로 'PMO 2000 Process'는 '9-Step'으로 이루어져 있고[22], 가장 핵심인 'Step-6'이 '보전책 결정(Maintenance Policy Determination)'이다. 'RCM'과 'PMO'의 최종 결과는 같지만 결과에 이르는 과정에 대해서, 'PMO'가 'RCM'에 비해 6배 더 적은 비용과 6배 더 빠른 것으로 자체 평가하고 있다. 두 접근법의 각 내용과 장·단점의 비교에 대해서는 관련 자료를 참고하기 바란다.[23]

○ **예비품 관리** - 설비가 갑자기 고장 나는 '돌발 고장', 또 고장을 미리 예측해서 대응하는 '계획 보전'들은 모두 고장, 정비, 정전 등의 '휴지 시간'이 존재한다. 그런데 이 시간이 길어질수록 생산성도 비례해서 떨어진다. 따라서 '휴지 시간'을 단축하기 위한 기본 정책이 뒤따라야 하며 필요한 예비품은 필요한 시점에 언제든 사용가능한 상태로 만들어 놔야 한다. 이 같은 접근을 '예비품 관리'라고 하며, 관리를 통해 부품의 표준화, 제품의 수명 연장, 신뢰성 향상과 같은 개선들이 가능하다. 설계 단계에서의 '부품 관리 프로그램'은 「MIL-STD-785B」인 'Reliability Program for Systems and Equipment Development and Production, Task 207'에 간단히 언급되어 있고, 상세한 관리 절차는 「MIL-STD-965A」인 'Parts Control Program'과 연결되어 있다. 그러나 '예비품 관리'는 앞서 '보전책 결정'에서 언급한 '생애 주기(Life Cycle)' 속에서 다루어지는 게 일반적이다. 특히 '생애 주기'는 아이템의 부품이나 설비의 구매부터 폐기에 이르는 생애 전 과정에서 발생되는 비용을 분석하고 최소화하는 활동이 포함되며, '예비품 관리'

---

21) www.omcsinternational.com
22) '9-Step'에 대해서는 "Joel Levitt (2004), 「Managing Factory Maintenance」, Industrial Press Inc. pp.136~138" 참조.
23) Steve Turner "PM Optimization Maintenance Analysis of the Future."

역시 그 범위 속에서 최적화된 관리 체계를 마련한다. 비용 관련 용어들엔 '전체 소유 비용(Total Cost Of Ownership, TCO)', '전 생애 비용(Whole Life Cost, WLC)', '생애 주기 비용(Life Cycle Cost, LCC)' 들이 쓰인다. 관련 규격들에 대해서는 주석을 참고하기 바란다.24)

○ **경향 분석(Trend Analysis)** - 설계를 마친 아이템이 양산에 들어가면 처음 목표한 값들이 저절로 만들어지는 일은 없다. 생산 중 예상치 못한 수많은 변수들이 작용하기 때문이다. 따라서 제품별, 부품별 등으로 구분해 생산 전체의 품질 경향을 관찰하고 관리할 목적으로 데이터를 수집해 분석하는 활동이 매우 중요하다. 일반적으로 '품질 경향 분석'은 생산 전체 수준을 가늠할 만한 지표인 'PPM', '공정 능력 지수(Cp, Cpk)', '시그마 수준' 등이 쓰이나 아이템과 관련한 '품질 특성'들도 범위에 포함된다. 분석 결과 목표 미달 시 개선 활동을 통해 문제점들을 보완할 수 있으며, 특히 개선을 목적으로 수행되는 분석을 '품질 Big Data 분석'이라고도 한다. 요즘같이 데이터 용량이 거의 무한에 가깝게 저장되는 환경에서 양산 중 수집되는 데이터 역시 매우 큰 용량을 차지하기 때문이다. 'Big Data' 하면 'SNS(Social Network Service)'상에서의 무형의 데이터를 지칭하지만 기업 내에서 발생된 데이터는 체계성을 띠고 있으므로 'SNS 데이터'와 구별하기 위해 '품질 Big Data'처럼 '품질'을 붙이는 것이 바람직하다. 양산 제품에 대한 '경향 분석'을 확장하면 시장에서 겪게 되는 제품의 시계열 변화, 또는 외부 환경 영향에 대한 제품의 기능 변화와 연결된다.

다시 [그림 Ⅰ-6]으로 돌아가 「**폐기 단계**」를 보자. 여기에는 '수명 연장 분석(Life Extension Analysis)'이 있다. 다음과 같다.

○ **수명 연장 분석(Life Extension Analysis)** - 앞서 '(품질) 경향 분석'이 양산 중

---

24) 1) IEC-60300-3-3, "Application Guide – Life Cycle Costing",
　　 2) SAE ARP4293, "Life Cycle Cost - Techniques and Applications"

수집된 데이터를 대상으로 한다면 '수명 연장 분석'은 '시장 데이터(Field Data)'를 대상으로 한다. 이 역시 '품질 Big Data'에 속한다. 아이템이 출하된 후 겪게 되는 다양한 고객사용 환경에서의 부하는 결국 아이템의 피로도 누적이나, 열화의 주 요인이 되며 설계한 기능에도 직접적 영향을 미친다. **외부 '잡음 요인'들에 관계없이 제 기능을 유지하는 성질을 '강건성(Robustness)'**이라 하고, **시간에 따라 '강건성'이 유지되는 성질을 '신뢰성(Reliability)'**이라고 한다. 고객 환경에서 수집된 데이터로부터의 '신뢰성'은 추정된 값이라기보다 '실 수명'에 가까우므로 '설계 수명'과 비교하기 위한 매우 훌륭한 정보를 제공한다. 따라서 '수명'이 다한 아이템이나 유사 아이템들의 '품질 Big Data 분석'을 통해 설계의 문제점들을 보완하고 경쟁력 있는 아이템을 만들어 낼 수 있는 기회 마련이 가능하다. 또 문제의 증상을 물리·화학적으로 '고장 해석'할 현물이 있다는 점도 품질 개선에 매우 긍정적이다. 사실 '시장 데이터'로부터 확률·통계를 적용해 수명 특성을 유도하는데 어려움을 호소하거나, 양이 너무 많아 접근 자체를 소홀히 하는 기업이 상당수 존재한다. '시장 데이터'는 연구 개발 단계에서 품질의 현 수준과 미래 품질의 이정표 역할을 하는 바로미터이다. 따라서 어렵더라도 반드시 분석을 통해 활용해야 할 영역으로 이해되어야 한다.

3.2. 욕조 곡선(Bathtub Curve)

'신뢰성'을 학습하기 위해서는 아이템의 '고장(Failure)'에 익숙해야 한다. 미 국 방부 규격 용어집인 「MIL-STD-721C」에서 '고장'을 다음과 같이 기술하고 있다.

- 고장(Failure)→ 아이템, 또는 부품이 정해진 기능대로 작동하지 않거나 작동 불능 상태.

‘신뢰성’이 ‘시간 차원에서의 품질(Quality in Time Dimension)’을 다루므로 설계에서 정해준 기능이 제시간 내에 정상 작동하지 않으면 ‘고장’ 난 것이고, 출하된 아이템들에 대해 그 점유율이 높으면 ‘신뢰성’에 큰 문제가 생긴 것이다. ‘신뢰성’은 ‘고장’이 발생했을 때 ‘수명’과 ‘발생 빈도’로 그 정도를 평가하므로 아이템별로 ‘고장이 난 것인지, 그렇지 않은지의 판단 기준, 즉 고장의 정의’는 매우 중요하다. ‘고장의 정의’가 불명확하면 ‘신뢰성’을 파악할 수 없다는 뜻이다. 기업에서의 아이템별 ‘고장의 정의’는 통상 품질 관리에 필요한 ‘표준(Standard)’에 명시되어 있는 게 일반적이다. 예를 들어, 기업에서 관리하는 특정 아이템에 대한 품질관리 표준에 ‘기능의 완전 정지’, ‘전원 인가 1분 후 rpm(또는 전류, 풍속 등)이 목표 ± 5%를 벗어남’, ‘단위 면적당 결점 2개 초과’ 등이 발생하면 ‘고장’이라고 판단한다. ‘고장의 정의’는 모두 ‘설계 단계’ 또는 ‘생산 단계’에서 아이템에 부여된 기능을 만족시키지 못하는 한계 값들로 설정된다.

　조금 더 깊이 있는 학습을 위해서는 ‘고장’을 학문적으로 분류한 뒤 현재 다루고 있는 아이템이 어떤 고장의 분류에 속하는지 확인하는 일도 매우 중요하다. 왜냐하면 고장의 성향을 이해하면 해결을 위한 대책 마련도 구분해 유형화할 수 있을뿐더러, 그에 따른 관리 방식도 전문화시킬 수 있기 때문이다. 출처에 따라 조금씩 차이가 있긴 하지만 학문적으로 분류되는 ‘고장’은 일반적으로 [표 Ⅰ-4]와 같다.25)

　[표 Ⅰ-4]를 통해 ‘시간’에 따라 분류된 ‘돌발 고장’과 ‘점진 고장’, ‘기능 상태’에 따라 분류된 ‘완전 고장’과 ‘부분 고장’이 있고, 이들의 조합에 따라 ‘파국 고장’과 ‘열화 고장’이 결정된다.

---

25) 1) K.K. Aggarwal (2012), Reliability Engineering, Springer Science & Business Media, p.9.
　　 2) Renyan Jiang (2015), Introduction to Quality and Reliability Engineering, Springer, p.28.

[표 Ⅰ-4] '고장(Failures)'의 분류

기능＼시간		○돌발 고장: 사전 시험으로 탐지될 수 없는 고장. 발생 시간을 예측할 수 없음	○점진 고장: 사전 시험으로 탐지될 수 있는 고장
○간헐 고장: 매우 짧은 시간 동안만 기능 상실		—	
○지속 고장: 부품을 교환하거나 수리할 때까지 지속된 고장	○완전 고장: 기능을 완전히 잃어버림	■ 파국 고장: 돌발적이면서 완전한 고장	■ '열화 고장'이 방치될 때 생기는 고장
	○부분 고장: 요구된 기능을 완전히 잃지는 않음	■ 아이템의 제조가 막 완료된 시점(t=0)에서의 고장(Marginal Failures). 돌발적이면서 부분적인 고장은 이후 아이템 생애에서는 좀처럼 관찰되지 않음	■ 열화 고장: 점진적이면서 기능을 완전히 잃지 않는 고장

[참고]
○ 돌발 고장: Sudden Failures　　　　○ 점진 고장: Gradual Failures
○ 간헐 고장: Intermittent Failures　　○ 지속 고장: Extended Failures
○ 완전 고장: Complete Failures　　　○ 파국 고장: Catastrophic Failures
○ 부분 고장: Partial Failures　　　　○ 열화 고장: Degraded Failures

일단 아이템이 '고장'나면 고장 난 시점인 '시간(수명)'과 그 '빈도'를 측정하고, 이들을 한데 모아 아이템의 신뢰성 상태를 쉽게 파악하도록 차트를 만들 수 있다. 다음 [그림 Ⅰ-8]은 아이템의 '위험률 곡선'[26]에 대한 일반적 패턴을 모아놓은 예이다.

[그림 Ⅰ-8] '위험률 곡선'의 유형들

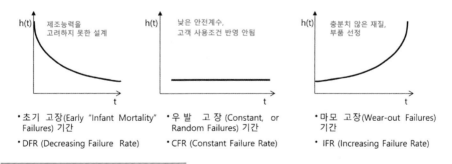

• 초기 고장(Early "Infant Mortality" Failures) 기간
• DFR (Decreasing Failure Rate)

• 우발 고장 (Constant, or Random Failures) 기간
• CFR (Constant Failure Rate)

• 마모 고장(Wear-out Failures) 기간
• IFR (Increasing Failure Rate)

---

26) '위험률(Hazard Rate)'은 '고장률(Failure Rate)', 또는 '순간 고장률(Instantaneous Failure Rate)'로도 불린다. 혼선이 생기지 않도록 용어에 대해 명확하게 이해하는 노력이 필요하다.

[그림 Ⅰ-8]의 맨 왼쪽은 '$t = 0$' 시점에서의 '위험률'인 '$h(t)$'가 최고점에서 급히 떨어지는 형상을, 중간 그래프는 시간에 따라 변동 없는 일정한 양상을, 그리고 맨 오른쪽은 '$h(t)$'가 급하게 오르는 양상을 보인다. '위험률(또는 고장률, 순간 고장률)'이란 수리를 고려치 않는 아이템에 대해 '시점 t까지 작동하던 아이템들 중 이후 아주 짧은 순간에 몇 대가 고장 났는지 와의 비율'이다. 시작 시점의 아이템 수가 특정 시간 영역이 끝나는 시점에 얼마나 줄었는가를 비율로 나타낸 신뢰성 척도 중 하나이다. 이때 관찰하고 있는 시간 간격을 '0'에 근접시켜 평가하므로 수학적으론 '미분'이 필요하다. 자세한 내용은 (식 Ⅰ-23), (식 Ⅰ-25)를 참고하기 바란다.

이제 [그림 Ⅰ-8]의 맨 왼쪽 그래프를 보자. '$t = 0$' 시점을 보면 아이템의 '위험률'이 매우 높다가 급속히 떨어진다. 사람도 아이템처럼 '수명'이 있다. 이해를 돕기 위해 사람의 수명을 빗대서 그래프를 해석해보자. 예를 들어, 출생 후 1년 미만의 영아가 인구 1,000명당 사망한 비율은 1920년에 100명 수준에서 우리나라의 경우 2014년 3명으로 줄었다. 1년이란 시간 구간 동안, 시작 시점 때 1,000명이 태어났다면 1920년의 경우, 1년이 지난 시점에 100명이 사망하던 데서 이제는 3명으로 줄었다는 뜻이다. 아기들이 태어나서 100일째 되던 날 '백일잔치'를 해주는 이유를 잘 알 것이다. 바로 출생 후 초기 사망률이 높았기 때문이다. 사망 원인을 추측해보면 태아 상태에서 질병을 갖고 있을 수도 있고(아이템의 경우 설계 결점), 임산부의 잘못된 식·생활 습관 등으로 나쁜 영향을 받았을 수도 있다. 또 태어날 때 적절한 대응을 못해 돌이킬 수 없는 손상을 아기에게 입혔을 수도 있다(아이템의 경우 제조상 문제).

아이템이 처음 설계되어 양산을 거치면 설계 자체 결점으로 생산되자마자 고장이 날 수 있다. 또 설계가 적절하더라도 제조 과정 중 처리 부적합이나 예상치 못한 잡음 요인으로 고장이 날 수도 있다. 즉 표준 이하의 원자재·부품의 사용이나, 불충분한 품질 관리, 숙련도 부족, 제조 기술의 부족, 조립 문제 등이 주 요인으로 작용한다. 실제 처음 설계된 제품이나 생산된 아이템의 경우 초기 불량률이 매우 높은 특징이 있다. 이 때문에 초기 불량률이 높은 현상을 '**Early Infant Mortality Failures(초기 유아 사망률 고장)**', 줄여서 '**초기 고장(Early Failures, 또는 Infant Mortality)**'으로 불린다. 또 신뢰성 분야에선 '위험률'이 줄어든다는 의미로 이 기간을 '**DFR(Decreasing Failure Rate)**'로 부른다. '초기 고장'은 공정 관리, 중간 및 최종 검사, 수명 시험 등을 통해 발견될 수 있다. 그러나 만약 소비자에게 판매된 후 발생된다면 '외부 실패 비용(External Failure Cost)'이 증가하므로 제품을 출하하기 전에 전수 검사를 실시하여 '초기 위험률'을 경감시켜야 한다. 이에 설계나 제조상 미흡한 요소를 줄여 이 기간의 '초기 위험률'을 낮출 목적으로 'Burn-in'이나 제조 기술 교육, 개선 등의 정책을 펴나간다. 'Burn-in'에는 고온이나 전기 과부하 인가, 온도 사이클 적용 등이 있다.

[그림 Ⅰ-8]의 가운데 그래프를 보자. 사람의 수명에 빗대면 가장 위험한 생후 1년이 지난 후 적정 연령대에 오르면 시간당 사망하는 비율은 일정해진다. 이 기간 중 사망하는 사람들은 예상치 못한 사고, 예로서 강도를 만났거나 낙석으로 인한 사고, 치명적 음식 섭취, 감전과 같은 우연한 사건들 때문에 일어난다. 사건을 일으키는 원인들이 무작위로 일어나므로 시간당 평균 사망률은 일정하다. 따라서 '**우발 고장(Random Failures)**'이나 '**고유 고장(Intrinsic Failures)**' 또는 일정한 위험률이란 뜻의 '**CFR(Constant Failure Rate)**'로 불린다. 아이템 관점에서의 고장 원인은 부하가 기대 수준보다 높아 아이템의 스트레스를 키우는 경우, 사용자 실수, 천재지변의 영향 등이 있다. '초기 고장' 기간에 행하는 'Burn-in' 시험으론 줄일 수 없는 요인들이다. **아이템의 사용 수명이 대부분 이 영역에 해당되므로 신뢰성 시험은 이곳의 '위험률 값'을 파악하기 위해 수행**된다. 고장 대책은 극한 사용 환경을 고려한 설계, 오·남용 방지, '안전 계수' 상향, 모니터링 강화, '부하 경감(Derating)'을 고려한 설계,

로트의 합부 판정을 수행하는 '신뢰성 표집 검사' 등이 있다.

[그림 Ⅰ-8]의 맨 오른쪽은 시간당 위험률이 급격히 오르는 패턴이다. 사람의 경우 주어진 수명이 다해 단위 시간당 사망률이 증가하는 구간이다. 1956년 집계된 우리나라의 평균 수명은 42세였다. 1971년 남자의 경우는 63.7세, 여자는 68.1세였고, 2016년 공식적인 수명은 81.4세이다. 만일 전쟁이나 영아 사망률을 제외하면 순수 성인들의 평균 연령은 좀 더 올라간다. 그러나 공통적으로 인간에 주어진 수명이 다하는 시점부터 사망률은 증가할 수밖에 없다. 아이템 역시 설계 당시 부여된 수명이 존재하며, 외부의 영향이 최소화되었더라도 위험률의 증가는 막을 수 없다. 이 기간의 고장 원인은 부식이나 산화, 마모나 피로도 누적, 균열, 수명이 짧은 부품의 사용, 충분치 않은 정비 등이 해당한다. 따라서 '**마모 고장(Wear-out Failures)**' 기간으로 부르고, 또 위험률 증가로부터 '**IFR(Increasing Failure Rate)**'로 불린다. '마모 고장' 시점을 알려면 표본을 추출하여 '내구 시험'을 실시한다. 대책은 주로 분해한 후 수리나 부품 교체 등의 '예방 보전', 수명이 긴 부품의 사용 등이 있다.

[그림 Ⅰ-8]의 'DFR', 'CFR', 'IFR'을 모두 합친 뒤 매끄럽게 연결하면 [그림 Ⅰ-9]와 같이 신뢰성 분야에서 매우 중요한 '욕조 곡선(Bathtub Curve)'을 얻는다.

'욕조 곡선'은 목욕하는 욕조와 비슷하다고 해서 생긴 용어이다. 인간의 수명 패턴을 빗댔다는 것 외에 정확한 기원은 알려져 있지 않다.

아이템의 수명도 인간의 수명과 유사하므로 신뢰성 연구에서 '욕조 곡선'은 수명 해석의 기본이면서 바탕을 이룬다. 즉 사람의 수명뿐만 아니라 제조되는 모든 아이템 역시 일반적으로 설계나 공정에서의 문제로 '초기 고장'이 높았다가 시간에 따라 일정한 수준에 이르며, 주어진 수명이 다한 시점부터 단위 시간당 고장의 비율은 증가한다.

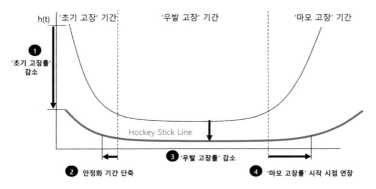

[그림 Ⅰ-9] '욕조 곡선(Bathtub Curve)'

단, 세 그래프를 연결했을 때 보이는 욕조 형상은 아이템의 수명 패턴이 그와 같은 흐름을 탈 것이란 직감적 해석일 뿐이다. 즉 어느 아이템의 수명을 분석했을 때 항상 욕조 형상을 얻는 것이 아니라 일반적으로 '위험률'은 아이템별로 셋(DFR, CFR, IFR) 중 하나의 형태를 띠게 되고, 그를 관찰해 현상을 진단하고 진단 결과를 개선 활동에 연계한다.

'욕조 곡선'들 중 신뢰성이 좋은 아이템의 곡선을 Ryu(2003)는 'Hockey Stick Line'이라고 불렀다.27) 하키 경기에서의 '하키용 스틱' 모양을 띠고 있기 때문이다([그림 Ⅰ-9] 참조). 그의 주장에 따르면 'Hockey Stick Line'은 신뢰성이 안 좋은 아이템의 'Bathtub Curve'가 있을 경우 향상시켜야 할 목표 역할을 한다. 따라서 [그림 Ⅰ-9]의 '욕조 곡선' 중 '① 초기 고장'은 'Hockey Stick Line'의 수준까지 낮추고, '② 안정화 기간'은 왼쪽으로 당겨야 하며, '③ 우발 고장'은 전체적으로 낮게, 그리고 '④ 마모 고장'의 시작 시점은 가능한 연장시키는 개선 노력이 필요하다.

---

27) Ryu D.S., Park S.J.&Jang W.W. 2003. The Novel Concepts for Reliability Technology, 11th Asia-Pacific Conference on Non-Destructive Testing, Nov.3~7.

3.3. 신뢰성 보증 사이클

'신뢰성'이 기업 내에서 어떻게 시작되고 운영되는지, 또 세부 활동들엔 어떤 것들이 존재하는지 이해하려면 큰 시야에서 전체 흐름을 본 뒤 관심 영역으로 들어가는 접근이 도움 된다. 이를 위해 다음 [그림 Ⅰ-10]에 기업에서 이루어지는 '신뢰성 보증 사이클(Reliability Assurance Cycle)'을 옮겨놓았다.

[그림 Ⅰ-10] 신뢰성 보증 사이클

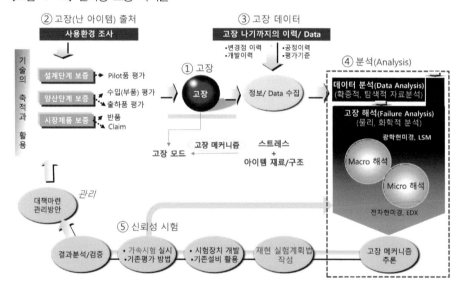

[그림 Ⅰ-10]을 보면 주요 항목별로 '원 번호'를 기입해놓았다. 본문으로 들어가기에 앞서 각 항목별로 구분한 다음의 내용이 전체를 이해하는데 큰 도움이 될 것이다.

① 고장(Failure)

'고장의 정의'와 '분류'에 대해서는 「3.2. 욕조 곡선(Bathtub Curve)」에서 [표 Ⅰ-4]를 전후해 자세히 설명한 바 있다. [그림 Ⅰ-10]은 '고장의 발생'부터 '대응 및 조치'까지의 전 흐름을 보여준다.

아이템에서 일어나는 '고장(Failure)'은 외부로부터 아이템에 '부하(Load)'가 작용해 '스트레스(Stress)'가 유발되고, 다시 '스트레스'와 '아이템의 재료·구조'가 복합적으로 상호 작용하면서 발생한다. 이때 아이템을 구성하는 부품들 간, 또는 내부에서 '고장 나기까지의 물리·화학·전기·열적 과정(Process)'을 겪게 되는데 이것을 '고장 메커니즘(Failure Mechanism)'이라고 한다. 또 '고장 메커니즘'의 최종 결과가 '고장 모드(Failure Mode)'이다. '고장 모드'는 우리말로 '고장 형태'로도 불리는데 '고장'의 여러 형태들을 총칭한 표현이다. 예로서 만일 아이템에 '고장'이 생기면 '고장 모드'로 분류된 여러 유형들 중 하나가 나타난 것이다. 다음은 지금까지의 설명을 정리하고, 또 이해를 돕도록 「MIL-STD-721C」에 포함된 용어들의 정의를 옮겨놓은 것이다.

○ 부하(Load)[28]→ 아이템이나 아이템 내부에 영향을 주는 외력. 그러나 외력뿐만 아니라 일반적으로 외부의 모든 환경적 요소까지 그 의미를 폭 넓게 해석한다. '부하'엔 '기계적(Mechanical)', '전기적(Electrical)', '열적(Thermal)', '화학적(Chemical)' 유형이 있다. '부하'가 아이템에 작용하면 '스트레스'가 유발되며, 아이템의 재료·구조들과 복합적으로 상호 작용해 '고장의 과정', 즉 '고장 메커니즘'을 일으킨다.

○ 고장 원인(Failure Cause)[29] → 물리·화학적 과정, 설계 결점, 품질 결점, 부품

---

28) John W. Evans, Jillian Y. Evans (2011), Product Integrity and Reliability in Design, Springer Science & Business Media, p.8.

29) ① MIL-STD-1629A 용어 정의. ② Renyan Jiang (2015), Introduction to Quality and Reliability Engineering, Springer, p.9.

의 오용 등. 이들은 모두 고장을 일으키는 기본 이유가 되거나, 열화처럼 고장에 이르게 하는 물리적 과정을 처음 개시하게 한다. '원인'과 '고장 유형'을 연결한 예로서, '부적절한 설계(원인)'로 인한 '설계 고장(Design Failure)', '아이템 내 취약점(원인)' 때문에 작동 중 스트레스를 이겨내지 못해 생기는 '약점 고장(Weakness Failure)', '규격에서 벗어난 아이템(원인)' 때문에 생기는 '제조 고장(Manufacturing Failure)', '오래됐거나 사용 환경(원인)' 때문에 생긴 '노화 고장(Aging Failure)', '설계 때 고려되지 않은 환경 속에서 아이템이 사용(원인)'된 '오용 고장(Misuse Failure)', '취급 부주의(원인)'로 생기는 '취급 고장(Mishandling Failure)'이 있다. (필자) '고장 원인'은 '부하'나 '고장 메커니즘'과 동격, 또는 그들을 포괄한 용어로 자주 쓰인다. 현업에서 고장 난 아이템을 방금 설명한 '고장의 유형'으로 구분한 뒤 그 '원인'을 찾아들어가는 접근도 고려될 만하다.

○ 고장 메커니즘(Failure Mechanism)→ 고장을 일으키는 물리적, 화학적, 전기적, 열적 과정(Process). 그 외의 과정도 포함. (필자) 산화·환원, 확산, 흡착, 분해, 결합, 결정화, 피로, 팽창·수축 등이 있다. 단어 뒤에 '~ 되는 과정'을 붙이면 이해가 쉽다. 예로서 두 재료 사이의 미세 크랙이나 재료 내부의 미세 틈새가 있을 때 '팽창되는 과정(의 메커니즘)'이 시작된다.

○ 고장 모드(Failure Mode)→ '고장 메커니즘'의 결과. 고장의 형태엔 단선(Open), 단락(Short), 파열(Fracture), 과도한 마모 등이 있다. (필자) '고장'은 아이템이 물리적으로 변화했을 때의 구체적 형태로 구분할 수 있는데, 이들을 한데 묶어 '고장 모드'라고 한다. 예를 들어 앞서 기술한 형태들 외에 변형, 부식, 잠음 등은 고장의 구체적 형태들이다. 메커니즘을 거치게 되면 '고장 모드'들 중 하나가 목격된다.

다음 [그림 Ⅰ-11]은 지금까지의 '부하', '고장 원인', '고장 메커니즘', '고장 모드', '고장' 들 간 관계를 '유리판의 파손'이란 '고장'을 예로 들어 정리한 개요도이다(주 28, John W. Evans).

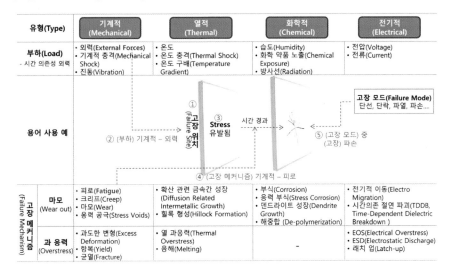

[그림 Ⅰ-11]에서 '고장'의 첫 발단인 '부하(Load)'에 '기계적', '열적', '화학적', '전기적' 유형과 각 유형별 세부 항목들이 기술되어있으며, 하단의 '고장 메커니즘(Failure Mechanism)' 역시 동일한 유형으로 구분되어있다. 다만 '고장 메커니즘'의 세부 항목들은 다시 '마모(Wear out)'와 '과 응력(Overstress)'으로 나뉜다.

그림(표)의 중앙에는 아이템인 '유리판'이 '고장(파손)'에 이르는 과정을 관련 용어들과 연결시켜 설명하고 있다('원 번호' 순으로 참고). 예를 들어, ① 유리판의 '고장 위치(Failure Site)'에, → ② '기계적 - 외력'이라고 하는 '부하(Load)'가 작용하여, → ③ '유리판'에 '스트레스(Stress)'가 유발되고, → ④ 시간 경과에 따라 '기계적 - 피로' 과정인 '고장 메커니즘(Failure Mechanism)'이 생겨, → ⑤ '고장 모드(Failure Mode)' 중 '파손'이라고 하는 '고장(Failure)'이 발생했다. 독자들이 업무에서 마주치는 '고장'에 대해 상기한 바와 같이 '①~⑤'순으로 해석하면 '고장 아이템'을 이해하는데 많은 도움을 받는다.

② 고장(난 아이템) 출처

기업에서 아이템의 '고장'은 어디로부터 오는 걸까? 이에 대한 해답은 [그림 I-10]을 통해 쉽게 파악할 수 있다.

우선 '설계 단계 보증'에서 '테스트 표본'을 가지고 정해진 신뢰성 시험을 수행하면 다양한 형태의 고장 아이템이 얻어진다. 이것을 'Pilot품 평가'라 하고 고장 난 아이템을 통해 다양한 설계 정보를 획득할 수 있다. 또 다른 출처가 '양산 단계 보증'이다. 여기엔 아이템을 제조하기 전 재료·부품들이 정상인지 여부를 검사하는 '수입(부품) 평가'와, 프로세스를 모두 거친 후 완제품을 대상으로 한 '출하품 평가'가 있다. 관심의 대상은 주로 '출하품 평가'이며 설계 문제와 제조 과정 중 문제들의 원인 모두를 고장 난 아이템으로부터 얻을 수 있다. 끝으로 '시장 제품 보증'이 있다. 여기엔 하자가 있어 고객들로부터 돌려받은 '반품'과, 일부 결점이 있을 때의 '클레임 품' 등 실사용 환경에서의 고장 아이템들이 포함된다. '시장 제품'은 '설계 환경'과 '제조 환경'에다가 '실사용 환경'에 대한 정보가 덧붙은 것이므로 이때 얻어진 '고장 아이템'은 제품의 실제 신뢰성 수준을 가늠하는 중요한 보물(?)이다.

③ 고장 데이터(Failure Data)

[그림 I-10]의 '②'에서 '설계 단계 보증', '양산 단계 보증', '시장 제품 보증'의 업무 결과 '고장 난 아이템'이 생겨나므로 '고장 데이터'는 각 보증 업무 부서로부터 수집된다. 또 '③ 고장 데이터' 위치에서 '변경 점 이력', '개발 이력', '공정 이력', '평가 기준' 등도 확보해야 할 중요한 정보들이며, '⑤ 신뢰성 시험' 단계와 같이 '고장 원인'을 분석한 후 현상을 재현시키는 시험에

서도 주요 정보와 자료들이 발생한다. '고장 데이터'의 출처를 다음과 같이 구분할 수도 있다.

○ 사내 'DB'에 저장되어있는 아이템의 '과거 데이터(Historial Data)'
○ 정부 기관에서 제공하고 있는 상업용 아이템들의 고장 자료 핸드북
○ 직접 실험을 통해 얻은 자료. 단 출처가 명확하나 많은 비용이 듦.

'고장 데이터'는 크게 '정성적 데이터'와 '정량적 데이터'로 구분된다. 만일 아이템의 '수명(Life)'을 연구할 경우 '고장 데이터'는 분석을 위한 '수명 자료(Life Data)'로도 이용된다. 따라서 앞으로 필요 시 '고장 데이터'를 '고장(또는 수명) 데이터'나 단순히 '수명 자료'로도 혼용해 표기할 것이다.

[그림 Ⅰ-12]는 **'정성적 데이터'** 설명을 위해 '유리판'에 '고장(파손)'이 일어나는 과정과 주요 관련 용어, 그리고 그들을 분류하기 위한 '고장 데이터 분류도'를 함께 그린 개요도이다.

[그림 Ⅰ-12] '고장'과 관련한 '정성적 데이터' 및 '고장 데이터' 분류도

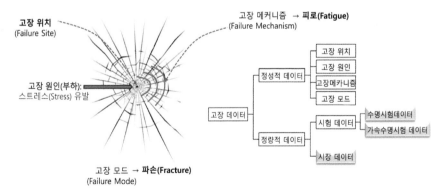

[그림 Ⅰ-12]는 가상의 예로서, 만일 아이템이 '유리판'이고, 특정 지점인 '고장 위치(Failure Site)'에 외부로부터 '고장 원인'인 '부하'를 계속해서 받는 다고 가정하자. 이때 '부하' 예의 하나로 '외력'이 될 수 있다. 정적인 상태에 서 '외력'이 계속 가해지면 결정 내부에 미세한 어긋남이 생겨 복원이 안 되고 점차 연성이 감소해 아주 미세한 틈이 생기며, 여기에 응력이 집중되기 시작해 균열이 넓어지고 결국 파손에 이른다. 이것을 '피로 파괴(Fatigue Failure)'[30]라고 한다. 따라서 '고장 위치 → 고장 원인(부하) 작용 → 고장 메커니즘(피로) → 고장 모드(파손)'가 있게 되며, 각 단계별 자료나 정보들이 수집될 경우 원인을 규명하는데 매우 유리하다. 이 같은 자료들을 '정성적 데이터'라고 한다.

반면에 '**정량적 데이터**'가 있다. [그림 Ⅰ-10]의 '② 고장(난 아이템) 출처' 위치에서 '설계 단계 보증'과 '양산 단계 보증', 그리고 '⑤ 신뢰성 시험' 위치 등에서 공통으로 발생하는 '(가속)수명 시험 데이터'가 그것이다. 설계 수명을 만족하는지 여부와 제조가 제대로 되었는지 확인하는 표집 수명 평가 등은 주어진 시험 계획에 따라 이루어지므로 분석에 필요한 양질의 데이터, 또는 아이템에 대한 객관적 정보를 제공한다. 정상 조건 상태에서의 수명 시험은 기간이 오래 걸리므로 주로 '가속 수명 시험'이 이루어진다. 특히 '설계 단계 보증'의 경우 '가속 계수'를 찾기 위한 가혹 시험 등의 이유로 아이템의 결점이 쉽게 드러나기 때문에 고장의 원인 해석에 중요 자료로 이용된다.

[그림 Ⅰ-12]의 '정량적 데이터'에 '시장 데이터(Field Data)'가 있다. [그림 Ⅰ-10]의 '② 고장(난 아이템) 출처' 위치 중 '시장 제품 보증'이 그 발생처이며, 고객이 실제 사용 중 접하게 되는 다양한 고장 정보를 담고 있어 아이템의 실질적이고 고유한 수준을 가늠하는 의미 있는 자료로 가치가 높다. '시장

---

30) '피로(Fatigue)'는 '고체 재료가 작은 힘을 반복하여 받음으로써 틈이나 균열이 생겨 마침내 파괴되는 현상'이다.

데이터'의 자료는 다음으로 구분된다.

○ 아이템이 어떤 환경에서 사용되었는가? - 사용 환경 자료
○ 얼마만큼 사용되었는가? - 수명 자료
○ 가동 조건은 어떠한가? - 작동 조건 자료
○ 어느 모델인가? - 설계 특징 자료

'시장 데이터'로부터 구분된 이들 내용들은 '원인 규명'에 필요한 구체적 정보들이므로 빠트려서는 안 될 매우 중요한 자료로 인식된다.

또 '시장 데이터'의 속성 중 하나는 개발된 아이템의 '현 수준' 정보를 품고 있다는데 있다. 설계 단계에서는 아직 아이템이 시장에 나가기 전이므로 시뮬레이션이나 수치 해석, 또는 신뢰성 시험 평가를 통해 '그럴 것이다'라고 하는 '수명'을 얻게 되는데, 사실 모두 '추정 값'들이다. 그러나 '시장 데이터'는 이미 시장에서 발생한 '실제 수명'이므로 설계 단계에서의 '추정 수명'과는 질적으로 차이가 있다. 또 다양한 '사용 환경 자료'까지 덧붙이면 설계에서 파악되지 않는 여러 취약점들을 알 수 있으며, 이들 정보들은 그대로 다음 신제품 개발에 적용된다. 따라서 양산이나 시장에서의 아이템이 어떤 수명을 가질지 정보가 미흡한 설계 단계에서 신뢰성을 어떻게 높일 수 있는지, 어떤 시험 평가가 적합한지, 또는 어느 정도의 수명을 확보하고 있는지를 고민하기보다 유사 아이템들의 시장에서 나타난 수명, 고장 정보들을 수집해보는 것도 큰 의미가 있다. 이로써 설계 단계에서 해야 할 구체적 과제들의 발굴을 '시장 데이터'로부터 역으로 얻어내는 역발상적 접근이 가능하다.

다음 [표 Ⅰ-5]에 신뢰성에서 자주 다루는 '수명 자료(Life Data)(또는 고장 데이터)'의 '유형'과 '정의'를 요약해놓았다. 처음 접한 독자들은 매우 낯설게 다가올 수 있으나 앞으로 자료 분석 사례를 통해 점점 익숙해질 것이다. 이참

에 명확하게 이해하고 다음 본문 내용으로 넘어가 주기 바란다.

[표 Ⅰ-5] '수명 자료(Life Data)'의 유형

유 형		내 용
완전 자료(Complete Data)		각 아이템의 고장 발생 시간을 정확히 알고 있는 데이터. 예를 들어, 작동 중인 기기의 베어링을 검사하고 각 베어링의 정확한 고장 시점인 '수명'을 기록한 데이터. '완전 자료', 또는 'Exact Times to Failure'로도 불림.
중도 절단 자료 (Censored Data)	우측 중도 절단 자료(Right-censored Data)	수명 시험 동안 고장이 발생하지 않은 데이터. 시험은 종료되었으므로 이 아이템의 수명은 시험 종료 시점 이후라는 것만 알려져 있음. 예를 들어, 한 엔지니어가 5개의 베어링을 시험한다고 할 때, 세 개의 베어링은 550시간, 670시간, 820시간에 고장이 발생하고 나머지 두 개 베어링은 1,000시간에 시험을 중단한 시점에도 여전히 작동한다면 두 개 베어링은 1,000시간에 '우측 중도 절단 자료'가 됨. '우측 관측 중단 데이터'라고도 함. ■ 정시 중단 시험(제1종 중도 절단, Type Ⅰ Censored) – 시험 종료 시점을 정해놓고 그 시간만큼 경과했을 때 관측 중단. ■ 정수 중단 시험(제2종 중도 절단, Type Ⅱ Censored) – 고장 개수를 정해놓고 그 수에 이르면 관측 중단.
	좌측 중도 절단 자료(Left-censored Data)	특정 시간 전에 고장이 발생한 데이터. '좌측 중도 절단된 자료'는 '구간 중도 절단'된 자료의 특별한 경우로, 0과 검사 시간 사이에 고장이 발생한 데이터임. 예를 들어, 베어링의 가속 수명 시험에서 매 500시간마다 고장 여부를 확인할 때, 첫 번째 확인 중 두 개 베어링이 고장 났다면 두 개 베어링 수명 500시간은 '좌측 중도 절단 자료'가 됨. 즉 500시간 이전인 점만 알지 정확한 고장 시점은 알 수 없음. '좌측 관측 중단 데이터'로도 불림.
	구간 중도 절단 자료(Interval, or Arbitrary-censored Data)	특정 시간 사이에 고장이 발생한 데이터. 정확한 고장 시간은 알 수 없고 고장 난 시간 구간만 알고 있음. 예를 들어, 10개의 저항을 시험할 때 매 10시간마다 고장 여부를 확인한다면 저항의 정확한 고장 시점은 모르고 단지 두 시간 구간(예, 20~30시간)만을 데이터로 기록하게 됨. '구간 관측 중단 데이터'로도 불림.

④ 분석(Analysis)

이어지는 활동은 [그림 Ⅰ-10]의 '신뢰성 보증 사이클(Reliability Assurance Cycle)' 중 '④ 분석(Analysis)'이다. '분석'은 크게 '데이터 분석(DA, Data Analysis)'과 '고장 해석(FA, Failure Analysis)'으로 나뉘는데, 만일 현업에서 이미 '고장 난 아이템'을 접하면 그 자체가 발생 원인에 대한 정보를 품고 있으므로 이 경우 바로 '고장 해석'을 수행한다. '고장 해석'은 물리·화학적 해석을 통해 고장의 발생 원인을 규명하는 활동으로 '고장 메커니즘 규명 → 원인 규명'의 활동이 진행된다. 반면 '데이터 분석'은 '고장 데이터'가 수집된 경우 수행되며 '가설 검정'에 해당하는 '확증적 자료 분석'이나 그래프를 통해 원인을 규명하는 '탐색적 자료 분석' 등이 수행된다. '데이터 분석'과 '고장 해석'은 상황에 따라 독립적으로 또는 상호 보완 차원에서 병행할 수 있다.

그러나 본 주제는 '신뢰성'에 대한 것이며, 따라서 수집된 '고장 데이터'는 '수명 자료'에 한정하고 내용의 중요성을 감안해 이어지는 별도의 소주제에서 자세히 다루고자 한다.

3.4. '수명 자료(고장 데이터) 분석' 절차

영문으로 'Failure Data Analysis' 외에 주로 신뢰성 수명 자료 분석임을 알리는 'Reliability Life Data Analysis' 또는 간단히 'Reliability Data Analysis' 나 'Life Data Analysis' 그리고 통계 분석임을 강조하기 위해 'The Statistical Analysis of Failure Time Data'들이 공식적으로 쓰인다. 그러나 주의할 점은 '고장 해석(Failure Analysis)'과는 분명하게 구분해야 한다. 다음은 「MIL-STD-721C」에 기술된 '고장 해석'의 정의이다.

- 고장 해석(Failure Analysis) → 고장이 발생한 후 '고장 모드'의 식별, '고장 메커니즘'과 그 추이를 확인할 목적으로 아이템 자체나 구조, 적용 상태, 그리고 문서들을 논리적이고 체계적으로 조사하는 것.

한마디로 정리하면 **'고장 해석'은 물리·화학적 해석의 영역이고, '고장 데이터 분석'은 '수명 자료의 통계적 분석' 영역**이다. 일반적으로 '데이터 분석'을 통해 밝혀진 증상이나 특이 사항의 '근본 원인(Root Cause)'을 밝힐 목적으로 고장 난 현물을 '고장 해석'한다. 이때 다양한 물리·화학 분석 장비들이 동원된다. '고장 해석'과 비슷한 용어 중 '고장 물리(Physics of Failure)'가 있다. **'고장 물리(Physics of Failure)'는 주로 신뢰성(수명)을 결정짓는 파라미터와 재료의 물리·화학적 변화를 연결 짓는 분야**이다. 예를 들면 아이템의 '평균 수명(MTTF)'과 '열화(Degradation)'을 일으키는 '온도'와의 모형 식을 찾는 연구 등이 해당된다. '고장(수명) 데이터 분석'은 이후부터 '수명 자료 분석'으로 통일해 부를 것이다. 다음은 이를 수행하는 절차이다.[31]

① 아이템에 대한 '수명 자료'를 수집한다.
아이템의 수명, 즉 '수명 자료(Life Data)'는 '시간(Hours)', '거리(km)', '회전(Cycles)' 또는 연속성을 나타내는 단위들이 쓰인다. 그러나 '수명 자료'의 측정 시점이 주로 '고장까지의 시간(Time to Failure)'이므로 쓰이는 단위는 '시간(hours)'이나 '시간'으로의 변환이 가능한 측도가 주를 이룬다.
아이템의 '수명 자료'는 [표 Ⅰ-5]에 기술된 바와 같이 고장 난 시점이 정확히 알려진 '완전 자료(Complete Data)'나, 수명 시험을 중단한 시점에도 여전히 작동 중이어서 앞으로 고장 나리란 점만 알 수 있는 '우측 중도 절단 자료(Right-censored Data)', 측정 시점 이전에 이미 고장 났다는 사실만 알고

---

31) http://www.weibull.com/basics/lifedata.htm

있는 '좌측 중도 절단 자료(Left-censored Data)', 또는 시간 구간 사이에 고장 난 사실만 알고 있는 '구간 중도 절단 자료(Interval-censored Data)'가 있으며, 이들이 뒤섞인 '임의 중도 절단 자료(Arbitrary-censored Data)'가 있다. 따라서 유형별로 그에 맞춰진 전용 분석 방법이 존재한다.

수집된 데이터 형태를 '시간 구간'으로 구분한 뒤 각 '구간'별로 아이템의 '고장 난 빈도'를 기록해놓은 경우, 또는 고장 난 시점을 기록한 경우의 각 예는 [표 Ⅰ-7]에, 또 분석 예는 「3.6. 신뢰성 척도(이산형 관점)」와 「3.7. 신뢰성 척도(연속형 관점)」를 참고하기 바란다.

② '수명 분포(수명 자료 모형)'를 찾는다.

수집된 '수명 자료'를 해석할 '수명 분포(Lifetime Distributions)'들이 존재하며, 이들 모두는 이미 통계학자나 수학자, 엔지니어들에 의해 함수로 체계화되어 있다. 예를 들어, 수집된 '수명 자료'는 동일 아이템들로부터 얻어지며 이상적으론 이들 모두의 값은 같아야 한다. 동일한 '설계 수명'을 목표로 제조되었기 때문이다. 그러나 실상은 값들이 제각각이며, 통계적으로 '일정한 범위에 흩어져 퍼져 있음', 즉 특정한 '분포(Distribution)'를 형성한다. 따라서 수집된 '수명 자료'로 '히스토그램'을 그렸을 때 'x - 축'의 변화에 따른 'y - 축'의 변화량을 설명할 수학적 함수가 존재하는데 이를 '확률 밀도 함수(Probability Density Function)', 또는 줄여서 'pdf'라고 한다. 다음 [그림 Ⅰ-13]은 '수명 자료'와 '확률 밀도 함수(pdf)'와의 관계를 보여 주는 개요도이다.

[그림 Ⅰ-13] '수명 자료'와 '확률 밀도 함수' 간 관계도

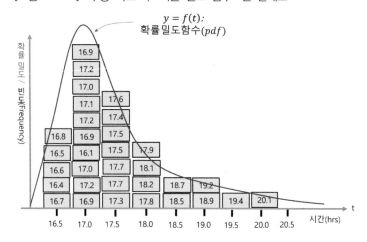

[그림 Ⅰ-13]에서 개별 '수명 자료'는 하나의 벽돌(Block)로 볼 수 있으며, 'x - 축'의 해당 위치에 쌓여지고, 이들은 '히스토그램'을 형성한다.[32] 또 전체 값들은 '16.4'부터 '20.1'까지 '분포(Distribution)'하며, 이들을 매끈한 곡선으로 연결한 뒤 'x의 변화(즉 시간 t의 변화)'에 따른 'y의 높낮이 변화'를 설명할 함수를 찾으면 '$y = f(t)$'인 '확률 밀도 함수(pdf)'를 얻는다. [그림 Ⅰ-13]의 'y - 축'은 개별 데이터들의 높이, 즉 몇 개인지의 '빈도(Frequency)'로, 수식인 '확률 밀도 함수'는 '확률 밀도'로 읽는다.

'확률 밀도 함수(pdf)'에는 [그림 Ⅰ-13]의 데이터가 쌓인 모양에 따라 '와이블 분포(Weibull Distribution)', '로그 정규 분포(Log-normal Distribution)', '지수 분포(Exponential Distribution)', '정규 분포(Normal Distribution)' 등이 있다. 특히 Waloddi Weibull(1887-1979)이 제시한 '와이블 분포'는 다양한 분

---

32) '원 자료(Raw Data)'로부터 "히스토그램 작성 → 확률 밀도 함수"까지의 상세 전개는 본문 「4.2. 분포 곡선 만들기」 설명 참조.

포를 설명할 수 있을 정도로 유연해 '수명 자료 분석'을 아예 '와이블 분석(Weibull Analysis)'으로 부르기도 한다.

[그림 Ⅰ-13]과 같이 '수명 자료 분포'를 설명할 '확률 밀도 함수'를 찾게 되면, 이어 그 '확률 밀도 함수' 속의 '모수(Parameter)'를 '원 수명 자료'로부터 추정함으로써 '수명 분포 모형'이 완성된다. 통계 패키지를 사용할 경우 '확률 밀도 함수'와 '모수'는 동시에 얻어진다.

③ 모수(Parameter)를 추정한다.

'수명 자료'를 설명할 '확률 밀도 함수'가 '정규 분포'나 '와이블 분포'라고 할 때 'x(즉 시간 t)'와 'y'와의 관계 식(모형)은 다음 (식 Ⅰ-5)와 같다.

$$y = f(t) = \frac{1}{\sqrt{2\pi}\,\sigma} e^{-\frac{(t-\mu)^2}{2\sigma^2}}, \quad y = f(t) = \frac{\beta}{\alpha}\left(\frac{t}{\alpha}\right)^{\beta-1} e^{-\left(\frac{t}{\alpha}\right)^{\beta}} \quad (\text{식 Ⅰ-5})$$

(식 Ⅰ-5)에서 각 함수에 포함된 't'는 임의의 값이 자유롭게 입력될 수 있으므로 '독립 변수'라 하고, 'y'의 경우 't'가 결정되면 따라서 결정되므로 '종속 변수'라고 한다. 이때 '정규 분포'의 'μ, σ'와, '와이블 분포'의 'α, β'는 모두 '모수(Parameter)'로 불리며, 수집된 데이터로부터 추정된다. '모수'는 데이터의 속성을 반영하므로 '모수'가 추정되면 그 아이템의 수명 특성, 즉 "'수명(t)'과 '생존 확률이나 고장 확률(y)' 간 관계식"이 완성된다.

'pdf'에 포함된 이들 '모수'를 수집된 '수명 자료'로부터 추정하는 방법은 수학적으로 이뤄지며, 여기엔 '최소 제곱법(LSM, Least Squares Method)'과 '최대 우도 추정(MLE, Maximum Likelihood Estimation)'이 있다. 전자는 주로 '완전 자료'에, 후자는 '중도 절단 자료' 또는 '완전 자료' 모두에 유용하다.

④ 아이템의 수명을 계산한다.

수집된 '수명 자료'를 해석할 'pdf'와 '모수'를 찾았으면 아이템의 '수명'을 계산한다. 통계 패키지를 이용할 경우 이 모든 작업은 동시에 일어난다. 예를 들어 [그림 I-13]의 곡선이 '와이블 분포'로 알려져 있다면 (식 I-5)를 이용해 데이터들의 '평균(수명)'을 다음의 식으로 계산한다.

$$
\begin{aligned}
[\text{와이블 분포}] & \qquad\qquad\qquad\qquad\qquad\qquad (\text{식 I-6}) \\
\text{평균 수명} &= \int_{-\infty}^{\infty} t \cdot f(t)dt \\
&= \int_{-\infty}^{\infty} t \cdot \left[\frac{\beta}{\alpha} \left(\frac{t}{\alpha} \right)^{\beta-1} e^{-\left(\frac{t}{\alpha} \right)^{\beta}} \right] dt
\end{aligned}
$$

(식 I-6)이 어떻게 '평균 수명'이 되는지는 (식 I-15)의 설명을 통해 이해될 수 있다. 해석이 필요한 독자는 해당 식을 참고하기 바란다.

아이템의 수명 분석을 통해 얻을 수 있는 '신뢰성 척도'들은 (식 I-6)만 존재하는 것은 아니다. 아이템의 '수명'을 대변하면서 자주 접하는 척도들을 모으면 다음 [표 I-6]과 같다.

[표 I-6] '수명 자료 분석'을 통해 얻을 수 있는 '신뢰성 척도'들

수명 평가용 척도		내 용
평균 수명, 확률	신뢰도(Reliability)나 생존 확률. 함수 $R(t)$인 경우 '신뢰도 함수'	특정 시점 이후에 아이템이 작동할 확률. 예를 들어 7년(61,320hrs)되는 시점에 아이템이 정상으로 작동할 확률이 '0.4로 나올 경우, 그 시점 이후로 아이템 100대 중 40대가 고장 나지 않고 작동할 가능성을 의미함.
	불신뢰도(Unreliability)나 고장 확률. 함수 $F(t)$인 경우 '불신뢰도 함수' 또는 '누적 분포 함수'	특정 시점 이전에 아이템이 고장 날 확률. 예를 들어 7년(61,320hrs)되는 시점에 아이템의 고장 날 확률이 '0.6'으로 나올 경우, 그때까지 아이템 100대 중 60대가 고장 날 가능성이 있다는 의미임. 따라서 '$R(t) + F(t) = 1$'의 관계가 성립함.
	확률 밀도, 함수 $f(t)$인 경우 '확률 밀도 함수'	'특정 구간에서의 고장 확률'은 '확률 밀도 함수[$f(t)$]'를 적분해서 얻음.

	고장률 (Failure Rates)	단위 시간당 아이템이 고장 나는 비율. 즉 단위 시간당 평균 몇 대씩 고장 나는지의 비율. '고장률$[\lambda(t)]$'과 '순간 고장률 또는 위험률$[h(t)]$'이 있음.
	평균 수명 (Mean Life)	아이템의 모집단이 정상적으로 작동할 시점(또는 고장 나는 시점)까지 기대되는 평균 시간. 주로 '평균 수명(MTTF, Mean Time to Failure)'이나 '평균 고장 시간(MTBF, Mean Time between Failures)'으로 표현됨.
	신뢰 수명(Reliable Life), 보증 시간(Warranty Time)	'목표 신뢰도'에서의 추정 수명 시간. 예를 들어, 목표로 정한 '신뢰도(Reliability)'가 '0.9(90% 생존 확률)'일 경우, 이때 추정된 수명이 4년(35,040hrs)이면, '보증 시간'은 '35,040시간'이 됨.
	B_x 수명 $[B_x\ \mathrm{Life}]$	고장 확률이 특정 값(%)일 때의 추정 시간. 예로, 모집단 아이템의 10%가 3,000시간 시점에 고장 날 것으로 기대된다면 'B_{10}수명'은 '3,000hrs'임. 역으로 '90%'가 '3,000hrs'까지 생존한다는 의미와도 같음. 'B'는 Ball and Roller Bearing Industry에서 유래하였으며, 베어링 보증 기간 설정에 'B_{10}수명'이 널리 사용됨. 최근엔 'Life'란 의미로 'L_{10}' 등의 표현을 쓰기도 함.
그래프	확률도 (Probability Plot)	'수명(t)'과 '고장 확률' 간 관계를 직선성으로 나타낸 플롯. 'pdf'별 모눈종이를 '확률지(Probability Paper)'라고 함. '수명 시간(t)'과 '점유율 또는 확률(y)'을 타점해 직선 관계에 있으면 '수명 자료'를 해석할 'pdf'와 '모수(Parameter)'를 찾을 수 있음.

　　[표 Ⅰ-6]에서 'B_{10} 수명'은 비록 베어링의 보증 기간을 설정할 목적으로 쓰기 시작했지만 대부분의 산업에서 공통적으로 사용되고 있는 척도이기도 하다. 'B_{10} 수명'이 담고 있는 모든 의미를 정리하면 다음과 같다.

[그림 Ⅰ-14] 'B_{10} 수명'의 의미

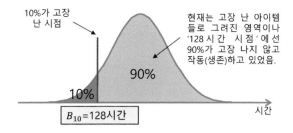

[그림 Ⅰ－14]에서 'B_{10} 수명'은 다음의 의미로 해석된다.

- 모집단 아이템이 128시간까지 고장 날 확률은 0.1(10%)임.
- 모집단 아이템의 10%가 128시간까지 고장 남.
- 모집단 아이템의 신뢰도가 128시간에서 0.9(90%)임.
- 모집단 아이템이 128시간에서 생존(작동)할 확률은 0.9(90%)임.

⑤ '신뢰 구간(Confidence Intervals)'을 구한다.

'수명 자료'로부터 아이템의 '수명'을 얻으면 이 값은 '추정 값(Estimate)'이며, '수명 자료'의 '표본 크기'가 한정되어 있으므로 실제 '모집단의 수명'으로 확정하기엔 무리가 있다. 이를 통계학에선 '표본 크기로 인한 불확실성(Uncertainty due to Sample Size)'이라고 한다. 예를 들어, 아이템의 수명이 '5,000hrs'로 나타났을 경우 '수명 자료'를 새롭게 얻어 수명을 재측정하면 다시 '5,000hrs'를 얻을지는 미지수다. 이와 같은 '불확실성'은 아이템의 전체(모집단)가 아닌 일부(표본)로부터 계산된 '추정 값'을 갖고 아이템의 모집단 수명을 판단하기 때문에 나타나는 현상이다. 따라서 '불확실성'을 해소하기 위해 '신뢰 구간(Confidence Interval)'을 이용한다. 좀 어렵지만 통계학에서의 '신뢰 구간'은 '표본 오차(Sampling Error)로 인한 불확실성을 정량화하는 한 방법'이다.[33] '신뢰 구간'은 '양측 신뢰 구간(Two-sided Confidence Interval)'과 '단측 신뢰 구간(One-sided Confidence Interval)'이 있으며 각각의 사용 예는 다음과 같다.

- 양측 신뢰 구간 → 분포의 '모수'를 추정할 때. '모수'는 불확실성이 존재하므로 상·하한 값의 활용이 의미가 있음(너무 크거나 너무 작아도

---

33) 관련 용어와 '정규 분포'에 기반 한 '신뢰 구간'의 유도 과정은 「Be the Solver_확증적 자료 분석」 편 참조

안 됨).

- (단측) 신뢰 하한(Lower One-Sided Confidence Bounds) → '신뢰도'를 추정할 때 사용. 즉, '신뢰도'는 클수록 좋은 '망대 특성' 성향을 띠며, 이 경우의 한계 설정은 '하한'이 의미가 있음.

- (단측) 신뢰 상한(Upper One-Sided Confidence Bounds) → '불신뢰도', '고장률' 등을 제시할 때 사용. 즉, 이들은 작을수록 좋은 '망소 특성'의 성향을 띠며, 따라서 한계 설정은 '상한'이 의미가 있음.

3.5. '수명 자료(고장 데이터)'의 예

한 아이템의 신뢰성 분석을 위해서는 두 개의 데이터 군이 요구된다. 하나는 '고장 시간(t)'이고, 다른 하나는 '고장 개수(n) 또는 빈도'이다. 예를 들어, '아이템$_1$'이 '50시간'되는 시점에 고장이 났으면 '고장 시간(t_1) = 50hrs'이고, '고장 개수(n_1) = 1개'이다. 만일 아이템 여럿을 동시에 작동시켜 놓았다면 '고장 시간'은 중복되거나 제각각일 수 있고, '고장 개수'도 동일 시점에 여럿이 발생할 수도, 또는 다른 시점에 제각각 한 개씩 발생할 수도 있다. 또 관찰 시점에 고장 나지 않고 여전히 작동 중인 아이템도 존재한다. 관심을 두고 있는 아이템의 수명이 얼마가 될지 확인하기 위해 시험과 평가를 수행하면 이를 '신뢰성 시험(Reliability Test)', 또는 '수명 시험(Life Test)'이라고 한다. 다음 [그림 Ⅰ-15]는 '수명 시험'의 유형을 보여주는 개요도이다.

[그림 Ⅰ-15] '수명 시험(Life Test)'의 유형

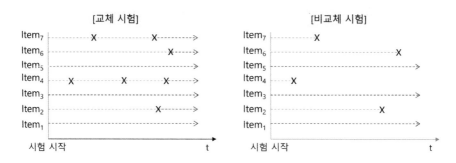

[그림 Ⅰ-15]에서 '$Item_1, Item_3, Item_5$'는 시험 중 고장 나지 않고 계속 작동 상태에 있고, '$Item_2, Item_4, Item_6, Item_7$'은, '교체 시험'의 경우 수리 또는 다른 'Item'으로 교체 후 시험을 계속하지만, '비교체 시험'에서는 고장 난 아이템은 고장 시점을 기록한 뒤 종료시키고 나머지 정상 작동 중인 아이템들로만 시험을 계속한다.

'비교체 시험'의 경우 '정시 중단(예로 5,000시간에 모든 시험을 종료)'할 경우 고장 난 아이템은 '완전 자료(Complete Data)'이고, 여전히 작동 중인 아이템은 '중도 절단 자료(Censored Data)'가 된다. '일정한 시험 시간'을 정해놓고 중단하면 '정시 중단 시험(제1종 중도 절단, Type Ⅰ Censored)', '일정한 고장 수량'을 정해놓고 그 수에 이른 시점에 시험을 종료하면 '정수 중단 시험(제2종 중도 절단, Type Ⅱ Censored)'이라고 한다. '수명 시험'이 종료되면 [그림 Ⅰ-15]의 시험 유형별로 얻게 되는 '수명 자료'는 다음과 같다.

- 교체 시험 → 고장 난 아이템을 수리한 시점부터 다음 고장 시점까지의 시간을 기록. 즉, 고장들 간 작동 시간(Time between Failures)을 얻음.
- 비교체 시험 → 고장까지의 시간(Time to Failure)과, 시험이 종료된 시

점에 정상 작동 중인 아이템들의 '중도 절단 시간(이 시간은 시험 종료 시점과 일치할 것임)'을 기록. 즉, '완전 자료'와 '중도 절단 자료'를 얻음.

이제 [그림 Ⅰ-15]의 '비교체 시험'을 통해 관심을 두고 있는 한 아이템의 수명 자료를 다음 [표 Ⅰ-7]과 같이 수집했다고 가정하자[34].

[표 Ⅰ-7] 수집된 '수명 자료'의 예(완전 자료)

시간대별 고장 수를 기록한 수명 자료			고장 시점을 기록한 수명 자료		
시간	고장 수	작동 수	Item No.	수명(hours)	중도 절단
0	0	46	1	10	F
			2	13	F
$0 \leq t \leq 20,000$	19	27	3	14	F
$20,000 < t \leq 40,000$	11	16	4	15	F
			5	13	F
			6	15	F
$40,000 < t \leq 60,000$	7	9	7	12	F
$60,000 < t \leq 80,000$	5	4	8	13	F
			9	11	F
$80,000 < t \leq 100,000$	4	0	10	16	F
$100,000 < t$	0	0	11	12	F
합	46	–	12	11	F
비고			중도 절단 자료(C), 완전 자료(F)		

[표 Ⅰ-7] 중 왼편의 '수명 자료'는 '시간(t)'을 구간으로 정한 뒤, 그 구간 내에서 고장 난 아이템의 수(빈도)를 기록하고 있다. 최초 '$N_0 = 46$개'로 시작되어 시간이 지날수록 누적 고장 수는 늘고 작동되는 아이템 수는 줄고 있다. 이 경우 [표 Ⅰ-5]의 '수명 자료 유형'들 중 '구간 (중도 절단) 자료'에 해

---

34) Kapur, K.C. & L.R. Lamberson (1977), Reliability in Engineering Design, Wiely & Sons, pp.33~35.

당한다(미니탭 「신뢰성/생존분석(L) > 분포 분석(임의 관측 중단)(I)」에서 분석됨).

이에 반해 [표 Ⅰ-7]의 오른편은 개별 아이템들의 각 고장 난 시점을 기록하고 있다. '중도 절단' 열에는 '완전 자료'임을 나타내는 'F(Failure)'가 표기되어 있다. 만일 '중도 절단 자료(Censored Data)'이면 'C'가 입력될 것이다. 고장 난 시점이 동일한 경우 빈도를 합쳐 기록해도 분석 결과엔 영향을 미치지 않는다(예로서, 'Item No.= 2, 5, 8'은 모두 '수명 = 13hrs'로 같으며, 이들을 합치면 '고장 빈도 = 3'이다. 이때는 '빈도' 열을 추가해 '수명 = 13'은 '빈도 = 3'으로, 나머지 '수명'들은 '빈도 = 1'로 재정리한다).

3.6. 신뢰성 척도(이산형 관점)

'수명 자료 분석'을 통해 얻을 수 있는 '신뢰성 척도(Measure of Reliability)'들은 앞서 [표 Ⅰ-6]에 기술한 바 있다. 이제 그들을 수학적 관점에서 해석해보자. 보통 이 대목부터 독자들이 신뢰성을 기피하곤 한다. '확률'들이 대거 등장하기 때문이다.

'신뢰성'은 '시간 차원에서의 품질'을 다루는 학문이다. 여기서 '시간'의 의미는 현재 측정값들을 이용해 아이템이 미래의 어느 시점까지 고장 나지 않고 정상으로 작동할 것인지 가늠할 척도이자 아직 발생되지 않은 사건을 정량화한 값이다. 따라서 '그럴 것이다.'와 같은 추측성 결론에 해당한다. 추측성 결론을 정량화하는 방법은 '확률'이 유일한 해결책이므로 사실 어렵게 느껴도 달리 방법은 없다. 그러나 그 내용을 가만히 들여다보면 꼭 복잡한 외계어로 구성된 것만은 아니다. 이론식을 먼저 학습하기보다 주어진 수명 자료로부터 꼭 알아야 할 척도들을 하나씩 유도해가면 의외로 친밀도가 높아질 수 있다.

학습에도 전략이 필요하다.

이에 '수명 자료'로부터 유도가 쉬운 척도들의 계산 과정을 먼저 학습한 뒤, 이어 좀 더 어려운 수학적 해석으로 내용을 확대해나갈 것이다. 자주 접하는 '신뢰성 척도'들에는 '불신뢰도(Unreliability)', '신뢰도(Reliability)', '고장률(Failure Rate)', '순간 고장률(Instantaneous Failure Rate) 또는 위험률(Hazard Rate)', '평균 수명(Mean Life: MTTF, MTBF)'[35] 등이 있다.

'이산형 관점'에서 신뢰성 척도를 얻을 경우 특정 시점임을 나타내는 't_i'처럼 '시점'을 구분 지을 '첨자, i'가 쓰인다. 본 단원에서는 [표 Ⅰ-7]의 '시간대별 고장 수를 기록한 수명 자료'를 기반으로 '신뢰성 척도'들에 대해 알아볼 것이다.

① 불신뢰도(또는 누적 고장 확률)[$F(t_i)$]

'수명 자료'는 고장 난 아이템을 대상으로 수집된다. 따라서 아이템의 신뢰성 평가도 '고장(Failure)'과 관련된 '불신뢰도'를 '신뢰도'보다 먼저 고려하는 것이 바람직하다.

'불신뢰도(Unreliability)'는 특정 시점에서의 '누적 고장 확률'로서, 정해진 시점 이하를 기준으로 "시험에 참여한 '총 아이템 수' 대비 '고장 난 아이템들의 누적 수'의 비율"로 얻는다. '$F(t_i)$'가 값이 아닌 함수로 표현되면 '불신뢰도 함수(Unreliability Function)' 또는 '누적 분포 함수(Cumulative Distribution Function)'라고 한다[(식 Ⅰ-7)참조]. 연속형에선 첨자 'i'가 빠진 '$F(t)$'이다.

계산 과정에 대한 이해를 돕기 위해 [표 Ⅰ-7]의 '시간대별 고장 수를 기록한 수명 자료'의 상황을 시각화하면 다음 [그림 Ⅰ-16]과 같다. 참고로 '시간대'별 척도 계산이 이루어지므로 '특정 시점'을 나타내는 '첨자(i)'가 붙어

---

35) (MTTF) Mean Time to Failure, (MTBF) Mean Time between Failures.

'$F(t_i)$'와 같이 표기한다는 점, 다시 한 번 상기하자.

[그림 Ⅰ-16] 시간대별 '고장 난 아이템'과 '생존한 아이템' 수

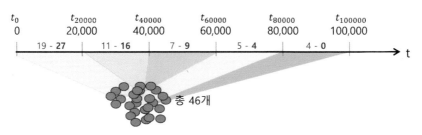

[그림 Ⅰ-16]에서 각 시간대(예로 '0~20,000') 사이에 기록된 '19 - 27' 등은 해당 '시간대에서의 고장 난 수 - 현 작동(생존) 수'를 각각 나타낸다. 맨 아래 '총 46개'는 최초 시험에 참여한 '총 아이템 수'로서 각 시점에서의 '불신뢰도(또는 신뢰도)' 계산 때 '분모'로 사용되는 점을 표현한 것이다.

예를 들어, '$0 \leq t \leq 20,000$'의 시간대는 "$t = 0$**시점에서 발생된 '고장 수' 부터, $t = 20,000$시점 이하까지 발생된 '고장 수'를 포함한다.**"는 뜻이다. '19 - 27'의 표현으로부터 이 시간대가 끝나는 시점을 포함해 '총 46'개의 시험 아이템들 중 '19개'가 고장 났고, 나머지 '27개'가 작동 중임을 알 수 있다. 생존한 '27개 아이템들'은 바로 이어지는 다음 구간인 '$20,000 < t \leq 40,000$'의 시작 개수로 작용한다.

'불신뢰도' 계산을 위해 [표 Ⅰ-7]의 '시간대별 고장 수를 기록한 수명 자료' 중 '$0 \leq t \leq 20,000$'를 '시점 = t_0'로 설정하고 다음 시간대를 '20,000시간'이 지났다는 의미로 '시점 = $t_{20,000}$', 그 다음 시간대는 '시점 = $t_{40,000}$' 식으로 나타냈다. 이때 't_0' 시점은 '고장 아이템 수 = 0개'이며, '생존 아이템 수 = 46개'라는 점을 [표 Ⅰ-7]의 '수명 자료'로부터 쉽게 알 수 있다. 이때 각 시점별 '불신뢰도'의 일반 계산식은 다음 (식 Ⅰ-7)과 같다.

$$F(t_i) = P(T \le t_i) = \frac{N_0 - n(t_i)}{N_0}, \qquad \text{(식 Ⅰ-7)}$$
$$where \ 'n(t_i)'는 \ 't_i 에서의 생존 아이템 수'$$

(식 Ⅰ-7)의 '$F(t_i)$'는 't_i 시점을 포함해서 고장 난 아이템들의 누적 수'를 적용하는 점에 주목하자. [그림 Ⅰ-16]과 (식 Ⅰ-7)에 따라 [표 Ⅰ-7]의 '수명 자료'를 활용하여 다음 [표 Ⅰ-8]과 같이 '불신뢰도'를 계산해서 얻는다.

[표 Ⅰ-8] '이산형 관점'의 '불신뢰도[$F(t_i)$]' 산정 예

시간대별 고장 수를 기록한 수명 자료			시점 (t_i)	$F(t_i)$	계산
시간 간격	고장 수	작동 수			
$0 \le t \le 20,000$	19	27	t_0	0.000	$= \dfrac{0}{46}$
$20,000 < t \le 40,000$	11	16	$t_{20,000}$	0.413	$= \dfrac{19}{46}$
$40,000 < t \le 60,000$	7	9	$t_{40,000}$	0.652	$= \dfrac{30}{46}$
$60,000 < t \le 80,000$	5	4	$t_{60,000}$	0.804	$= \dfrac{37}{46}$
$80,000 < t \le 100,000$	4	0	$t_{80,000}$	0.913	$= \dfrac{42}{46}$
$100,000 < t$	0	0	$t_{100,000}$	1.000	$= \dfrac{46}{46}$
합	46				

[표 Ⅰ-8]에서 처음 '총 46개'의 아이템들이 시간이 지날수록 고장 난 누적 수가 점점 증가하므로 '$F(t_i)$'는 '1'에 수렴한다.

② 신뢰도(또는 생존율, 생존 확률)[$R(t_i)$]

'신뢰도(Reliability)'의 정의는 '(KS)시스템이나 기기, 부품 등이 주어진 조건하에서 의도하는 기간 동안 규정된 기능을 고장 없이 발휘할 확률'이다. 한마디로 '생존 확률(Survival Probability)', 또는 '생존율(Survival Rate)'과 같은 의미다. '$R(t_i)$'가 값이 아닌 수식으로 표현될 경우 '신뢰도 함수(Reliability Function)', 또는 '생존 함수(Survival Function)'로 불린다. [표 Ⅰ-7]과 [그림 Ⅰ-16]의 각 시점에서의 '신뢰도[$R(t_i)$]'는 '총 46개 대비 작동 아이템들 수의 비율'이며, 수식으로 표현하면 다음과 같다.

$$R(t_i) = P(T > t_i) = \frac{n(t_i)}{N_0} \qquad \text{(식 Ⅰ-8)}$$
$$where \;\; 'n(t_i)' 는 \, 't_i 에서의 생존 아이템 수'$$

(식 Ⅰ-8)은 수학에서 표현하는 '확률'의 정의와 일치한다. 만일 '$t = 100$시간'에서 총 10개 아이템들 중 8개가 작동(2개가 고장) 중이면 이때의 '신뢰도'는 '8 ÷ 10 = 0.8'이다. 이때 '0.8'은 '$t = 100$을 초과($T > 100$)하는 시간대에서의 생존 확률'이다. '$T > 100$'는 "시점 '100시간'에서 '80%'가 생존해 있으니 그 이후로도 이 수준만큼 생존할 것이다"란 확률적 의미를 담고 있다.

'일반적으로 공학에서의 확률은, "사건 A가 일어날 확률을 'P'라 할 때, 'N번'의 반복 시행에서 사건 A가 일어난 횟수를 'n'이라 하면, 상대도수 'n/N'은 'N'이 커짐에 따라 '확률 P'에 근접한다."이다, 즉, 이때의 '확률 $P(A)$'는 다음과 같다.

$$P(A) = \lim_{N \to \infty} \left(\frac{n}{N} \right) = P \quad \rightarrow 이를\,'신뢰도'에 적용하면, \qquad \text{(식 Ⅰ-9)}$$
$$P(T > t_i) = \frac{n(t_i)}{N_0} = R(t_i) = 1 - F(t_i)$$
$$where, \, 'n(t_i)' 는 \, 't_i 에서의 생존 아이템 수'$$

(식 Ⅰ-9)에서 '$\lim\limits_{N \to \infty}$'이란, 예를 들어 총 아이템 수 '10개' 중 '8개'가 작동 중이면 확률이 '0.8'이지만 이 값은 10개를 재추출해서 계산할 때마다 달라진다. 그러나 동일한 구조의 아이템일 때 10개가 아닌 100개, 1,000개, 10,000개 등으로 그 수를 늘려 궁극적으론 전체 집단(모집단)을 대상으로 작동(생존) 중인 수를 셀 경우 그 비율은 특정 값(확률)에 수렴한다(모비율). 이와 같이 'N → ∞일 때 수렴함'을 '$\lim\limits_{N \to \infty}$'로 표현한다. 우리말로는 'Limit(리밋)'으로 읽는다. 마치 동전을 1회 던져서 앞면이 나오는 횟수를 셀 경우 시행할 때마다 다르지만, 1회가 아닌 무한히 시행한 횟수 대비 앞면이 나오는 횟수를 계산하면 '0.5'에 수렴하는 것과 같은 이치다. 이것을 확률통계학에서 '기댓값(Expected Value)'이라고 한다.

(식 Ⅰ-9)의 '신뢰도' 식은 '시간' 개념이 포함된 '확률 식'으로 재표현한 것이다. 즉 '특정 시점에서의 확률'과 같이 '시간' 개념이 추가되었다. 특히 '$P(T > t_i)$'의 '$T > t_i$'의 의미를 다시 강조하면 't_i 시점을 초과해 생존할 총 아이템 수' 또는 't_i 이하에서 고장 난 아이템 수를 제외하고 남은 아이템 수'의 의미가 담겨 있다. 'P'는 '확률(Probability)' 또는 단순히 '비율'이므로 "'t_i'를 초과해 생존할 아이템 수를 시험에 참여한 총 아이템 수로 나누어 얻은 값(확률, 비율)"의 의미를 담는다.

[그림 Ⅰ-16]과 (식 Ⅰ-9)에 따라 [표 Ⅰ-7]의 '시간대별 고장 수를 기록한 수명 자료'에 대한 시점별 '신뢰도'는 [표 Ⅰ-9]와 같이 계산된다.

[표 Ⅰ-9]의 시점 '$t_{20,000}$, 또는 $t = 20,000$'에서의 '신뢰도'를 계산하면 '$27 \div 46 = 0.587$'이다. 여기서 '신뢰도'는 '$P(T > 20,000)$'처럼 '20,000'을 포함하지 않는다. 즉 '20,000시간을 초과해 생존할 확률'이며, 이때 '생존 수 = 27개'는 '20,000시간 이하에서 고장 난 모든 아이템 수를 제외한 생존 수량'이고, 이때 '$P(T > 20,000) = 1 - F(t_{20,000}) = 1 - 0.413$'을 나타낸다.

시간대별 고장 수를 기록한 수명데이터			시점 (t_i)	$F(t_i)$	$R(t_i)$	계산
시간 간격	고장 수	작동 수				
$0 \le t \le 20,000$	19	27	t_0	0.000	1.000	$= \dfrac{n(t_0)}{N_0} = \dfrac{46}{46}$, or $1 - 0.000$
$20,000 < t \le 40,000$	11	16	$t_{20,000}$	0.413	0.587	$= \dfrac{n(t_{20,000})}{N_0} = \dfrac{27}{46}$, or $1 - 0.413$
$40,000 < t \le 60,000$	7	9	$t_{40,000}$	0.652	0.348	$= \dfrac{n(t_{40,000})}{N_0} = \dfrac{16}{46}$, or $1 - 0.652$
$60,000 < t \le 80,000$	5	4	$t_{60,000}$	0.804	0.196	$= \dfrac{n(t_{60,000})}{N_0} = \dfrac{9}{46}$, or $1 - 0.804$
$80,000 < t \le 100,000$	4	0	$t_{80,000}$	0.913	0.087	$= \dfrac{n(t_{80,000})}{N_0} = \dfrac{4}{46}$, or $1 - 0.913$
$100,000 < t$	0	0	$t_{100,000}$	1.000	0.000	$= \dfrac{n(t_{100,000})}{N_0} = \dfrac{0}{46}$, or $1 - 1$
합	46					

정리하면 '$R(t = 20,000)$ or $R(t_{20,000}) = P(T > 20,000) = 27/46 = 0.587$'이며, 이때 산식의 의미를 잘 파악해 둘 필요가 있다. 가끔 교육 중에 일부 교육생들이 이 대목에서 혼란을 느끼고 본문을 이해하는데 곤혹을 치르곤 한다. '생존 확률'의 의미를 다시 한 번 되새겨볼 필요가 있다.

시간에 따른 '$R(t_i)$'와 '$F(t_i)$'를 엑셀에서 그래프로 작성하면 다음 [그림 Ⅰ-17]과 같다.

[그림 Ⅰ-17] '신뢰도$[R(t_i)]$'와 '불신뢰도$[F(t_i)]$' 관계도

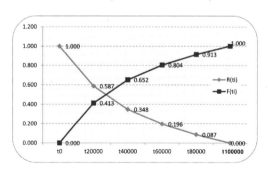

당연한 결과이다. [그림 Ⅰ-17]에서의 '신뢰도'와 '불신뢰도'는 서로 반대 성향을 띤다. 즉 '신뢰도(생존 확률, 또는 작동하는 아이템 비율)'는 시간에 따라 줄어드는 대신, '불신뢰도(또는 누적 고장 확률)'는 시간에 따라 증가하며 점차 '1'에 수렴한다. 시간이 지날수록 열화, 마모 등의 이유로 아이템이 제 기능을 상실해가기 때문이다.

③ 고장률$_f[f(t_i)]$

앞서 '불신뢰도'와 '신뢰도'는 시점별로 '고장 아이템 수'를 누적시키며 얻은 결과였다. 이때 '시점'이란, 예를 들어 '$t_{20,000}$', 또는 '$t = 20,000hrs$'와 같이 특정한 시점을 말하며, 이 시점에서의 '불신뢰도[$F(t_{20,000})$]'나 '신뢰도[$R(t_{20,000})$]'의 계산이 가능했다. 그러나 시간대별로 엄연히 '고장 수'에 차이가 있으므로 '시간대별 특징'을 반영할 새로운 척도들이 요구된다. 즉 [표 Ⅰ-7]의 '수명 자료'에서 '$0 \le t \le 20,000$'과 다음 이어지는 시간대인 '$20,000 < t \le 40,000$'에서의 아이템 고장 수는 각각 '19개'와 '11개'로 차이가 있다. 어떻게 하면 '시간대별 고장 수'의 차이를 쉽게, 그리고 합리적으로 설명(또는 비교)할 수 있을까?

가장 손쉬운 접근은 정해놓은 시간대에서 단위 시간당 몇 대가 고장 나는지, 즉 '속도'의 개념을 도입하는 방법이다. [표 Ⅰ-7]의 '수명 자료'에서 각 시간대 범위는 모두 '$\triangle t = 20,000hrs$'로 동일하지만, 만일 시간대별 '고장 수'에 차이가 있다면 이를 '소요 시간(예에선 20,000시간)'으로 나눈 '단위 시간당 고장 나는 아이템 수'의 개념은 빛을 발할 것이다. 어느 시간대에서 고장이 빠르게 진행된 것인지에 대한 상대적 정보를 주기 때문이다.

'시간당 고장 수의 변화율'이므로 호칭을 편의상 '고장률(Failure Rate)'로 명명할 경우 여기엔 두 가지 유형이 존재한다. 하나는 정해놓은 '시간대에서 발생한 고장 난 아이템 수'를 '시험 시작 시점의 총 아이템 수(46개)'로 일관되게 나누어 주는 방법과, 다른 하나는 각 시간대별 '시작 시점에 생존해 있는 아이템 수'로 나누어주는 방법이다. 본문에서는 전자를 편의상 '고장률$_f$ [$f(t_i)$]'로, 후자를 '고장률$_\lambda$ [$\lambda(t_i)$]'로 표기한다.

참고로 '$f(t_i)$'는 '연속형 수명 자료'의 경우 'y - 축'에 대응하며 그 값을 '확률 밀도(Probability Density)'라고 한다['확률 밀도'에 대한 자세한 내용은 (식 Ⅰ-31)의 본문 설명 참조]. 첨자 'i' 없이 '$f(t)$'로 사용할 경우를 '확률 밀도 함수(Probability Density Function)'라고 한 바 있다. 여기선 '이산형 수명 자료'를 설명하고 있으며, 우선 '고장률$_f$ [$f(t_i)$]'의 상황은 다음 [그림 Ⅰ-18]로 시각화시킬 수 있다.

[그림 Ⅰ-18] '고장률$_f$ [$f(t_i)$]' 계산을 위한 개요도

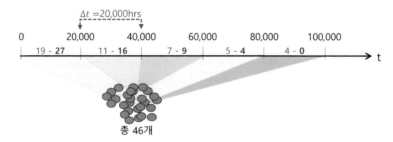

[그림 Ⅰ-18] 중 각 시간대에 표시된 '고장 수 - 생존 수(예 19 - 27 등)'로부터 시간대별 고장 난 아이템 수는 각각 '19개', '11개', '7개', '5개', '4개'임을 알 수 있다. 또 그림 하부에 '총 46개'는 시험 시작 시점에서의 '총 아이템 수($N_0 = 46$개)'를 지칭하며, 각 시간대에서의 고장 난 아이템 수를 나누어 주는 '분모'로 작용한다. 예를 들어, [그림 Ⅰ-18]에 표시된 시간대 '$20,000 < t \leq 40,000$'

에서의 고장 비율은 '11/46 ≅ 0.239'이다. 이 비율 값에 소요 시간인 '$\triangle t = 20,000hrs$'로 나누면 '시험에 참여한 총 아이템 수 대비 단위 시간당 고장 난 비율(또는 단위 시간당 고장 나는 속도)', 즉 '고장률$_f[f(t_i)]$'을 얻는다. 계산 과정은 다음과 같다.

$$f(t_{20,000}) = \left(\frac{27-16}{46}\right) * \frac{1}{20,000\text{시간}} \cong 1.196*10^{-5}\text{건/시간} \qquad (\text{식 } \text{I}-10)$$

(식 I-10)에서 시간대 '20,000 < t ≤ 40,000'의 '고장 수(11개)'는 '시작'과 '종료' 시점의 생존 수 차이인 '27 - 16'으로 대체되어 있다. (식 I-10)의 '고장률$_f[f(t_i)]$'를 일반식으로 재표현하면 다음과 같다.

$$[\text{고장률}_f, f(t_i)] \qquad\qquad (\text{식 } \text{I}-11)$$
$$f(t_i) = \left[\frac{n(t_i) - n(t_i + \triangle t_i)}{N_0}\right] * \frac{1}{\triangle t_i}$$
$$where, \; 'n(t_i)' : 't_i\text{에서의 생존 아이템 수'}$$
$$'N_0' \; : \text{시험 시작 시점에서의 총 아이템 수}$$
$$'\triangle t_i' : 't_i'\text{의 행내 '시간 간격'의 범위([표 I-9])}$$

(식 I-11)에서 시간대 '20,000 < t ≤ 40,000'을 예로 들어보자. 얻으려는 고장률은 '$f(t_{20,000})$'이며, [그림 I-18]로부터 '$n(t_{20,000}) = 27$개'이다. 또 식의 '$n(t_{20,000} + \triangle t_{20,000}) = n(t_{20,000} + 20,000) = n(t_{40,000}) = 16$개'이다. '$\triangle t_{20,000} = 20,000hrs$'이기 때문이다. '$\triangle t_i$'는 모든 시간대가 동일하게 '20,000hrs'이므로 '$\triangle t_i$'는 '$\triangle t$'로 통일해 써도 무방하다. 다음 [표 I-10]은 [표 I-7]의 '수명 자료'에 대한 '$f(t_i)$' 산정 예이다.

[표 Ⅰ-10] '이산형 관점'의 '고장률$_f[f(t_i)]$' 산정 예

시간대별 고장 수를 기록한 수명데이터			시점 (t_i)	$F(t_i)$	$R(t_i)$	$f(t_i)$	계산
시간 간격	고장 수	작동 수					
$0 \leq t \leq 20,000$	19	27	t_0	0.000	1.000	2.07×10^{-5}	$= \dfrac{46-27}{46*20,000}$
$20,000 < t \leq 40,000$	11	16	$t_{20,000}$	0.413	0.587	1.20×10^{-5}	$= \dfrac{27-16}{46*20,000}$
$40,000 < t \leq 60,000$	7	9	$t_{40,000}$	0.652	0.348	7.61×10^{-6}	$= \dfrac{16-9}{46*20,000}$
$60,000 < t \leq 80,000$	5	4	$t_{60,000}$	0.804	0.196	5.43×10^{-6}	$= \dfrac{9-4}{46*20,000}$
$80,000 < t \leq 100,000$	4	0	$t_{80,000}$	0.913	0.087	4.35×10^{-6}	$= \dfrac{4-0}{46*20,000}$
$100,000 < t$	0	0	$t_{100,000}$	1.000	0.000	—	—
합	46						

[표 Ⅰ-10]의 '고장률$_f[f(t_i)]$'를 엑셀에서 그래프로 그리면 다음 [그림 Ⅰ-19]와 같다.

[그림 Ⅰ-19] '고장률$_f[f(t_i)]$' 그래프

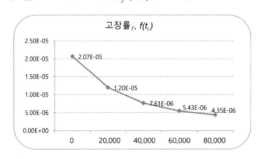

[그림 Ⅰ-19]는 '시간'에 따른 '고장률$_f[f(t)]$'의 추이를 나타낸다. 구간 별로 단위 시간당 고장의 비율이 점점 줄고 있음을 알 수 있다. 최초 시험에 참여시킨 '총 아이템 수 = 46개'가 '분모'로 일정하게 유지되어 나타나는 자연

스런 하강 추세이나 만일 직전 구간에서의 고장 수보다 현재의 구간에서 더 많은 수가 고장 난다면 당연히 패턴은 불규칙해질 수 있다. 추가로 시간 간격이 현재의 일정한 '20,000시간'이 아닌 시간대별로 차이가 나면 해석 시 객관성이 떨어질 수 있으므로 시험 때 관찰 시간 간격을 일정하게 유지시키는 것도 주요 고려 사항들 중 하나이다.

④ 고장률$_\lambda$[$\lambda(t_i)$]

'고장률$_\lambda$'는 앞서 '고장률$_f$[$f(t_i)$]'와 비교할 때 '단위 시간당 고장 나는 빈도(속도)'의 개념은 동일하나 '시험에 참여한 총 아이템들 수(예에서 $N_0 = 46$개)'가 아닌 '각 시간대 시작 시점에서의 생존(또는 작동) 아이템들 수'로 나누는 점에 차이가 있다.

'고장률$_f$'의 산식인 (식 Ⅰ-11)을 보면 '각 시간대별 고장 수'를 모두 '$N_0 = 46$'으로 일관되게 나눴었다. 이것은 '분모'를 '시험에 참여한 총 아이템 수'로 고정시킴으로써 '구간별 고장 빈도의 변화(차이)'를 서로 상대비교하고 그 추이를 관찰할 목적에 매우 적합했다. 그러나 만일 '분모'를 '구간 초기에 작동 중인 아이템 수'로 대체할 경우 '분모'가 계속 변화하기 때문에, 결국 구간별로 나타나는 고장의 특징이 좀 더 잘 반영된다. 즉 '구간별 고장 수'를 '시험에 참여한 전체 아이템 수'로 나눌 경우 구간의 고장 수에 따라 '1이하의 값'에서 등락을 보이는 반면, '구간 시작 시점의 작동(생존) 아이템들 수'를 '분모'에 적용하면 그 비율은 낮게는 '0(고장이 구간에서 전혀 발생하지 않음)'부터 높게는 '1(구간 시작 시점의 아이템 수 모두가 고장이 남)'과 같이 구간별로 좀 더 다양하고 큰 폭의 변화를 겪게 된다. 다음 [그림 Ⅰ-20]은 '고장률$_\lambda$[$\lambda(t_i)$]'를 계산하고 이해하는데 도움을 주는 개요도이다.

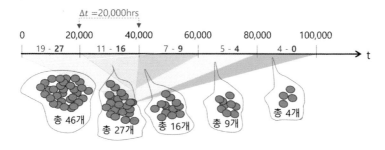

[그림 Ⅰ-20] '고장률$_\lambda$[$\lambda(t_i)$]' 계산을 위한 개요도

[그림 Ⅰ-20]에서 시간대 '$0 \leq t \leq 20,000$'은 시작 시점에 '총 46개 아이템'이 작동 중이고, 해당 구간에서 '19개 아이템'이 고장 났다. 이어 시간대 '$20,000 < t \leq 40,000$'은 시작 시점에 '총 27개 아이템'이 작동 중이고, 해당 시간대에서 '11개 아이템'이 고장 났다. 따라서 두 시간대에서의 '고장률$_\lambda$[$\lambda(t_i)$]'은 다음의 식으로 얻어진다.

$$\lambda(t_0) = \left[\frac{46-27}{46}\right] * \frac{1}{20,000} \cong 2.065 * 10^{-5} \qquad (식 \ Ⅰ\text{-}12)$$
$$\lambda(t_{20,000}) = \left[\frac{27-16}{27}\right] * \frac{1}{20,000} \cong 2.037 * 10^{-5}$$

(식 Ⅰ-12)를 보면 각 시간대에서 발생한 '고장 수'와 '시작 시점의 아이템 수'의 비율은 곧 '고장률'을 나타내고, 다시 이 값을 '소요 시간'인 '20,000'으로 나눠줌으로써 '단위 시간당 고장률', 또는 '해당 구간에서의 고장 나는 속도'를 나타내는 측도가 형성되었다. 일반화된 식으로 재표현하면 다음과 같다.

$[$고장률$_\lambda$, $\lambda(t_i)]$ (식 Ⅰ-13)

$$\lambda(t_i) = \left[\frac{n(t_i) - n(t_i + \triangle t_i)}{n(t_i)}\right] * \frac{1}{\triangle t_i}$$

$where\ 'n(t_i)'$: $'t_i$에서의 생존 아이템 수$'$
$\quad\quad\quad '\triangle t_i'$: $'t_i'$의 행내 $'$시간 간격$'$의 범위$([$표 $I-10])$

(식 Ⅰ-13)의 '분자'의 경우, 해당 시간대 '시작 시점에서의 아이템 작동 수'
와 시간대가 '끝난 시점에서의 아이템 작동 수' 간 차이는, 곧 해당 시간대에
서의 '고장 난 아이템 수'와 같다. 이것을 시간대 '시작 시점에서의 아이템 작
동 수'로 나눈 뒤, 다시 '해당 시간대의 소요 시간'으로 나누면 '그 시간대에
서의 단위 시간당 고장 난 아이템 비율(또는 속도)'을 얻는다. 시간대별 '시작
시점에서의 아이템 수'를 분모로 사용했으므로 시간대별 고장 발생 정보를 객
관적으로 파악할 수 있다. 다음 [표 Ⅰ-11]은 [표 Ⅰ-7]의 '수명 자료'에 대한
'고장률$_\lambda[\lambda(t_i)]$'의 결과이다.

[표 Ⅰ-11] '이산형 관점'의 '고장률$_\lambda[\lambda(t_i)]$' 산정 예

시간대별 고장 수를 기록한 수명데이터			시점 (t_i)	$F(t_i)$	$R(t_i)$	$f(t_i)$	$\lambda(t_i)$	계산
시간 간격	고장 수	작동 수						
$0 \leq t \leq 20,000$	19	27	t_0	0.000	1.000	2.07×10^{-5}	2.07×10^{-5}	$= \dfrac{46-27}{46*20,000}$
$20,000 < t \leq 40,000$	11	16	$t_{20,000}$	0.413	0.587	1.20×10^{-5}	2.04×10^{-5}	$= \dfrac{27-16}{27*20,000}$
$40,000 < t \leq 60,000$	7	9	$t_{40,000}$	0.652	0.348	7.61×10^{-6}	2.19×10^{-5}	$= \dfrac{16-9}{16*20,000}$
$60,000 < t \leq 80,000$	5	4	$t_{60,000}$	0.804	0.196	5.43×10^{-6}	2.78×10^{-5}	$= \dfrac{9-4}{9*20,000}$
$80,000 < t \leq 100,000$	4	0	$t_{80,000}$	0.913	0.087	4.35×10^{-6}	5.00×10^{-5}	$= \dfrac{4-0}{4*20,000}$
$100,000 < t$	0	0	$t_{100,000}$	1.000	0.000	–	–	–
합	46							

[표 Ⅰ-11]의 '고장률$_\lambda[\lambda(t_i)]$'는 모두 '시간대 시작 시점의 작동 아이템 수'로 나눠주고 있음에 주목하자. 다음 [그림 Ⅰ-21]은 시간대별 '고장률$_\lambda[\lambda(t_i)]$'의 추이를 보여주는 그래프이다.

[그림 Ⅰ-21] '고장률$_\lambda[\lambda(t_i)]$' 그래프

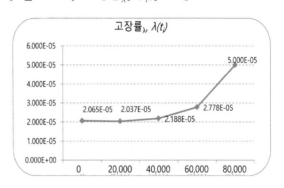

[그림 Ⅰ-21]의 시간대별 '고장률$_\lambda[\lambda(t_i)]$'의 그래프를 관찰하면 [그림 Ⅰ-19]의 '고장률$_f[f(t_i)]$' 그래프와 확연한 차이를 보인다. 시간대별 특징을 관찰하면 '단위 시간당 고장 비율'은 증가하고 있음을 알 수 있으며, 특히 '60,000 시간대'에서 급상승하는 변곡점 패턴도 엿보인다. 이것은 [그림 Ⅰ-8]과 [그림 Ⅰ-9]에서 설명한 '욕조 곡선(Bathtub Curve)' 중 '마모 고장 기간(또는 IFR)'의 경우에 해당한다. 따라서 본 '수명 자료'의 모든 해석과 대책은 그의 성향에 따라 이루어질 수 있다.

⑤ 평균 수명(MTTF, Mean Time to Failure)

'MTTF'는 '아이템이 작동한 시점부터 고장 난 시점까지의 소요 시간'을 측정해서 '평균'을 내므로 개별 아이템별 '수명 값'들이 얻어져야 계산이 가능하

다. 'MTTF'의 우리말 표현은 출처에 따라 다소 차이가 있으므로 호칭에 주의할 필요가 있다. 본문은 초두에서 「한국통계학회 통계학용어집」을 따르기로 정한 바 있으며, 그에 따르면 'MTTF'는 '평균 수명'으로 불린다. 'MTTF'는 다음의 특징이 있다.

- 수리가 안 되는 아이템에 적용한다(Non-repairable Items). 따라서 고장 나면 교체되는 부품 등의 평균 수명 계산에 적합하다.
- 만일 수리 가능한 아이템일 경우 첫 번째 고장까지의 시간들만 모아 그들의 평균을 이용할 수도 있다[36]. 참고로 '수리 가능한 아이템'은 일반적으로 수명을 논할 때 '평균 시간'으로서 'MTBF(Mean Time between Failures)'를 사용한다.
- 교체 시점(정상 작동 시점)부터 고장이 난 시점까지의 시간들을 모아 평균을 내므로 아이템의 '평균 작동(또는 가동) 시간'을 나타낸다. 즉, 'MTTF'는 '신뢰도(Reliability)'와 직결된다.
- 평균을 계산하므로 시간대별 고장 수가 아닌 아이템별 실제 수명 시간이 수집되어야 한다. 예로서 아이템$_1$ = 2,438hrs, 아이템$_2$ = 353hrs ....
- 수명 자료는, 동일 아이템을 연속적으로 교체해가며 고장까지의 시간들을 수집할 수도 있고, 또는 다수의 아이템들이 동시에 작동하고 있을 때, 각 아이템별 고장까지의 시간들을 수집할 수도 있다.

'MTTF'는 중대한 임무를 수행하는 시스템의 신뢰성 측정에 매우 유용하다. 교체해줘야 할 부품이 잦은 고장을 일으키면 임무를 제때, 또 제대로 수행할 수 없기 때문이다. 'MTTF'를 '확률 밀도 함수'로 얻는 과정은 「3.7. 신뢰성

---

36) 「MIL-HDBK-338B」, p.88.

척도(연속형 관점)」에서 알아보고 여기서는 단순한 사례를 이용해 계산 과정을 학습해보자. 다음 [그림 Ⅰ-22]는 'MTTF' 계산을 위한 데이터 수집을 나타낸다.

[그림 Ⅰ-22] 'MTTF' 계산을 위한 데이터 예

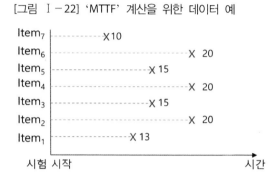

[그림 Ⅰ-22]는 '총 7개'의 동일한 아이템이 't = 0'부터 동시에 작동했다고 가정한 예이다. 이때 '$Item_7$'은 '10시간 시점'에 고장 났고, '$Item_3$'과 '$Item_5$'는 '15시간 시점'에 동시에 고장 난 예 등이다(라고 가정한다). 이때 '고장까지의 평균 시간(MTTF)'은 다음의 식으로 계산된다.

$$MTTF = \frac{10 + 13 + 15 + 15 + 20 + 20 + 20}{7} \cong 16.143시간 \qquad (식 \ Ⅰ-14)$$

(식 Ⅰ-14)는 '총 7개'의 아이템이 정상 작동한 평균 시간임을 알 수 있다. 'MTTF'가 '신뢰도'와 연계된다는 점은 「3.7. 신뢰성 척도(연속형 관점)」에서 수식적으로 확인할 것이다. (식 Ⅰ-14)를 다음과 같이 새로운 형태로 재표현할 수 있다.

$$MTTF = \frac{1}{7} \times [(10 \cdot 1) + (13 \cdot 1) + (15 \cdot 2) + (20 \cdot 3)] \qquad \text{(식 Ⅰ-15)}$$

$$= \left(10 \cdot \frac{1}{7}\right) + \left(13 \cdot \frac{1}{7}\right) + \left(15 \cdot \frac{2}{7}\right) + \left(20 \cdot \frac{3}{7}\right)$$

기호로 표기하면, '이산형 수명 데이터' 경우

$$= \sum_{i=1}^{4} \left(x_i \cdot \frac{n_i}{N}\right), \ where \ '\frac{n_i}{N}' 는 \ 'x_i' 가 나올 확률(비율)이므로$$

$$= \sum_{i=1}^{4} [x_i \cdot P(x_i)] \ ------------ a)$$

'연속형 수명 데이터'로 개념을 확장하면,

$$MTTF = \int_0^t x P(x) dx \ ------------- b)$$

(식 Ⅰ-14)의 'MTTF(즉, 평균 수명)'는 '해당 숫자(x_i)와 그것이 나올 확률 [$P(x_i)$]과의 곱들의 총합'으로 나타낼 수 있음을 알 수 있다. 이 전개는 이어 질 '고장 시점을 기록한 수명 자료(연속형 수명 자료)'의 'MTTF'를 계산할 때 그대로 응용되므로 전개 과정을 잘 숙지해두기 바란다. '연속형 수명 데이터' 의 '확률 밀도 함수'로부터 '평균'을 어떻게 계산하는지 직접 이해하려는 노력 보다 (식 Ⅰ-14)와 같이 '이산형 수명 데이터'로부터의 '평균 수명' 계산 과정 을 알고 그 개념을 그대로 '연속형 수명 데이터'로 확장하는 게 훨씬 더 머리 에 잘 남기 때문이다.

⑥ 평균 고장 시간(MTBF, Mean Time between Failures)

'MTBF'는 수리 가능한 아이템의 고장 간 평균 시간을 계산해서 얻는다. 수 리가 필요하므로 개념상으론 다음 [그림 Ⅰ-23]과 같은 상태에서 데이터가 수 집된다. 번역된 '평균 고장 시간'은 「한국통계학회 통계학용어집」을 따랐다(사 실 '고장'이란 표현의 포함, 또 'MTTF'와의 호칭상 모호한 구분 등 다소 아쉬운 부분이 있다).

[그림 Ⅰ-23] 'MTBF'를 얻기 위한 데이터 예

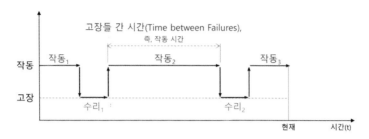

[그림 Ⅰ-23]에서 'MTBF'가 수리 가능한 아이템을 대상으로 하므로 '작동'과 '고장'을 반복한다. 이때 '수리 직후인 정상 작동 시점'부터 '다음 고장 시점'까지가 하나의 '고장들 간 시간'에 해당한다([그림 Ⅰ-23]의 '작동₂' 구간). 이들을 모두 모아 '고장 난 횟수'로 나누면 '평균 고장 시간(MTBF)'을 얻는다. 일반식은 다음과 같다.

$$MTBF = \frac{\sum_{i=1}^{n}\left(작동시간_i\right)}{고장횟수}$$

(식 Ⅰ-16)

만일 제품이든 설비든 (식 Ⅰ-16)을 적용해 작동(또는 가동)에 대한 현 수준을 'MTBF'로 계산하면 궁금증이 하나 생긴다. 이전 'MTTF'에선 수리가 필요치 않은 아이템을 대상으로 했으므로 '수리'에 대한 고려는 없었다. 그러나 [그림 Ⅰ-23]처럼 전체 운영 시간 간격 동안 'MTBF' 외에 '수리 시간'에 따라 운영 수준이 결정되므로 '작동'을 유지시키는 능력뿐만 아니라 '수리 능력'에 대해서도 함께 확인하는 게 여러모로 합리적이고 관리에도 유리하다. 이때 설비의 경우 '보전도(Maintainability)'를 측정할 '평균 수리 시간', 즉 'MTTR(Mean Time to Repair)'과 '가동률'을 나타낼 '가용도(Availability)'를 도입하면 해석이 매우 편리하다. 각각을 얻는 산식은 다음과 같다.

[보전도]　　　　　　　　　[가용도]　　　　　　　　(식 Ⅰ-17)

$$MTTR = \frac{\sum_{i=1}^{n}(수리시간_i)}{고장횟수}, \qquad 가용도 = \frac{MTBF}{MTBF + MTTR}$$

　'보전도'는 '얼마나 빨리 수리해내는지'에 대해, '가용도'는 '전체 운영 시간 중 작동(또는 가동)을 얼마나 잘 유지시키고 있는지'에 대한 척도로 쓰인다. 특히 '가용도'의 경우 「MIL-HDBK-338B」[37]에 따르면 총 다섯 가지 산정법이 제시되어 있으며, 여기엔 '순간 가용도(Instantaneous Availability, $A(t)$)', '임무 가용도(Mission Availability, $A_m(t_2 - t_1)$)', '정상 상태 가용도(Steady State of Availability, A_s)', '달성한 가용도(Achieved Availability, A_A)', '고유 가용도 (Intrinsic Availability, A_i)'가 있다. (식 Ⅰ-17)의 '가용도'는 '고유 가용도'에 속하며, 이때 '예방 정비 시간'이나 '관리(행정) 시간'들은 포함시키지 않는다.

　지금까지의 척도들을 정리하면 다음 [표 Ⅰ-12]와 같다. 내용에 좀 더 관심 있는 독자는 관련 자료를 참고하기 바란다. 참고로 'RAMS'는 '신뢰성 (Reliability)', '가용성(Availability)', '보전성(Maintainability)', '안전성(Safety)' 을 합친 표현이었다.

[표 Ⅰ-12] 'RAMS'의 척도들 요약

구분	신뢰도	보전도	가용도
수리 가능	$MTBF$	$MTTR$	A
수리 불가능	확률, 고장률, B_{10} 수명, $MTTF$	–	–

---

37) p.154 참조.

3.7. 신뢰성 척도(연속형 관점)

'이산형 관점'과 '연속형 관점'의 해석은 바탕 개념에 있어서는 동일하고 단지 "몇 개가 고장 났는지 셀 것인가?" 아니면 "고장 난 영역의 넓이(확률)를 계산할 것인가?"의 차이만 있을 뿐이다. 본 단원에서는 앞서 '이산형 관점'에서 얻었던 '불신뢰도', '신뢰도', '고장률', 'MTTF', 'MTBF'를 '연속형 관점'의 해석까지 그대로 확장할 것이다. 기본 바탕이 동일하기 때문에 이해하기에 수월할 것이다.

본론인 '신뢰성 척도'로 들어가기에 앞서 '연속형'이기 때문에 추가로 고려할 사항이 있다. 바로 '분포(Distribution)'이다. '분포'를 이해하기 위해서는 앞서 소개한 [그림 Ⅰ-13]인 '수명 자료와 확률 밀도 함수 간 관계도'를 복습할 필요가 있다. 다음 [그림 Ⅰ-24]는 그 개념을 확장한 '확률 밀도 함수의 형성 과정'을 나타낸다.

[그림 Ⅰ-24] '확률 밀도 함수'의 형성 과정

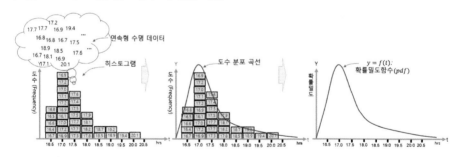

[그림 Ⅰ-24]의 맨 왼쪽 뭉게구름 속에 한 아이템의 수명을 측정한 다수의 '연속 자료'가 수집되어 있다. 각 숫자는 하나의 '블록'으로 볼 수 있으며, 이들을 유사 값들끼리 모아 쌓아놓은 것이 뭉게구름 바로 아래 '히스토그램'이

다. 다시 '히스토그램'의 바깥쪽 블록들 중심을 부드럽게 연결하면 '도수 분포 곡선'이 완성되며 [그림 Ⅰ-24]의 가운데 그림에 해당한다. [그림 Ⅰ-24]의 맨 오른쪽 그림은 블록들을 빼내고 곡선만 남긴 것이며, 만일 이 '곡선의 높낮이 변화'와 'x-값의 좌우 변화'를 연결해 줄 함수가 존재하면 이를 '확률 밀도 함수(pdf)'라고 한다. 본 과정의 상세한 해설은 「4. 확률 밀도 함수의 형성」을 참고하기 바란다.

[그림 Ⅰ-24]에서 '확률 밀도 함수'가 어떤 외형을 갖는지는 순전히 데이터가 어느 아이템을 측정한 것인지에 달려있다. 예를 들어 베어링의 마모 현상을 측정한 시간 데이터면 '로그(대수) 정규 분포'가, 전자 부품의 고장을 측정한 시간 데이터이면 '지수 분포'가 설명력이 뛰어나다. 측정 아이템이 동일하면 그를 설명해 줄 '확률 밀도 함수'도 동일한 성향을 띤다. 이해를 돕기 위해 우리에게 익숙한 '정규 분포'와 '와이블 분포'의 'x'와 'y'를 연결해주는 식을 다시 옮기면 좀 복잡하지만 다음과 같다.

$$[정규 분포 함수] \qquad\qquad [와이블 분포 함수] \qquad\qquad (식\ Ⅰ\text{-}18)$$

$$y = f(t) = \frac{1}{\sqrt{2\pi}\,\sigma} e^{-\frac{(t-\mu)^2}{2\sigma^2}}, \quad y = f(t) = \frac{\beta}{\alpha}\left(\frac{t}{\alpha}\right)^{\beta-1} e^{-(t/\alpha)^s}$$

이때 (식 Ⅰ-18)의 함수들을 [그림 Ⅰ-24]의 맨 오른쪽 비대칭형 그래프와 연결시키면 'x의 변화'에 따른 'y의 변화'를 잘 설명하는 분포로 '와이블 분포'가 적합할 수 있다. '정규 분포'는 알려진 바대로 종모양의 좌우 대칭형을 수학적으로 잘 설명하기 때문에 적어도 그림에서의 비대칭형엔 '정규 분포'는 적절치 않다.

분포가 정해지면 나머진 (식 Ⅰ-18)의 '와이블 분포 함수'에 포함된 'α, β'와 같은 '모수(Parameter)'들을 추정하는 일만 남는다. 같은 '와이블 분포'라도 데이터 성향에 따라 이들 '모수'가 약간씩 차이가 나기 때문이다. '모수'가 결정되면 수집된 '수명 자료'를 설명할 완전한 '확률 밀도 함수'가 결정된 것이며, 이후부터 아이템의 평균 수명을 얻는 분석 등이 가능해진다. '수명 데이터'와 '확률 밀도 함수' 간 관계가 정리되었다면 이제 '연속형 수명 자료' 관점의 '신뢰성 척도'에 대해 알아보자.[38]

① 불신뢰도(또는 누적 고장 확률)[$F(t)$]

'이산형 관점'에서 해석했던 (식 Ⅰ-7)의 개념과 동일하다. 특정 시점 이전에 고장 난 개수를 모두 합한 뒤 시험에 참여한 전체 아이템 수로 나누면 그 특정 시점에서의 고장 날 확률인 '불신뢰도'가 얻어진다. 그러나 '연속형 관점'에서는 '적분'이라고 하는 수학적 처리 과정이 요구된다. '이산형 관점'에서 '$F(t_i)$'가 하나의 확률 값인 '불신뢰도(또는 누적 고장 확률)'로 계산될 수 있지만 함수로 쓰일 경우 '불신뢰도 함수(Unreliability Function)', 또는 '누적 분포 함수(Cumulative Distribution Function)'로 불렸다. '연속형 관점'의 경우도 동일하다. 다음 [그림 Ⅰ-25]는 '연속형 수명 자료'에서의 '불신뢰도' 영역과 '적분'과의 수학적 관계를 나타낸다.

[그림 Ⅰ-25] '불신뢰도[$F(t)$]'와 '적분' 간 관계

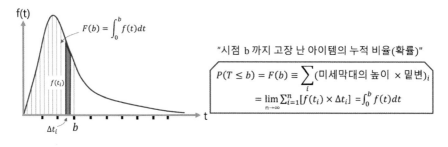

---

38) 본 과정의 상세한 해설은 「4. 확률 밀도 함수의 형성」을 참고하기 바란다.

[그림 Ⅰ-25]를 보면, 시점 '$t = b$'에서 고장 날 확률은 곧 그 이전까지 고장 난 아이템들의 점유율을 나타내며, 이 값은 상부의 '$f(t)$가 이루는 곡선'과 하부의 '0~b'가 형성하는 '넓이'와 일치한다(세로 빗금 친 영역). 다시 '넓이'의 계산은 곡선이 '0'부터 시작한다고 가정할 때, '0'과 'b'를 무한히 쪼갠 미세 조각들로 나눈다(고 가정하자). 그리고 그 조각들 중 하나의 짧은 시간 축 길이를 '$\triangle t_i$'라 할 때, 이것은 [그림 Ⅰ-25]에 표현된 바와 같이 직사각형의 '밑변'이 되고, '높이'는 '$f(t_i)$'가 되어, 그들의 곱 '$f(t_i) \times \triangle t_i$'는 아주 작은 '넓이' 값을 형성한다. 끝으로 이들을 모두 더하면 [그림 Ⅰ-25]의 빗금 친 전체 영역의 '넓이'가 되는데, 이 과정은 바로 '적분'에 해당한다. [그림 Ⅰ-25]의 오른쪽에 지금까지 설명한 적분 과정을 수학 기호로 표기해놓았다.

다음 (식 Ⅰ-19)는 시점 't_i(또는 t)'에서의 '불신뢰도'를 일반식으로 나타낸 것이며, 이해를 돕기 위해 앞서 학습한 '이산형 관점'의 산식도 옮겨놓았다.

[이산형]   [연속형]   (식 Ⅰ-19)

$$F(t_i) = P(T \le t_i) = \frac{N_0 - n(t_i)}{N_0}, \quad F(t) = P(T \le t) = \int_0^t f(x)dx$$

$where\ 'n(t_i)'는\ 't_i에서의\ 생존\ 수'$ $where\ 'f(x)'는\ '확률밀도함수'$

② 신뢰도(또는 생존율, 생존 확률)[$R(t)$]

'이산형 관점'에서의 개념이 그대로 적용된다. (식 Ⅰ-8)과 (식 Ⅰ-9)를 통해 시점 't('t_i'는 't'로 대체)'에서의 '신뢰도'는 다음과 같다. 만일 '$R(t)$'가 확률 값이 아닌 함수로 표현될 경우 '신뢰도 함수(Reliability Function)'라고 한다.

$$R(t) = P(T > t) = 1 - F(t)$$ (식 Ⅰ-20)

(식 I-20)은 '시험에 참여한 전체 아이템 수 대비 t시점에 생존해 있는 아이템 수의 비율' 또는 't 시점 이후에 아이템이 생존할 확률'을 나타낸다.

③ 확률 밀도(또는 확률 밀도 함수)$[f(t)]$

'$f(t)$'에 대해서는 이미 [그림 I-24]에서 **확률 밀도 함수**(Probability Density Function)'임을 자세히 설명한 바 있다. 또 [그림 I-25]를 통해 특정 't_i'에 대한 'y-값'인 '$f(t_i)$'가 존재하며, 이를 '확률 밀도(또는 함숫값)'이라고 한다. 일반적으로 '$f(t)$'라고 하면 '확률 밀도 함수'를 지칭한다. 또 '$f(t)$'는 (식 I-19)를 통해 '$F(t)$' 및 '$R(t)$'와 다음의 관계에 있으며, 그들로부터도 유도될 수 있다.

$$F(t) = \int_0^t f(x)dx \quad (\text{미분}) \Rightarrow \ f(t) = \frac{d}{dt}F(t), \text{또는} \qquad (\text{식 I-21})$$
$$= \frac{d}{dt}[1-R(t)] = -\frac{d}{dt}R(t)$$

(식 I-21)의 직접적 쓰임새는 아이템의 수명 연구에서 매우 유용하다. 그 이유는 '연속형 수명 자료'를 수집해 '확률 밀도 함수'인 '$f(t)$'를 확보하면, 적분을 통해 '불신뢰도 함수'인 '$F(t)$'와 '신뢰도 함수'인 '$R(t)$'를 구할 수 있으며, 이때 특정 시점 't_i'에 대해 '$F(t_i)$'와 '$R(t_i)$'를 계산할 수 있다. 함수가 알려져 있으므로 가능한 일이다.

④ 위험률(또는 순간 고장률, 고장률)$[h(t)]$

'이산형 관점'에서 '고장률$_\lambda[\lambda(t_i)]$'를 설명한 바 있다. '연속형 관점'에서도 동일한 개념이지만 구분해서 **순간 고장률**(Instantaneous Failure Rate)'이라 하고, 의미는 '시간 t까지 고장이 없다가 시간 t 직후 순간적으로 고장 날 확률(가능성)'을 나타낸다. 이는 줄여서 '고장률$_\lambda$'[39], 또는 '위험률(Hazard Rate)'로도 불리며, 'hazard'의 첫 자를 따 '$h(t)$'의 기호를 사용한다. 이후 본문에서는 이산형의 '고장률$_f$' 및 '고장률$_\lambda$'와 혼선을 피하고 대부분의 문헌에서 용어 '위험률'을 사용하고 있어 '순간 고장률'을 '위험률'로 통일할 것이다. 또 '$h(t)$'가 값이 아닌 함수로 표현될 경우 '위험 함수(Hazard Function)'로 불린다.

그러나 설사 '위험률[$h(t)$]'이 '이산형 관점'에서의 '고장률$_\lambda$[$\lambda(t_i)$]'인 (식 Ⅰ-13)과 개념적으로 유사하다고는 하나 수학적으론 분명한 차이가 있으며, 이를 운전 경험과 비교해 이해할 수 있다. 예를 들어[40], 만일 300㎞ 거리를 3시간에 걸쳐 운전했다면 중간에 빠른 속도 구간도 있었을 테고, 느린 속도 구간도 있었겠지만 '평균 100㎞/h'를 유지한 것이다. 그러나 운전 중 특정 시점에서 속도계를 봤을 때 '85㎞/h'로 관찰됐다면 앞서 '평균 100㎞/h'는 '고장률$_\lambda$'를, '85㎞/h'는 '위험률(또는 순간 고장률)'에 대응한다. 예에서 '시간당 거리의 변화율'을 '시간당 고장의 변화율'로 바꾸면 '수명 자료' 상황으로 전환된다.

'위험률'을 얻는 방법은 개념적 유사성 때문에 (식 Ⅰ-13)처럼 '이산형 관점'에서 설명된 '고장률$_\lambda$[$\lambda(t_i)$]'를 '연속형 관점'으로 확장해서 얻거나, 또는 '조건부 확률'을 이용해 유도하는 두 가지 접근이 가능하다. 둘 모두 내용을 이해하는데 도움이 되므로 하나씩 풀어서 본문에 실어놓았다.

먼저 '위험률[$h(t)$]'을 (식 Ⅰ-13)의 개념을 확장해 유도해보자. 전개 과정은 다음과 같다.

---

39) '고장률$_\lambda$'에서 첨자 'λ'는, '이산형 관점'에서 설명했던 '고장률$_\lambda$'에 대응한다는 것을 강조한 것이다. 일반적으로 'λ' 없이 '고장률'로 불린다.
40) 「MIL-HDBK-338B」, p.86.

[고장률$_\lambda$, $\lambda(t_i)$]의 확장으로 $------$ (식$I-13$) 참조 (식 $I-22$)

$$= \left[\frac{n(t_i) - n(t_i + \triangle t_i)}{n(t_i)} \right] * \frac{1}{\triangle t_i} \quad : \text{분모, 분자를 } 'N_0' \text{로 나눔.}$$

$$= \left\{ \frac{[n(t_i) - n(t_i + \triangle t_i)]/N_0}{n(t_i)/N_0} \right\} * \frac{1}{\triangle t_i} \quad : t_i = t, \triangle t_i = \triangle t$$

$$= \frac{[R(t) - R(t + \triangle t)]}{R(t)\triangle t} \quad ----- \quad a)$$

$where \, 'n(t_i)'$는 $'t_i$에서의 생존 수$'$

(식 I-22)의 'a)'는 '$\triangle t$'를 무한히 작게 할 경우, 즉 '$\triangle t \rightarrow 0$'이 되면 '미분'이 되며, "매우 짧은 시간 변화 속에서 일어나는 '생존 확률' 변화의 척도"로 쓰인다. 이를 '$\lambda(t)$의 도함수[$\lambda(t)'$]'라 하고, '람다 프라임'으로 읽으며 다음과 같이 '위험 함수[$h(t)$]'로 재정립된다.

[위험 함수[$h(t)$]] (식 I-23)

$$\lambda(t)' = h(t) = \lim_{\triangle t \to 0} \left\{ \frac{[R(t) - R(t + \triangle t)]}{R(t)\triangle t} \right\} : -\frac{1}{R(t)} \text{로 묶음.}$$

$$= -\frac{1}{R(t)} \lim_{\triangle t \to 0} \left\{ \frac{R(t + \triangle t) - R(t)}{(t + \triangle t) - t} \right\} : '\text{도함수}' \text{ 정의}$$

$$= -\frac{1}{R(t)} \frac{dR(t)}{dt}$$

$$= \frac{1}{R(t)} \left[-\frac{dR(t)}{dt} \right] \quad : (\text{식} I - 21) \text{ 대입}$$

$$= \frac{f(t)}{R(t)}$$

(식 I-23)을 통해 '확률 밀도 함수[$f(t)$]'와 '신뢰도 함수[$R(t)$]'를 알면 특정 시간 't'에서의 '위험률[$h(t)$]'을 얻는다.

이어 두 번째로 '조건부 확률'을 이용해 '위험률'을 얻어 보자. 다음 [그림 I −26]에는 '시점 t'에서의 '신뢰도'와 '불신뢰도', 그리고 '짧은 시간 변화 ($\triangle t$)'에 대응하는 확률적 표현들이 포함된다.

[그림 I −26] '위험률(순간 고장률)'의 개념도

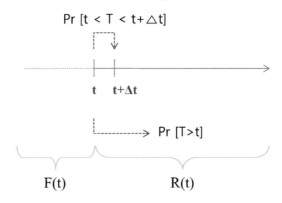

[그림 I −26]의 '시점 t'에서 아이템들이 이후 죽 생존할 가능성(확률)은 'Pr[$T>t$]'로 나타낸다. 또 't'에서 '$t+\triangle t$' 동안, 즉 '$\triangle t$' 동안 고장 날 가능성(확률)은 'Pr[$t<T<t+\triangle t$]'이다. 'Pr[$T>t$]'은 '신뢰도[$R(t)$]'가 되고, 'Pr[$t<T<t+\triangle t$]'은 '$F(t+\triangle t)-F(t)$'로 계산된다. 이 수식을 말로 표현하면 '시점 t에 생존해있는 아이템 수 대비 이후 순간적으로 고장 나는 아이템 수의 비율'이 되며, 이를 다시 '단위 시간당'으로 나타낼 때(즉, 소요 시간으로 나누면) '위험률(순간 고장률)' 개념이 완성된다. 이를 '조건부 확률'이라고 하며, 다음과 같이 표현된다.

't'까지 고장나지 않다가 이후 순간적으로 고장날 확률 (식 Ⅰ-24)

$$\Pr[t < T < t + \triangle t \,|\, T > t] = \frac{\Pr[t < T < t + \triangle t]}{\Pr[T > t]}$$

$$\left\{ \begin{array}{l} \because \text{분자는} '\Pr(t < T < t + \triangle t)' \text{와} '\Pr(T > t)' \text{의} \\ \text{교집합이고,} [\text{그림} \, Ⅰ - 26] \text{으로부터 중첩(교집합)영역은} \\ '\Pr(t < T < t + \triangle t)' \text{가 됨.} \end{array} \right\}$$

(식 Ⅰ-24)의 '시간당' 평가가 '위험률'이므로 (식 Ⅰ-24)를 시간 간격인 '$\triangle t$'로 나눠주면 다음과 같다.

짧은 시간 당 변화율, 즉 '위험률' (식 Ⅰ-25)

$$\begin{aligned} h(t) &= \lim_{\triangle t \to 0} \frac{\left\{ \dfrac{\Pr[t < T < t + \triangle t]}{\Pr[T > t]} \right\}}{\triangle t} \quad : (\text{식} \, I - 24) \, \text{참조} \\ &= \lim_{\triangle t \to 0} \frac{\left\{ \dfrac{F(t + \triangle t) - F(t)}{R(t)} \right\}}{\triangle t} \quad : (\text{식} \, I - 23) \, \text{참조} \\ &= \frac{1}{R(t)} \lim_{\triangle t \to 0} \frac{\{F(t + \triangle t) - F(t)\}}{(t + \triangle t) - t} \quad : '\text{도함수}' \, \text{정의} \\ &= \frac{1}{R(t)} \frac{dF(t)}{dt} = \frac{f(t)}{R(t)} \end{aligned}$$

(식 Ⅰ-23)과 동일한 결과를 얻었다. 참고로 여러 신뢰성 서적들에서 '$f(t)$', '$\lambda(t)$', '$h(t)$' 모두를 '고장률'로 호칭하는 경우가 있으므로 '이산형'과 '연속형'들의 각 정의에 대해 명확히 인식하는 일도 중요하다. **명칭에 대해 다시 강조하지만 '$f(t)$'는 '확률 밀도 함수', '$\lambda(t)$'는 '고장률 함수', '$h(t)$'는 '위험 함수'이며, 't'가 특정 값으로 주어지면 함숫값이 나오므로 이때 '$f(t_i)$'는 '확률 밀도', '$\lambda(t_i)$'는 '고장률', '$h(t_i)$'는 '위험률'로 불린다.**

‘위험 함수[$h(t)$]'인 (식 Ⅰ-25)와 ‘확률 밀도 함수[$f(t)$]'의 (식 Ⅰ-21)을 사용하면 ‘위험률'과 ‘신뢰도'와의 관계식을 얻는다. 이들을 어떻게 활용할지는 앞으로 여러 사례에서 소개될 것이다. 다음은 둘 간의 관계를 수식으로 풀어 놓은 것이다.

짧은 시간당 변화율, 즉 '위험 함수' : (식 Ⅰ-26)

$$h(t) = \frac{f(t)}{R(t)} \quad : (식\,I-23)\,또는\,(식\,I-25).$$

$$= \frac{\left(\dfrac{dF(t)}{dt}\right)}{R(t)} = \frac{-\left(\dfrac{dR(t)}{dt}\right)}{R(t)} \quad : (식\,I-21)\,대입.$$

$$= -\frac{\left[\dfrac{d(R(t))}{R(t)}\right]}{dt} \quad : 미분\;d(\ln R) = \frac{dR}{R}\;적용.$$

$$= -\frac{d}{dt}[\ln R(t)]$$

양변을 적분하면,

$$\int_0^t h(x)dx = -\int_0^t d[\ln R(x)] = -\ln R(t)$$

'신뢰도 함수, $R(t)$'로 정리하면, 즉 양변에 '자연상수[e]'를 적용하면,

$$R(t) = e^{-\int_0^t h(x)dx} = e^{-H(t)} \quad : H(t)는 '누적 위험률' \;----\;a)$$

‘위험률'은 시간에 따른 변화율 형태가 감소형(DFR), 일정형(CFR), 증가형(IFR)이 있으며, 이들 각각에 대한 설명은 이미 [그림 Ⅰ-8]에서, 또 모두 합쳐진 ‘욕조 곡선'에 대해서는 [그림 Ⅰ-9]에서 설명한 바 있다. 여기서는 [그림 Ⅰ-8]의 ‘위험률[$h(t)$]에 대한 유형' 세 가지를 다음 [그림 Ⅰ-27]에 다시 옮겨놓은 뒤, 각각에 대해 현업에서 마주칠 만한 사례를 추가하였다.[41] 현

---

41) ‘www.minitab.com'의 "신뢰도 분석의 위험 함수."

업에서 수집된 데이터로 다음 셋 중 하나의 '위험률 곡선'을 얻는다면 현 아이템의 수명 해석을 어떻게 할 것인지, 아래 설명된 내용과의 비교를 통해 쉽게 가늠할 수 있다.

[그림 Ⅰ-27] '위험률 곡선[$h(t)$]'의 유형과 사례

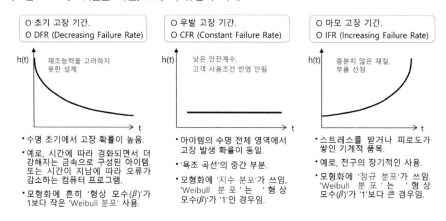

[그림 Ⅰ-27]의 '위험률 곡선'에 대한 유형별 사례는 향후 수명 해석에 기본 정보를 제공하므로 가급적 정독하고 다음 단원으로 넘어가기 바란다.

⑤ 평균 수명(MTTF, Mean Time to Failure)

'MTTF'는 기본적으로 수리가 안 되는 아이템에서의 '고장까지의 시간, 즉 '작동 시간'을 평균한 값이다. 그러나 만일 아이템이 수리 가능한 경우임에도 'MTTF'로 관리하길 원하면 '첫 번째 평균 고장 시간'을 활용한다.[42] '연속형 수명 자료'에서의 'MTTF'는 앞서 전개된 산식들을 이용해 계량화할 수 있으며, 이때 'MTTF'를 얻는 산식은 (식 Ⅰ-15)와 (식 Ⅰ-21)이 적용된다. 다음과 같다.

---

42) 「MIL-HDBK-338B」, p.88 참조.

'이산형 관점'의 해석에서 '(식 I−15)'는 $\qquad$ (식 I−27)
고장까지의 시간들 평균, 또는 작동(가동) 구간들의 평균, 즉

$$MTTF = \sum_{i=1}^{n} [x_i \cdot P(x_i)] : where \ 'P(x_i)'는 'x_i'가 나올 확률.$$

이 식을 '연속형 관점'의 해석으로 확장하면(즉 $n \to \infty$),

$$MTTF = \lim_{n \to \infty} \sum_{i=1}^{n} [x_i \cdot P(x_i)] : 'x_i \to t'로 대체.$$

$$\equiv \int_0^\infty t \cdot f(t)dt \qquad : 'f(t)'에 (식 I−21) 대입.$$

$$= \int_0^\infty t \cdot \left[-\frac{dR(t)}{dt} \right] dt \quad : '로피탈 정리' 적용.$$

$$= \int_0^\infty R(t)dt \ ----- 1)$$

(식 I−27)에서 적분의 범위가 '0'부터 '∞'인 이유는 '수명'은 '음수'가 없고, 여기서의 '평균'은 '표본 평균'이 아닌 모집단에 대한 '기댓값(Expected Value)', 즉 무한히 수행했을 때 기대되는 값을 고려하기 때문이다. '로피탈 정리(l'Hospital's Theorem)'는 '미적분학의 극한값 계산에서 사용되는 정리로 분자와 분모의 극한값이 모두 '0'으로 가까이 가거나 무한대로 갈 때 쓰이는 수학적 법칙'이다. 적분에 응용되는 만큼 유도 과정에 좀 더 관심 있는 독자는 관련 문헌을 참고하기 바란다.

(식 I−27)의 '1)'을 통해 'MTTF'는 '신뢰도 함수[$R(t)$]'만 알려지면 얻어진다. 이때 바로 적분할 수 있으면 다행이지만 그렇지 못할 경우 그래픽 근사나 '몬테카를로 시뮬레이션'을 통해 'MTTF'를 얻는다.

⑥ 평균 고장 시간(MTBF, Mean Time between Failures)
'MTBF'는 '이산형 관점'의 해석에서 설명한 바와 같이 수리 가능한 아이템에 적용한다. '수리 가능한 아이템'은 '정상 작동한 시간'이 길면 길수록 긍정

적이나 작동이 멈췄을 때 '수리'하는 활동이 필수이므로 '수리를 얼마나 빨리 대응하는가?'도 매우 중요하게 고려되어야 한다. 따라서 '평균 수리 시간'인 'MTTR(Mean Time to Repair)'도 반드시 함께 평가해야 함을 강조한 바 있다.

또 '수리'와 반대되는 개념으로 아이템을 얼마나 잘 사용했는가도 중요하므로 이를 '가용성(Availability)', 그리고 측정값을 '가용도(A)'라고 한 바 있다. 관련 내용들에 대해서는 (식 Ⅰ-17), 그리고 [그림 Ⅰ-23] 및 [표 Ⅰ-12]를 참고하기 바란다.

'평균 고장 시간(MTTF)'의 일반식은 '이산형 관점'에서의 (식 Ⅰ-16)과 동일하다. 그러나 전자 장비의 경우 통상 '위험률[$h(t)$]'이 일정한 것으로 간주되며 해석용 분포로 '지수 분포'가 쓰이고 있어 (식 Ⅰ-26)의 'a)'식을 그대로 가져와 다음 (식 Ⅰ-28)의 과정을 거쳐 'MTBF'를 유도할 수 있다. 다시 강조하지만 본 전개 과정은 '지수 분포(Exponential Distribution)'의 경우를 예로 든 것이다.

[전제 조건] (식 Ⅰ-28)
1) 수리 가능한 아이템이면서,
2) '위험률[$h(t)$]'이 시간에 따라 일정한 경우.

(식 Ⅰ-26)의 'a)'로부터,

$$R(t) = e^{-\int_0^t h(x)dx} \quad : \text{'}h(x)\text{'가 일정하므로 적분 결과는 '상수 } \lambda \text{'가 됨.}$$

$$= e^{-\lambda t} \ ------- b) : \text{아래 '지수 분포 기댓값' } MTBF = \frac{1}{\lambda}$$

$$= e^{-\frac{1}{MTBF}*t} \ ---- c) : MTBF = \text{총 작동(가동)시간} \div \text{고장횟수}$$

$$\begin{cases} \because \text{지수분포함수 '}\lambda e^{-\lambda x}\text{'의 기댓값(평균)은 (식 Ⅰ-27)을 적용해서} \\ \int_0^\infty x[\lambda e^{-\lambda x}]dx \qquad : \le t's \ \lambda x = t \ \rightarrow \ \lambda dx = dt. \\ = \int_0^\infty te^{-t}\left[\frac{1}{\lambda}dt\right] \\ = \frac{1}{\lambda}\left[-e^{-t}(t+1)\right]_0^\infty = \frac{1}{\lambda}[0-(-1)] = \frac{1}{\lambda} = MTBF \end{cases}$$

(식 Ⅰ-28)의 'b)'는 '지수 분포(Exponential Distribution)'의 '확률 밀도 함수(pdf)'인 '$\lambda e^{-\lambda t}$'로부터 계산된 '신뢰도 함수[$R(t)$] $= e^{-\lambda t}$'와 정확히 일치한다. 즉 '지수 분포'를 바탕으로 얻어진 결과이며, 따라서 (식 Ⅰ-28)의 아래 영역에서 얻은 '지수 분포'의 '기댓값(평균) $= 1/\lambda$'이 곧 'MTBF'이고, 필요 시 추정 값으로 '총 작동(가동)시간 ÷ 고장 횟수'를 사용한다.

　(식 Ⅰ-28)의 'c)'를 보면 '$\lambda = 1/MTBF$'를 통해 '신뢰도 함수[$R(t)$]'와 'MTBF'와의 관계를 형성한다. 그러나 (식 Ⅰ-28)의 초두에 강조된 '[전제 조건]', 즉 '수리 가능한 아이템이면서 '위험률[$h(t)$]'이 시간에 따라 일정한 경우'에만 적용된다는 점 다시 한 번 강조하는 바이다. 전자 장비의 경우 '위험률'이 일정한 패턴을 보이기 때문에 본 관계식의 활용이 매우 중요하다. 전체 전개에 대한 자세한 설명은 「MIL-HDBK-338B」를 참고하기 바란다.[43]

3.8. '신뢰성 척도' 요약

　지금까지 '이산형 관점'과 '연속형 관점'에서의 '신뢰도 함수', '불신뢰도 함수', '확률 밀도 함수(고장률$_f$함수)', '누적 분포 함수', '위험(순간 고장률) 함수' 들에 대해 알아보았다. 그러나 소개된 수학적 함수들 중에서 앞으로의 학습을 위해 가장 근간이 될 함수는 '연속형 관점'에서의 '확률 밀도 함수(Probability Density Function)'이며, 줄여서 'pdf'로 불린다. 이 함수로부터 '신뢰도 함수'나 '불신뢰도 함수', '누적 분포 함수' 및 '위험 함수' 들 모두가 유도된다. 따라서 현업의 다양한 출처로부터 '수명 자료'가 수집되면 그들로부터 '확률 밀도 함수'를 찾는 일이 제일 먼저 선행되어야 한다.

---

43) p.87, p.89.

다음 [그림 Ⅰ-28]은 '확률 밀도 함수'를 중심으로 지금까지 설명된 '신뢰도 함수', '불신뢰도 함수', '누적 분포 함수' 및 '위험 함수'들의 관계를 일목요연하게 보여준다. 앞으로 신뢰성 학습에 핵심으로 작용할 '확률 밀도 함수'를 이해하는데 매우 중요한 '관계도'이므로 본문에 전개된 수식들과 대조하며 확실하게 내 것으로 만들어놓기 바란다. 그냥 넘기기 전에 각 식을 하나씩 짚어보며 수학적 관련성을 따져보기 바란다.

[그림 Ⅰ-28] '신뢰성 척도(함수)'들 간 함수 관계도

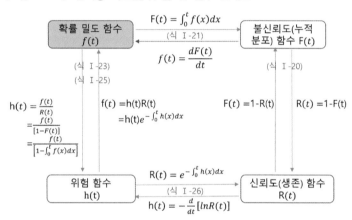

보는 법을 간략히 소개하면 [그림 Ⅰ-28]의 각 화살표에 본문에서 수식을 유도했던 번호를 표기했고 척도들 간 관계식도 포함시켰다. 복잡해 보이지만 충분히 소화할 수 있도록 본문 유도 과정과 대조해가며 학습하기 바란다. 신뢰성은 미래 품질을 정량화하는 학문이므로 '확률 밀도 함수[$f(t)$]'를 기반으로 모든 관련 정보(함수)들이 유도되고 해석된다는 점 반드시 유의하기 바란다.

현업에서 관리 중인 아이템으로부터 수명 자료를 얻으면 최초로 시도하는 작업이 그들 데이터가 어느 수명 분포, 즉 '확률 밀도 함수'를 따르는지 확인

하는 일이다. 따라서 '확률 밀도 함수[$f(t)$]'를 파악하는 활동이 아이템들 수명 분석의 시작점이라 할 수 있다. 이런 이유로 [그림 I-28]의 '확률 밀도 함수' 영역을 '시작'이란 뜻의 붉은 색으로 강조해놓았다. 다음 단원부터 '확률 밀도 함수'가 어떻게 만들어지는지에 대해 상세히 알아보자.

4. 확률 밀도 함수의 형성

이전 단원에서 '신뢰성 기초 이론'에 대해 알아보았다. 사실 신뢰성에서의 '기초 이론'은 본 단원에서 설명할 '확률 밀도 함수'가 가장 핵심적이고 중요하다. 그럼에도 굳이 앞 단원에 포함시키지 않고 별도로 공간을 마련한 이유는 그 중요성을 강조하기 위한 포석과 소제목으로 기술하기에는 그 양도 만만치 않기 때문이다.

관리 중인 아이템들의 수명 자료를 현업에서 확보하면 제일 먼저 알아야 할 사항이 바로 [그림 Ⅰ-28]에서 강조했던 수명이 어느 분포를 따르느냐이다. 즉 수명 자료를 설명해 줄 '확률 밀도 함수'를 찾으면 아이템의 기본적인 수명관련 정보들을 추출할 수 있다. 그러나 그에 앞서 학습 중에 난무하는 여러 용어들, 예를 들어 '확률 변수', '확률 분포', '확률 밀도 함수', '확률 질량 함수', '확률 분포 함수' 등과 같이 유사하지만 용도가 다를 것 같은 항목들에 대해 그 정의를 명확히 한 후 본론으로 들어갈 것이다.

본문은 크게 두 영역으로 나뉘는데, 하나는 원 자료로부터 '히스토그램' 작성 및 '도수 분포 곡선'을 거쳐 '확률 밀도 함수'가 형성되는 전 과정의 설명, 그리고 다른 하나는 그를 기반으로 한 본격적인 '확률 밀도 함수'의 소개이다. 후자는 분량을 고려하여 「5. 확률 밀도 함수」에서 별도로 설명을 이어나갈 것이다.

4.1. 용어 정의

'신뢰성 공학'에서 쓰이는 정량화 수단은 '확률(Probability)'이다. **'확률(確**

率)'은 '일정한 조건 아래에서 어떤 사건이나 사상(事象)이 일어날 가능성의 정도, 또는 그런 수치'이다. '일어날 가능성'이란 아직 '일어나지 않았음'을 뜻하므로 '미래의 결과를 현재 시점에 수치로써 가늠한다.'는 의미가 담겨있다. '신뢰성'은 바로 '시간 차원에서의 품질(Quality in Time Dimension)'을 다루는 학문이고, 이는 곧 아이템이 부여받은 기능을 앞으로 얼마나 잘 유지해낼 것인가를 현재의 측정치로 판단하므로 '확률'의 사용은 피할 수 없는 현실이다.

'확률'은 다시 '수학적 확률'과 '통계적 확률'로 구분된다.[44] 전자인 **수학적 확률**은 경험하지 않고 알 수 있다는 의미에서 '선험(先驗)적 확률'로도 불린다. 예를 들어, 주사위가 있고 그것의 무게 중심이 기하학적 중심과 정확히 일치한다면 어떤 특이 요인으로 인한 영향을 제거할 수 있고, 이때 각각의 면이 나올 가능성(확률)은 정확히 '1/6'이다. 또 동전 역시 정확히 대칭으로 이루어져 다른 특이 요인에 의한 영향이 배제된다면 한 면이 나올 가능성(확률)은 정확히 '1/2'이다. 즉 직접적인 경험을 하지 않고 동일한 원인에서 특정한 결과의 비율이 나올 수 있음을 미리 알 수 있다.

이에 반해 **통계적 확률**은 실제 경험을 통해 얻어지는 확률이며, 따라서 '경험적 확률'로도 불린다. 예를 들어, 주사위를 던져 1의 눈이 나올 '수학적 확률'은 '1/6'이지만 그렇다고 6회 던져 1의 눈이 반드시 한 번 나오는 것은 아니다. 그러나 던지는 회수를 10회, 30회, 70회, 100회 등으로 늘려나가면 그들 중 1의 눈이 나오는 횟수도 늘어나고 급기야 비율, 즉 '(1의 눈이 나오는 회수)/(던진 회수)' 또는 기호로 'X/n'의 값은 점점 '1/6'에 수렴한다. 이때 시행을 통해 얻어진 비율은 '통계적 확률'이 되고, 이 값은 점차 '수학적 확률'에 근접해간다. 이와 같이 시행을 늘려 나갈 때 '수학적 확률'에 근접해가는 원칙을 '큰 수의 법칙(Law of Great Number)'이라고 한다.

---

44) 이하 「두산 백과」 '확률'의 정의 참조해서 편집.

$$P_{수학적\ 확률} \cong \lim_{시행수 \to \infty} \left(P_{통계적\ 확률} \right),\ or \qquad (식\ \mathrm{I}\text{-}29)$$

$$= \lim_{시행수 \to \infty} \left(\frac{바라는\ 사건의\ 관찰된\ 횟수}{시행\ 수} \right),\ or$$

$$= \lim_{n \to \infty} \left(\frac{X}{n} \right)$$

아이템의 '수명'을 예측하기 위한 접근은 앞서 설명한 바와 같이 '통계적 확률'을 통해 '수학적 확률'을 확인하려는 노력이 바탕에 깔려있다. 꼭 맞는 표현은 아니지만 현업의 경우 '수학적 확률'을 '설계 수명'에, '통계적 확률'을 실험에서 얻는 '추정 수명'에 빗댄다면 대충 의미 파악이 될 듯싶다.[45]

설명을 조금 더 진전시켜보자. '아이템 두 개를 평가해 양품이 나오는 사건'과 '아이템의 수명을 시간 단위로 측정한 사건'에 대해 생각해보자. 교육 중에 늘 강조하지만 기업에서의 학습은 대학에서의 수업과 차이가 있다. 대학에선 새로운 원리나 이론, 응용 등을 찾느라 학문에 깊이를 더하지만 기업에선 문제 해결을 위해 현재 쓰이고 있는 원리나 이론들이 필요하다. 그런데 경험해보지 못한 확률·통계 영역을 대부분 처음 접하다보니 기본에 매우 취약한 상황에 처한다. 용어의 정의만 정확하게 알아도 쉽게 이해될 내용들을 저마다 다른 표현과 용도로 활용하곤 한다. 이어지는 설명은 가장 기초적이지만 앞으로 수명 자료 분석에 중요한 지식적 기반을 제공하므로 가급적 정독하기 바란다. 다음 [그림 I-29]는 확률 분야에서 늘 접하는 용어들을 시각화시켜 압축 표현한 개요도이다.

---

45) '수학적 확률'과 '통계적 확률' 외에 '기하학적 확률'도 있다. 이는 '전체 넓이(길이) 중 일부 넓이(길이)의 비율'을 고려할 때 쓰인다. 부채꼴 넓이가 서로 다르게 그려진 원판을 돌려 작은 화살을 던지는 게임을 연상해보자.

[그림 Ⅰ-29] '이산 자료'와 '연속 자료'의 관련 용어

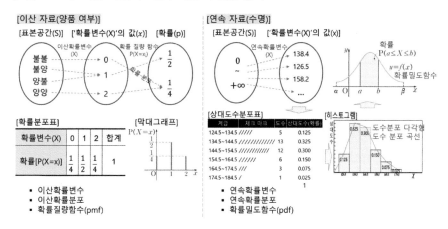

용어들을 한 곳에 모아놓다 보니 복잡해졌다. 우선 [그림 Ⅰ-29]의 왼쪽은 '이산 자료'와 관련된 용어들이다. 만일 두 개의 아이템을 가져와 품질을 평가 해서 '양품이 나오는 횟수'를 알아보는 시험을 할 때, 나올 수 있는 경우는 두 개 모두 불량인 '불불', 하나만 양품이 포함된 '불양', '양불', 끝으로 모두 양 품인 '양양'이 예상된다. 이때 모든 가능한 경우의 수, 또는 모든 가능한 원소 를 포함하는 영역을 '**표본 공간(S, Sample Space)**'이라고 한다. 본 예에서의 '표본 공간(S)'은 '{(불불), (불양), (양불), (양양)}'이다[그림에서 '표본 공간 (S)' 참조].

만일 아이템이 두 개가 아닌 세 개라면 '표본 공간(S)' 내 원소는 조합이 '불불불', '불양불' 등과 같이 '총 8(=2^3)개'가 존재한다.

그런데 '불불', '양불' 등의 문자 표현으론 수학적 해석이 안 되므로 "'표본 공간(S)'의 각 원소에 숫자 한 개씩을 대응시켜"주게 되는데 이것을 '**확률 변 수(Random Variable)**'라 하고 통상 대문자 'X'를 쓴다. 즉 [그림 Ⅰ-29]의 '이산 자료'를 보면, '확률 변수(X)'는 '표본 공간(S)'과 '확률 변수의 값(x_i)'

사이에 위치하며 둘을 연결시켜주는 가교 역할을 한다. 따라서 다음과 같이 '함수(Function)'에 해당한다.

$$X(불불) = 0, \quad X(불양) = 1, \qquad (식 \ \text{I}-30)$$
$$X(양불) = 1, \quad X(양양) = 2,$$

'X'가 '양'의 개수에 따라 해당 숫자를 대응(전환)시키고 있다. 또 각 '확률 변수의 값(x_i)'들끼리는 사이 숫자가 존재하지 않으므로 이때의 '확률 변수'를 특히 **'이산 확률 변수**(Discrete Random Variables)'라고 한다.

(표 I-30)의 '확률 변수의 값(x_i) = 0, 1, 2'는 '표본 공간(S)'에서 보듯 아이템을 평가할 때 마구잡이로 나오기보다 일정한 '수학적 확률'로 결정되는데, 이와 같이 "X가 'x'로 나올 확률"을 '$P(X=x)$'로 쓴다. 또 '$P(X=x)$'는 'x 값'에 따라 달라지는 함수가 되므로 이를 **확률 질량 함수**(Probability Mass Function, pmf)'라고 한다. [그림 I-29]의 '이산 자료'를 보면, '확률 질량 함수'는 '확률 변수의 값(x_i)'과 '확률(p)' 사이에 위치하며 둘을 연결시키는 가교 역할을 한다.

끝으로 **확률 분포**(Probability Distribution)'가 있다. '확률 분포'는 "'이산 확률 변수의 값(x)'과 그 값이 나올 '확률(p)'과의 일대일 대응 관계이며, 이를 X의 확률 분포"라고 말한다. 일대일 대응 관계이므로 '확률 분포'를 나타내는 방법엔 다음의 세 가지가 있다.

- 식 : $P(X=x_i) = p_i$. 단 $i = 1, 2, ..., n$. '$P(X=x_i)$'는 '확률 질량 함수'
- 표: '확률 분포 표' → [그림 I-29]의 '이산 자료' 참조
- 그래프: '막대그래프' → [그림 I-29]의 '이산 자료' 참조

공통점은 모두 'x_i'와 'p_i'가 '일대일 대응' 관계에 있다는 점이다. 신뢰성에 선 일반적으로 '식'을 많이 사용한다.

이어서 [그림 Ⅰ-29] 내 오른쪽의 '연속 자료'와 관련된 용어에 대해 알아보자. 우선 '연속 자료'는 '무게', '길이', '시간' 등이 해당되며, 만일 '수명'을 가정할 때, '0시간'에 고장 날 수도 있고 이론상 '무한대'까지 생존할 수도 있으므로 **표본 공간(S)**'는 '0 ~ ∞'이다. 물론 '수명'에는 '음수'가 없다. 또 '수명'을 측정할 때마다 값이 달라지는 '변수'이고, 아이템 특성상 특정 시간 영역에서 고장 날 가능성이 높으므로 '확률 변수'이다. 이때 '확률 변수'는 임의의 구간이 정해지면 그 구간의 모든 실수 수명이 나올 수 있게 되므로 **연속 확률 변수(Continuous Random Variable)**'라고 한다.

'이산 확률 변수'와 달리 '연속 확률 변수'는 별도의 수치화 작업이 필요 없고 바로 값으로 나오기 때문에 '측정값' 자체가 '연속 확률 변수'이다. 일반적으로 대문자 알파벳(예, X)을 쓰고 '측정값'은 소문자 알파벳(예, x)을 쓴다. 예를 들어, [그림 Ⅰ-29]의 '연속 자료'에서 '138.4, 126.5, 158.2 ......' 들의 묶음을 '연속 확률 변수(X)'라 하고, 개별 값은 '연속 확률 변수의 값(x)'이 된다.

'수명'은 '아이템'으로부터 측정되고, 아이템은 '설계 수명'이 존재하므로 측정된 수명들은 모두 임의 값이 나올 가능성, 즉 '확률'과 맥을 같이 한다. 그러나 '이산 자료'와 달리 [그림 Ⅰ-29]를 보면, '원 자료 → 상대 도수 분포표 → 히스토그램 → 도수 분포 다각형 → 도수 분포 곡선'의 과정을 거친 뒤, 최종의 '분포 곡선'을 설명할 'x'와 'y'의 관계식인 '$y = f(x)$'을 얻는다. 이 관계식을 '연속 확률 변수(X)'의 **확률 밀도 함수(Probability Density Function, pdf)**'라고 한다([그림 Ⅰ-29] 참조).[46]

'확률 밀도 함수'는 '$P(X = x_i) = p_i$'와 같이 'x_i'가 주어졌을 때 그에 대응하는 하나의 'p_i'를 'x_i에 대한 확률 p_i'로 쓰지 않는다. '연속 확률 변수'가 취할 수 있는 실수 값은 무한대에 가깝기 때문인데, 예를 들어 한 아이템의 수명이 정확하게 '130시간'으로 나올 확률은 거의 '0'에 가깝다. 수식으론 다음과 같이 표현한다.

X가 '연속 확률 변수'일 때,　　　　　　　　　　　　　　　　　(식 Ⅰ-31)

$f(130) = P(X = 130) = 0.$

이것은 확률을 계산할 때 '$\leq$'와 '$<$'차이를 없게 만든다.

$$즉, P(a \leq X \leq b) = P(a \leq X < b)$$
$$= P(a < X \leq b)$$
$$= P(a < X < b)$$

따라서 '$P(X)$'가 아닌 '$f(X)$'를 사용하며, 이때의 '$f(X)$'는 '확률' 값이 아니고 단지 'x'에 따른 '곡선(y-축의 높이)'을 형성하는 역할에만 관계한다. 정확히는 '$x = a$'에서의 '$f(a)$'는 '확률'이 아니고, '확률 밀도' 또는 '함숫값'이라고 한다. '밀도'란 물리학에서 쓰는 '단위 넓이당 질량'이므로, '질량'을 계산하려면 '밀도'가 상수가 아닐 경우 '부피'에 대해 적분을 수행한다. 마찬가지로 '확률 밀도 함수'에서는 '확률 밀도'가 '단위 x당 확률'을 나타내며, 이때 '확률'을 계산하려면 '높이(확률 밀도)'를 'x'에 대해 적분해야 한다.

따라서 '확률 밀도 함수'의 용도는 명확하다. 즉 [그림 Ⅰ-29]를 보면 구간 '[a, b]'가 정해졌을 때 두 값 사이의 '넓이'를 계산하는데 쓰인다. '넓이'는 곧 '확률'이다. 예를 들어, '수명 자료'일 경우 연구 단계에서 특정 아이템의 향후 수명이 '125hrs ~ 130hrs'가 나올 가능성을 추측하고 싶을 때, 또는 '연속 확

---

46) 본 전개 과정은 「4.2. 분포 곡선 만들기」에서 다시 상세히 소개하고 있다.

률 변수(X)'가 구간 '125hrs ~ 130hrs'에 들어갈 확률 등을 계산할 때 이용한다. 지금까지의 설명을 "'**확률 분포**'를 나타내는 **세 가지 방법**"으로 정리하면 다음과 같다.

- 식: $P(125 \leq X \leq 130) = \int_{125}^{130} f(x)dx$ → '$f(t)$'는 '확률 밀도 함수'
- 표: '상대 도수 분포 표' →[그림 Ⅰ-29]의 '연속 자료' 참조
- 그래프: '도수 분포 곡선' →[그림 Ⅰ-29]의 '연속 자료' 참조

앞서 '확률 분포'를 표현하는 세 가지 방법들 중, 특히 '식'으로 나타낸 것을 '확률 분포 함수(Probability Distribution Function)'라고 한다. 데이터 유형이 '이산형'과 '연속형'이 있으므로 '이산 확률 분포 함수', '연속 확률 분포 함수'로 불린다. 그러나 영문판 'Wikipedia'에 따르면 '확률 분포 함수'는 출처에 따라 ① 때로 '확률 분포(Probability Distribution)'와 같은 의미로, ② 연속형, 이산형 구분 없이 '확률 밀도 함수(pdf)', '확률 질량 함수(pmf)', '누적 분포 함수(cdf)' 등을 포괄하는 의미로 언급한다. 그에 반해 용어 '확률 함수(Probability Function)'는 표현이 모호하다고 밝히고 있으며 앞선 표현들 중 일부를 표현한 것으로 추정한다. 이에 독자는 현업에서 '확률 함수'의 표현은 잘 안 쓰는 용어로 받아들였으면 한다. 혼란스러워 할 독자를 위해 [그림 Ⅰ-29]와 연계된 용어들을 [그림 Ⅰ-30]에 그림으로 총정리하였다. 각자 이해할 수 있는 계기가 되었으면 한다.

[그림 Ⅰ-30]의 왼쪽을 보자. '[표본 공간(S)]'의 각 '근원사건(개별 원소)'을 '실수'로 전환시키는 함수를 '확률 변수(X)'라 했으며, 이에는 '이산 확률 변수'와 '연속 확률 변수'가 있다. 또 각 '확률 변수의 값(x)'과 시행 결과가 나올 '확률(p)'을 '일대일 대응'시킨 것이 '확률 분포'이다.

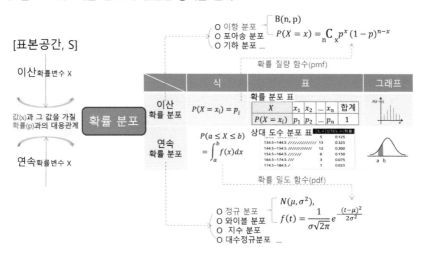

그림을 보면 '확률 분포'는 다시 '확률 변수'의 유형에 따라 '이산 확률 분포'와 '연속 확률 분포'로 나뉘고([그림 Ⅰ-30] 내 표의 첫째 열 참조), 각 '확률 분포'는 세 개의 방법들인 식, 표, 그림으로 표현된다. 이때 '이산 확률 분포'의 '식' 중 '$P(X = x_i)$'를 '확률 질량 함수(pmf)'라 하고, '이산 확률 분포'들인 '이항 분포(Binomial Distribution)', '포아송 분포(Poisson Distribution)', '기하 분포(Geometric Distribution)' 중 '이항 분포'를 '확률 질량 함수(pmf)'의 예로 들고 있다('점선 화살표' 참조).

반면 '연속 확률 분포'의 식 중 '$f(t)$'를 '확률 밀도 함수(pdf)'라 하고, 역시 '연속 확률 분포'인 '정규 분포(Normal Distribution)', '와이블 분포(Weibull Distribution)', '지수 분포(Exponential Distribution)', '로그 정규 분포(Log-normal Distribution)' 중 '정규 분포'에 대한 '확률 밀도 함수(pdf)'의 예를 보여준다('점선 화살표' 참조). 일단 '확률 질량 함수'나 '확률 밀도 함수'

가 정해지면 '[그림 Ⅰ-28]의 '신뢰성 척도(함수)'들 간 '함수 관계도'를 통해 '누적 분포 함수[$F(t)$]', '신뢰도(생존) 함수[$R(t)$]', '위험 함수[$h(t)$]' 들이 유도된다.

4.2. 분포 곡선 만들기

　'신뢰성 공학'을 처음 접하는 기업 연구원이나 엔지니어들이 신뢰성을 꺼려하거나 손이 잘 안 가는 바탕엔 복잡한 확률 때문이 아닌, 아주 기본적인 사항들에 대한 이해 부족에서 오는 경우가 많다. 예를 들어, 신뢰성을 논할 때 대부분의 접근은 해석에 근간이 되는 '확률 밀도 함수'부터 설명이 들어간다. 그리고 다양한 통계, 확률적 용어들이 난무하면서 시작은커녕 '내 영역이 아닌가보다!' 하고 초두부터 체념하게 만든다. 그런데 교육 중에 그와 같은 선입견 있는 연구원들에게 '일차 함수 아세요?'하고 물으면 당장 고개를 끄덕이곤 한다. '일차 함수'는 알면서 '확률 밀도 함수'는 모른다? 알고 있는 지식을 응용하면 될 일인데 왜 이와 같은 상황이 주변에서 자꾸 반복되는 것일까?

　알고 있는 지식을 심화시키는 학습도 중요하지만 옆으로 펼쳐내는 스킬도 매우 필요한데, '신뢰성'은 유독 기업 연구원들에게 확장 기회를 덜 주는 분야에 속한다. 신뢰성 전공자들이 모인 대학 산업공학과에선 주로 대학원 이상 과정에서 다루어지므로 전공 지식이야 일상화되어있지만 정작 실무에 써먹어야 할 기업 연구원들은 비전공자들이 대부분이다. 따라서 타 전공 지식들에 바로 적용하기엔 한계가 있다. 시중의 출판물 역시 전공자들을 위한 전문 서적들이 대다수인지라 비전공자가 들어갈 여지는 상대적으로 좁기만 하다.

　그럼 '신뢰성'을 꼭 적용해야 할 기업 연구원들에게 '알고 있는 지식을 옆으로 확장하게 할 스킬은 무엇일까?' 그것은 바로 '신뢰성 공학'의 가장 기본이면서 반드시 알아둬야 할 **'확률 밀도 함수'가 어떻게 형성되는지** 명확하게 이해하는 일이다. 그를 통해 기존에 잘 알고 있는 '일차 함수'와 '확률 밀도 함수' 간 차이가 전혀 없다는 것부터 인식해야 한다. 따라서 본 단원에서는 '[그림 Ⅰ-24] 확률 밀도 함수의 형성 과정'을 구체적으로 실행해볼 것이다. 교육 중에도 상당 시간을 차지하곤 하지만 '신뢰성 공학'을 이해하려는 학습자들에겐 매우 유익한 시간으로 평가받곤 한다. 지금부터 '확률 밀도 함수'의 형성 과정에 대해 자세히 알아보자.

기업 내 한 연구소에서 30개의 'A 아이템'에 대한 수명 시험을 실행한 결과 다음 [표 Ⅰ-13]의 결과를 얻었다(고 가정하자).

[표 Ⅰ-13] 'A 아이템'의 '수명 시험' 결과 예(hrs)

A 아이템 수명					
16	86	14	64	25	40
53	8	45	7	68	6
22	119	27	32	48	12
36	141	2	57	15	92
14	15	71	2	42	7

'신뢰성 분석'을 위해서는 [표 Ⅰ-13]의 30개 자료가 어느 '확률 밀도 함수'를 따르는지 찾아야 한다. 왜냐하면 30개 데이터를 대표할 '대푯값(Representative Value)'을 알아야 'A 아이템'의 수명이 얼마인지 정량화가 가능하기 때문이다. 자료를 쌓아놓았을 때 좌우대칭 종모양이면 그 중심인 '산술 평균'이 대푯값이 되겠지만 모든 자료들의 쌓아놓은 모양이 대칭이 될 수 없으며, 특히 수명 자료는 비대칭의 경우도 상당수 존재한다. 비대칭일 경우 '산술 평균'을 '대푯값 수명'으로 사용하면 극한 값 등이 존재할 때 왜곡이 발생해 '수명 값'으로

적절치 않다. 사실 [표 Ⅰ-13]의 자료가 어떤 모양을 형성하고 또 그에 맞는 '확률 밀도 함수'가 어느 것인지는 통계 패키지를 사용하면 1초도 안 걸려 확인할 수 있다. 그러나 기초를 다지려는 현 목적하에서 그 과정을 하나하나 추적해보고자 한다.

제일 먼저 해야 할 일은 '히스토그램(Histogram)'을 작성하는 일이다. 하나의 특성을 수량으로 표현한 자료를 '변량(Variant)'이라 하고, '신장'이나 '체중' 따위처럼 구간 내 값을 연속적으로 취할 수 있으면 '연속 변량', '득점'처럼 분리된 값만 취하면 '이산 변량'이라고 한다. '수명 자료'인 [표 Ⅰ-13]은 '연속 변량'에 속하며 이때 자료의 형태는 '히스토그램'으로, '이산 변량'은 '막대그래프'로 나타내는 것이 일반적이다.

① '계급(Class)' 정하기

원 자료로부터 '히스토그램'을 작성하기 위해서는 제일 먼저 '계급(Class)'을 정해야 한다. '계급'은 '변량'을 일정 간격으로 나눈 구간이며, 이것이 정해져야 원 자료를 하나씩 해당 계급에 쌓아놓을 수 있다. '계급'의 폭을 '계급의 크기', 각 계급에 속한 자료의 수를 '도수(Frequency)'라고 한다. 관련 용어들을 그림으로 간단히 정리하면 다음 [그림 Ⅰ-31]과 같다.

[그림 Ⅰ-31] '히스토그램'과 관련된 용어

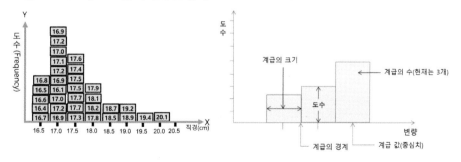

[그림 Ⅰ-31]의 왼쪽은 [그림 Ⅰ-24]를 옮겨놓은 것이며 오른쪽 용어 정의와 비교하기 바란다. 특정 위치에 '원 자료'를 하나씩 가져다 쌓아놓으려면 '계급'을 정해야 한다. 이를 위해 주어진 자료에 적합한 '계급의 수'와 각 계급의 폭인 '계급의 크기'가 필요하다. 둘은 다음의 산식을 통해 결정된다.

$$
\begin{aligned}
&\bigcirc \, '계급의 수(k)' \, 정하기 \qquad\qquad\qquad\qquad\quad (식 \;Ⅰ\text{-}32)\\
&\quad 1)\, 율(Yule,\ G.\,U.)의 \ 방법\\
&\qquad 주관적 \ 방법으로 \ 대략 \ '15 \sim 25개'\\[4pt]
&\quad 2)\, 스터지(Sturges,\ H.\,A.)의 \ 방법\\
&\qquad k \cong 1 + 3.322\log_{10}N \quad : \, 'k'는 \ 계급의 \ 수, \ 'N'은 \ 자료의 \ 수\\[4pt]
&\quad 3)\, 자료의 \ 수가 \ '50 \sim 200개'이면 \ ' \sqrt{N} \pm 3'\\[4pt]
&\bigcirc \, '계급의 \ 크기' \, 정하기\\
&\qquad w = \frac{R}{k} \quad : \, 'R'은 \ '범위(Range)', \ 'k'는 \ '계급의 \ 수'
\end{aligned}
$$

[표 Ⅰ-13]의 자료 수가 '30개'이므로 '계급의 수'와 '계급의 크기'는 다음으로 정한다(고 가정한다).

$$
\begin{aligned}
&\bigcirc \, '계급의 수' \, 정하기 \qquad\qquad\qquad\qquad\qquad (식 \;Ⅰ\text{-}33)\\
&\quad 스터지(Sturges,\ H.\,A.)의 \ 방법\\
&\qquad k \cong 1 + 3.322\log_{10}(30) \cong 5.907 \ (약 \ 6개)\\[6pt]
&\bigcirc \, '계급의 크기(폭)' \, 정하기\\
&\qquad w = \frac{R}{k} = \frac{141 - 2}{6} = \frac{139}{6} \cong 23.2 \ (약 \ 24)
\end{aligned}
$$

② '도수 분포 표(Frequency Distribution Table)' 작성

[표 Ⅰ-13]의 '수명' 자료를 '도수 분포 표'로 정리한다. '도수 분포 표'는 주어진 자료를 몇 개의 계급으로 나누고 각 계급에 속하는 도수를 조사하여

나타낸 표이다. (식 Ⅰ-33)에 따르면 '계급의 수 = 6개', '계급의 크기(폭) = 24'이다. 정리된 결과는 다음 [표 Ⅰ-14]와 같다. 각 '계급의 도수'를 '전체 도수'로 나누면 '상대 도수'가 되며, 이 표를 '상대 도수 분포 표'라고 한다. '(상대도수)/(계급의 크기)'는 '히스토그램'의 'y-축'을 형성하며 전체 넓이가 '1'이 되는데 기여한다.

[표 Ⅰ-14] '수명 자료' [표 Ⅰ-13]의 '도수 분포 표' 및 '상대 도수 분포 표' 예

계급(Class) 수명(hrs)	도수	계급값	상대도수	(상대도수)/ (계급의 크기)	비고
$1.5 \leq t < 25.5$	14	13.5	0.47	0.019	
$25.5 \leq t < 49.5$	7	37.5	0.23	0.010	○ 계급값 = $\dfrac{계급 하한 + 계급 상한}{2}$
$49.5 \leq t < 73.5$	5	61.5	0.17	0.007	예) 계급값$_1$ = (1.5 + 25.5)/2 = 13.5
$73.5 \leq t < 97.5$	2	85.5	0.07	0.003	○ 상대도수$_i$ = 도수$_i$/30
$97.5 \leq t < 121.5$	1	109.5	0.03	0.001	○ (상대도수)/(계급의 크기) = (상대도수)$_i$/24
$121.5 \leq t < 145.5$	1	133.5	0.03	0.001	
합	30	-	1.00	-	

[표 Ⅰ-14]에서 '계급 상·하한'을 '0.5'로 끊은 것은 '히스토그램'을 작성할 때 막대들 간 사이 공간이 없도록 하기 위함이다. 통상 측정 단위의 '1/2'이 되도록 '계급 상·하한'을 설정한다. 특히 '상대 도수'는 전체 합이 '1'이므로 각 '도수'는 발생 '확률'로 인식된다. 만일 '계급의 크기'가 너무 작으면 '계급의 수'가 많아지고 자료 취급이 복잡해져 자료 정리의 효용성이 떨어진다. 반면 '계급의 크기'가 너무 크면 '계급의 수'가 작아져 자료의 분포 상태를 알기 어렵다. 따라서 '상대 도수 분포 표'를 만들 때 (식 Ⅰ-32)처럼 '범위(R, Range)'를 얻어 적정 '계급의 크기'를 결정한다.

③ '히스토그램' → '도수 분포 다각형' → '도수 분포 곡선'을 완성한다.

'신뢰성 공학'에서 '히스토그램'을 작성하는 이유는 최종 정착지인 '도수 분포 곡선(Frequency Distribution Curve)'을 얻기 위함이다. 이에 대해서는 이미 [그림 Ⅰ-24]에서 소개했으며, '수명 자료' 예인 [표 Ⅰ-14]를 이용해 다시 작성하면 다음 [그림 Ⅰ-32]와 같다.

[그림 Ⅰ-32] '히스토그램' → '도수 분포 다각형' → '도수 분포 곡선'

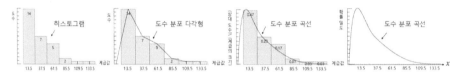

[그림 Ⅰ-32]의 첫 그림은 [표 Ⅰ-14]의 '도수' 열 내 값들로부터 직접 자 작해 얻은 '히스토그램'이고, 두 번째 그림은 각 막대 중간 지점을 연결해 얻은 '도수 다각형 또는 도수 분포 다각형(Frequency Polygon)'을, 세 번째 그림은 다각형을 부드러운 곡선으로 재연결한 '도수 분포 곡선'이다. 맨 끝 그림은 '히스토그램'만 빼낸 후 남겨진 곡선이다. 곡선 내 전체 넓이를 '1'로 맞춰 '확률'로 연결 짓기 위해 'y-축' 경우 셋째 그림은 '(상대 도수)/(계급의 크기)', 넷째 그림은 '확률 밀도'로 전환시켜 놓았다.

'도수 분포 다각형'으로부터 '도수 분포 곡선'을 수학적으로 얻는 방법은 '도수 분포 표'의 자료의 개수(즉 수명 자료 수)를 한없이 늘리면서 '계급의 크기'를 한없이 작게 하는 것이다. 한마디로 'x-축'의 구간 폭(계급의 크기)을 무한히 작게 가져가면 다음 [그림 Ⅰ-33]과 같이 '도수 분포 다각형'은 매끄러운 곡선이 된다.

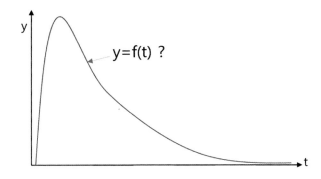

[그림 Ⅰ-33] '히스토그램'에서 얻은 '도수 분포 곡선'

[그림 Ⅰ-33]을 통해 수명 자료를 설명할 '확률 밀도 함수(pdf)'가 존재하면 그로부터 '평균 수명'을 쉽게 얻을 수 있다. 이어 '확률 밀도 함수'를 얻는 과정에 대해 알아보자.

4.3. '확률 밀도 함수(pdf)'의 적합(Fitting)

[그림 Ⅰ-33]은 'x-값'이 증가할 때 'y-값'은 급격히 증가하다 특정 'x-값'에서 최고치를 찍은 후 다시 완만히 감소하는 패턴을 보인다. 만일 이와 같은 패턴을 설명해줄 '$y = f(t)$'가 존재하면 어떨까? 여러 수학적 접근이 가능한데 이 과정을 '곡선 적합(Curve Fitting)'이라고 한다. [그림 Ⅰ-34]는 '곡선 적합'을 위한 미니탭 '대화 상자'를 보여준다(미니탭 메뉴 위치 포함).

'적합(Fitting)'은 옷을 사러갔을 때 자주 접하는 용어다. 옷이 본인에게 잘 맞는지 알아보기 위해 '피팅룸(Fitting Room)'에 들어가 구매를 원하는 옷들을 입어본다. 마찬가지로 수집된 '수명 자료'가 기존에 알려진 '분포 함수'들 중 어떤 것에 잘 맞는지(또는 잘 설명되는지) 함수들을 하나하나 데이터에 맞춰 본다. 얼마나 잘 맞는지의 정도를 통계 용어로 '적합도(Goodness-of-fit)'라고 한다.

[그림 Ⅰ-34] '도수 분포 곡선'과 '적합'을 통한 분포 찾기(미니탭 메뉴 참조)

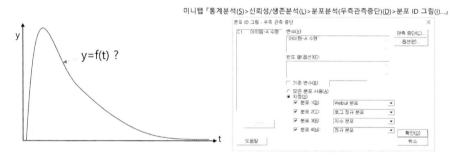

본문 내용이 와 닿지 않을 독자를 위해 [그림 Ⅰ-34]의 '도수 분포 곡선'에 잘 적합 하는 '확률 밀도 함수$[y = f(t)]$'를 미니탭에서 어떻게 찾는지 메뉴 위치와 '대화 상자'를 함께 첨부하였다. '대화 상자'에는 활용 빈도가 가장 높은 'Weibull 분포', '로그 정규 분포(대수 정규 분포)', '지수 분포', '정규 분포'를 지정했지만 "모든 분포 사용"을 체크하면 11개 분포 함수들을 '수명 자료'에 적합 시킨다. 참고로 현재의 '수명 자료'는 [표 Ⅰ-13]의 'A 아이템'에 대한 것이다.

주어진 '수명 자료'에 적합한 분포 함수를 찾는 수학적(또는 통계적) 방법을 '적합도 측도(Goodness-of-fit Measures)'라 하며, 여기엔 다음 [그림 Ⅰ-35]의 왼쪽과 같이 'Anderson-Darling 통계량'과 'Pearson 상관 계수'가 쓰인다.

[그림 Ⅰ-35] '확률 밀도 함수' 찾기와 '모수(Parameter)' 추정하기

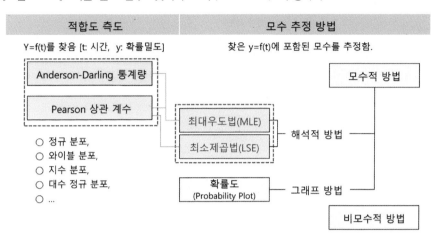

'Anderson-Darling 통계량', 또는 'Pearson 상관 계수'를 이용해 주어진 '수명 자료'가 '와이블 분포'를 따르는지, '지수 분포'를 따르는지를 이론적으로 하나하나 따지는 것은 범위를 좀 벗어나므로 설명은 생략한다. 다만 인터넷 검색만으로도 통계량 수식은 쉽게 접할 수 있다는 점만 알려둔다.

[그림 Ⅰ-34]의 미니탭 실행 결과를 [그림 Ⅰ-36]에 옮겨놓았다. 출력된 그래프에는 '확률 밀도 함수'를 찾기 위한 척도로 'Anderson-Darling 통계량'을 적용한다([그림 Ⅰ-36]에서 점선으로 표시해놓은 타원 참조).

[그림 Ⅰ-36]의 '확률도'들 중에서 직선을 따라 타점들이 잘 배열된 분포는 'Weibull 분포', '로그(대수) 정규 분포', '지수 분포'이나 'Anderson-Darling 통계량'을 보면 그 수가 가장 작은 분포가 'Weibull 분포(0.602)'임을 알 수 있다. 'Anderson-Darling 통계량'이 작을수록, 'Pearson 상관 계수'는 클수록 적합이 잘 된 분포로 해석한다.

[그림 Ⅰ-36] '확률 밀도 함수'를 찾기 위한 '적합도' 결과

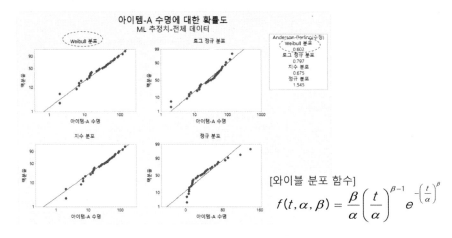

[와이블 분포 함수]

$$f(t, \alpha, \beta) = \frac{\beta}{\alpha}\left(\frac{t}{\alpha}\right)^{\beta-1} e^{-\left(\frac{t}{\alpha}\right)^{\beta}}$$

4.4. '확률 밀도 함수(pdf)'의 '모수(Parameter)' 추정하기

'수명 자료'인 [표 Ⅰ-13]이 'Weibull 분포'로 설명됨을 [그림 Ⅰ-36]을 통해 알아냈으며, 이어 다음 할 일은 함수 속에 포함된 '모수(Parameter)'들을 '수명 자료'로부터 추정해야 한다. '모수'들을 찾아야 '$y = f(t)$'가 완성된다. 'Weibull 분포'는 다음과 같이 'α'와 'β'인 두 개의 '모수'를 갖고 있다.

$$f(t) = \frac{\beta}{\alpha}\left(\frac{t}{\alpha}\right)^{\beta-1} e^{-\left(\frac{t}{\alpha}\right)^{\beta}} \qquad \text{(식 Ⅰ-34)}$$

(식 Ⅰ-34)의 '모수(Parameter)'인 'α'와 'β'는 [그림 Ⅰ-35]의 '모수 추정 방법'을 통해 이해될 수 있다. 컴퓨터가 발달하지 않았던 시절엔 '그래프 방

법'이라는 '확률지(Probability Paper)'를 이용한 '확률도(Probability Plot)'가 주요하게 쓰였다. 이 방법은 '정규 분포', '와이블 분포' 등의 분포 별로 모눈을 조정한 확률지가 있으며, 이 용지에 '수명 자료'를 타점해 직선 여부로써 분포를 찾고, 이어 수학적 원리를 이용해 확률지 상에서 '모수'를 추정한다.

그러나 현재는 통계 패키지를 활용해 바로 알아낼 수 있으며, 이때 쓰이는 수학적 원리(알고리즘)에 [그림 Ⅰ-35]에 요약된 '최소 제곱 추정법(LSE, Least Square Estimation)'과 '최대 우도 추정(MLE, Maximum Likelihood Estimation)'이 있다. '일차 함수'에 대한 '최소 제곱법'에 대해서는 「Be the Solver_확증적 자료 분석(CDA)」 편에서 이미 자세히 소개한 바 있다.47) 현재는 직선이 아닌 곡선 함수의 경우이나 수학적 해석엔 차이가 없다. 필요한 독자는 해당 자료를 참고하기 바란다.

그에 반해 '최대 우도 추정'은 용어부터 낯선데 미니탭 홈페이지의 용어 정의에 따르면 "우도 함수는 주어진 데이터를 가장 잘 설명하는 '모수(Parameter)'를 포함한 함수이다. 따라서 우도 함수를 최대화하면 관측된 데이터를 생성할 가능성이 가장 큰 모수를 확인할 수 있다. 통계적 측면에서 '최대 우도 추정'은 대부분의 모형과 여러 가지 유형의 데이터에 다양하게 응용되고, 가장 정밀한 추정치를 산출하기 때문에 일반적으로 대규모 표본에 쓰인다."로 설명한다. 사실 매우 난해한 해석인데 모두를 늘어놓기엔 본 책의 범위에서 약간 벗어날 수 있어 관심 있는 독자는 「Be the Solver_탐색적 자료 분석(EDA)」 편을 참고하기 바란다.48) 분포 함수는 다르지만 해당 책 본문에 기본 용어부터 풀이까지 자세한 내용을 담고 있어 이해하는데 도움 받을 수 있다. 다만 '수명 자료'에 대한 모수 추정에는 다음과 같은 이유로 '최대 우도 추정'을 선호한다.

---

47) pp.95~97.
48) pp.300~313.

- 분포의 모수 추정치가 '최소 제곱법'보다 더 정확하다.
- 추정된 분산이 '최소 제곱법'보다 더 작다.
- 계산 시 데이터에 포함된 정보를 '최소 제곱법'보다 더 많이 사용한다. 예를 들어, 관측 중단된 데이터가 많은 경우(고장이 아주 적은 경우), '최대 우도 추정(MLE)'은 관측 중단 데이터를 포함해 해석하나 '최소 제곱법'은 관측 중단 정보를 무시한다.[49]

다음 [그림 Ⅰ-37]은 [그림 Ⅰ-34], [그림 Ⅰ-36]에 이은 미니탭에서 '모수' 를 추정하기 위한 '대화 상자'와 그 결과이다. 참고로 '대화 상자'에는 [표 Ⅰ-

[그림 Ⅰ-37] '모수 추정'을 위한 미니탭 위치와 결과

미니탭 『통계분석(S)>신뢰성/생존분석(L)>분포분석(우측관측중단)(D)>분포 개관 그림(O)...』

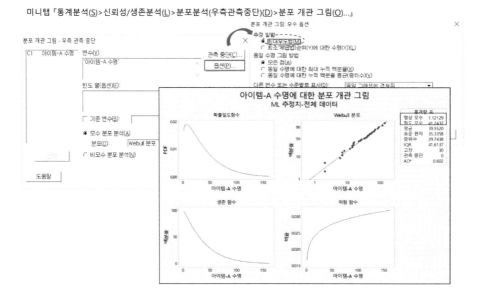

---

49) Genschel, U. and Meeker, W.Q. (2010). A Comparison of Maximum Likelihood and Median-Rank Regression for Weibull Estimation. Quality Engineering, 22(4): 236-255.

13]의 30개 수명 자료를 분석하기 위해 어떻게 입력하는지를 보여주므로 처음 입문한 독자들은 학습에 활용하기 바란다.

[그림 Ⅰ-37]에서 '최대 우도 추정'을 통해 'Weibull 분포'에 대한 '모수' 추정 결과를 보여준다. 그림에서 '형상 모수(Shape Parameter = 1.12129)'는 'β'이고, '척도 모수(Scale Parameter = 41.2432)'는 'α'를 각각 나타낸다. 모두 '수명 자료'로부터 '최대 우도 추정'을 통해 추정된 결과 값이다. 따라서 (식 Ⅰ-34)의 '와이블 분포'에 대한 '확률 밀도 함수'는 다음과 같다.

$$f(t) = \frac{1.12129}{41.2432}\left(\frac{t}{41.2432}\right)^{1.12129-1} e^{-\left(\frac{t}{41.2432}\right)^{1.12129}} \qquad (식 \ Ⅰ-35)$$

본격적인 '확률 밀도 함수(pdf)'의 학습이 다음 단원부터 전개된다. 그 전에 "[그림 Ⅰ-30] '확률 분포'와 관련된 용어들 관계도"를 다시 한 번 복습하고 들어가기 바란다.

5. 확률 밀도 함수

이전 단원에서 '신뢰성' 학습의 가장 기본이 되는 '확률 밀도 함수(Probability Density Function)'의 형성 과정과 용어들에 대해 자세히 알아보았다. '확률 밀도 함수'는 '신뢰성'의 시작점이다. 많은 분량을 거쳐 이제야 시작 지점에 이른 만큼 즐겁게 학습에 임하기 바란다. 기본 역량을 쌓는데 큰 도움을 줄 것이다. 설명할 '확률 밀도 함수'는 가장 익숙한 '정규 분포'에 이어 '로그(대수) 정규 분포', '와이블 분포', '지수 분포' 순으로 진행되며, 설명에 포함되지 않은 분포들은 활용 빈도가 낮고 내용의 유사성이 깊으므로 필요한 독자는 별도의 문헌을 참고하기 바란다. 분포들에 대한 설명과 활용 예는 「MIL-HDBK-338B」를 기반으로 한다. 또 '확률 밀도 함수'의 여러 분포들 설명 중에는 「MIL-HDBK-338B」에 소개된 학습에 필요한 계산 사례들을 옮겨와 이해를 돕도록 구성하였다.

5.1. 정규 분포(Normal Distribution)

영문으론 'Normal(or Gaussian) Distribution'이다. '정규 분포'의 탄생은 '이항 분포'의 대안으로 시작되어 완성되기까지 근 80년이 걸렸다. 오래 걸렸지만 주변에서 활용도가 매우 높아 자주 접하는 분포이다. 그런데 교육 중 "정규 분포에 대해 설명해 보시겠어요?" 하고 물으면 명쾌한 답이 잘 안 나온다. 왜 그럴까? 오랜 기간 다듬어진 만큼 알아야 할 것도 많은 건 아닐까?

'정규 분포'는 자연과학이나, 공학, 큰 규모의 사회 현상을 설명하는 사회과학, 심지어 인문학에 이르기까지 응용 범위가 매우 넓다. 예로서 한 아이템을 생산한다고 하자. 이때 아이템은 아무렇게나 만드는 것이 아니라 고객의 요구에 맞춰야 하며, 모든 프로세스는 그 요구를 위해 세팅된다. 그러나 생산된 최종 아이템은 이상적으론 측정값이 모두 같아야 하지만 약간씩 차이가 난다. 이때 유사한 값들끼리 한데 모아 정리하면 특정 위치에 빈도가 많아지고, 그를 중심으로 작은 쪽과 큰 쪽으로 멀어질수록 빈도는 낮아져 결국 우리가 잘 알고 있는 좌우대칭이면서 '종 모양'의 형상을 띠게 된다.

그런데 비단 제조되는 아이템에만 이런 현상이 나타날까? 그렇지 않다. 자연에서 발생하는 소리의 속도라든가, 온도 분포, 식물 잎의 크기 등도 측정 후 값을 모아놓고 히스토그램을 그리면 앞서 설명했던 좌우대칭 '종 모양'의 형태를 대부분 띤다. 따라서 모든 현상을 측정하면 '정규 분포'를 따른다는 '정규 분포 신앙'이 19세기 초부터 지배적이었고, 이에 모든 데이터를 설명하는 '표준(또는 정상, Normal)'의 의미로 '정규 분포'란 명칭이 정착된 것으로 알려져 있다. 다음 [그림 Ⅰ-38]은 「Be the Solver_확증적 자료 분석(CDA)」에 실린 '정규 분포의 역사'에 대한 'Y-자 흐름도'이다.

[그림 Ⅰ-38] 정규 분포 역사에 대한 「Y자 흐름도」

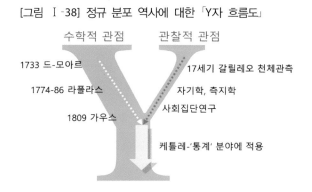

[그림 Ⅰ-38]에서 '정규 분포'는 크게 '수학적 관점'과, 다양한 자연적 현상

을 측정값으로 기록했던 '관찰적 관점'으로 나뉜다. 이와 같은 두 개의 흐름이 1809년 가우스에 이르러 합쳐지는데, 즉 측정값들은 '오차 분포'를 띠게 되고, 따라서 '정규 분포'로 설명될 수 있음을 공식화하게 된다(Gaussian Distribution). 이후 통계 분야 등 다양한 분야에서 사용되는 일반화된 함수로 발전한다. 애초의 시작은 통계학자이자 도박꾼들의 컨설턴트 역할을 했던 드모아브르(Abraham de Moivre: 1667~1754)로부터다. 그는 동전을 2회, 4회, 6회, ……, 100회 등으로 증가시키면서 앞면이 나올 확률을 그래프로 표현한 결과 그 모양이 부드러운 곡선 모양에 근접해간다는 것을 발견하였다. 이때 곡선의 방정식을 언어 해석한다면 여러 정보를 얻지 않을까 하는 내용을 1733년 본인의 노트에, 5년 뒤인 1738년엔 그의 저서 「The Doctrine of Chances, 즉 '우연론' 2판」에 소개하였다. '이항 분포'의 근사 방정식을 만든 것이다. 다음 [그림 I-39]로부터 동전 던지기 횟수가 증가할수록 그래프의 외형이 '정규 분포'에 근접해간다는 것을 확인할 수 있다.

[그림 I-39] '이항 분포'의 '정규 분포' 근사 예

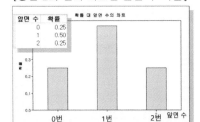

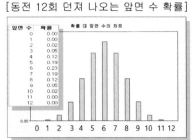

[그림 I-39]에서 '동전을 두 번 던졌을 때 앞면이 나오는 수'의 '표본 공간 (S)', 즉 나올 수 있는 총 조합은 {(뒤, 뒤), (뒤, 앞), (앞, 뒤), (앞, 앞)}으로

각각의 '수학적 확률'은 '0.25', '0.5', '0.25'이며, 이를 막대그래프로 나타낸 것이 왼쪽 그림이다. 오른쪽 그림은 12회 던져 나오는 '앞면 수'인데 시행 수가 증가하면 [그림 Ⅰ-32]와 같이 히스토그램 외형이 만들어지며 외곽선을 연결하면 좌우대칭 '종 모양'인 '정규 분포'에 다가간다.

['정규 분포'의 '확률 밀도 함수 -$f(t)$']

'정규 분포'의 탄생부터 완성되기까지, 또 분포의 특징, '표준 정규 분포'로의 전환과 활용들에 대해서는 「Be the Solver_확증적 자료 분석」 편에서 많은 지면을 할애해 상세히 소개한다. 이에 본문에서는 가급적 '수명 자료'의 해석에 집중하고자 한다. 학습이 필요한 독자는 해당 서적을 참고하기 바란다.[50] '정규 분포'에 대한 '확률 밀도 함수'는 다음과 같다.

$$f(t; \mu, \sigma^2) \equiv f(t) = \frac{1}{\sqrt{2\pi}\,\sigma}\,e^{-\frac{(t-\mu)^2}{2\sigma^2}}, \text{ or } N(\mu, \sigma^2) \qquad (식 \ Ⅰ-36)$$
$$where, \ -\infty < t < \infty$$

만일 현업에서 수집된 '수명 자료'를 적합(Fitting)한 결과 '정규 분포'임이 확인됐다면 이어 (식 Ⅰ-36)에서의 '모수(Parameter)'를 '수명 자료'로부터 추정해야 한다. 이때 각 '모수의 역할'을 알아둘 필요가 있다. [그림 Ⅰ-40]은 '정규 분포'에서의 '모수'인 'μ'와 'σ^2'이 바뀔 때 어떤 결과가 나타나는지를 알려준다. 'μ'는 '산술 평균(Arithmetic Mean)', 또는 '위치 모수(Location Parameter)', 'σ'는 '표준 편차(Standard Deviation)', 또는 '척도 모수(Scale Parameter)', 'σ^2'은 '분산(Variance)'이라고 한다.

---

50) pp.162~215.

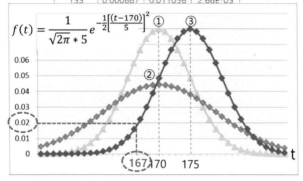

[그림 Ⅰ-40] '정규 분포'의 '모수' 역할 확인

t	① N(170, 5^2)	② N(170, 9^2)	③ N(175, 5^2)
151	5.84E-05	0.004775	7.92E-07
152	0.000122	0.006001	2.03E-06
153	0.000247	0.007448	4.99E-06
154	0.000477	0.00913	1.18E-05
155	0.000887	0.011056	2.68E-05

$$f(t) = \frac{1}{\sqrt{2\pi} * 5} e^{-\frac{1}{2}\left[\frac{(t-170)}{5}\right]^2}$$

[그림 Ⅰ-40]의 '정규 분포 곡선'들 중 '①'은 '$N(170, 5^2)$'을 나타낸다. 만일 이 분포의 '산포'가 현재의 '5^2'에서 '9^2'으로 증가하면 '정규 분포 곡선'은 '②'가 된다. 즉 '평균'은 '170'에 가만히 있고, '퍼짐'만 더 펑퍼짐해진다. 여기서 'σ'는 바로 '펑퍼짐의 정도(산포도)를 관장하는 모수'임을 알 수 있다. 수집된 '수명 자료'가 '정규 분포'를 따르지만, 고장까지 소요되는 시간이 너무 왔다 갔다 하면 그 아이템의 '평균 수명'을 정할 때 신뢰도가 떨어질 수밖에 없다. 반대로 수명의 '산포'가 줄면 기술 수준도 그에 비례해서 높아졌음을 의미한다. '산포'를 줄이는 일이 그만큼 어렵다는 방증이다.

다시 [그림 Ⅰ-40]의 '정규 분포 곡선'들 중 '①'의 '산포'는 그대로 두고 '평균'만 '5'를 증가시키면 '$N(175, 5^2)$'의 분포인 '③'이 된다. 외형은 '①'과

똑같고 위치만 오른쪽으로 '5'만큼 옮겨졌다. 만일 '평균'이 줄면 '정규 분포 곡선'은 왼쪽으로 이동할 것이다. 결국 'μ'는 '좌우 이동을 관장하는 모수'임을 확인할 수 있다.

'정규 분포'에 익숙해지기 위해 [그림 Ⅰ-40]에서 '$t = 167$'에 대한 '확률 밀도'인 '$f(167) = 0.02$'를 해석해보자. 그림에서 '0.02'란 '누적 분포 함수'를 '$F(t)$'라고 할 때, '$dF(t)/dt = 0.02$'를 의미하며 일종의 '비율'을 나타낸다. 즉 "시간(t)이 167 근방에 있을 때, 한 단위인 '1 시간'의 증가 시 2%의 고장이 발생한다."로 해석한다.

결론적으로 현재 생산되고 있는 아이템의 '수명 특성'이 '정규 분포'를 따른다면 연구원·엔지니어는 '정규 분포'의 모수들 중 'μ'는 키우고, 'σ'를 축소시키는 설계나 관리법들에 집중해야 한다. 또 이들 '모수'들을 타사나 이전 분석 데이터들과 비교함으로써 개선 유무를 상대적으로 판단할 수 있다.

['정규 분포'의 '누적 분포 함수 -$F(t)$', '위험 함수 -$h(t)$']

분포들을 수명 해석에 이용할 때 필요한 정보는 '확률 밀도 함수[$f(t)$]', '누적 분포 함수[$F(t)$]', 그리고 '위험 함수[$h(t)$]'이다. 이들은 [그림 Ⅰ-28]인 '신뢰성 척도(함수)들 간 함수 관계도'를 통해 얻는다. 앞서 설명했지만 '$F(t)$'는 '누적 분포 함수' 외에 '불신뢰도 함수'로도 불린다. '정규 분포'에 대해서는 (식 Ⅰ-37)과 같다

(식 Ⅰ-37)에서 '정규 분포'의 '누적 분포 함수'와 '위험 함수'는 적분 형태로만 표현되어 있다. 실제 적분은 계산이 어려워 수학적 근사를 이용하기 때문에 함수를 직접 알아야 할 필요는 없다. 다만 통계 패키지나 엑셀 등의 함수 기능을 사용해 본인 스스로 계산할 수 있는 수준은 꼭 되어야 한다. 이어지는 [그림 Ⅰ-41]은 '정규 분포'의 '확률 밀도 함수(pdf)'와 '누적 분포 함수(cdf, Cumulative Distribution Function), 또는 불신뢰도 함수[$F(t)$]' 간 관계를 나타

낸 개요도이다. 각 곡선들의 차이점과 활용법에 대해 익숙해질 필요가 있다.

○ '정규 분포'의 '확률 밀도 함수 $[f(t)]$' (식 Ⅰ-37)

$$f(t) = \frac{1}{\sqrt{2\pi}\,\sigma}\, e^{-\frac{(t-\mu)^2}{2\sigma^2}} \,,\ or\ N(\mu,\sigma^2)$$

$where,\ -\infty < t < \infty$

○ '정규 분포'의 '누적 분포 함수 or 불신뢰도 함수 $[F(t)]$'

$$F(t) = P(T \le t) = \int_{-\infty}^{t} \left\{ \frac{1}{\sqrt{2\pi}\,\sigma}\, e^{-\frac{(x-\mu)^2}{2\sigma^2}} \right\} dx$$

$$R(t) = 1 - F(t)$$

○ '정규 분포'의 '위험 함수 $[h(t)]$'

$$h(t) = \frac{f(t)}{R(t)} = \frac{f(t)}{1 - F(t)}$$

우선 [그림 Ⅰ-41]의 맨 왼쪽 그림에서 '정규 분포 곡선'은 '$f(t)$'로 그려지며, 't_i'시점 이하의 빗금 친 넓이는 적분을 통해 얻는다. 만일 '누적 분포 함수$[F(t)]$'를 안다면 맨 오른쪽 그림에서 't_i'의 'y-축 값'을 읽으면 적분 없이 바로 '확률(넓이)'을 얻을 수 있어 편리하다. 예를 들어, 그림의 't_i'에서 '$F(t_i) = 0.2$'는 '아이템의 20%가 시간 t_i 이하에서 고장 난다.'로 해석한다.

[그림 Ⅰ-41] '정규 분포(pdf)$[f(t)]$'와 '누적 분포 함수(cdf)$[F(t)]$' 간 관계

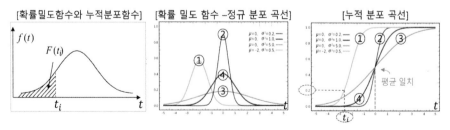

[그림 Ⅰ-41]의 가운데는 네 개의 '정규 분포 곡선'이 있다. '②, ③, ④'는 '평균'은 같고 '산포'만 다르다. 나머지 '①'은 '평균'이 작은 쪽으로 치우쳐 있다. 이때 '누적 분포 곡선'이 어떻게 나타날지를 [그림 Ⅰ-41]의 맨 오른쪽 그림에서 알려준다. 예를 들어, '평균 관점'에서 '①'과 같이 위치가 다른 분포 들에 비해 상대적으로 낮으면 '누적 분포 곡선' 역시 상대적으로 낮은 쪽에 위치하며, '평균'이 같으면 '누적 분포 곡선'의 '평균' 위치도 일치한다(화살표 '평균 일치' 참조). 또 '②, ③, ④'를 관찰하면 '산포'가 작을수록 '누적 분포 곡선'의 변화는 '평균' 근처에서 급격하고('②' 참조), '산포'가 클수록 완만한 변화를 보인다('③' 참조).

'확률 밀도 함수'의 '모수' 차이로 인한 곡선들의 변화는 '수명 자료 분석' 시 그래프로부터 해석에 대한 직관력을 높인다. 다음 [그림 Ⅰ-42]는 '$N(170, 5^2)$' 의 '랜덤 데이터'를 100개 생성한 뒤 얻은 결과이다(그림 내 미니탭 '메뉴 위 치' 참조).

[그림 Ⅰ-42] '정규 분포'의 '신뢰도 함수 곡선', '위험 함수 곡선'

미니탭 『통계분석(S)>신뢰성/생존분석(L)>분포분석(우측관측중단)(D)>분포 개관 그림(O)...』

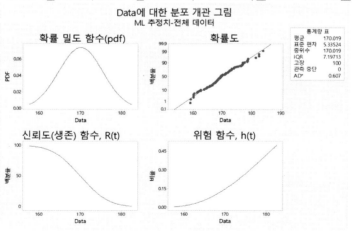

[그림 Ⅰ-42]에서 '$N(170, 5^2)$'의 '정규 분포 곡선'이 상단 왼쪽에 있고, 오른쪽 그래프로부터 타점들이 '확률도' 직선에 잘 적합하고 있어 '정규 분포'함을 알 수 있다. 하단에는 (식 Ⅰ-37)에서 얻은 '신뢰도(생존) 함수[$R(t)$]'와 '위험 함수[$h(t)$]'로부터 그려진 곡선들이 관찰된다. '신뢰도 함수[$R(t)$] 곡선'의 우·하향 패턴은 시간이 지날수록 생존한 아이템이 줄어들고 있음을 나타낸다. 변화가 급격히 일어나는지, 아니면 완만한지에 따라 '모수(σ^2)'의 크기를 가늠할 수 있다. 또 '누적 분포 함수[$F(t)$]'는 '신뢰도(생존) 함수[$R(t)$]'와 반대의 패턴이므로 약간의 상상력만 발휘하면 머릿속에 그려낼 수 있다.

반면에 '위험 함수[$h(t)$] 곡선'은 '욕조 곡선'에서의 '마모 고장 기간(IFR)' 패턴을 보이며, 만일 실제 아이템의 수명 특성이라면 수명 연장 등의 대책 마련이 필요하다('개선 방향'에 대한 유형들은 「3.2. 욕조 곡선(Bathtub Curve)」 참조).

['정규 분포'의 수명 분석 대상 아이템]

'정규 분포'에 대한 기본 지식이 쌓였다면 어떤 속성의 '수명 자료'가 그를 잘 설명하는지에 대해 알아보자. 그동안 학계나 산업계에서 다양한 아이템 분석과 상황들을 경험한 결과 '정규 분포'의 '수명 특성'에 대한 많은 유용한 정보를 확보해놓았다. '정규 분포'가 태어난 지 꽤 오래됐다는 점만 감안해도 당연히 예견되는 일이다.

그에 따르면 '정규 분포'는 크게 두 가지의 물리적 상태를 고려해 '수명 해석'에 활용된다. **하나는 기계 장치에서 자주 마주치는 '고장 모드'인 '마모 고장'의 경우**이다. '마모 고장'은 사용 시간 또는 사용 횟수의 증가에 따라 나타나는 고장이다. 이때 부품 또는 시스템의 기계적 마모로 아이템이 고장 났다면 그들의 '수명 자료'는 '정규 분포'를 잘 따른다. 재료의 '인장 강도'도 유사하다. '마모 고장'으로 인한 '위험률 곡선'은 '욕조 곡선' 중 시간에 따라 증가하는 '마모 고장 기간, 또는 IFR'에 해당한다([그림 I-9], [그림 I-27] 참조). '마모 고장'의 '고장 모드'는 기계 장치(부품) 외에 백열전구, 의복, 가구, 간단한 구조의 전기 제품 수명 해석에도 이용된다.

다른 하나는 품질 관리 측면의 '프로세스 능력(Process Capability)'에 이용된다. 시스템은 여러 하위 아이템들로 이루어져 있고, 이들 각각은 모두 변동성을 갖는다. 동일 하위 아이템들은 이상적으론 똑같은 특성 값이 나와야 하나 실상은 대부분 설계 목표치를 중심으로 '정규 분포'한다. 시스템은 변동성 있는 하위 아이템들을 결합해 완성하므로 변동들의 결합 효과로 시스템이 제 기능을 발휘하지 못할 수 있다. 특히 전자 부품들의 변동은 대부분 제조 환경에서 생겨나며, 이때 특성 값들은 '정규 분포'를 따르는 것으로 알려져 있다. 따라서 연구원들은 설계 시 각 하위 아이템들이 '정규 분포'한다는 점과 그들 변동의 결합 효과가 시스템의 설계 목표를 미달시킬 수 있음을 고려해야 하며, 따라서 변동을 줄이기 위한 노력이 뒷받침되어야 한다.

참고로 '정규 분포'는 다른 분포와 달리 'x-축'의 범위가 '$-\infty$'에서 '$+\infty$'와 같이 '음수'를 포함한다. 그러나 '수명(t)'은 '음수'가 존재할 수 없으므로 사실 '정규 분포'는 수명 해석 시 신중해야 한다.

['정규 분포'의 신뢰성 분석 예]

(상황) 마이크로파 송신관의 '$\mu = 5,000hrs$', '$\sigma = 1,500hrs$'의 '정규 분포'를 따르는 것으로 알려져 있다. 이때 '4,100hrs'의 임무 시간 동안 동일 송신관의 '신뢰도'와, '4,400hrs' 사용했을 때의 송신관 '위험률'을 계산하시오(「MIL-HDBK-338B」, p.96).

(풀이) '상황'을 이해하기 쉽도록 간단히 도해한 후 '신뢰도'와 '위험률'을

구한다. 다음 [그림 Ⅰ-43]에 주어진 '상황'에 대해 '정규 분포'의 '확률 밀도 함수', '신뢰도 함수' 및 '위험 함수'를 작성하고 주어진 '상황'의 값들을 표시하였다.

[그림 Ⅰ-43] '정규 분포'의 '상황'을 도해한 그래프

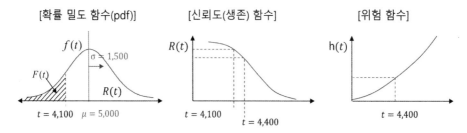

[그림 Ⅰ-43]은 주어진 상황을 도해한 예로 맨 왼쪽 '정규 분포 곡선'은 주어진 '평균'과 '표준 편차'에 대한 '확률 밀도 함수 곡선'을, 가운데는 문항에서 제시된 시점들을 표시한 '신뢰도 함수 곡선'을, 맨 끝은 '위험률 함수 곡선'을 각각 나타낸다. '확률 밀도 함수 곡선'에서 빗금 친 영역은 '누적 고장 확률(불신뢰도)'이고, '$R(t) = 1 - F(t)$'의 관계가 있다.

우선 **신뢰도(생존 확률), R(t=4,100)**'은 (식 Ⅰ-20), 또는 (식 Ⅰ-37)에 따라 다음의 계산으로 얻어진다.

$$R(4,100) = P(T > 4,100) = 1 - P(T \le 4,100) \qquad (식 \ Ⅰ-38)$$
$$= 1 - \int_{-\infty}^{4,100} \left[\frac{1}{\sqrt{2\pi} * 1,500} e^{-\frac{(x-5,000)^2}{2*1,500^2}} \right] dx$$

상황을 '표준 정규 분포'로 변환하면 통계표를 찾아 수작업 계산도 가능하지만 '표준 정규 분포'에 대한 이해가 필요하므로 문항에서 주어진 값 그대로

계산하였다. '표준 정규 분포'의 상세한 유도와 활용에 대해서는 「Be the Solver_확증적 자료 분석(CDA)」편을 참고하기 바란다.[51] 이때 (식 Ⅰ-38)은 직접 적분이 안 되므로 미니탭을 이용해 다음 [그림 Ⅰ-44]와 같이 계산한다 ('엑셀'의 함수를 이용해도 됨).

[그림 Ⅰ-44] '정규 분포'의 '신뢰도' 계산 예

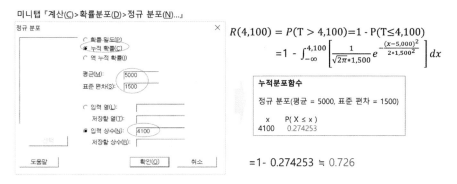

미니탭 『계산(C)>확률분포(D)>정규 분포(N)...』

$R(4,100) = P(T > 4,100) = 1 - P(T \le 4,100)$

$$= 1 - \int_{-\infty}^{4,100} \left[\frac{1}{\sqrt{2\pi}*1,500} e^{-\frac{(x-5,000)^2}{2*1,500^2}} \right] dx$$

누적분포함수

정규 분포(평균 = 5000, 표준 편차 = 1500)

x	P(X ≤ x)
4100	0.274253

$= 1 - 0.274253 \fallingdotseq 0.726$

[그림 Ⅰ-44]의 '대화 상자' 내 입력 값들과 수식의 값들을 서로 비교하며 학습하기 바란다. '대화 상자'의 '누적 확률(C)'은 수식의 '적분'에 해당한다. '적분' 결과는 '4,100시간' 이하, 즉 '누적 고장 확률'인 '$F(4,100)$'을 나타낸다. '신뢰도(생존 확률)' 계산 결과는 '$R(4,100) = 0.726$'이다. '신뢰도 (4,100hrs) = 0.726'이란 "마이크로파 송신관 100대가 처음 작동한 뒤 '4,100시간' 시점이 되면 '100대 중 약 27대가 고장'나고, '73대'가 여전히 작동 중" 으로 해석한다. 또는 '4,100시간의 생존 확률은 0.726'으로 표현한다.

다음 '**위험률, h(4,400)**'을 구해보자. 계산식은 (식 Ⅰ-23)으로부터 다음과 같이 표현된다.

---

51) pp.192~215.

$$h(4,400) = \frac{f(4,400)}{R(4,400)} = \frac{f(4,400)}{1 - F(4,400)} \qquad (\text{식 } \text{I}\text{-}39)$$

$$= \frac{\dfrac{1}{\sqrt{2\pi}*1,500} e^{-\frac{(4,400-5,000)^2}{2*1,500^2}}}{1 - \displaystyle\int_{-\infty}^{4,400} \left[\dfrac{1}{\sqrt{2\pi}*1,500} e^{-\frac{(x-5,000)^2}{2*1,500^2}} \right] dx}$$

(식 I-39)에서 분자인 '$f(4,400)$'은 '정규 분포'의 'x'에 '4,400'이 입력된 다는 점을 기억하자. 이 역시 직접 계산이 안 되므로 미니탭 기능을 이용해 다음 [그림 I-45]와 같이 계산한다('엑셀'의 함수를 이용해도 됨).

[그림 I-45] '정규 분포'의 '위험률, $h(4,400)$' 계산 예

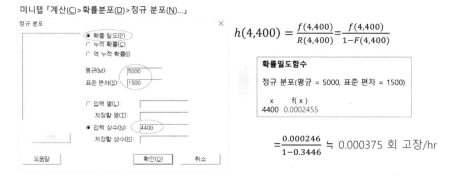

[그림 I-45]는 분자인 '$f(4,400)$'의 계산 과정이며, 분모인 '$R(4,400)$'은 [그림 I-44]와 동일한 과정으로 얻는다. 해석은 "마이크로파 송신관은 4,400 시간 시점에 100대 중 약 66대(=1 - 0.3446)가 생존해 있으며, 그들 중 순간 적으로 고장 날 확률은 '약 0.00038회 고장/hr'임"이다. '4,400시간' 직후에 고 장 가능성이 매우 낮다는 것을 알 수 있다.

5.2. 로그 정규 분포(Log-normal Distribution)

우리말로는 '대수 정규 분포', 영문으론 '-'가 빠진 'Lognormal Distribution'으로도 표기한다. 그 외에 분포를 연구했던 사람들의 이름을 딴 여러 명칭들이 있는데, 여기엔 영국의 유전학자 Francis Galton의 이름을 딴 'Galton(or Galton's) Distribution', Galton과 함께 분포 해석을 책으로 출판해 붙여진 'Galton-McAlister Distribution', 20세기에 이르러 '공장별 노동자 수'와 같은 경제학적 변수에 로그를 취하면 '정규 분포'가 된다는 것을 보여 준 영국의 경제학자 Gibrat의 'Gibrat Distribution'이 있다. 비슷한 시기에 생산 데이터 해석에 이 분포를 활용한 경제학자들 중 'Cobb'와 'Douglas'의 이름을 딴 'Cobb-Douglas Distribution'도 있다.[52]

공식적으로 '로그 정규 분포'가 사용된 시점은 1879년이며, Galton이 "'양의 확률 변수'의 곱은 그 '확률 변수'에 'ln'을 취해 모두 합한 것과 같다"는 것과 "'ln'을 취해 모두 합한 것의 극한이 '정규 분포'가 됨"을 확인하고서부터다.[53] 그러나 기본 원리가 파악되기 시작한 시기는 훨씬 이전으로 여기엔 Weber(1834), Fechner(1860, 1897), Galton(1879), McAlister(1879), Gibrat(1931), Gaddum(1945)이 있다.[54] 오늘날의 '로그 정규 분포'는 1903년에 '변환 정규 분포'를 얻는 특별한 경우의 하나로 Kapteyn이 유도한 것으로 알려져 있다.[55]

---

52) 1) Johnson, Norman L.; Kotz, Samuel; Balakrishnan, N. (1994), "14: Lognormal Distributions", Continuous univariate distributions. Vol. 1, Wiley Series in Probability and Mathematical Statistics: Applied Probability and Statistics (2nd ed.), New York: John Wiley & Sons.
2) Kalecki, M. On the Gibrat Distribution. Econometrica. Vol. 13, No. 2 (Apr., 1945), pp.161~170.
53) Brenda Faith Ginos 2009, "Parameter Estimation for the Lognormal Distribution". Brigham Young University.
54) Eckhard Limpert 외 2001, "Log-normal Distributions across the Sciences: Keys and Clues", BioScience Vol. 51 No. 5.
55) Kapteyn JC. 1903. "Skew Frequency Curves in Biology and Statistics", Astronomical Laboratory,

언제 '로그 정규 분포'가 쓰이는 걸까? 쉽게 말하면 수명 시험에서 얻은 다량의 데이터로 '히스토그램'을 그렸을 때 비대칭으로 관찰되더라도 이들 개별 수명 값들에 'ln(수명 값)'을 취해 변환한 뒤 '히스토그램'을 다시 그리면 '정규 분포'가 되는 경우이다. '확률 밀도 함수'부터 자세히 알아보자.

['로그 정규 분포'의 '확률 밀도 함수 -$f(t)$']
수집된 '수명 자료'가 다음을 만족할 때, 해석을 위해 필요한 '확률 밀도 함수'로 '로그 정규 분포'가 쓰일 수 있다.

1) '우변 기운 분포(Right－skewed Distribution)'이며,
2) '분산'은 크고, 평균은 낮은 쪽에 있으며,
3) 모두 양수(음수는 'ln' 계산이 안 됨)인 경우

이다. 어떤 상황인지는 다음 [그림 Ⅰ-46]을 통해 쉽게 이해될 수 있다.

[그림 Ⅰ-46] '로그 정규 분포'의 원리

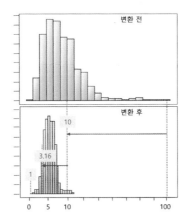

Groningen (The Netherlands): Noordhoff.

[그림 Ⅰ-46]의 위쪽 히스토그램은 '우변 기운 분포(Right-skewed Distribution)'이며, '산포'는 우측 떨어진 값들 때문에 크고, '평균'은 초반부에 데이터들이 밀집되어있어 작은 값을 유지한다. 또 '수명 자료'의 경우 항상 '양수'이므로 모든 값들은 '0'보다 크다.

이때 이해가 쉽도록 각 값들에 'ln'이 아닌 '$\log_{10}$'을 적용해보자. 예를 들어, 그림을 보면 실제 값 '100'은 '10'으로 크게 줄어들고, '10'은 '3.16'으로, 반면에 '1'은 '1'을 유지한다. '$\log_{10}$'을 붙이면 큰 값은 변동 폭이 크지만 작은 값으로 갈수록 '$\log_{10}$'의 영향력은 줄어든다. [그림 Ⅰ-46]의 아래쪽 과정은 '우변 기운 분포'가 어떻게 '정규 분포'로 전환되는지를 보여준다. 따라서 모든 '수명 자료(t)'를, '$\ln(t)$'로 변환만 하면 '정규 분포'가 될 가능성이 높으며 (모든 경우가 '정규 분포'로 되진 않음) 실제 '정규 분포'가 됐다면 '로그 정규 분포'로의 해석이 가능하다.

'로그 정규 분포'의 '확률 밀도 함수[$f(t)$]'를 학습하기 위해 다음 [표 Ⅰ-15]와 같이 '수명 자료'가 수집된 것으로 가정하자(미니탭으로부터 '랜덤 데이터'를 얻음).

[표 Ⅰ-15] '로그 정규 분포 확률 밀도 함수' 학습을 위한 데이터 예(hrs)

수명(t)	(미니탭) '위치모수 = 4', '척도모수 = 1.8', 랜덤 데이터 30개 추출				
28.71	20.87	133.51	13.45	102.32	12.17
238.32	891.44	1179.72	206.79	59.72	4.53
101.47	63.87	889.74	175.92	103.39	21.13
31.35	361.07	52.42	799.93	8.17	50.94
1.07	12.89	77.52	317.64	24.35	253.24

[표 Ⅰ-15]는 편의상 미니탭 「계산(C) > 랜덤 데이터(R) > 로그 정규 분

포(M)...」에서 '위치 모수 = 4', '척도 모수 = 1.8'로 '30개'를 표본 추출한 결과이다.

다음 [그림 Ⅰ-47] 왼쪽은 [표 Ⅰ-15]의 수명 자료를 이용해 직접 '히스토그램'을 그린 결과이고, 오른쪽은 [표 Ⅰ-15]의 각 값에 'ln(수명 값)'을 취해 값들을 변환한 뒤 다시 얻은 '히스토그램'이다(미니탭 「그래프(G) > 히스토그램(H)」에서 '단순'/ '데이터 보기'/ '분포' 탭 활용).

[그림 Ⅰ-47] '수명(t)'과 'ln(t)'의 히스토그램

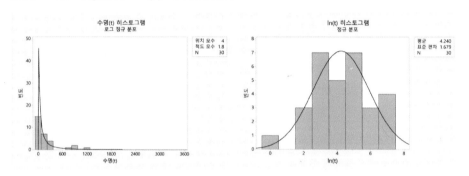

[그림 Ⅰ-47]의 왼쪽은 예상대로 '로그 정규 분포'의 형상을 보이지만 오른쪽은 'ln(t)'로 작성됐으며 역시 예상대로 '정규 분포'를 따른다. 오른쪽 그래프의 경우 'x-축'이 'ln(t)'라는 점도 확인해두자. 결국 [표 Ⅰ-15]는 'ln(t)가 됐을 때 정규 분포가 됨'이므로 함수적으로 다음과 같이 표현된다.

$$N(\ln t; \mu, \sigma) \equiv f(\ln t) = \frac{1}{\sqrt{2\pi}\,\sigma} e^{-\frac{(\ln t - \mu)^2}{2\sigma^2}}, \text{ or } \ln N(\mu, \sigma^2) \qquad (식 \ Ⅰ\text{-}40)$$
$$where, \ t > 0$$

(식 Ⅰ-40)은 '정규 분포의 확률 밀도 함수'인 (식 Ⅰ-36)과 비교할 때 단지 '$t \to \ln(t)$'로만 바뀌었음을 알 수 있다. 그러나 (식 Ⅰ-40)은 '$\ln(t)$의 함수' 이므로 이를 다시 우리에게 익숙한 't의 함수'로 바꾸기 위해 변수 변환을 이용한다. 다음과 같다(좀 어려우므로 참고만 해도 충분하다)[56].

$$N(\ln t)d(\ln t) = N(\ln t)\frac{d(\ln t)}{dt}dt \quad \left(\because \frac{d(\ln t)}{dt} = \frac{1}{t}\right) \qquad \text{(식 Ⅰ-41)}$$
$$= \frac{N(\ln t)}{t}dt = \ln N(t)dt$$

(식 Ⅰ-41)의 끝 두 식으로부터 '$\ln N(t) = N(\ln t)/t$'가 성립하고, 분자인 '$N(\ln t)$'는 (식 Ⅰ-40)이므로 다음과 같이 't의 함수'로 재정립된다.

$$\ln N(t;\mu,\sigma) \equiv f(t) = \frac{1}{\sqrt{2\pi}\, t\sigma}e^{-\frac{(\ln t - \mu)^2}{2\sigma^2}}, \quad t > 0 \qquad \text{(식 Ⅰ-42)}$$

(식 Ⅰ-42)는 앞으로 사용될 '로그 정규 분포'의 '확률 밀도 함수(pdf)'이며, (식 Ⅰ-40)과의 차이점은 '$f(\ln t)$'가 아닌 '$f(t)$'임에 주목한다. 다음은 '모수 (Parameter)'인 'μ와 σ'의 특징에 대해 알아보자.

'모수'들은 '수명 자료'인 [표 Ⅰ-15]를 이용해 「수명 자료(고장 데이터) 분석' 절차」에 따라 수학적 방법인 '최소 제곱법' 또는 '최대 우도 추정'으로 추정된다. 참고로 '정규 분포의 파라미터'는 'μ(평균)'와 'σ^2(분산)'이었다. '로그 정규 분포'인 (식 Ⅰ-42)를 보면 '정규 분포'와 동일한 표기인 'μ와 σ'가 쓰인다. 즉 '$\ln t$'의 '평균'이 'μ', '표준 편차'가 'σ'인 셈이다. 그러나 전체 식

---

56) '로그 정규 분포'의 유도에 좀 복잡한 이론적 과정이 포함된다. 관심 있는 독자는 Colorado State University, JORGE A. RAMÍREZ의 「Derived Distribution Approach」를 참고하기 바란다.

에 '$1/t$'이 곱해지고 '$t \rightarrow \ln t$'의 차이점이 있으므로 관습상 표기로 'μ와 σ'가 쓰일 뿐 '정규 분포'의 '모수'들 특징과는 확연한 차이를 보인다.

'로그 정규 분포'의 '모수'들 호칭은 다소 혼란스럽다. 즉 대다수의 논문에서는 '$\mu \rightarrow$ 척도 모수(Scale Parameter)', '$\sigma \rightarrow$ 형상 모수(Shape Parameter)'로 쓰인다. 반면 미니탭은 '정규 분포'와 동일한 '$\mu \rightarrow$ 위치 모수(Location Parameter)', '$\sigma \rightarrow$ 척도 모수(Scale Parameter)'로 쓰고 있다. 본문은 '정규 분포'와의 연계성과 미니탭 주요 사용자가 기업인들임을 감안해 후자를 채택한다.

다음 [그림 Ⅰ-48]은 '로그 정규 분포'에서의 '모수'인 'μ'와 'σ'가 바뀔 때 어떤 결과가 나타나는지를 보여준다('주52').

[그림 Ⅰ-48] '로그 정규 분포'의 '모수'들 역할 확인

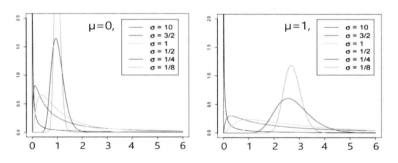

[그림 Ⅰ-48]에서 '위치 모수(μ)'를 '0'으로 고정하고 '척도 모수(σ)'를 가변하면 '$\sigma=1$'보다 작아질수록 '정규 분포' 형상에 근접해간다(정확한 대칭은 아님). 또 오른쪽 그래프처럼 '$\mu=0 \rightarrow \mu=1$'로 증가시키면 전체 분포가 오른쪽으로 이동되어 관찰된다. 이때도 '척도 모수(σ)'의 역할은 '$\mu=0$'의 경우와 동일하다. 따라서 두 모수가 동시에 변하면 다양한 형태를 만들어낼 수 있으

며, 이와 같은 유연성은 수집된 '수명 자료'가 어느 분포 곡선을 형성하든 웬만하면 '로그 정규 분포'로 잘 설명될 수 있음을 알 수 있다. [그림 Ⅰ-48]은 '수명 자료' 분석에서 '로그 정규 분포'의 사용 빈도가 매우 높은 이유를 잘 설명한다.

['로그 정규 분포'의 '누적 분포 함수 -$F(t)$', '위험 함수 -$h(t)$']

'누적 분포 함수[$F(t)$]'는 특정 시점에서 그 이전 고장 난 빈도 모두의 점유율, 또는 특정 시점 이하의 넓이(적분)를 바로 알아낼 수 있는 함수이다. '불신뢰도 함수'로도 불린다. 또 '위험(또는 순간 고장률) 함수[$h(t)$]'는 특정 시점 직후 고장 날 확률을 계산할 수 있으며, '정규 분포'의 경우와 동일하게 다음의 식으로 표현된다.

○ '로그 정규 분포'의 '확률 밀도 함수, $f(t)$'   (식 Ⅰ-43)

$$f(t) = \frac{1}{\sqrt{2\pi}\,t\sigma} e^{-\frac{(\ln t - \mu)^2}{2\sigma^2}}, \text{ or } \ln N(\mu,\,\sigma^2)$$
$$where,\ t > 0$$

○ '로그 정규 분포'의 '누적 분포 함수, $F(t)$'

$$F(t) = P(T \le t) = \int_0^t \left\{ \frac{1}{\sqrt{2\pi}\,x\sigma} e^{-\frac{(\ln x - \mu)^2}{2\sigma^2}} \right\} dx$$
$$R(t) = 1 - F(t)$$

○ '로그 정규 분포'의 '위험 함수, $h(t)$'

$$h(t) = \frac{f(t)}{R(t)} = \frac{f(t)}{1 - F(t)}$$

(식 Ⅰ-43)에서 '정규 분포'의 경우와 동일하게 '누적 분포 함수'와 '위험 함수'는 적분 형태로만 표현되어 있다. 다음 [그림 Ⅰ-49]는 '로그 정규 분포

'[$f(t)$]'와 '누적 분포 함수[$F(t)$]' 간 관계를 나타낸 개요도이다.

[그림 Ⅰ-49] '로그 정규 분포(pdf)'와 '누적 분포 함수(cdf)' 간 관계

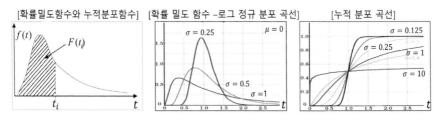

[그림 Ⅰ-49]의 맨 왼쪽 비대칭 그래프는 '로그 정규 분포'를 나타내며, '누적 점유율'이 빗금으로 표시되어 있다. 현재로선 (식 Ⅰ-43)처럼 '로그 정규 분포'의 '확률 밀도 함수'를 적분해서 얻을 수 있지만 '누적 분포 함수'인 '$F(t)$'가 알려져 있으면 't – 값'을 입력해 바로 누적 값을 얻는다.

[그림 Ⅰ-49]의 가운데 '로그 정규 분포 곡선'은 [그림 Ⅰ-48]에서 설명했던 '위치 모수(μ) = 0'으로 고정한 상태에서 '척도 모수(σ)'가 '1'보다 커질수록 y-축에 바짝 붙어 'L-자형' 곡선을 형성하고, 반대로 '1'보다 작아질수록 '정규 분포'와 유사한 형상을 보이면서 최고점은 위로 솟구친다. 그러나 '위치 모수(μ)'와 '척도 모수(σ)'가 어떤 조합을 갖느냐에 따라 다양한 패턴을 형성하므로 예측하기보다 미니탭으로 직접 곡선을 확인하는 것이 중요하다.

참고로 '분계점 모수(Threshold Parameter)'로 불리는 세 번째 모수가 있다. 이 모수는 곡선의 시작 시점을 결정하므로 아이템의 고장이 발생할 수 있는 가장 빠른 시간의 추정치로 쓰인다. '분계점'을 고려하면 '3-모수 로그 정규 분포'가 되나 분포의 형상을 결정짓는 역할은 없으므로 통상 '0'으로 간주한 '2-모수 로그 정규 분포'만을 사용한다. [그림 Ⅰ-49]의 가운데 '로그 정규 분포 곡선'은 '분계점 모수 = 0'이며, 따라서 모든 곡선들이 '0'에서 시작한다.

출처에 따라서는 '분계점'을 '위치 모수'로 명명하기도 한다.

또 맨 오른쪽의 '누적 분포 곡선'은 '척도 모수(σ)'가 '1'보다 작아질수록 확률의 최곳값인 '1.0'에 빨리 도달한다. '$\sigma = 0.125$'의 경우 거의 수직에 가깝다. 이것은 '로그 정규 분포 곡선'에서 보듯 '확률 밀도[$f(t)$]'가 급격히 증가한 후 다시 급격히 감소하는 패턴을 그대로 반영한 결과이다. 다음 [그림 I -50]은 '$\ln N(4,\ 1.8^2)$'의 [표 I − 15]를 미니탭으로 얻은 결과이다.

[그림 I -50] '로그 정규 분포'의 '신뢰도 함수 곡선', '위험 함수 곡선'

미니탭 『통계분석(S)>신뢰성/생존분석(L)>분포분석(우측관측중단)(D)>분포 개관 그림(O)...』

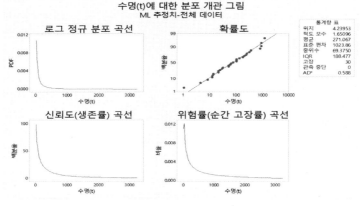

[그림 I -50]은 '통계량 표'에 나타난 바와 같이 '위치 모수(μ)=4.24', '척도 모수(σ)=1.65'이며 '확률 밀도 함수 곡선', '신뢰도(생존) 함수 곡선', '위험 함수 곡선' 모두 'L-자형' 패턴을 형성한다. '확률도'는 타점들이 직선에 잘 적합함에 따라 '로그 정규 분포'로 설명될 수 있음을, 아래쪽 '신뢰도 함수'는 '생존 확률'이 초기에 급격히 감소한다. 고장이 초기에 대부분 몰려 있기 때문에 나타난 현상이다. '위험 함수[$h(t)$] 곡선'은 '욕조 곡선'에서의 '초기 고장

기간(DFR)'에 해당하며, 만일 실제 아이템의 수명 특성이라면 '초기 고장'의 원인은 공정 관리, 중간 및 최종 검사, 수명 시험 등을 통해 발견하고, 초기 고장률을 경감시키기 위한 노력이 요구된다. 또는 설계나 제조상 미흡한 요소를 줄여 이 기간의 초기 고장률을 낮출 목적으로 'Burn-in'이나 제조 기술 교육, 개선 등의 정책을 펴나간다('개선 방향'은 「3.2. 욕조 곡선(Bathtub Curve)」 참조).

'수명 분포'를 해석할 때 '확률 밀도 함수'와 늘 함께 고려해야 할 대상이 바로 '위험 함수'이다. 좀 복잡해 보이긴 해도 '욕조 곡선'의 시각에서 현상을 파악하고 개선 방향을 모색하려면 해석상 반드시 확인을 거쳐야 할 대상이다. 다음 [그림 Ⅰ-51]은 '로그 정규 분포'와 그의 '위험 함수'가 '척도 모수(σ)'에 따라 어떻게 변화하는 지를 보여준다.

[그림 Ⅰ-51] 'σ'에 따른 '로그 정규 분포 곡선'과 '위험 함수 곡선'의 비교

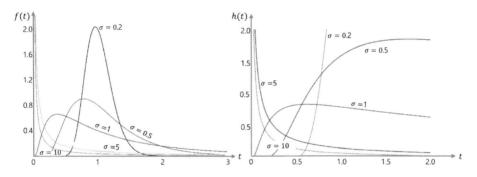

[그림 Ⅰ-51]에서 '로그 정규 분포'의 '척도 모수(σ)'가 '1'보다 커질수록 '확률 밀도 함수 곡선'과 '위험 함수 곡선' 추이는 'L-자형'으로 유사하고, '1' 보다 작아질수록 '위험 함수'와의 패턴에 큰 차이를 보인다. 앞으로 미니탭을

통해 [그림 Ⅰ-50]의 '분포 개관 그림'을 얻은 뒤 '확률 밀도 함수'와 '위험 함수' 간 관련성을 [그림 Ⅰ-51]로 유추해 낼 수 있다. 다만 두 모수의 다양한 조합은 매우 복잡한 양상을 띠므로 미니탭을 통해 서로 간의 곡선 패턴을 확인하는 것이 중요하다. '위험 함수' 패턴이 확인되면 '욕조 곡선'에서 설명했던 현상 진단과 '개선 방향' 등을 발굴하는데 활용한다.

['로그 정규 분포'의 수명 분석 대상 아이템]

'로그 정규 분포'는 반도체와 같은 전자 부품의 수명, 기계적 구성품의 피로 수명, 전기 절연체의 수명 분석, 화학 반응의 산물인 부식 등에 잘 맞는 것으로 알려져 있다. 특히 기계 부품에서의 '피로도(Degree of Fatigue)'는 재료가 압축, 인장, 굽힘, 비틀림 등의 하중(외력)을 받았을 때, 그 크기에 대응하여 재료 내에 저항력인 '응력'이 생기고, 시간이 지남에 따라 저항력이 점점 약화되어 결국 고장에 이르게 하는 원인 제공자인데, 이와 같은 현상을 모형화할 때 '로그 정규 분포'가 잘 쓰인다. 왜 그럴까?

1941년 구소련의 수학자 안드레이 콜모고로프(Andrei Nikolaevich Kolmogorov)는 아이템이 고장에 이르는 과정에 '로그 정규 모형'이 잘 맞는 이유를 정립한 바 있다. '미국 국립 표준 기술 연구소'의 기술 자료에 따르면 이를 'Multiplicative Degradation Model'이라고 한다.[57] 우리말로 '승법 열화 모형' 쯤 될 것 같다. '열화 메커니즘'을 '로그 정규 분포'가 왜 잘 설명하는지 이론적 근거를 제공하므로 의미가 있을 것 같아 다소 복잡해 보이지만 무리해서 다음에 옮겨보았다.

---

57) http://www.itl.nist.gov/div898/handbook/apr/section2/apr213.htm

한 아이템이 점진적으로 고장에 이르는 과정에 있을 때 순간순간 열화된 양의 측정 값을 $y_1, y_2, ..., y_t$라고 하자.

(식 I-44)

이때, 고장에 이를 때까지 아이템에 미치는 작고 독립적이며 무작위적인 '충격 양'이 'ϵ_i'이면, 다음의 관계가 성립한다.

$$y_i = (1 + \epsilon_i) y_{i-1} \;\; ------- a)$$

'$a)$'는 한 순간에서 다른 순간까지 열화의 증분은 현존하는 총 열화 양에, 작고 무작위인 양을 곱한다는 뜻이다. 이것을 '승법 열화($Multiplicative\ Degradation$)'라고 한다.

'$a)$'를 이용하면 't' 시점에서의 '총 열화 양'을 다음과 같이 표현할 수 있다.

$$x_t = \left[\prod_{i=1}^{t} (1 + \epsilon_i) \right] x_0 \;:\; 'x_0'는 상수, '\epsilon_i'는 작은 무작위 충격 -- b)$$

'$b)$'에 '$\ln$'을 취하면 다음과 같다.

$$\ln x_t = \sum_{i=1}^{t} \ln(1 + \epsilon_i) + \ln x_0 \;\approx\; \sum_{i=1}^{t} \epsilon_i + \ln x_0 \;---\; c)$$

'$c)$'는 특정 시점 't'에서의 열화에 미치는 충격은 임의의 'ϵ_i'만큼씩 계속 추가된다는 의미이며, 이때 '$\ln x_t$'는 중심극한정리를 통해 '정규 분포'에 근사한다. 따라서 특정 시점 t에서의 열화 양 'x_t'는 '로그 정규 분포'를 따르게 된다.

결국 '고장'이란, 열화의 양이 임계점에 이르렀을 때 발생하는 현상이므로 조금씩 열화돼 가는 과정을 해석할 때, '로그 정규 분포'가 성공적으로 적용된다.

(식 I-44)에 따라 '승법 열화 모형'으로 설명이 잘 되는 '고장 메커니즘'은 다음의 유형들이 있다.

a) 새로운 성분을 합성해서 나타나는 화학적 반응.

b) 이온들의 확산이나 마이그레이션(Migration).

c) 균열 성장, 또는 확대(Crack Growth, or Propagation).

반도체의 고장 모드들이 대부분 상기 세 가지 열화들 중 하나로 발생되기 때문에 반도체의 '마모 고장 메커니즘[아래 '3)'번 유형들 참조]'을 설명할 때 '로그 정규 분포'가 매우 잘 적용될 수 있음을 알 수 있다.

'미국 국립 표준 기술 연구소'의 기술 자료에 따르면 '로그 정규 분포'는 사용상 다음의 장점들이 있다.[58]

1) 현업에서 마주치는 경험 데이터들을 잘 설명할 수 있을 정도로 매우 유연하다([그림 I-48] 참조).
2) 수집된 데이터에 'ln(데이터)'함으로써 '정규 분포'로의 전환이 가능하고, 따라서 수학적 해석이 용이하다.
3) 전자 부품(예로, 반도체)에서 일어나는 열화와 동일한 고장 메커니즘일 경우 '로그 정규 모형'으로 해석이 가능하다. 이와 같은 고장 메커니즘엔 부식(Corrosion), 확산(Diffusion), 마이그레이션(Migration), 균열 성장(Crack Growth), 일렉트로 마이그레이션(Electro-migration), 화학 반응을 통해 나타나는 고장(Failures Resulting from Chemical Reactions)들이 포함된다.

'수명 분석'을 위해 '로그 정규 분포'가 꼭 전자나 기계 분야 아이템들에만 적용되는 것은 아니다. 예를 들어, 소독제에 풀어놓은 박테리아의 생존 시간이나 사람의 체중 및 혈압 분포 등도 '로그 정규 분포'로 잘 설명되는 것으로 알려져 있다.

---

58) http://www.itl.nist.gov/div898/handbook/apr/section1/apr164.htm

['로그 정규 분포'의 신뢰성 분석 예]

(상황) 한 금속관의 고장이 '$\ln N(7, 2^2)$'으로 알려져 있다. 여기서 각 '위치 모수(μ)'와 '척도 모수(σ)'는 금속관의 '수명 자료'에 '$\ln(t)$'를 취해 나온 값들의 '평균'과 '표준 편차'이다. 또 't'는 금속관의 '작동 횟수'이며, 한번 작동할 때마다 작은 구형 금속체가 금속관을 따라 고속으로 이동하고, 따라서 작동 횟수가 증가할수록 금속관 내면은 피로도가 쌓여 '피로 고장'을 일으키는 것으로 알려져 있다. 이때 '1,000회'의 작동 동안 금속관의 '신뢰도', '800회' 작동했을 때의 금속관의 '위험률'을 계산하시오(「MIL-HDBK-338B」, p99).

(풀이) 참고로 '작동 횟수'는 시간 't'로 간주된다. 혹자는 '시간'은 '연속형'이고 '횟수'는 '이산형'인데 둘을 어떻게 '시간' 관점으로 동일시하는가 하고 의문을 제기하곤 한다. 횟수가 늘어날수록 피로도나 마모도가 증가하므로 고장 날 가능성도 커지고 이것은 시간이 오래될수록 고장 아이템 수가 늘어나는 것과 같은 개념이다. '작동 횟수' 외에, '회전 수', '반복 횟수', '사용 횟수'도 모두 '시간'으로 간주된다. 자동차 문을 여닫을 때의 '힌지(Hinge)'나, 스마트폰의 배터리 '충·방전 횟수' 등이 그 예이다. 제시된 '상황'을 그래프로 나타내면 다음 [그림 Ⅰ-52]와 같다.

[그림 Ⅰ-52] '로그 정규 분포'의 '상황'을 도해한 그래프

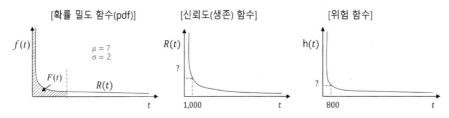

[그림 Ⅰ-52]에서 '로그 정규 분포'의 '확률 밀도 함수'와 가운데 '신뢰도 함수', 맨 오른쪽에 '위험 함수'가 그래프로 작성되어 있다. 각 그래프가 어떤 패턴을 보일지는 상상하기 어렵기 때문에 미니탭에서 '위치 모수 = 7', '척도 모수 = 2'의 랜덤 데이터를 추출해 미리 작성해 본 뒤 도해하였다. 우선 **신뢰도, R(t=1,000)**'은 (식 Ⅰ-44)에 따라 다음으로 얻어진다.

$$R(1,000) = P(T > 1,000) = 1 - P(T \le 1,000) \qquad \text{(식 Ⅰ-45)}$$
$$= 1 - \int_0^{1,000} \left[\frac{1}{x\sqrt{2\pi}*2} e^{-\frac{(\ln x - 7)^2}{2*2^2}} \right] dx$$

만일 '표준 정규 분포'를 이용할 경우,
$$R(1,000) = P\left(z > \frac{\ln(1,000) - 7}{2} \right)$$
$$= P(z > -0.045)$$
$$\cong 0.52$$

이 역시 적분 자체가 어려우므로 상황을 '표준 정규 분포'로 변환하면 통계표를 찾아 수작업 계산도 가능하다. 계산은 (식 Ⅰ-45)를 참고하고 결과는 미니탭이나 엑셀을 이용한다. 다음과 같다('엑셀'의 함수를 이용해도 됨).

[그림 Ⅰ-53] '로그 정규 분포'의 '신뢰도' 계산 예

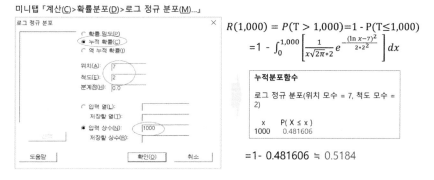

[그림 Ⅰ-53]에서 '대화 상자'의 '누적 확률(C)'은 수식에서의 '적분'에 해당한다. 결과는 '$R(1,000) \cong 0.52$'이다. 금속관 안에서 금속체가 '1,000회' 작동했을 때 '신뢰도 = 0.52'란 "금속관 100개를 처음 작동시켰을 때 '1,000회' 시점이 되면 100대 중 '약 48대가 고장' 나고, '52대'가 여전히 작동 중임"이라고 해석한다. 또는 간단히 '1,000회째 아이템의 생존 확률은 약 0.52'로 표현한다.

이어서 **위험률, h(800)**'은 [그림 Ⅰ-52]의 개요도 및 (식 Ⅰ-43)으로부터 다음과 같이 계산된다.

$$h(800) = \frac{f(800)}{R(800)} = \frac{f(800)}{1 - F(800)} \qquad \text{(식 Ⅰ-46)}$$

$$= \frac{\dfrac{1}{800*\sqrt{2\pi}*2}e^{-\frac{(\ln 800-7)^2}{2*2^2}}}{1 - \displaystyle\int_0^{800}\left[\dfrac{1}{x\sqrt{2\pi}*2}e^{-\frac{(\ln x-7)^2}{2*2^2}}\right]dx}$$

(식 Ⅰ-46) 역시 직접 계산이 안 되므로 미니탭 기능을 이용해 다음 [그림 Ⅰ-54]와 같이 계산한다('엑셀'의 함수를 이용해도 됨).

[그림 Ⅰ-54] '로그 정규 분포'의 '위험률[$h(800)$]' 계산 예

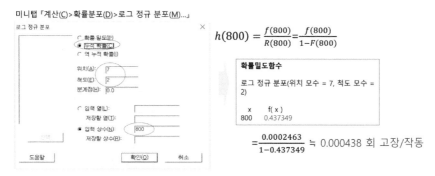

[그림 Ⅰ-54]는 분모인 '$R(800)$'의 계산 과정이며, 분자인 '$f(800)$'은 [그림 Ⅰ-54]의 '대화 상자'에서 '확률 밀도(P)'를 선택해서 얻는다. 해석은 "금속 관은 800시간 시점에 100대 중 약 56대(=1 - 0.437)가 생존해 있으며, 그들 중 순간적으로 고장 날 확률은 '약 0.000438회 고장/작동'임"이다. '800시간' 직후에 고장 가능성이 매우 낮다는 것을 알 수 있다.

5.3. 와이블 분포(Weibull Distribution)

현업에서 '수명 자료'가 어느 분포를 따르는지 모를 때 '와이블 분포'로 적합 시키면 80%는 적중할 정도로 유연성이 매우 뛰어난 분포이다. 적용이 알려진 분야는 의학, 치의학, 보증 분석, 수명 주기 비용, 재료 성질, 생산 공정 관리 등 광범위하게 걸쳐있다.

'Wikipedia' 영문판에 따르면 '와이블 분포'가 처음 등장한 시점은 1927년 Frechet에 의해서이며[59], 1933년 Rosin & Rammler에 의해 입자 크기 분포를 해석하는데 이용되었다.[60] 그러나 이 분포의 활용성을 극대화시킨 사람은 1939년 확률 이론과 통계학 분야에서 '와이블 분포' 관련 논문을 발표한 스웨덴 수학자 Waloddi Weibull이며, 그의 이름을 딴 명칭이 현재까지 이어지고 있다.[61] 1951년엔 분포에 보다 자세한 내용을 담은 논문이 발표되어 다른 산업 분야로 응용폭을 넓히게 되었다.[62]

---

59) Fréchet, Maurice (1927), "Sur la loi de probabilité de l'écart maximum", Annales de la Société Polonaise de Mathematique, Cracovie, 6:93-116.
60) Rosin, P.; Rammler, E. (1933), "The Laws Governing the Fineness of Powdered Coal", Journal of the Institute of Fuel, 7: 29-36.
61) 출처에 따라 실제 분포를 고안한 해는 1937년으로 적고 있기도 하다.
62) Weibull, W. (1951), "A statistical distribution function of wide applicability", J. Appl. Mech.-Trans. ASME, 18 (3): 293-297.

한 자료에 따르면63) 와이블이 1951년 논문 발표 때 밝힌 주장에서, 분포는 폭넓은 문제들을 다룰 수 있을 뿐만 아니라 때론 훌륭한 서비스까지 제공한다고 하였다. '서비스'란 곧 응용 분야가 생각보다 훨씬 더 넓어질 수 있음을 암시했다고 보인다. 그러나 논문을 발표한 1950년대 동안 '와이블 분포'는 학계에서 부정적이고 회의적이며, 심하게는 거부에까지 이르는 홀대를 받는다. 그럼에도 당시 와이블은 데이터가 정해지면 그에 맞는 분포를 찾아낸 뒤 설명력을 높이는 '모수'들을 추정하는 방법을 주장했고, 이 분야 개척자인 Dorian Shainin과 Leonard Johnson이 관련 기술을 개량했다. Leonard Johnson은 데이터 해석에서 중요한 '데이터 타점 방법(Plotting Methods)'을 와이블이 제기한 '평균 순위(Mean Ranks)'가 아닌 '중앙값 순위(Median Ranks)'를 적용함으로써 정확도를 높이는데 기여했다. 특히 미국 공군은 와이블 방식에 대해 깊은 관심을 갖고 1975년까지 그의 연구를 위한 자금을 지원했으며, 이를 통해 완성도가 한층 높아지는 계기가 되었다. 지금으로선 '와이블 분석'은 '수명 자료'를 적합 시키고 분석하는데 있어 공히 선도적인 역할을 하고 있다.

이후 E.J. Gumbel은 한 아이템이 여러 '고장 모드'들을 갖고 있을 때 '최초 고장에 이르는 시간'은 '와이블 분포'로 최적의 모델링이 될 수 있음을 증명하였다. 이것이 'Weakest-link-in-the-chain(사슬 중 가장 취약한 연결)' 개념이며 공학 분야에서 '와이블 해석' 시 중요한 이론적 근거를 제공한다. 예를 들어, 시스템은 여러 하위 부분품들로 연결되어 있고 이때 시스템의 고장은 부분품들 간 연결이 가장 취약한 부위에 의해 최초 결정되는데, 이 같은 성질의 해석에 '최소 극단 값 분포'가 있다. Gumbel은 '와이블 분포'와 'Type III 최소 극단 값 분포'가 동일함을 증명하였다. 즉 '극단 값 분포'의 특별한 경우가 '와이블 분포'라는 뜻이다.

---

63) Dr. Robert B. Abernethy, 「The New Weibull Handbook」, "AN OVERVIEW OF WEIBULL ANALYSIS."

일반적으로 아이템의 '수명(t)'이 '와이블 분포'를 따르면 '수명 자료'에 '자연 로그(ln)'를 취한 'ln(t)'는 '극단 값 분포'를 따르는 것으로 알려져 있다. 이 경우 극단적인 상태, 예를 들어 돌풍의 극한 속도, 지진 발생 시 극한 에너지, 극한 스트레스 등의 해석에 이용된다.

그 외에 '와이블 방법'은 둘 또는 세 건의 고장 데이터 같이 아주 적은 '표본 크기'를 해석할 때도 잘 맞는 것으로 알려져 있다. 예를 들어 항공 분야에서의 안전성 연구나 '소 표본(Small Samples)' 시험을 중시하는 분야들이 해당한다. 또 고장 예측, 시험 설계 체계화 같은 첨단 기법들이 개발됨으로써 데이터가 안고 있는 많은 취약점들을 와이블 분석법으로 해결해나가고 있다.

['와이블 분포'의 '확률 밀도 함수 -$f(t)$']

설명한 바와 같이 '와이블 분포'는 그 유연성 때문에 신뢰성 분야와 수명 자료 분석에 폭 넓게 이용되고 있다. 따라서 '와이블 분포'를 잘 이해하는 일이 활용성을 높이는데 크게 도움 된다. 다음은 학습에 가장 기본이 되는 '확률 밀도 함수(pdf)'를 나타낸다.

$$[3-모수\,와이블\,분포\,'확률\,밀도\,함수(pdf)'] \qquad\qquad (식\ \mathrm{I}\text{-}47)$$

$$f(t) = \frac{\beta}{\alpha}\left(\frac{t-\gamma}{\alpha}\right)^{\beta-1} e^{-\left(\frac{t-\gamma}{\alpha}\right)^{\beta}}.\,where\ \ \alpha 와 \beta > 0,\ -\infty < \gamma < \infty$$

$$일반적으론\,'분계점\,모수',\ \gamma = 0.$$

$$[2-모수\,와이블\,분포\,'확률\,밀도\,함수(pdf)']$$

$$f(t) = \begin{cases} \dfrac{\beta}{\alpha}\left(\dfrac{t}{\alpha}\right)^{\beta-1} e^{-\left(\frac{t}{\alpha}\right)^{\beta}}, & \text{or } Wei(\alpha, \beta).\ \ t \geq 0, \\ 0 & t < 0. \end{cases}$$

(식 Ⅰ-47)에서 'α'를 '척도 모수(Scale Parameter)', 'β'를 '형상 모수(Shape Parameter)'라고 한다. 'γ'는 대부분의 출처에서 '위치 모수(Location Parameter)'로도 불리나 미니탭 표현을 빌려 '분계점 모수(Threshold Parameter)'로 적었다. 일반적으로 'γ = 0'이며, 따라서 '수명 자료' 해석에선 '2-모수 와이블 분포'를 사용한다. 그러나 'β'가 사전에 알려져 있다면 '모수'는 'α'만 남기도 하는데, 이를 '1-모수 와이블 분포'라고 한다. 큰 의미로 보면 '2-모수 와이블 분포'에 속하므로 결국 관심을 가져야 할 대상은 '2-모수 와이블 분포'임을 쉽게 알 수 있다.

'와이블 분포'는 모수가 어느 값을 갖느냐에 따라 큰 변화를 겪게 되는데, 'α와 β'에 따라 '와이블 분포 곡선'의 모양 변화나, '신뢰도' 또는 '위험률'에 어떤 영향을 미치는지 알아볼 필요가 있다. 현업에서 '와이블 분포'의 활용 빈도가 높을수록 '모수'들의 성향을 파악해두는 것도 매우 중요하다. '모수'의 성향이 바뀌면 관리 중인 아이템에도 변화가 생겼다는 것을 의미하기 때문이다. 각각에 대해 알아보자.

'**척도 모수(α)**'는 '형상 모수(β)'를 일정하게 유지한 조건에서 값이 증가하면 분포가 횡축 방향으로 퍼지고, 작아지면 얄팍해지게 하는 역할을 한다. 이때 '확률 밀도 함수'의 전체 넓이는 '1'이므로 '척도 모수(α)'가 커져 분포가 퍼지면 넓이를 유지하기 위해 분포 높이는 낮아진다. 물론 반대로 '척도 모수(α)'가 작아지면 분포가 협소해지므로 분포의 봉우리는 위쪽 방향으로 치솟는 형상을 띤다. 다음 [그림 Ⅰ-55]는 이와 같은 현상을 설명한다.

[그림 Ⅰ-55] '척도 모수(α)' 변화에 따른 분포도

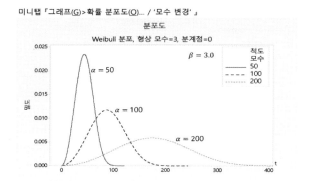

미니탭 『그래프(G)>확률 분포도(O)... / '모수 변경'』

'척도 모수(α)'는 '수명 자료'와 '단위'가 같다. 예를 들어, 수명 자료 단위인 '시간(hours)', '주기(cycles)', '횟수(counts)' 등과 일치한다.

'형상 모수(β)'는 '와이블 기울기(Weibull Slope)'로도 불린다. 수집된 '수명 자료'가 '와이블 분포'를 따르는지 적합성 여부를 파악하기 위해 '와이블 확률지(Weibull Probability Paper)'를 활용할 경우, '확률도'에 직선이 형성되었을 때 그 기울기를 측정하면 바로 '모수'인 'β'가 되기 때문이다. 기울기는 '시간의 변화량 대비 누적 확률의 변화량'을 나타내는 '비율'이므로 'β'는 단위가 없다.

다음 [그림 Ⅰ-56]은 '형상 모수(β)' 값에 따른 '와이블 분포'의 '확률 밀도 함수(pdf)'와 '와이블 확률지'에 작성된 '확률도'를 각각 보여준다. 편의상 미니탭 기능을 이용해 얻은 결과이다. '척도 모수'인 '$\alpha = 1.0$'으로 고정한 예이다.

[그림 Ⅰ-56] '형상 모수(β)'에 따른 '와이블 분포 곡선'과 '확률도'

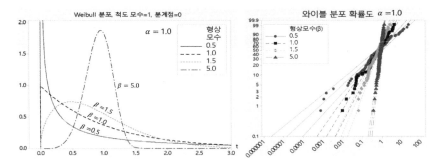

[그림 Ⅰ-56]에서 왼쪽 '와이블 분포'의 '확률 밀도 함수(pdf) 곡선'은 '척도 모수(α)'를 '1.0'으로 고정하고, '형상 모수(β)'만 '0.5 ~ 5.0'까지 변화시킨 결과이다. 만일 '형상 모수'가 '2.5 < β < 4.0' 정도의 영역에 들면 '정규 분포'에 근사해간다. 또 '형상 모수'가 그보다 작아질수록 '우변 기운 분포'인 'L-자형'으로 치우치고, 커질수록 '좌변 기운 분포'인 오른쪽으로 치우친다. '형상 모수(β)'의 값 변화에 따른 현상 해석은 이어지는 '[누적 분포 함수 - $F(t)$, 위험 함수 - $h(t)$]'의 본문을 참고하기 바란다.

[그림 Ⅰ-56]의 오른쪽은 '척도 모수(α)'를 동일하게 '1.0'으로 고정하고 '형상 모수(β)'만 '0.5 ~ 5.0'의 변화를 준 '확률도(Probability Plot)'이며, 언급한 대로 '형상 모수(β)'가 클수록 '기울기'도 증가한다. 즉 '형상 모수(β)'가 '와이블 기울기(Weibull Slope)'로도 불리는 이유를 설명한다.

['와이블 분포'의 '누적 분포 함수 - $F(t)$', '위험 함수 - $h(t)$']

'누적 분포 함수[$F(t)$]'는 '확률 밀도 함수'를 적분해서 얻어지며, 특정 시점까지의 누적 확률을 얻는데 쓰인다. 또 이전과 동일하게 '위험(또는 순간 고장률) 함수[$h(t)$]'는 다음의 식으로 표현된다.

○ '와이블 분포'의 '확률 밀도 함수, $f(t)$' (식 Ⅰ-48)
$$f(t) = \begin{cases} \dfrac{\beta}{\alpha}\left(\dfrac{t}{\alpha}\right)^{\beta-1} e^{-\left(\frac{t}{\alpha}\right)^{\beta}}, & t \geq 0 \\ 0 & , t < 0 \end{cases}$$

○ '와이블 분포'의 '누적 분포 함수, $F(t)$'
$$F(t) = P(T \leq t) = \int_0^t f(x)dx = \begin{cases} 1 - e^{-\left(\frac{t}{\alpha}\right)^{\beta}}, & t \geq 0 \\ 0 & , t < 0 \end{cases}$$
$$R(t) = 1 - F(t)$$

○ '와이블 분포'의 '위험 함수, $h(t)$'
$$h(t) = \frac{f(t)}{R(t)} = \frac{f(t)}{1 - F(t)} = \frac{\beta}{\alpha}\left(\frac{t}{\alpha}\right)^{\beta-1}$$

(식 Ⅰ-48)에서 이전 '확률 밀도 함수'들의 '누적 분포 함수' 및 '위험 함수'와 달리 '와이블 분포'는 각 분포들의 형태가 명확하다. 이전 분포들은 적분 자체가 직접 되지 않아 근사적으로 해석해야 하는 반면 '와이블 분포'는 수학적 처리가 간결하단 느낌을 받는다. 이 때문에 수명 해석에서도 다른 분포들에 비해 활용도가 높아지는 이유로 작용한다. 다음 [그림 Ⅰ-57]은 이전 분포 때와 동일하게 '와이블 분포'의 '확률 밀도 함수'와 '누적 분포 함수' 간 관계를 나타낸 개요도이다.

[그림 Ⅰ-57] '와이블 분포(pdf) 곡선'과 '누적 분포(cdf) 곡선' 간 관계

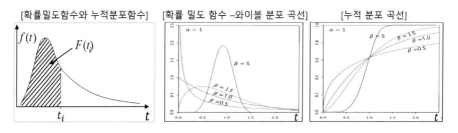

[그림 Ⅰ-57]의 맨 왼쪽 그래프의 빗금은 '누적 점유율'이다. 누적 값은 (식 Ⅰ-48)의 '누적 분포 함수[$F(t)$]'를 통해 얻는다. 가운데는 '$\beta = 5$'가 '정규 분포'와 비슷하므로 맨 오른쪽 그래프의 해당 '누적 분포 곡선' 역시 이전 '정규 분포'에서처럼 급격한 상승을 보인다. 다음 [그림 Ⅰ-58]은 '$Wei(10, 12)$'의 랜덤 데이터 100개로 그린 '분포 개관 그림'이다.

[그림 Ⅰ-58] '와이블 분포'의 '신뢰도 곡선', '위험률 곡선'

미니탭 『통계분석(S)>신뢰성/생존분석(L)>분포분석(우측관측중단)(D)>분포 개관 그림(O)....』

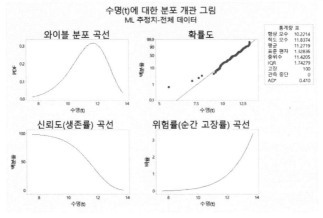

[그림 Ⅰ-58]의 '와이블 분포 곡선'이 '좌변 기운 분포'인 이유는 '형상 모수(β)'가 '1'보다 큰 '10'이기 때문이며, '위험률(또는 순간 고장률) 곡선' 역시 '마모 고장 기간(IFR)'의 패턴을 보인다. 따라서 '마모 고장'의 원인은 부식이나 산화, 마모나 피로도 누적, 균열, 수명이 짧은 부품의 사용, 충분치 않은 정비 등이 예상된다. 이에 대한 대책은 분해 후 수리나 부품 교체 등의 '예방 보전', 수명이 긴 부품의 사용 등이 있다('개선 방향'은 「3.2. 욕조 곡선 (Bathtub Curve)」 참조).

이전과 같이 '확률 밀도 함수'와 함께 관찰할 대상이 '위험 함수'이다. 특히 '와이블 분포'는 '형상 모수'에 따른 '위험 함수'의 패턴이 'DFR, CFR, IFR' 모두를 수용할 수 있어 해석에 유리하다. 다음 [표 Ⅰ-16]은 '형상 모수(β)'에 따른 '와이블 분포 곡선'과 '위험률 곡선'의 관계를 정리한 표이다.[64]

[표 Ⅰ-16] '형상 모수(β)'에 따른 '와이블 분포 곡선'과 '위험률 곡선' 비교

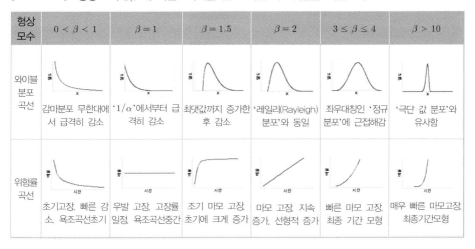

형상 모수	$0 < \beta < 1$	$\beta = 1$	$\beta = 1.5$	$\beta = 2$	$3 \le \beta \le 4$	$\beta > 10$
와이블 분포 곡선	감마분포 무한대에서 급격히 감소	'$1/\alpha$'에서부터 급격히 감소	최댓값까지 증가한 후 감소	'레일리(Rayleigh) 분포'와 동일	좌우대칭인 '정규 분포'에 근접해감	'극단 값 분포'와 유사함
위험률 곡선	초기고장 빠른 감소. 욕조곡선초기	우발 고장. 고장률 일정 욕조곡선중간	조기 마모 고장. 초기에 크게 증가	마모 고장 지속 증가. 선형적 증가	빠른 마모 고장. 최종 기간 모형	매우 빠른 마모고장. 최종기간모형

　[표 Ⅰ-16]은 '와이블 분포'가 왜 수명 자료 분석에서 자주, 그리고 유용하게 쓰이는지를 일목요연하게 보여준다. 즉 '형상 모수(β)'에 따라 앞으로 선보일 '지수 분포'부터, '정규 분포'는 물론 '극단 값 분포'까지 포괄하는 영역이 매우 넓다. 수명 자료 분석에 따른 원인 규명이나 개선 방향은 '위험률 곡선'을 토대로 판단하므로 이 역시 '와이블 분포'를 통해 쉽게 접근할 수 있다. 신뢰성 분석 역량을 키우기 위해서는 [표 Ⅰ-16]의 내용에 익숙해질 필요가 있다.

---

64) http://support.minitab.com/

['와이블 분포'의 수명 분석 대상 아이템]

1951년에 발표한 와이블의 논문 본문에는 "지면 때문에 활용 예 소개를 일곱 개에 한정한다."로 기술하고, 다음의 일곱 개 적용 분야를 나열하고 있다. '지면 고려'라는 표현으로부터 당시 훨씬 더 많은 아이템에 적용되고 있었음을 유추해 볼 수 있다. 해당 논문 원본은 구글 크롬 검색을 통해 쉽게 얻을 수 있다.

1) '보포스 강(Bofors Steel)'의 항복 강도
2) '비산재(Fly Ash)'의 입자 분포
3) '인도 목화(Indian Cotton)'의 섬유 강력(Fiber Strength)
4) '화석 표본(Cyrtoideae)'의 길이
5) 'St-37 강(Steel)'의 피로 수명
6) '영국제도(British Isles)'에서 태어난 성인 남자들의 키
7) '강낭콩 열매'의 너비

상기의 '와이블 분포' 적용 대상들이 다양한 분야에 속해 있는 만큼 여러 연구 데이터의 모델링에 유용하다는 점과, 따라서 '확률 밀도 함수'를 명확히 이해함으로써 '수명 자료' 해석 능력을 키울 수 있음에 주목할 필요가 있다.

참고로 현업에서 '와이블 분포'를 쓸 수 있는 구체적 예가 한 문헌에 잘 기술되어 있어 다음에 옮겨놓았다(주 59, Robert B. Abernethy).

- '주립 대기 자원 위원회'는 제품 배출 시스템 내 어느 부품이든 보증 기간 동안 4% 불량률을 초과할 때 리콜을 요청한다. 보증 데이터를 이용해서 어느 부품들이 4%를 초과할 것인지, 그리고 어느 시점에 고장이 발생할 것인지를 확인하고자 한다(고장 예측).

- 한 전기 설비가 과열 장치 튜브 고장으로 동작을 멈춰 홍역을 치루고 있다. 튜브가 막힌 상태를 고장으로 볼 때, 조사 데이터를 활용해서 보일러 수명을 예측코자 한다. 고장으로 막힌 튜브들이 10%에 이르렀을 때 보일러를 교체한다(고장 예측).
- 한 프로젝트 엔지니어가 세 달에 걸친 서비스 활동을 통해 판매 중인 아이템 세 개의 고장 데이터를 확인하였다. 이때 담당 부서장은 "다음 분기, 6개월 후, 연간 기준 얼마나 많은 고장이 발생할 것인가?" 하고 묻거나, "비용이 얼마나 들 것인가?" 또는 "위험과 손실을 줄이기 위해 할 수 있는 최선의 대응 조치는 무엇인가?"를 알고 싶어 한다(시정 조치).
- 예비품을 주문하고 보전 업무를 계획하기 위해, 내년도 매월 각 고장별 정비용 보관품 수량을 얼마나 확보해야 하는가? 부서장은 전체 운영을 지원할 수 있는 충분한 예비품 확보와 정비 업무 시간의 결정을 95% 신뢰도로 알고 싶어 한다(예비품 수요 예측, 정비 계획 결정).
- 설계 변경 후 기존 고장 모드가 제거되었는지, 그리고 90% 신뢰도로 확실하게 개선되었는지 검증하기 위해 얼마나 많은 아이템들이 고장 없는 상태로 어느 기간 동안 시험되어야 하는가?(설계 변경 안의 평가)
- 마모 고장으로 한 아이템의 예견치 못한 고장이 발생했을 때 비용은 계획상 교체 비용의 20배로 알려져 있다. 최적의 교체 기간은 며칠인가? (부품 교체 주기 결정)

'와이블 분포'가 여러 유형의 데이터를 잘 수용하는 태생적 장점 때문에 특정 해석에 쓰이는 다른 분포들을 포괄하기도 한다. 예를 들어, '형상 모수(β) = 2'인 '와이블 분포'를 특히 '레일리 분포(Rayleigh Distribution)'라고 한다. 다음은 (식 Ⅰ-47)의 '2-모수 와이블 분포'에 '$\beta = 2$'를 입력한 결과와 실제 '레일리 분포'를 비교한 것이다.

$$[\text{레일리 분포}(Rayleigh\ Distribution)] \qquad\qquad (\text{식}\ \mathrm{I}\text{-}49)$$

$$f(t;\alpha) = \frac{t}{\alpha^2} e^{-\frac{1}{2}\left(\frac{t}{\alpha}\right)^2}$$

$$[\text{와이블 분포}(Weibull\ Distribution)]$$

$$f(t;\alpha)_{\beta=2} = \frac{2}{\alpha}\left(\frac{t}{\alpha}\right)^{2-1} e^{-\left(\frac{t}{\alpha}\right)^2}$$

$$= \frac{2t}{\alpha^2} e^{-\left(\frac{t}{\alpha}\right)^2}$$

(식 Ⅰ-49)에서 상수만 다를 뿐 두 분포는 구조적으로 같다는 것을 알 수 있다. 자료에 따르면[65] '레일리 분포'는 '정보통신 공학(Communications Engineering) 분야'에서 유용하며, 적용 분야를 세분화하면 '입력 반사 손실 (Input Return Loss)', '변조 측파대 입사(Modulation Side-band Injection)', '반송파 억압(Carrier Suppression)', '라디오파 페이딩(RF fading)' 등의 측정 값들 해석에 쓰인다. 또 전자 분야에서는 '전자 진공 장치(Electro-vacuum Devices)'의 수명 시험 분석에 자주 이용된다.

연계된 분포의 또 다른 예로 개요에서 설명했던 '극단 값 분포(Extreme Value Distribution)'가 있다. 이 분포는 시스템을 구성하는 부품들 중 '가장 약한 부품(Weakest Link)' 때문에 전체 시스템이 고장 나는 상황에 쓰일 수 있는데, '와이블 분포'가 이론적으로 '최소 극단 값 분포'로부터 유도됨에 따라 '와이블 분포' 역시 '최약 연결 모형(또는 이론)(Weakest Link Model)' 의 해석에 이용된다. 본문에 포함시키기엔 조금 부담되는 내용이나 '와이블 분포' 적용의 이론적 배경을 제시하는 '최약 연결 모형(Weakest Link Model)'의 원론에 대해 간단히 알아보자.

---

65) http://support.minitab.com / "Weibull Distribution."

'최약 연결 모형'의 토대 마련은 Gumbel(1935)과 Weibull(1939)에 의해서이다.[66] 이론이 나오기 전에 이미 재료의 '피로(Fatigue)'에 대한 연구에서 '피로 강도'나 '피로 수명'을 측정하면 산포가 존재한다는 것을 알게 되었다. 산포의 존재는 적절한 해석을 위해 통계 이론과 자연스럽게 연결되었고, 의미있는 최초의 시도가 와이블에 의해 이루어졌다.

　'최약 연결 모형'의 적용을 위해 기본적으로 전제되는 요건이 있다. 즉 모든 재료는 단위 부피당 불균질(Inhomogeneity)이 랜덤하게 분포되어 있다고 가정한다. 여기서 '불균질'이란 쉽게 말해 '비금속 개재물(Nonmetallic Inclusions)' 같은 '불순물(또는 결점)'의 존재를 의미한다. 정상적인 재료라고 해도 '불순물(결점)'은 균열의 시작점이 되고, 이 과정은 다시 '피로 파괴'를 낳는다. 출처에 따라서는 고장에 이르는 과정을 'Weakest Link Mechanism'이라 하고, 여기엔 '피로 파괴(Fatigue Failure)' 외에 '취성 파괴(Brittle Failure)'가 포함된다. 전자는 '고체 재료에 반복 응력(應力)을 연속 가하면 인장 강도보다 훨씬 낮은 응력에서 재료가 파괴되는 현상'을, 후자는 '물질이 탄성의 영역 내에서 변형을 받아 균열이 생기는 현상'을 말한다. '인장 강도보다 낮은 응력', '탄성 영역 내'처럼 일반적 고장 발생이 아닌 내부의 '가장 취약한 연결(Weakest Link)'에 기인하는 현상들이다.

　앞서 설명된 메커니즘에 대한 기본 골격을 요약하면 ①재료 안에 포함된 가장 큰 결점이나 '최약 연결'의 존재는 균열이 시작되는 지점이 된다. ②결점들의 크기는 결점들이 떨어진 거리와 비교해 작다(즉 결점들 간 상호 작용은 없다). ③이때 재료의 파괴(또는 고장)는 최초 문제가 생긴 임의 요소에 의해 결정된다(즉 직렬 시스템에서 중간 어디엔가 문제가 생겨 전제가 고장 나는 상황을 연상하자).[67] 또 '피로 강도'와 관계된 부하나 단면적, 크기들의 영향

---

66) Weibull, W., Ingeniørs Vetenskaps Akademien Handlingar, Stockholm, No. 151, 1-45, 1939.
67) Anders Wormsen and Gunnar Härkegård, 「A Statistical Investigation of Fatigue Behaviour

은 '와이블 분포'로 해석할 수 있다는 점과, Gumbel은 한 아이템이 여러 '고장 모드'들을 갖고 있을 때 '최초 고장에 이르는 시간'은 '와이블 분포'로 최적의 모델링이 될 수 있음을 증명한 바 있다.

'① ~ ③'을 빗대어 해석(모델링)을 설명하는 가장 간단한 사례가 '사슬(Chain)'이다. '사슬'은 여러 개의 동일 재료와 구조들로 이루어진 '고리(Link)'들로 구성되며, 다음 [그림 Ⅰ-59]와 같은 형상을 띤다.

[그림 Ⅰ-59] '고리(Link)'로 이루어진 '사슬(Chain)'

◎ CDF(누적확률분포함수)
$$= \begin{cases} 1 - e^{-(F/F_0)^\beta} & , \, for \, F \geq 0 \\ 0 & , \, for \, F < 0 \end{cases}$$

◎ R(신뢰도 함수)$= e^{-(F/F_0)^\beta}$,
; 고리(Link)가 힘 'F'를 지지할 확률

[그림 Ⅰ-59]의 왼쪽 한 개 '고리(Link)'에 작용하는 '부하 F'에 대해 'cdf'는 '고리의 고장에 대한 누적 확률 분포 함수'를 나타낸다. 예를 들어, '부하 F가 0부터 F까지 누적되어 작용할 시 고리가 끊어질 확률'이다. 이때 함수 속의 'F_0'와 'β'는 '고리'의 물성을 나타내는 모수이다(Material Parameter). 부하가 동일하게 작용해도 재료에 따라 견디는 강도는 차이가 날 수 있기 때문에 두 모수는 '고리'를 형성하는 재료의 특성을 나타낸다.

또 [그림 Ⅰ-59]의 오른쪽은 '고리'가 모여 형성된 '사슬(Chain)'이며, 따라서 설명한 바와 같이 제품으로 치면 해석 대상이 되는 '시스템'이나 '물체'에 대응한다. 이 '사슬'이 양쪽 방향으로 힘(부하)을 받으면 개별 '고리' 중 가장 취약한 것이 끊어지게 되고, 결국 이런 현상은 전체 사슬(시스템)의 고장을 초

According to Weibull's Weakest-link Theory」, Norwegian University of Science and Technology.

래한다. 앞서 이와 같은 개념을 '최약 연결 이론'이라 하고 '와이블 분포'로 해석된다고 하였다. 다음 식의 전개는 [그림 Ⅰ-59]에 대해 '최약 연결 이론' 해석을 위한 모델링 과정을 나타낸다.

[고리가 유지될 확률(신뢰도)] (식 Ⅰ-50)

$$R_{고리} = e^{-\left(\frac{F}{F_0}\right)^m} \quad ---1)$$

[n개 고리가 유지될 확률] – 모두가 유지돼야 하므로
'1)'의 곱이 됨.

$$R_{n\,고리} = e^{-\left(\frac{F_1}{F_0}\right)^m} \cdot e^{-\left(\frac{F_2}{F_0}\right)^m} \cdot e^{-\left(\frac{F_3}{F_0}\right)^m} \cdots \cdot e^{-\left(\frac{F_n}{F_0}\right)^m}$$

$$= e^{-\sum_{i=1}^{n}\left(\frac{F_i}{F_0}\right)^m} \quad ----2)$$

['부하 F'에 이르기 전 고장날 확률]

$$\Pr_{고장} = 1 - '2)식'$$

$$= 1 - e^{-\sum_{i=1}^{n}\left(\frac{F_i}{F_0}\right)^m} \; ; \; 만일 '부하 F'가 모두 동일하다면,$$

$$= 1 - e^{-n\left(\frac{F}{F_0}\right)^m}$$

$$= 1 - e^{-\left[\frac{F}{(F_0/n^{1/m})}\right]^m} \quad ----3)$$

(식 Ⅰ-50)에서 '식 3)'의 '$F_0/n^{1/m}$'을 'Load Scaling Factor'라 하고, 만일 식에서 'F'를 모두 동일하게 하는 대신 작용 부하가 '고리'별로 다른 경우, 또는 부피를 갖는 재료의 강도 해석 등 상황을 반영하는 요인으로 작용한다. 이들에 대한 추가적인 해석은 관련 문헌을 참고하기 바란다.[68]

---

68) Per Johan Gustafsson (2014), 「Lecture notes on some probabilistic strength calculation models」,

다음 [그림 Ⅰ-60]은 (식 Ⅰ-50)의 '식 3)'에서 '아이템 수(n)'에 따른 '사슬(시스템)'의 '고장 확률'을 그래프로 비교한 예이다(주68, Per Johan Gustafsson).

[그림 Ⅰ-60] 'n(부품 수)'에 따른 '사슬(시스템)'의 고장 확률

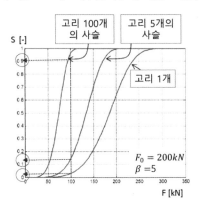

[그림 Ⅰ-60]에서 '고리(부품)'가 '1개', '5개', '100개'의 경우, 동일한 '부하(F)'에 대해 'n'이 증가할수록 '고리(부품)'가 제 역할을 못해 '사슬(시스템)'에 악영향을 줄 가능성도 따라서 높아지는 것을 알 수 있다('100kN'에서의 'Y 값' 참조).

지금까지 설명된 '사슬' 상황의 개념을 다른 분야로 좀 더 확장하면, '사슬(Chain)'은 '시스템'에, '고리'는 '시스템'을 구성하는 '부품(Part)'들에 대응한다. 또, 만일 '부피'를 갖는 재료를 해석할 경우 '사슬'엔 '물체'가, '고리'엔 '물체'를 구성하는 다수의 '작은 재료 조직(Smaller Material Cells)'을 대응시킬 수 있다. 아무리 큰 '물체'도 단위 부피(Cell)로 나눈 뒤 그들의 확률적 특

Report TVSM-7161, Division of Structural Mechanics, Lund University.

성을 병합하면 전체 해석이 가능하다. 이때 '병합'이란 수학적으로 '적분'을 말한다(주68 'Per Johan Gustafsson' 참조).

'최약 연결 이론'과 본문에서 다루는 '수명 자료' 해석과는 어떤 관계에 있을까? 질문에 대한 답은 매우 간결하다. 만일 '최약 연결 이론'을 '**수명 자료**' 해석에 이용하려면 (식 I-50)에서 단지 '**F(부하)'를 't(시간)'로 대체**한다. 이와 같은 '최약 연결 이론'을 적용할 수 있는 대상은 릴레이, 전자관(Electron Tube), 볼 베어링, 반도체 등이 있다. 예를 들어, 반도체인 'CMOS(Complementary Metal-oxide Semiconductor)'는 전극(실리콘 - 게이트) 사이에 산화물 층이 있는데, 이 영역에 전기적 부하가 존재할 때 무작위적 결점이 발생하면 전극을 잇는 경로(Percolation Path)가 형성될 수 있다(쉽게 말해 '누설 전류' 경로가 만들어짐). 이때 최초 경로들의 형성 시간은 '와이블 분포'로 설명된다.

반도체 고장이 '부식'과 같은 화학 반응에 의해 야기되는 경우 '와이블 분포'보다 '로그 정규 분포'가 일반적으로 설명력이 높다고 알려져 있다. 그 외에 '최약 연결 이론'을 '전자관(Electron Tube)의 수명 분석'에 적용한 예로는 J.H.K.Kao(1956)가 있다.[69]

['와이블 분포'의 신뢰성 분석 예]

(상황) 특수 송신관의 고장 횟수는 '와이블 분포'를 따르며, '$\alpha = 1,000$', '$\beta = 2$'로 알려져 있다. 만일 송신관을 100시간 동안 사용해야 할 상황에서 송신관들 중 한 개의 '신뢰도'는 얼마인가? 또 100시간 동안 문제없이 운영한 후의 '위험률(Hazard Rate)'은 얼마인가?(「MIL-HDBK-338B」, p.105).

---

69) J.H.K. Kao, "A new life-quality measure for electron tube", IRE Trans. Rel. and Quality Ctrl., PGRQC- 7, 1956, pp.1~11.

(풀이) '형상 모수(β)'에 따른 분포 해석의 [표 Ⅰ-16]을 통해 제시된 송신 관은 '위험 함수'가 '직선형'을 보일 것으로 예측된다. 미니탭의 '랜덤 데이터'를 100개 얻어 '분포 개관 그림'을 다음 [그림 Ⅰ-61]에 작성해보았다.

[그림 Ⅰ-61] '$\alpha = 1,000, \beta = 2$'인 '와이블 분포'

미니탭『통계분석(S)>신뢰성/생존분석(L)>분포분석(우측관측중단)(D)>분포 개관 그림(O)...』

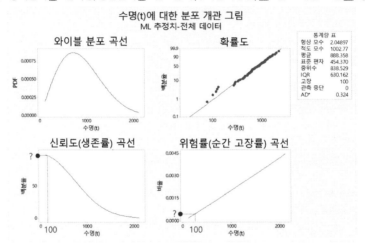

[그림 Ⅰ-61]에서 아래 왼쪽의 '신뢰도 곡선'과, 오른쪽 '위험률 곡선'의 '$t = 100$'에 대한 'y-축 값'을 읽으면 '상황'에서 제시된 '신뢰도'와 '위험률'을 각각 얻을 수 있다.

함수를 이용해 직접 계산하려면 (식 Ⅰ-48)에 기술된 '누적 분포 함수(cdf)'와 '위험 함수'를 이용해 다음 (식 Ⅰ-51)과 같이 관련 값들을 입력해 계산한다.

○ '와이블 분포'의 '누적 분포 함수, $F(t)$'   (식 Ⅰ-51)

$$F(100) = P(T \leq 100) = 1 - e^{-\left(\frac{100}{1,000}\right)^2} \cong 0.00995$$
$$R(100) = 1 - F(100) = 1 - 0.00995 \cong 0.99$$

○ '와이블 분포'의 '위험 함수, $h(t)$'

$$h(100) = \frac{f(100)}{R(100)} = \frac{f(100)}{1 - F(100)} = \frac{2}{1,000}\left(\frac{100}{1,000}\right)^{2-1}$$
$$= 0.0002\,회\,고장/시간$$

(식 Ⅰ-51)로부터 100시간 시점에서의 '신뢰도(R) = 0.99(99%)'로 '송신관 100개 중 99개는 여전히 작동 중'임을 알 수 있다. '위험률(h) = 0.0002회 고장/시간'은 '100 시간'까지 작동 중인 '99개 송신관'들 중 '100시간 직후' 고장 날 가능성은 '0.0002'로 거의 발생하지 않을 것이란 점도 수치를 통해 확인할 수 있다.

5.4. 지수 분포(Exponential Distribution)

'지수 분포'는 공학도라면 전공이나 시중의 서적 등에서 한번쯤 접해봤을 정도로 흔하고 익숙한 분포들 중 하나이다. 그러나 '지수 분포'가 우리 주변에 이르기까지 50년 이상이 걸렸다면 선뜻 이해가 되지 않는다. 식의 구조가 '정규 분포'나 '와이블 분포'처럼 복잡한 것도, 또 적분이 불가해 통계 패키지나 코딩을 통해 점근법을 꼭 써야 하는 것도 아니기 때문이다. 다음 내용은 한 전공 서적에 포함된 '지수 분포'의 역사적 배경을 옮겨놓은 것이다. 얼마나 많은 고민과 해석의 결과가 현재 우리가 접하고 있는 '지수 분포'라는 점을 잠깐이나마 느껴보기 바란다.[70]

1895년 초 Karl Pearson이 '지수 분포'를 '감마 분포(Gamma Family Distribution Family) 패밀리'의 특별한 경우로 일찍이 정의했음에도 통계학 분야 문헌에 등장하게 된 시기는 그로부터 약 35년이나 지나서였다. 이 시기에 Kondo(1931)는 '표준 편차'의 표본 분포를 논하면서 '지수 분포'를 Pearson의 'Type X 분포'로 언급했고, 이후 '지수 분포'는 보험 통계, 생물학, 공학 분야에서 다루어지는 여러 문제들에 응용되었으며, 여기에는 Steffensen(1930), Teissier(1934)와 Weibull(1939)이 있다.

1837년 S.D. Poisson의 그 유명한 "Recherches sur la Probabilite des Jugements, Section 81"과, 1898년 L. Bortkiewicz의 논문 "Das Gesetz der kleinen Zahlen"에서 '이항 분포'의 한 접근으로서 '포아송 분포'가 일찍 세상에 드러났지만, 이때까지도 '지수 분포'는 크게 주목받지 못했다(참고로 단위 시간당 사건의 발생은 '포아송 분포'로, 각 사건 간 시간은 '지수 분포'로 해석된다).

'포아송 분포'와 '지수 분포' 사이의 관계는 1868년 L. Boltzmann에 의한 "Studien uber das Gleichgewicht der lebendigen Kraft zwischen bewegten materiellen Punkten", 그리고 이후인 1886년 W.A. Whitworth의 "Choice and Chance"로부터 물리학적 관점에서 기술된 바 있다. 그러나 통계학 분야에서 '지수 분포'를 받아들이는 데는 또다시 50여 년이란 세월이 지나고서였다.

1937년 P.V.Sukhatme는 '지수 분포'에 대한 눈에 띄는 논문을 발표했는데, 그것은 변동의 형태가 '정규 분포'와는 전혀 다른 문제의 경우가 있고, 이때 '정규 분포'를 대체할 대안으로 '지수 분포'의 유용성을 발표한 것이다.

1951년 선구적인 논문이 또다시 W. Weibull에 의해 발표되었는데, 그는 '지수 분포'를 확장한 'Weibull Distribution'을 제시하였다. 즉 '와이블 분포

---

70) K. Balakrishnan (1996), "Exponential Distribution: Theory, Methods and Applications", CRC Press. pp.2～4.

패밀리'에서 '형상 모수'가 '1'인 경우, '지수 분포'가 되는 특별한 경우를 제시한 것이다. 이듬해에 D.J. Davis(1952)는 '지수 분포'를 이용한 고장 데이터 분석을 발표했으며, 특히 '정규 분포'에 기반 한 분석 결과와 비교하여 그 유용성을 확인시켰다.

통계학 분야에서 '지수 분포'가 빠르게 수면 위로 부상하지 못한 이유는 '지수 분포'의 특징들을 제때 파악하지 못한 데 있다는 해석이 지배적이다. '지수 분포'의 기본 특징 중 하나인 '무기억성(Memoryless Property)'은 단지 함수 방정식의 대수적 항등인 '$f(x+y) = f(x)f(y)$'가 되는 것인데, 이것은 Cauchy(1821)와 Lobachevskii(1829)의 해석에 근거한다[(필자) 참고로 '무기억성'은 '지수 분포'의 매우 큰 특징으로 이후 설명이 있을 것이다]. 사실 19세기에 집중된 초기 원자 이론들과 결부된 물리학 문헌에 '무기억성'이 때로 등장하는 이유를 Galambos와 Kots(1978)는 물리학 분야의 연구에서 원자들이 '무기억 성질'을 보이기 때문인 것으로 설명한다.

'지수 분포'의 특징에 대한 현재의 연구는 1956년 유럽 지역 수학자들로부터 시작되어 발전해온 것으로 보고 있다. 여기엔 '지수 분포'를 '포아송 프로세스'를 통해 특징지었던 Renyi, 순서 통계학을 통해 특징지었던 Fisz(1958) 및 순서 통계학의 범위와 비율을 통해 특징지었던 Rossberg(1960)가 있다.

또 별개로 Ghurye(1960)와 Teicher(1961)는 't-type 통계량 분포'와 '최대 우도 성질'을 통해 '정규 분포'의 특징을 수정해서 '지수 분포'의 특징들을 유도하였다. 그 이후로 Galambos와 Kotz(1978)의 논문, 그리고 Rao와 Shanbhag(1994)에 의한 최근의 책들은 '지수 분포'가 갖고 있는 특징들을 명료하게 정립함으로써 크게 유명해졌다.

1960년대 들어, '지수 분포'에 대한 중요한 논문이 나왔는데, Zelen과 Dannemiller(1961)는 지수적 가정에 기반 한 추론 과정이 지수적으로 급격한 변화를 보일만큼 크게 민감하다는 것을 증명하였다. 또 하나의 신기원을 이룬

논문에 Feigl과 Zelen(1965)이 있는데, 그들은 인과 관계가 수반된 지수적 생존 확률의 추정에 대해 논의하였다.

['지수 분포'의 '확률 밀도 함수 - $f(t)$']

'지수 분포(Exponential Distribution)'는 '포아송 과정(Poission Process)'과 연계되어 설명되곤 한다. '포아송 과정'은 '주어진 구간에서 발생한 어떤 사건의 발생횟수가 포아송 분포를 따르며, 겹치지 않는 구간에서 그 사건의 발생 횟수가 서로 독립일 때의 확률 과정'이다. 예를 들어, 노트북 화면을 수명 시험하면서 300시간이 지나 화소가 제 기능을 잃는 '흑점'이 3개 발생했다면 '시간당 평균 흑점 발생 수'는 '포아송 분포'를 따르고, 두 번째 흑점의 발생은 첫 번째 흑점의 발생과 동시에 일어나지 않으며 시간 구간별로 서로 연계성 없는 독립된 사건들이다(실제로 '흑점'은 서로 관계없이 무작위로 발생함). 이때 '지수 분포'는 '포아송 과정'에서 일어나는 사건들 사이의 시간을 설명하는 확률 분포이다.

이 같은 '포아송 분포'와의 관련성 때문에 '포아송 분포'의 '모수'를 나타내는 대표적 기호 '람다(λ)'를 동일하게 '모수' 기호로 사용한다['포아송 과정' 으로부터 '지수 분포'의 '누적 분포 함수', '확률 밀도 함수'의 유도는 (식 Ⅰ - 55) 참조].

신뢰성 시험 데이터는 주로 '시간'을 측정하지만 '시간'이 아닌 '공간'에서의 사건들 간 '거리'도 '지수 분포'로 해석할 수 있다. '지수 분포'는 다음 조건을 만족할 때 모형으로서 의미가 생긴다.[71)]

- 'X'가 '0'을 초과하고 사건들 간 '시간', 또는 '거리'를 나타낼 때.

---

71) 'Wikipedia' 영문판, "Exponential Distribution."

- 사건들이 서로 독립일 때. 즉 첫 번째 사건의 발생이 두 번째 사건의 발생 확률에 영향을 미치지 않음.
- 사건들의 발생 비율이 일정할 때. 즉 한 구간에서 시간당 평균 2.5건 발생하는 사건은 다른 시간 구간에서도 시간당 평균 2.5건이 발생함. 만일 시간 구간이 10시간으로 늘어나면 이 구간에서의 사건 발생 빈도는 25건이 되는 식임.
- 두 개의 사건이 정확히 동시에 발생하지 않을 때. 즉 사건들은 연속적으로 일어남.

앞서 설명된 조건들이 모두 만족되면 'X'는 '지수적 확률 변수'가 되고, 그를 설명할 분포는 '지수 분포'가 된다. 그러나 하나라도 만족하지 못하면 '지수 분포'를 사용할 수 없으며, 이 경우 수명 자료를 적합 시키기 위해 '와이블 분포'나 '감마 분포'를 사용한다.

'지수 분포'의 '확률 밀도 함수(pdf)'는 다음과 같이 하나의 'λ'를 갖는다 (미니탭 등 출처에 따라 'λ'대신 '$\lambda = 1/m$'을 써서 '$f(t) = \dfrac{1}{m}e^{-t/m}$'가 활용되기도 한다). '$m$'은 '고장 간 평균 시간'으로 '척도 모수(Scale Parameter)'로 불린다.

$$['지수분포'의\,'확률밀도함수, f(t)] \tag{식 Ⅰ-52}$$

$$f(t) = \lambda e^{-\lambda t} = \frac{1}{m}e^{-t/m} : t, m > 0.$$
$$where,\, 'm'은\,'척도모수',\, '\lambda'는\,'단위 시간당 발생 수'$$

(식 Ⅰ-52)에서 'λ'는 '비율'인데, 예를 들어 '단위 시간당 (사건) 발생 수' 이다. 'λ'는 '단위당 평균 발생 수'이므로 상황에 따라 'Event Rate', 'Rate

'Parameter', 'Arrival Rate', 'Death Rate', 'Failure Rate', 'Transition Rate' 등 다양한 명칭으로 불린다.

(식 Ⅰ-52)의 '평균(Mean)'은 어떻게 구하고 어떤 의미를 가질까? 분포로부터 '평균'을 얻는 과정은 한참 이전에 설명했던 'MTTF' 계산의 (식 Ⅰ-15)를 참고하자. 이전 분포들이 적분의 어려움으로 설명에서 제외됐던 것과 달리 '지수 분포'에 대해서는 다음과 같이 그 '평균' 계산이 가능하다.

$$
\begin{aligned}
E(t) &= \int_0^\infty \left[x \cdot \left(\lambda e^{-\lambda x} \right) \right] dx \quad ; \lambda x = t \, \text{로 하면,} \; \lambda dx = dt. \qquad \text{(식 Ⅰ-53)} \\
&= \int_0^\infty t e^{-t} \cdot \left(\frac{1}{\lambda} dt \right) \\
&= \frac{1}{\lambda} \left[-e^{-t}(t+1) \right]_0^\infty \\
&= \frac{1}{\lambda} \left[0 - (-1) \right] \\
&= \frac{1}{\lambda} = m
\end{aligned}
$$

(식 Ⅰ-53)을 통해, 만일 단위 시간당 사건의 발생 건수가 'λ'이면, 발생된 사건들 사이의 평균(시간)은 '$1/\lambda = m$'임을 알 수 있다. '발생률과 시간'이 하나의 'λ'로 연결되어 있다. 예를 들어, '$\lambda = 3$'은 '단위 시간당 3회 발생'하고 있음을 나타내며, 이때의 사건들 간 평균 시간은 '$1/3 \cong 0.33$시간'임을 알 수 있다. '1시간에 3회'이므로 '1개'가 발생되는 데는 당연히 '1/3시간'이 소요된다. '$\lambda = 0.5$'이면 사건들 간 평균 시간은 '$2(=1/0.5)$'가 된다.

다음 [표 Ⅰ-17]은 한 제트 비행기 내 에어컨 시스템의 연속된 고장들 간 시간을 수집한 데이터이다('Wikipedia' 영문판).

수명(t)	(hrs)				
23	14	246	12	71	90
261	62	21	120	11	1
87	47	42	11	14	16
7	225	20	3	11	52
120	71	5	14	16	95

[표 Ⅰ-17]의 '수명 자료'를 이용해 '지수 분포 곡선'을 그려보자. '히스토그램'과 '지수 분포 곡선'을 함께 관찰하기 위해 미니탭의 「그래프(G) > 히스토그램(H)...」에서 '적합선 표시'/(단추) '데이터 보기'/탭 '분포」 기능을 활용하였다. 적합선은 '지수 분포'를 지정했으며 결과는 다음 [그림 Ⅰ-62]와 같다.

[그림 Ⅰ-62] '제트 비행기 에어컨'의 '수명 분석(지수 분포) 예

미니탭「그래프(G)>히스토그램(H)..., 적합선 표시/ (단추)데이터 보기/ (탭)분포/ 지수 분포」

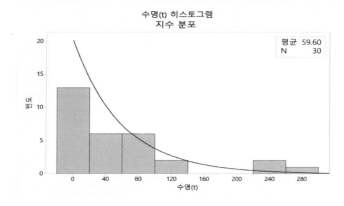

[그림 Ⅰ-62]는 '우변 기운 분포'이며, '모수'인 'λ'는 '시간당 평균 고장 발

생 건수'이므로 다음과 같이 얻어진다.

$$\bigcirc \lambda = \frac{30\,\text{회 고장}}{(23+261+87+\ldots+52+95)hrs} \qquad \text{(식 I-54)}$$

$$= \frac{30\,\text{회 고장}}{1,788hrs}$$

$$\cong 0.01678\,\text{회}/hrs.$$

$$\bigcirc \text{평균} = m = \frac{1}{\lambda} = \frac{1}{0.01678(\text{회}/hrs)}$$

$$\cong 59.6\,hrs/\text{회}.$$

(식 I-54)에서 '에어컨 고장'은 '시간당 0.01678회' 발생하고 있으며, 다음 고장까지는 '평균(m) = 59.6시간', 즉 '평균 약 60시간' 작동하고 고장이 반복되는 시스템으로 볼 수 있다. 다음 [그림 I-63]은 'λ'에 따른 '지수 분포 곡선'을 나타낸 것이다('Wikipedia' 영문판, "Exponential Distribution").

[그림 I-63] 'λ'에 따른 '지수 분포 곡선'

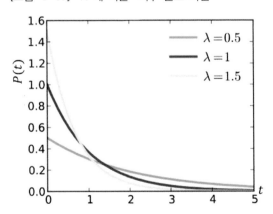

[그림 Ⅰ-63]에서 '지수 분포 곡선'은 모두 'y-축'에서 시작되며, 'λ'가 커질수록 시작 값도 높아진다. 참고로 'λ'가 커지면 (식 Ⅰ-53)과 (식 Ⅰ-54)의 예와 같이 '사건들 간 시간'은 줄어든다.

['지수 분포'의 '누적 분포 함수 -$F(t)$', '위험 함수 -$h(t)$']

'누적 분포 함수[$F(t)$]'는 '사건들 사이의 시간이 특정 시간 t 이하가 될 확률'을, '위험(또는 순간 고장률) 함수[$h(t)$]'는 특정 시점 직후 순간적으로 고장 날 확률 계산에 쓰이며 다음의 식으로 표현된다.

$$
\begin{aligned}
&\text{고장이 '단위 시간 당} \lambda \text{회' 발생할 경우,} \qquad\qquad\qquad (\text{식 Ⅰ-55})\\
&t \text{시간 동안엔 '평균} \lambda t \text{회' 발생} \rightarrow \text{'평균} \lambda t \text{'인 '포아송 분포'}
\end{aligned}
$$

['포아송 분포'의 '확률 질량 함수']
$$P(x) = \frac{(\lambda t)^x}{x!} e^{-\lambda t} \; ; x = 0, 1, 2, 3\dots$$

이때, $P(x=0)$, 즉 '$P(x=0) = \frac{(\lambda t)^0}{0!} e^{-\lambda t} = e^{-\lambda t}$'의 해석은,
1) t 동안 평균 'λt회' 고장이 나야함에도 한 개도 없을 확률.
2) 첫 고장의 경우, t 시점까지 고장이 없으므로 '신뢰도'에 대응
   $P(x=0) = P(T > t) = R(t) = e^{-\lambda t}$.
   : 'T'는 확률변수로 '첫 고장까지의 소요시간'

['지수 분포'의 '신뢰도(생존) 함수', '누적 분포함수]
○ $R(t) = e^{-\lambda t}$
○ $F(t) = 1 - R(t) = 1 - e^{-\lambda t}$

(식 Ⅰ-55)에서 '누적 분포 함수[$F(t)$]'는 '$1 - R(t)$'를 통해 얻어지며, '누적 분포 함수[$F(t)$]'를 미분하면 '지수 분포'의 '확률 밀도 함수[$f(t)$]'인 (식 Ⅰ-52)를 얻는다. 따라서 '위험 함수[$h(t)$]'는 다음과 같다.

○ '지수 분포'의 '위험 함수, $h(t)$' (식 Ⅰ-56)

$$h(t) = \frac{f(t)}{R(t)} = \frac{f(t)}{1-F(t)} = \frac{\lambda e^{-\lambda t}}{e^{-\lambda t}} = \lambda \,(일정)$$

(식 Ⅰ-56)으로부터 '지수 분포'의 '위험 함수'는 항상 'λ'로 '일정(Constant)' 하다는 것도 알 수 있다. 즉 '특징 시점 직후 고장이 날 가능성은 어느 시점 이나 동일하다'는 뜻이다. 다음 [그림 Ⅰ-64]는 '지수 분포[$f(t)$]'와 '누적 분 포 함수[$F(t)$]', '위험 함수' 간 관계를 나타낸 그래프이다.

[그림 Ⅰ-64] '지수 분포(pdf)'와 '누적 분포 함수(cdf)', '위험 함수'

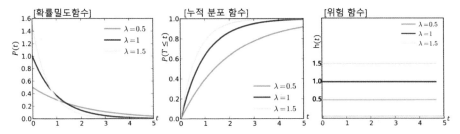

[그림 Ⅰ-64]의 맨 왼쪽은 '지수 분포'가 '모수(λ)' 한 개만을 갖고 있으므 로 그 크기에 따라 패턴의 차이를 보인다. 예를 들어 'λ'가 클수록 'y-축'상 시작 지점이 높은 반면, 'x-축'에 근접하는 시점은 빨라진다. 반대로, 'λ'가 작을수록 'y-축'상 시작 지점은 낮은 반면, 'x-축'상 근접 시점은 늦어진다.

[그림 Ⅰ-64]의 중간 그래프는 '누적 분포 함수'로 'λ'가 클수록 '1.0'에 빠 르게 도달되며, 작을수록 완만하게 도달한다. '수명' 특성 관점에서는 'λ'가 클수록 동일 시간 시점 때 '누적 고장률'이 높으므로 반대인 '신뢰도' 측면에 선 불리하다. 이것은 (식 Ⅰ-54)를 통해서도 쉽게 유추할 수 있다.

[그림 Ⅰ-64]의 맨 오른쪽 그래프는 '위험률 곡선'으로 'λ'가 결정되면 시

간에 따른 위험률은 일정한 '상수' 값이 되며, 'λ'가 클수록 'h(t)' 값 역시 더 높은 위치에 있음도 알 수 있다. 다음 [그림 Ⅰ-65]는 [표 Ⅰ-17]을 미니탭으로 얻은 결과이다.

[그림 Ⅰ-65] '지수 분포'의 '신뢰도 곡선', '위험률 곡선'

미니탭 『통계분석(S)>신뢰성/생존분석(L)>분포분석(우측관측중단)(D)>분포 개관 그림(O)...』

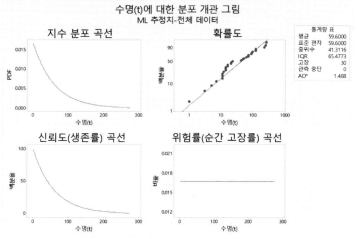

[그림 Ⅰ-65]에서 '확률도'는 '지수 분포 확률지'에 잘 적합하고 있고, '신뢰도 곡선'은 [그림 Ⅰ-64]의 '누적 분포 곡선'과 반대 패턴을 보이므로 결과적으론 '확률 밀도 함수'와 유사한 경향을 보인다. 특히 '위험률 곡선'의 경우 (식 Ⅰ-54)에 따라 전체 구간에서 일정한 'λ=0.01678'의 상수 값으로 관찰된다. '위험률 곡선'의 일정한 패턴은 [그림 Ⅰ-8]과 [그림 Ⅰ-9]에서 설명한 '욕조 곡선(Bathtub Curve)' 중 '우발 고장 기간(또는 CFR)'에 해당한다. 따라서 본 '수명 자료'의 모든 해석과 대책은 그의 안내에 따라 이루어진다.

['지수 분포'의 수명 분석 대상 아이템 - 무기억성 포함]

'지수 분포'는 어떤 상황에 쓰일까? '사건들 사이의 시간 또는 거리'를 대상으로 모형화를 꾀할 때 유용하게 쓰인다. 예를 들면 다음의 상황들에 적용된다.[72]

- 월드컵 축구 경기에서 골들 사이의 시간
- 지원 센터로 걸려오는 전화들 사이의 시간
- 지구로 떨어지는 1m 이상의 유성들 사이의 시간
- 기계의 연속된 고장들 사이의 시간
- 전이성 암 환자가 진단부터 죽음에 이를 때까지의 시간
- 파이프라인에서 연속적으로 파열된 부위들 간 거리

또 다른 문헌에서 '지수 분포'의 직접적인 용도를 잘 설명하고 있는데,[73] 「MIL-HDBK-217」과 같이 '전자 장비의 신뢰도 예측'에 '지수 분포'만 사용한 예가 그것이다. 이 경우 '포아송 과정'으로 설명되는, 즉 '고장률'이 일정한 상황들이 포함된다. '지수 분포'는 다음의 상황에 적용된다.

- '순간 고장률'이 사용 기간에 따라 크게 변하지 않는 아이템
- 중복 설계가 과도하지 않으면서 복잡하지만 수리 가능한 장비
- 적절한 기간 동안 'Burn-in'으로 '초기 고장(결점)'들을 제거한 장비

아무래도 'MIL-STD'의 내용이 군수 장비를 대상으로 하기 때문에 제품에 대한 용도를 좀 더 명확하게 표현하고 있다. '지수 분포'를 쓸 때의 장점에 대

---

72) 영문판 'Wikipedia', "Exponential Distribution."
73) MIL-HDBK-338B, 「Electronic Reliability Design Handbook」.

해서는 다음과 같이 기술하고 있다.

1) '모수'가 한 개이고, 추정도 쉽다.
2) 수학적으로 처리가 매우 쉽다 - 미분, 적분의 용이함 등.
3) 응용 범위가 매우 넓다 - 축구 골 상황부터 전자 장비 수명까지 등.
4) 독립된 많은 '지수 분포'의 '모수'들 합 역시 '지수 분포'한다 - 지수 곱.

'지수 분포'의 여러 특징들 중 가장 두드러진 사항이 '무기억성'이다. '망각 성질'로도 불리며, 영문으로 'Lack of Memory', 'Memoryless Property', 'Loss-of-memory Property', 'Forgetfulness' 등 여러 명칭이 쓰인다. 다음 [그림 Ⅰ-66]은 '지수 분포'의 '무기억성'을 설명하기 위한 그래프이다.

[그림 Ⅰ-66] '지수 분포'의 '무기억성'

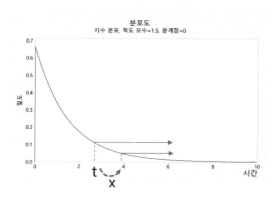

[그림 Ⅰ-66]에서 이 아이템의 수명이 't'에 이르렀을 때 고장 나지 않을 확률은 '$P(X > t)$, 또는 $R(t)$'이다. 만약 실제 고장 나지 않은 조건하에서 이 후 'x'시간 동안 고장 나지 않을 확률은 '조건부 확률'로 나타낼 수 있다.

['t'까지 고장 나지 않을 확률]   (식 Ⅰ-57)
$$P(T > t) = R(t) = e^{-\lambda t}$$

['t'까지 고장 나지 않은 아이템이 'x'시간 후 고장날 확률]
$$P(T > t+x \mid T > t) = \frac{P[(T > t+x) \cap (T > t)]}{P(T > t)}$$
$$\therefore \begin{bmatrix} \text{분자 : (그림 } I-66)\text{에서 교집합은 } (T > t+x) \\ \text{분모 : 신뢰도 } R(t) \end{bmatrix}$$

$$= \frac{P[(T > t+x)]}{P(T > t)}$$
$$= \frac{e^{-\lambda(t+x)}}{e^{-\lambda t}}$$
$$= e^{-\lambda x} = P(T > t)$$

(식 Ⅰ-57)은 '지수 분포'의 '무기억성' 특징을 보여준다. 즉 't'까지 고장 나지 않은 아이템$[P(T > t)]$이 'x'만큼 시간이 지난 뒤 고장 날 확률 $[P(T > t+x \mid T > t)]$은 'x' 이전인 '$[P(T > t)]$'와 같다. 이것은 'x'만큼 시간이 지났음에도 수명에는 전혀 영향을 미치지 않는다는 것이며, '기억을 못한다.'로 표현하는 이유다.

'무기억성'은 한 아이템이 '지수 분포'를 따르는 상황하에서 관찰 시점에 아이템이 고장나있지 않으면 그 이후 어느 시점에서 다시 관찰하더라도 새것 같은 아이템으로 볼 수 있다는 뜻이다. 좀 더 구체적인 예로 1시간 동안 고장 나지 않은 아이템과 2,000시간 동안 고장 나지 아이템은 수명이 '지수 분포'로 설명되는 한 모두 새것 같은 아이템으로 간주된다. 물론 아이템이 시간에 따라 열화나 마모 등의 기능 저하 과정을 겪는다면 '로그 정규 분포' 등이 해석에 적합하다. 그러나 전자 부품 등은 상당 기간 물리적으로 안정된 상태를 유지하므로 '위험률(또는 순간 고장률)'이 일정한 패턴을 보이고, 따라서 '지수 분포'의 해석이 잘 적용된다.

전자 시스템의 경우 개개의 부품에 대한 고장 시간의 분포(수명 분포)는 일 반적으로 '지수 분포'를 따른다고 알려져 있다. 'Drenick의 정리(Drenick's Theorem)'에 따르면 개개 부품의 수명 분포가 설사 '지수 분포'를 따르지 않 더라도 시스템의 수명 분포는 비교적 넓은 조건하에서 근사적으로 '지수 분 포'가 된다고 알려져 있다. 이 같은 원리가 맞는다면 복잡한 전자 장비의 수 명 해석을 위한 분석적 접근이 가능하다. 이어지는 본문은 'Drenick의 정리 (Drenick's Theorem)'를 설명한다.[74]

'Drenick's 정리'는, Drenick이 1960년에 발표한 그의 논문에 근거한다. 많 은 수의 하위 부품들로 구성된 시스템이, 만일 특정 전제 조건하에 놓여 있다 면 설령 하위 부품들이 '지수 분포'를 따르지 않더라도 해당 시스템은 지수 함수적 경향이 있음을 증명하였다. 이 내용을 다시 쓰면 전체 시스템의 수명 은 지수 함수적으로 명백히 해석되기 때문에 하위 부품들의 고장 분포를 굳이 파악하지 않아도 된다는 뜻이다. 실제 대부분의 시스템들은 많은 수의 하위 부품들로 이루어져 있기 때문에 'Drenick의 정리'는 신뢰성 연구에 있어서 훌 륭한 신의 선물로 받아들여진다. 덧붙여 이 정리는 Kececioglu가 제시한 다음 과 같은 제약 조건을 통해 그 유용성이 검증되고 있다.[75]

1) 하위 부품들의 연결은 직렬 구조이다.
2) 하위 부품들의 고장은 서로 독립적이다.
3) 고장 난 하위 부품들은 즉각 교체된다.
4) 대체품은 똑같아야 한다.

---

74) (출처) Kenneth E. Murphy 외 (2002), 「The Exponential Distribution: the Good, the Bad and the Ugly. A Practical Guide to its Implementation」, IEEE 2002 RAMS Conference, p.2.
(원문) R. F. Drenick, The Failure Law of Complex Equipment, The Journal of the Society for Industrial Applications of Mathematics, December 1960, Vol8, No. 4, pp.680~689.
75) Dimitri Kececioglu, Reliability Engineering Handbook Vol II, PTR Prentice Hall, New Jersey, 1991, pp.341~349.

만일 상기 네 개의 조건들이 모두 만족된다면, 하위 부품들의 수와 작동 시간이 무한대에 근접할 때, 하위 부품들의 고장 분포 성향과는 무관하게 시스템의 고장들은 '지수 함수' 분포를 따른다.

수명 자료 분석을 처음 경험하게 되면 개별 부품들의 수명 분석에는 점점 익숙해지는 반면 부품들의 집합체인 시스템의 수명은 어떻게 해석할 것인지 난감해하곤 한다. 시스템의 수명 해석은 본문의 범위를 넘어서므로 관심 있는 독자는 관련 자료를 참고하기 바란다.

['지수 분포'의 신뢰성 분석 예]

(상황) 시험 업무에 연속적으로 작동시키며 사용 중인 컴퓨터가 있다. 이 컴퓨터는 17일마다 오류가 나는 일정한 고장률을 보인다. 이때 시험을 5시간 동안 수행할 수 있기 위한 컴퓨터의 '신뢰도'와, 5시간 동안 컴퓨터를 작동한 후의 '위험률'은 얼마인가?(「MIL-HDBK-338B」,p100).

(풀이) 주어진 상황에서 '단위 시간당 오류 건수', 즉 'λ'와 5시간 사용 시점에서의 '신뢰도[$R(t)$]'는 다음과 같다.

$$\text{[고장 간 평균 시간}(MTTF)] \qquad\qquad (\text{식 } \text{I}\text{-}58)$$
$$MTTF = 17\text{일} \times 24\text{시간/일} = 408\text{시간}$$

$$\text{이때, '}\lambda\text{'는 '단위 시간 당 오류 건수'이므로,}$$
$$\therefore \lambda = \frac{1\text{회 고장}}{408\text{시간}} \cong 0.0025\text{고장}/hr$$

$$\Rightarrow R(5) = e^{-\lambda t} = e^{-0.0025 * 5} = e^{-0.0125} \cong 0.99$$

(식 I-58)에 따르면 '신뢰도 = 0.99'는 5시간 사용에서는 오류 가능성이 1% 내외임을 알 수 있다. 다음은 '위험률'을 계산한 결과이다.

$$h(t) = \frac{f(t)}{R(t)} = \frac{\lambda e^{-\lambda t}}{e^{-\lambda t}} = \lambda \cong 0.0025 \, 고장/hr \qquad (식 \ \mathrm{I}\text{-}59)$$

(식 Ⅰ-59)를 통해 사용 시점에 관계없이 5시간 직후 순간적으로 고장 날 가능성은 'λ'와 같은 '0.0025 고장/hr'임을 알 수 있다.

지금까지 현업에서 가장 사용 빈도가 높은 '확률 밀도 함수(pdf)'인 '정규 분포', '로그 정규 분포', '와이블 분포' 및 '지수 분포'에 대해 알아보았다. 물론 이외에도 '최소 극단 값 분포', '로지스틱 분포' 등이 있으나 본문에 소개한 분포들을 섭렵한 뒤 필요에 따라 별도 학습해도 큰 지장은 없다. 다음 [표 Ⅰ-18]은 학습했던 분포별 '확률 밀도 함수(pdf)'와 '누적 분포 함수(cdf)' 및 '모수(Parameter)'를 정리한 표이다.

[표 Ⅰ-18] '확률 분포 함수'와 '모수(Parameter)'들 요약

분포	확률밀도함수(pdf)	누적분포함수(cdf)	모수(Parameter) 척도 모수	모수(Parameter) 형상 모수
정규 분포	$\dfrac{1}{\sqrt{2\pi}\,\sigma}e^{-\frac{1}{2}\left|\frac{(t-\mu)^2}{\sigma^2}\right|}$	$\displaystyle\int_{-\infty}^{t}\left[\dfrac{1}{\sqrt{2\pi}\,\sigma}e^{-\frac{1}{2}\left|\frac{(x-\mu)^2}{\sigma^2}\right|}\right]dx$	σ	μ (위치 모수)
로그 정규 분포	$\dfrac{1}{\sqrt{2\pi}\,\sigma t}e^{-\frac{1}{2}\left|\frac{(\ln t-\mu)^2}{\sigma^2}\right|}$	$\displaystyle\int_{-\infty}^{t}\left[\dfrac{1}{\sqrt{2\pi}\,\sigma t}e^{-\frac{1}{2}\left|\frac{(\ln x-\mu)^2}{\sigma^2}\right|}\right]dx$	σ	μ (위치 모수)
와이블 분포	$\dfrac{\beta}{\alpha}\left(\dfrac{t}{\alpha}\right)^{\beta-1}e^{-\left(\frac{t}{\alpha}\right)^\nu}$	$1-e^{-\left(\frac{t}{\alpha}\right)^\nu}$	α	β
지수 분포	$\lambda e^{-\lambda t} = \dfrac{1}{m}e^{-t/m}$	$1-e^{-\lambda t}$	m	—

[표 Ⅰ-18]에서 '로그 정규 분포'의 '모수' 명칭은 미니탭 표기를 따랐고, 따라서 '형상 모수'는 '와이블 분포'의 'β'만이 해당된다. 'μ'는 모두 '위치 모수'로 불린다.

6. '확률지'를 이용한 도시적 분석

　　　　　　　　　　　본 단원을 본문에 포함시킬지 여부를 두고 사
실 적어나가는 이 순간 직전까지도 고민에 고민을 거듭했다. '확률지'를 이용
해 함수를 평가한다는 것이 빨리 결과를 보고 싶어 하는 기업 내 모든 과제
리더들의 실정에 맞지 않을뿐더러, 미니탭 등 통계 패키지들의 도움으로 1초
내에 답을 얻을 수 있기 때문이다. 사실 결과만 놓고 보면 모두 맞는 말이지
만 본 책이 '신뢰성 기초 지식의 전달'이라는 애초 취지를 생각해보면 '확률지
를 기반 한 해석'을 포기할 수 없단 결론에 이르렀다. '신뢰성'이 연구나 기술
업무에 꼭 필요함에도 어려운 학문이란 인식으로 기피하는 현상이 역력한 상
황에서 신뢰성에서 기본 중의 기본인 '확률 밀도 함수(pdf)'를 해체해 하나하
나 뜯어 볼 기회를 아예 포기하는 일은 너무 아깝다는 생각이 들었다.

　'확률지(Probability Paper)'란 '확률 계산을 그림으로 하기 위해 고안된 그
래프용지'이다. 실험실이나 고객사로부터 '수명 자료'를 수집했을 때 제일 먼
저 알아볼 사항이 데이터를 설명할 '확률 밀도 함수'를 찾는 일이라고 하였다.
또 '확률 밀도 함수'를 찾으면 그 함수 속에 포함된 '모수'들을 '수명 자료'로
부터 추정해야 하는데 이 두 가지 중요 작업을 바로 '확률지'를 통해 이룰 수
있다. 사실 지금이야 통계 패키지를 이용해 1초 내에 결과를 볼 수 있지만 컴
퓨팅 기술이 발달하지 않았던 1900년대 초에는 '확률지'를 이용한 방법은 어
찌 보면 매우 진보적이고 쉽게 접할 수 있는 유일무이한 대안이었음에 틀림없
다. 따라서 당시 수작업으로 이루어진 과정을 현재의 우리가 답습하면 통계
패키지 속에서 돌아가는 과정을 어느 정도 이해할 수 있고 이 같은 경험은
'확률 밀도 함수'에 조금 더 친숙해지는 계기가 될 수 있다. 설명된 긍정적인
면을 고려할 때 신뢰성 기초 지식을 튼튼히 하는데 충분한 기여를 할 것으로

기대된다.

'도시 공식(Plotting Positions Formulae)'은 수집된 '수명 자료'를 '확률지'에 어떻게 타점시키는지를 알려주는 식이다. 또 '확률지'는 각 '확률 밀도 함수'별로 전용 용지가 마련되어 있다. 따라서 '수명 자료'가 어느 분포를 따를지 미리 유추해서 해당 '확률지'에 '도시 공식'에 의한 '좌표 점'을 산정해 타점하고, 만일 패턴이 '직선'으로 나타나면 '수명 자료'는 해당 분포를 따른다고 판단한다. '확률 밀도 함수'를 찾아내는 '도시 공식'은 '신뢰성 분야'와 거리가 있어 보이는 '수문통계학(水文統計學, Hydrological Statistics)'에서 생겨났다. '수문(水文)'이란 '지구상의 물을 연구하는 학문'인데, 1900년대 초 미국에서 '홍수의 빈도'를 연구하는 데서 비롯되었다.

처음으로 홍수의 빈도 분석을 통계적으로 시도한 공식적 기록은 1914년 미국의 Fuller가 발표한 논문 「Flood Flows(홍수 유출)」에서다.[76] 논문에는 "현장 평가를 위해 도시를 사용"했다거나 "수량 유출과, 통계적으로 산출된 홍수 발생 기간인 '재현 기간' 간 최초의 관계식을 정립"하고 있다. 이후 Fuller의 논문 토론 과정에 Hazen은 최초의 '확률지' 개념을 제안했고, 최대 유량의 모델링에 '로그 정규 분포' 적용을 주장했다. '확률지'가 어떻게 작동하는지 현재 개념에서 원리를 소개하면 다음 [그림 Ⅰ-67]과 같다.[77]

---

76) Fuller, W.E., 1914, Flood flows: American Society of Civil Engineers Transactions, v. 77, no. 1293, pp.564~617.
77) Prof. P. P. Mujumdar, 「Stochastic Hydrology, Lecture No.# 27, Probability Plotting -Ⅱ」, Department of Civil Engineering, Indian Institute of Science, Bangalore.

[그림 Ⅰ-67] '확률지' 구성 원리

[확률지 구성 원리]

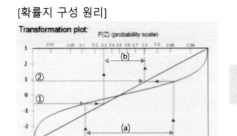

[정규 분포 확률지]

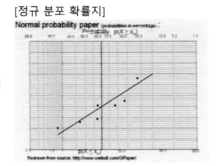

[그림 Ⅰ-67]의 왼쪽 그래프에서 곡선은 [그림 Ⅰ-41]에서 설명했던 '정규 분포'의 '누적 분포 곡선(S-곡선)'으로 'x-축'을 '가로'에서 '세로'로 바꿨기 때문에 'S-곡선'이 뒤집혀 나타나 보인다. 먼저 왼쪽 그림의 '①'은 '$x = -0.5$'로 그에 대응하는 '누적 확률 값'은 'S-곡선'에서 '약 0.3(아래 가로 축 눈금)'이다. 이때 'S-곡선'을 '직선'으로 마치 철사를 변형하듯 펼치면 '$x = -0.5$'에 대응하는 '직선(대각선)' 상의 '누적 확률 값'이 존재하며, 애초의 'S-곡선'과 동일한 '약 0.3'을 갖기 위해서는 상단 눈금 간격을 불균일하게 조정해야 한다(위쪽 가로 축 눈금). 동일하게 '②'의 '$x = 1$'에 대응하는 '누적 확률 값'은 'S-곡선'에서 '약 0.8(아래 가로 축 눈금)'로 이를 직선(대각선) 위의 값으로 전환하면 상단 가로 축 눈금 조정을 통해 가능하다(위쪽 가로 축 눈금). 결국 'S-곡선'상의 모든 값들은 '직선'상 값으로 '일대일' 대응시킬 수 있다. 이때 대응점을 찾는 방법은 '정규 분포(실제는 표준 정규 분포)'로부터 얻어진 눈금(아래 가로축)들을 확률 값 눈금으로 변수 변환을 통해 이루어진다(위쪽 가로축).

[그림 Ⅰ-67]에서 'S-곡선'에 표시된 범위 '(a)'는 '직선'상 범위 '(b)'로 눈금의 축소 조정이 일어나며, 이를 반영한 최종 산출물이 [그림 Ⅰ-67]의 오른

쪽 그래프인 '정규 분포'의 전용 '확률지'이다. '정규 분포'의 '확률 밀도 함수'에 'e'가 포함되어 곡선으로 나타나는 현상을 '확률지'의 눈금 간 간격 조정을 통해 재표현한 것이다. 같은 개념으로 '로그 정규 분포', '와이블 분포', '지수 분포'들의 특성들을 반영해 각각의 전용 '확률지' 제작이 가능하다. 다음 [그림 Ⅰ-68]은 각 '확률 밀도 함수'별 '확률지'를 나타낸다.

[그림 Ⅰ-68] '확률 밀도 함수'별 '확률지' 예

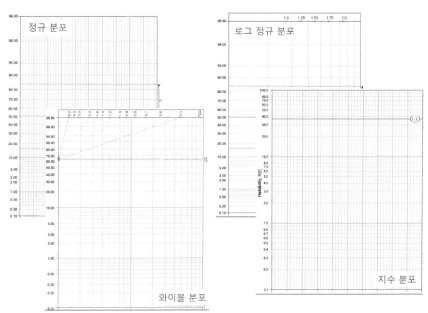

'확률지'가 존재하면 그 위에 '수명 자료'를 어떻게 타점하는지를 결정하는 것이 '도시 공식(Plotting Position Formula)'이라고 한 바 있다. '도시 공식'의 개발이 처음 이루어진 예는 1923년 캘리포니아 개울의 흐름 자료를 처음 도시한 'i/n'이며, 지역의 이름을 따 'California Method'로 알려져 있다. 'i'는

'수명 자료'를 작은 수부터 큰 수로 정렬했을 때 '가장 작은 수부터의 위치'이고, 'n'은 '표본 크기'이다. Hazen은 1930년 '홍수 유출(Flood Flows)'과 관련해 '$(i-0.5)/n$'를 제안하였다. 1939년엔 와이블이 '$i/(n+1)$'를, 다음해인 1940년엔 USGS(미국 지질 조사국)가 와이블의 도시 공식을 적용해 'Gumbel의 확률지'에 '연 최대 유량'을 표시하였다. 1943년 Beard는 '중앙값(Median) 도시법'인 '$(i-0.31)/(n+0.38)$', 이후 1955년 Chegodajew, 1962년 Tukey 등 연 최대 유량과 같은 지표 표현법을 발표하였다. 다음 [표 I-19], [표 I-20]은 지금까지 개발된 '도시 공식'들을 정리한 예이다.[78]

[표 I-19] '도시 공식'의 유형

기본 식	\multicolumn{9}{c}{$F(t_i) = \dfrac{i-a}{n+1-2a}$}
명칭	a	적용 분포	공식	명칭	a	적용 분포	공식
Hazen(1930)	1/2	Gumbel I	$\dfrac{i-0.5}{n}$	Blom(1958)	3/8	Normal	$\dfrac{i-3/8}{n+1/4}$
Foster(1936) (누적 분포법)	1/2	Gumbel I	$\dfrac{i-0.5}{n}$	Tukey(1962)	1/3	Normal	$\dfrac{i-1/3}{n+1/3}$
Weibull(1939) (평균 순위법)	0	Uniform	$\dfrac{i}{n+1}$	Grigorton(1963)	0.44	Gumbel I	$\dfrac{i-0.44}{n+0.12}$
Beard(1943)	0.31	Normal	$\dfrac{i-0.31}{n+0.38}$	Cunnane	0.4	모든 분포	$\dfrac{i-0.4}{n+0.2}$
Chegodajew(1955) (중앙값 순위법)	0.3	Pearson III	$\dfrac{i-0.3}{n+0.4}$	Adamowski(1981)	0.25	모든 분포	$\dfrac{i-0.25}{n+0.5}$
\multicolumn{9}{l}{○ 'i'는 작은 값부터 큰 값까지 정렬했을 때의 순서}

---

78) Hsien-Kuo Chang, 「A discussion on the plotting position formula for Gumbel distribution」, p.4.

[표 Ⅰ-20] '도시 공식'의 유형

기본 식			$F(t_i) = \dfrac{i-a}{n+b}$	
명칭	a	b	적용 분포	공식
California(1923)	0	0	–	$\dfrac{i}{n}$
Hosking(1990)	0.35	0	3-모수 분포	$\dfrac{i-0.35}{n}$
Yu & Huang(1999)	0.399	0.203	Normal	$\dfrac{i-0.399}{n+0.203}$
Yu & Huang(1999)	0.349	0.401	Rayleigh	$\dfrac{i-0.401}{n+0.349}$
De(2000)	0.28	0.28	Gumbel I	$\dfrac{i-0.28}{n+0.28}$
○ 'i'는 작은 값부터 큰 값까지 정렬했을 때의 순서				

[표 Ⅰ-19], [표 Ⅰ-20]은 '기본 식'에 차이가 있으며, 여러 공식들을 모두 모아놓은 이유는 '수명 자료'에 분포를 적합 시킬 때 보통 한두 개로 정해지기보다 여러 고민 과정을 거쳐 결정된다는 것을 알리기 위함이다. '수명 자료'를 가장 잘 설명하는 타점 법(도시 공식)을 찾는 것도 중요한 연구 테마임을 알 수 있다.

일반적으로 자주 활용되는 공식은 [표 Ⅰ-19]의 'Forster(1936)', 'Weibull(1939)', 'Chegodajew(1955)' 등이다(굵게 강조함). 그러나 본인의 자료를 더 잘 설명할 수 있는 다른 공식들이 있다면 시도해 볼 만하다. 공식들 간 적용성에 대한 연구 자료는 별도의 자료를 참고하기 바란다.

6.2. '정규 분포'의 도시적 분석

사용 빈도가 가장 높은 '확률 밀도 함수'에 '정규 분포'가 있다. 대부분의 아이템은 설계 목표치를 달성하기 위해 모든 공정이 세팅되어 있으므로 목표치에 근접한 대다수 값들과, 그에 조금 못 미치는 일부 값들, 그리고 목표치를 조금 넘어선 값들의 모임이 곧 좌우대칭 종 모양 분포를 형성한다. 만일 수집된 '수명 자료'가 [표 Ⅰ-21]과 같다고 하자. 이때 값들이 '정규 분포'를 따르는지 확인하고 '정규 분포'이면 함수 속 두 개 모수인 '$\hat{\mu}$'와 '$\hat{\sigma}$'를 얻어 '모평균'과 '모 표준 편차'를 추정해보자. 각 '모수' 위의 '$\hat{}$' 표시는 '모수'를 표본 데이터로부터 '추정'한다는 의미이며 'hat'로 읽는다. '모집단'의 '평균'과 '표준 편차'를 직접 알기는 어렵기 때문에 추정을 하게 되며, 일반적으로 '$\hat{\mu} = \bar{x}$'와 '$\hat{\sigma} = s$'로 표기한다.

[표 Ⅰ-21] 수집된 '수명 자료' 예

수명(t)	모평균(μ)=170, 모 표준 편차(σ)=20, (hrs)			
159	154	175	167	152
188	182	179	138	180

[표 Ⅰ-21]은 편의상 미니탭 「계산(C) > 랜덤 데이터(R) > 정규 분포(N)...」의 '$N(170, 20^2)$'으로부터 표본 '10개'를 무작위 추출한 것이다. 우선 이들이 '정규 분포'를 따르는지 확인하기 위해 [그림 Ⅰ-68]에서 소개한 '확률지'들 중 '정규 분포'용을 가져다 [표 Ⅰ-21]의 데이터를 타점해보자. 그 전에 '$F(t_i)$'를 얻기 위해 [표 Ⅰ-21]을 작은 수부터 정렬한 뒤, [표 Ⅰ-19]의 'Hazen(또는 Forster) 공식'을 적용한다. 결과는 다음 [표 Ⅰ-22]와 같다.

i	1	2	3	4	5	6	7	8	9	10
t_i(hrs)	138	152	154	159	167	175	179	180	182	188
$F(t_i)$	5.0	15.0	25.0	35.0	45.0	55.0	65.0	75.0	85.0	95.0
Foster 공식				$F(t_i) = \dfrac{i-0.5}{n} \times 100$; 확률지 세로축이 '%'이므로 '100'을 곱함.						

[표 Ⅰ-22]의 각 '$(t_i, F(t_i))$'를 좌표 점으로 '정규 분포 확률지'에 타점한다. 다음 [그림 Ⅰ-69]와 같다.

[그림 Ⅰ-69] '정규 분포 확률지'의 타점과, 미니탭 결과 비교

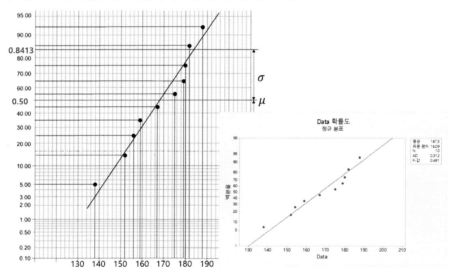

[그림 Ⅰ-69]의 '확률지' 내 직선은 타점들을 중심으로 적정하게 그었으며, 점들 및 직선의 패턴이 미니탭 결과와 매우 유사하다는 것을 알 수 있다. 직

선 주변에 타점들이 분포하므로 외형상 '수명 자료'는 '정규 분포'를 따르는 것으로 판단한다. 이제 남은 것은 '모수'들을 추정하는 일인데, 이 작업을 위해서는 '표준 정규 분포'의 이해와 간단한 수학적 논리가 요구된다. 우선 다음 [그림 Ⅰ-70]을 보자.

[그림 Ⅰ-70] '모수'를 추정하기 위한 기본 원리

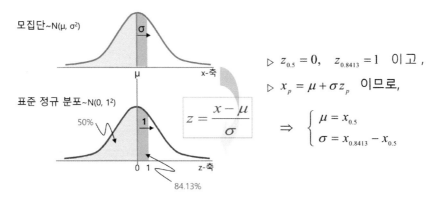

[그림 Ⅰ-70]에서 위쪽 '정규 분포'는 모집단으로 '$N(\mu, \sigma^2)$'이며, 아래쪽 '정규 분포'는 '표준 정규 분포'로 '$N(0, 1^2)$'이다. 일반적으로 '정규 분포'를 '표준 정규 분포'로 전환하는 방법은 그림에서 보듯 변환 식 '$z = (x - \mu)/\sigma$'를 통해 이루어진다. 예를 들어, 원 분포의 '평균'인 'μ'를 '표준화'시키면 'μ'도 'x-축'상 하나의 값이므로 '$z = (\mu - \mu)/\sigma = 0$'이다. 또 '정규 분포'에서 '$x = \mu$ 이하(또는 $z = 0$이하)'의 넓이는 '0.5(50%)'이다. 전체 넓이가 '1.0'이니 그의 반은 '0.5'가 당연하다. 그 외에 '표준 정규 분포'의 '$z = 1$ 이하'의 넓이는 '약 0.8413(84.13%)'이다. 물론 적분을 통해서인데 계산이 어려우므로 통계 패키지 등을 이용해 적분 값을 계산한다. '표준 정규 분포'의 탄생 원리

및 '정규 분포'와 '표준 정규 분포'의 수리적 관계들은 「Be the Solver_확증적 자료 분석(CDA)」 편에 상세히 수록되어있으니 필요한 독자는 서적을 참고하기 바란다.[79] 분량도 많거니와 기초 통계이니만큼 신뢰성 범위를 좀 벗어나 본문에서의 설명은 생략한다.

[그림 Ⅰ-70]의 오른쪽에 수식이 포함되어있는데, 이 수학적 계산 원리와 [그림 Ⅰ-69]의 '정규 분포 확률지'의 적합 결과를 이용해 '모수'를 추정할 수 있다. 우선 수식의 원리를 자세히 소개하면 다음과 같다.

○ 변환식 $'z = \dfrac{x_p - \mu}{\sigma}'$ 에서 $'x'$ 에 대해 풀어 쓰면,　　　　(식 Ⅰ-60)
$$x_p = \mu + z\sigma \quad ---- 1)$$

○ 이때, '정규 분포'의 넓이 '50%'를 가르는 $'z = 0'$이므로 $'1)'$ 식에서
$$x_{0.5} = \mu + 0 \cdot \sigma \quad \Rightarrow \mu = x_{0.5} \quad ---- 2)$$

○ 다음 '약 84.13%'를 가르는 $'z = 1'$이므로
$$x_{0.8413} = \mu + 1 \cdot \sigma = \mu + \sigma$$

○ 그런데 $'2)$식'에서 $'\mu = x_{0.5}'$이므로,
$$x_{0.8413} = x_{0.5} + \sigma \Rightarrow \sigma = x_{0.8413} - x_{0.5} \quad ---- 3)$$

처음 접하는 독자는 전개가 어려워 보일 수 있다. (식 Ⅰ-60)의 내용은 철저히 '기초 통계' 영역으로, '신뢰성'에서의 기초 영역인 '확률 밀도 함수'의 이해보다 먼저 습득해야 할 사항이다. 따라서 당연히 눈에 익지 않을 수 있으니 필요한 독자는 관련 자료를 학습해주기 바란다. (식 Ⅰ-60)의 '2)식'과 '3)식'을 통해 다음 [그림 Ⅰ-71]에서 '모수'인 'μ'와 'σ'를 추정한다.

---

79) pp.192~215.

[그림 Ⅰ-71] '정규 분포 확률지'에서 모수 'μ, σ' 구하기

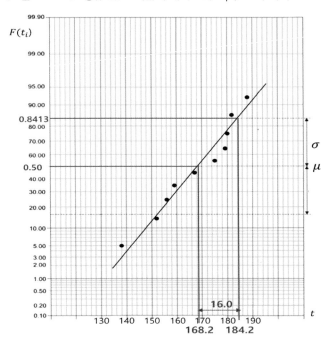

[그림 Ⅰ-71]에서 'y-축'은 '누적 정규 분포'인 '$F(t_i)$'이므로 '$F(t_i) = 0.5$'와 '직선'이 만나 형성하는 't-축 값'은 '$x_{0.5} \cong 168.2$'이고, 동일하게 '$F(t_i) = 0.8413$'에 대응하는 't-축 값'은 '$x_{0.8413} \cong 184.2$'이다. 이들을 (식 Ⅰ-60)의 '2)식'과 '3)식'에 대입하면 '모수'들을 추정할 수 있다. 즉 다음과 같다.

$$\bigcirc \mu = x_{0.5} \cong 168.2 \qquad\qquad (\text{식 } Ⅰ\text{-}61)$$

$$\bigcirc \sigma = x_{0.8413} - x_{0.5}$$
$$\cong 184.2 - 168.2$$
$$\cong 16.0$$

실제 [그림 Ⅰ-69]의 미니탭 결과 그래프에서 얻은 '$\mu = 167.3$'과, '$\sigma = 16.09$'는 (식 Ⅰ-61)과 매우 흡사하다는 것을 알 수 있다. 또 애초 '수명 자료'인 [표 Ⅰ-21]의 '10개'는 '$\mu = 170$', '$\sigma = 20$'에서 무작위로 추출한 것 이므로 '추정'에 있어서도 상당히 근사한 결과라는 것을 알 수 있다.

6.3. '와이블 분포'의 도시적 분석

'와이블 분포'에 대한 확률지 해석은 '확률 밀도 함수'를 직접 풀어냄으로써 보다 명확히 그 원리를 파악할 수 있다. 다음은 (식 Ⅰ-48)의 '와이블 분포'의 '누적 분포 함수'를 다시 옮겨온 것이다.

$$F(t) = 1 - e^{-\left(\frac{t}{\alpha}\right)^{\beta}} \qquad\qquad (식\ Ⅰ\text{-}62)$$

(식 Ⅰ-62)를 '직선 방정식'으로 변형시킬 수 있는데 다음과 같다.

$$F(t) = 1 - e^{-\left(\frac{t}{\alpha}\right)^{\beta}} \qquad\qquad (식\ Ⅰ\text{-}63)$$

$$1 - F(t) = e^{-\left(\frac{t}{\alpha}\right)^{\beta}}$$

$$\frac{1}{1 - F(t)} = e^{\left(\frac{t}{\alpha}\right)^{\beta}}$$

$$\ln\left[\frac{1}{1 - F(t)}\right] = \left(\frac{t}{\alpha}\right)^{\beta}$$

$$\ln\left\{\ln\left[\frac{1}{1 - F(t)}\right]\right\} = \beta * \ln\left(\frac{t}{\alpha}\right) = \beta * \ln t - \beta * \ln \alpha \quad -1)$$

$$\overline{\qquad\qquad\qquad} \qquad\qquad \overline{\quad\quad}\ \overline{\quad\quad}$$

$$\Rightarrow \quad Y \qquad\qquad\qquad = \beta * X - \beta * \ln \alpha \quad -2)$$

(식 Ⅰ-63)은 지수가 포함된 식에 'ln'을 적용하면서 정리 수순을 밟은 결과이다. 다소 복잡해 보이지만 정리된 '1)식' 중 점선으로 표시된 항들을 '2)식'인 'Y'와 'X'로 대체하면 어림잡아 '직선 방정식'임을 알 수 있다. '2)식'의 '직선 방정식'은 '기울기 $= \beta$'이고, '절편 $= \beta*\ln\alpha$'이다. 즉 '수명 자료'를 '와이블 확률지'에 타점해 직선이 나타나면 '수명 자료'는 '와이블 분포'를 따른다는 사실과, '모수'들 중 하나인 'β'는 그 '직선의 기울기'를 측정해 얻을 수 있다.

또 나머지 '모수'인 'α' 역시 (식 Ⅰ-63)의 '2)식' 중 '상수' 항에 포함되어 있으므로 '확률지'의 직선이 통과하는 절편, 또는 '와이블 분포'의 특징을 이용해 유도할 수 있다. 유도 과정은 다음과 같다.

$$[(식 Ⅰ-63)의 \; '1)'의 \; 좌변] \qquad\qquad (식 \; Ⅰ-64)$$
$$좌변을 \; '0'으로 \; 하는 \; 't 값'을 \; 't_0'라 \; 할 \; 때,$$
$$\ln\left\{\ln\left[\frac{1}{1-F(t_0)}\right]\right\} = 0$$
$$\ln\left[\frac{1}{1-F(t_0)}\right] = 1$$
$$1 - F(t_0) = e^{-1}$$
$$F(t_0) = 1 - e^{-1} \cong 0.632\,(63.2\%) \; --- a)$$

$$[(식 Ⅰ-63)의 \; '1)'의 \; 우변]$$
$$\beta*\ln(t_0) - \beta*\ln\alpha = 0$$
$$\ln(t_0) = \ln\alpha$$
$$\Rightarrow \alpha = t_0 \; ---------------- b)$$

(식 Ⅰ-64)로부터 'a)'는 '수명 자료'를 순서대로 정렬한 뒤 100등분했을 때 '약 63.2번째', 또는 '63.2 백분위수(Percentile)'를 나타내며, 이것은 '와이블 확률지'에서 'Y-축'상의 값에 해당한다. 이때 (식 Ⅰ-64)의 'b)'는 '63.2 백분위수(Y-값)'를 얻게 하는 't'가 곧 '모수'인 'α시간'임을 나타낸다. 정리하면,

'와이블 분포의 모수 $t = \alpha$는 수명 자료의 $F(\alpha) = 0.632$, 또는 63.2 백분위수(Percentile)를 나타낸다.'이다.

지금까지의 과정을 '수명 자료'의 예를 통해 '와이블 확률지'로 확인해보자. 다음 [표 Ⅰ-23]은 한 아이템의 '수명 자료' 예이다. 참고로 [표 Ⅰ-23]은 편의상 미니탭 「계산(C) > 랜덤 데이터(R) > 와이블 분포(W)...」의 '$Wei(10,\ 1.2)$'로부터 표본 '10개'를 무작위 추출한 것이다. 즉 '모집단'은 '척도 모수(α) = 10', '형상 모수(β) = 1.2'이다.

[표 Ⅰ-23] '와이블 분포 확률지'에 타점할 좌표 점[$Wei(10,\ 1.2)$]

i	1	2	3	4	5	6	7	8	9	10
t_i(hrs)	1.0	1.2	4.7	7.0	7.1	7.8	9.8	17.3	17.4	27.5
$F(t_i)$	6.7	16.3	26.0	35.6	45.2	54.8	64.4	74.0	83.7	93.3
Chegodajew 공식	$F(t_i) = \dfrac{i-0.3}{n+0.4} \times 100$; 확률지 세로축이 '%'이므로 '100'을 곱함.									

[표 Ⅰ-23]의 '누적 확률 값[$F(t_i)$]'의 계산은 [표 Ⅰ-19]에 포함된 '도시 공식'들 중 'Chegodajew(1955)'의 '중앙값 순위법(Median Rank)'을 적용하였다. 이는 'Benard's Approximation'으로도 불린다. 참고로 [표 Ⅰ-22]같이 '정규 분포 확률지'에 적용했던 공식을 이용해도 결과는 유사하다. [그림 Ⅰ-72]는 [표 Ⅰ-23]을 '와이블 확률지'에 타점한 결과이다.

[그림 Ⅰ-72]는 [표 Ⅰ-23]의 '[$t_i,\ F(t_i)$]'을 적용한 타점들과 적정하게 그은 직선을 포함한다. 또 동일 '수명 자료'를 이용해 미니탭 「통계 분석(S) > 신뢰성/생존 분석(L) > 분포 분석(우측 관측 중단(D) > 모수 분포 분석(P)...」에서 얻은 결과도 함께 보여준다. 외형상 타점들이 '직선'을 잘 따르고 있어 '수명 자료는 와이블 분포를 따른다.'고 판단한다.

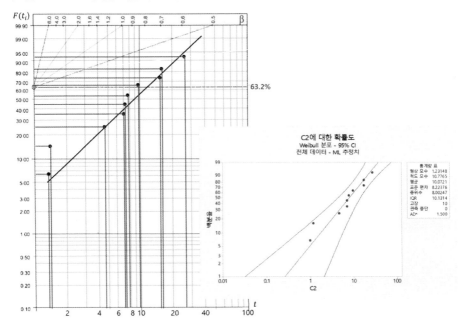

다음은 '모수'들인 'α, β'를 추정한다. [그림 Ⅰ-73]은 '와이블 분포'의 '모수'들을 추정하기 위한 접근 예이다.

[그림 Ⅰ-73]에서 모수 'α'는 (식 Ⅰ-64)에 따라 '$F(t_i) = 63.2$'에 해당하는 '직선'과의 't-축' 교점을 읽으면 '$t_{63.2} = \alpha \cong 11.8$'이다. 또 모수 '$\beta$'는 (식 Ⅰ-63)에서 '직선의 기울기'였으므로 직선을 평행 이동시켰을 때 상단 가로축과 만나는 지점을 읽어 얻는다. 눈금으로부터 '$\beta \cong 1.3$'이다([그림 Ⅰ-73] 왼쪽 위 모서리 부분의 $\beta = 1.3$ 위치). 참고로 [그림 Ⅰ-72]의 미니탭 결과에서 추정된 '모수'들은 잘 보이진 않으나 값을 읽으면 '$\alpha = 10.78$, $\beta = 1.23$'이다. 값의 차이는 눈금 지정이나 직선을 그을 때의 오차 등이 포함되어 나타난 결과

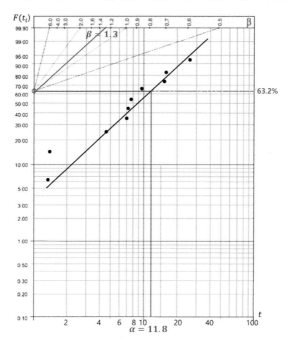

이다. [표 Ⅰ-23]에서 '수명 자료'들은 '$Wei(10,\ 1.2)$'인 모집단으로부터 추출되었으므로 '$\alpha \cong 11.8$'과 '$\beta \cong 1.3$'은 상당한 모수 근사치를 보여준다. 단 '10개'의 표본으로부터 추정된 값임을 상기하자.

다음 단원부터 본격적인 '신뢰성 자료 분석'에 대해 알아볼 것이다.

신뢰성 자료 분석

본 장에서는 실제 '수명 자료 분석'이 어떻게 이루어지는지 이론과 방법에 대해 학습한다. 분석은 자료의 형태에 따라 '모수적 분석'과 '비모수적 분석'으로 나뉘며, 자료가 연속형, 이산형, 그리고 생존한 아이템 존재 여부 등에 따라 다시 세부 분석법으로 나뉜다. 독자는 다양한 형태의 수명 자료를 접하게 되고, 그들이 어떤 통계적 방법과 해석법을 통해 아이템의 객관적 수명을 평가하는지 자세하게 학습하게 된다. 본문을 정독함으로써 본인의 문제 해결 역량을 향상시키는 기반으로 삼는 데 활용하기 바란다.

신뢰성 자료 분석 개요

　　　　　　　　'신뢰성 자료 분석'은 일반적으로 '신뢰성 데이터 분석', 또는 '수명 자료 분석', 단순히 '신뢰성 분석'으로 불린다. 'Ⅰ.신뢰성(Reliability) 기초'에서 학습했던 이론들을 바탕으로 현업에서 마주치는 다양한 아이템의 수명 자료를 과학적이고 유의미한 결론이 나오도록 해석해야 한다. '유의미하다'는 것은 수명 자료 해석 결과가 앞으로 일어나는 아이템의 실제 수명과 잘 일치해야 한다는 뜻이다. 그러려면 주어진 데이터 상황에 맞는 해석법이 뒤따라야 한다. 다음 [그림 Ⅱ-1]은 '신뢰성 자료 분석'을 위해 필요한 주요 분석적 접근법들을 정리한 흐름도이다.

[그림 Ⅱ-1] '신뢰성 자료 분석법' 선정도

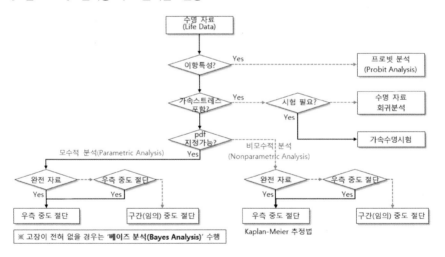

[그림 Ⅱ-1]에서 맨 처음 마주치는 '　이항특성?　'은 '반응(Y)'이 'Pass/Fail'과

같이 '이항(二項)'인 경우이다. 아이템에 스트레스를 가하면 여럿 중 일부가 고장 나고 그의 비율은 잘 알려진 '불량률'이다. 즉 '스트레스 수준'별 '불량률' 차이가 있음을 연상할 있으며, 이 같은 '수명 자료'는 '프로빗 분석(Probit Analysis)'을 수행한다. '이항'은 '양품/불량품'의 분류뿐만 아니라 특정한 스트레스를 가했을 때 생물의 '생사 비율', 재료의 '파손 비율' 등 다양한 분야에 응용이 가능하다. '프로빗 분석'은 이항 자료가 현업에서 자주 마주치는 점을 감안해 본문에 내용을 포함시켰다.

　두 번째 관문은 '　가속스트레스 포함?　'이다. '가속'이란, 아이템이 정상적인 환경하에 놓였을 때 겪게 되는 스트레스보다 더 센 조건을 가함으로써 수명을 재촉할 때 쓰는 용어다. [그림 II-1]의 흐름도에 따르면 만일 '가속 변수'를 포함하는 데이터를 이미 확보하고 있으면 '수명 자료 회귀 분석(Regression with Life Data)'을 수행하며, 그렇지 않고 '가속 변수'를 조정하며 '아이템 수명'을 측정해 자료화한 뒤 그들을 분석해야 한다면 '가속 수명 시험(Accelerated Life Test)'을 고려해 볼 수 있다. 참고로 '가속 수명 시험'은 중·상급 수준에서 다루어야 할 내용으로 본문 설명에서 제외하였고, 대신 '수명 자료 회귀 분석'은 활용 빈도가 높아 포함시켰다.

　다음 관문은 '　pdf 지정가능?　'이다. 'pdf'란 '확률 밀도 함수'이므로 앞서 학습했던 '정규 분포', '로그 정규 분포', '와이블 분포', '지수 분포' 들 중 하나에 적합 되는지 여부가 관건이다. '수명 자료'를 설명해 줄 'pdf'가 있으면 [그림 II－1]에서 왼쪽 흐름인 '모수적 분석(Parametric Analysis)'을 타지만, 만일 해석에 쓰일 '확률 밀도 함수'가 불필요하면 오른쪽 흐름인 '비모수적 분석(Non-parametric Analysis)'을 수행한다. 또 각 영역별로 '완전 자료'와 '중도 절단 자료'의 구분과, '중도 절단'은 다시 '우측 중도 절단' 및 '구간(임의) 중도 절단'별로 각각의 분석법들이 결정된다. 특히 '비모수적 분석'들엔 [그림 II－

1]처럼 '카플란-마이어법(Kaplan-Meier Method)'과 '턴블법(Turnbull Method)'이 분석 방법으로 잘 알려져 있다. 이들은 모두 본문에 내용이 포함되어 있다.

끝으로, [그림 Ⅱ-1]의 맨 아래에 '고장이 전혀 없는 경우'에 '베이즈 분석(Bayes Analysis)'을 수행한다. 이 분석법은 '고장 개수가 아주 적은 경우'에도 적용이 가능하며, 수명 분포를 어느 정도 파악하고 있어야 해석이 가능하다. 이 역시 본문에 분석법을 소개한다.

지금까지 설명된 분석법들은 모두 기업에서 사용 빈도가 높으며 미니탭에서도 분석 기능을 제공한다. '신뢰성 자료 분석'은 앞서 언급된 바와 같이 '모수적 분석'과 '비모수적 분석'으로 나뉘며, 따라서 '1장'에서는 '모수적 분석'을, '2장'에서는 '비모수적 분석'을 다룰 것이다. 각각에 대해 이론 및 사례를 학습해보도록 하자.

1. 모수적 분석 개요

[그림 Ⅱ-1]에서 설명했던 '모수적 분석 (Parametric Analysis)'의 분석법들과 각 분석법의 수학적, 통계학적 원리 및 사례 분석들에 대해 알아보자. 분석법 선정과 관련한 흐름은 [그림 Ⅱ-1]을 참고하기 바란다.

1.1. 프로빗 분석(Probit Analysis)

'프로빗 분석'은 '프로빗 모형(Probit Model)'을 기반으로 하며, 앞서 학습했던 '정규 분포', '와이블 분포', '로그 정규 분포' 등의 '누적 분포 함수(cdf)'와 관계한다. 원리 설명에 앞서 현업의 어떤 '수명 자료' 해석에 유용한지 간략히 표현하면 다음과 같다.

$$X(연속형\ 변수)\ \propto\ Y(Pass, Fail) \qquad (식\ Ⅱ\text{-}1)$$

(식 Ⅱ-1)에서 '$Y(Pass, Fail)$'은 얻게 될 '반응(Response)'이 두 개 유형으로 평가되며, 수명 시험의 경우 '정상(Pass)' 및 '고장(Fail)'에 각각 빗댈 수 있다. 또 좌변의 'X'는 '연속형 변수'로 여기엔 '아이템 수명'에 영향을 주는 다양한 특성들이 포함된다. 예를 들면 '프로빗 분석'은 다음 상황들의 해석에 쓰일 수 있다.

- '속도(X)' 변화에 따른 '파손 여부(Y)'
- '투입 양(X)'에 따른 '생사 여부(Y)'

- '전압(X)' 크기에 따른 '파열 여부(Y)'
- '낙하 높이(X)'에 따른 '고장 여부(Y)'
- ....

따라서 '수명 자료'는 다음 [표 Ⅱ-1]과 같은 구조로 수집된다.

[표 Ⅱ-1] '프로빗 분석'에 적합한 '수명 자료(Life Data)' 구조 예

비율(분자/분모) 형				분리 형 ($Y=1$은'고장', $Y=0$은'정상')		
온도(X)	시행 수	고장 수	비율(p_i)	온도(X)	Y	빈도 수
50	20	8	0.40	50	1	8
70	16	5	0.31	50	0	12
110	43	2	0.05	70	1	5
160	17	9	0.53	70	0	11
⋮	⋮	⋮	⋮	⋮	⋮	⋮

[표 Ⅱ-1]에서 '비율 형'은 '연속형 변수(X)'별로 투입된 '표본'들 중 '고장 수'를 각각 기록한다. 참고로 '비율(p_i)' 열을 추가하였다. 반면에 오른쪽 '분리 형'은 '연속형 변수(X)'별로 'Y'를 '고장 = 1', '정상 = 0'으로 정한 뒤 각각의 '고장 수'와 '정상 수'를 반복해서 기록한다. 현업에서 [표 Ⅱ-1]의 구조로 '수명 자료'가 수집되면 '프로빗 분석'이 가능한 것으로 판단한다.

위키피디아(영문판)에 따르면, '프로빗(Probit)'은 'Probability'의 'Prob'과 'Unit'의 'it'가 결합해 형성된 합성어다. '확률'이 말해주듯 '프로빗 모형(Probit Model)'은 통계학에서 쓰이며, 1934년 Chester Bliss가 처음 소개했고, 이후 1935년 Ronald Fisher가 모수를 손쉽게 계산하는 '최대 우도법(Maximum Likelihood Procedure)'을 Bliss의 연구에 덧붙여 제안함으로써 활용성이 증대되었다.[80]

---

80) Bliss, C. I. (1934). "The Method of Probits", Science. 79 (2037): 38–39.
   Fisher, R. A. (1935). "The Case of Zero Survivors in Probit Assays", Annals of Applied Biology.

이 모형을 통해 'Pass(또는 Fail)'가 나타날 '확률'을 추정할 수 있는데, 예를 들어 [표 Ⅱ-1]과 같이 '연속형 변수(X)'별로 '고장률' 자료를 이용하기 때문에 특정한 '연속형 변수 값'에서의 '누적 고장 확률', 또는 '수명(생존 확률)'의 추정이 가능하다. 잘 알려진 '로지스틱 회귀(Logistic Regression)'와 흡사하므로 내용에 낯선 독자는 '이항 자료' 해석을 위한 '로지스틱 회귀 분석'을 참고하기 바란다.[81]

'프로빗 모형(Probit Model)'이 어떻게 작동하는지 그 원리에 대해 알아보자. 만일 'Y'가 한 아이템의 표면에서 관찰되는 '파손(1)'과 '정상(0)'의 두 경우이고, '연속형 변수(X)'는 충돌 시 물체의 '속도'이다(라고 가정하자). 즉 물체가 'v'의 속도로 날아와 관리 중인 아이템에 충돌하는 상황을 상상할 수 있으며, 아이템 표면의 '파손 여부'에 따라 '개발 완료 여부'가 결정된다(고 가정한다). 물론 필요에 따라 '파손의 정도'를 구분해 '고장 여부'의 판정이 이뤄질 수 있으며, 이것은 연구 대상 아이템의 '고장의 정의'에 따라 결정된다(사내 표준 등).

이때 두 값들 간 '산점도'를 그리면 다음 [그림 Ⅱ-2]의 왼쪽과 같이 중간이 공백인 상태로 관찰될 것이다.

[그림 Ⅱ-2] '이항 특성(Y)' 대 '연속형 변수(X)' 간 산점도

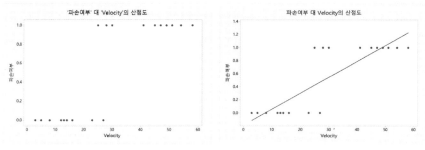

22: 164-165.
81) 「Be the Solver_탐색적 자료 분석(EDA)」 편, pp.286-338 참조.

만일 '파손 여부(Y)'와 '속도(X)' 간 관계를 '단순 선형 회귀 모형'을 통해 해석한다고 가정하자. 이때 [그림 Ⅱ-2]의 왼쪽 '산점도'에 직선을 적합 시키면 오른쪽 그래프가 된다. 눈으로도 쉽게 알 수 있듯이 'Y-축'의 경우 '0'과 '1' 사이엔 값들이 존재하지 않아 현재로선 적절한 해석은 어렵다. 무리해서 (식 Ⅱ-1)을 '직선 방정식'으로 고쳐 쓰면 다음 (식 Ⅱ-2)와 같다.

$$Y[1, 0] = \beta_1 X + \beta_0 \qquad \text{(식 Ⅱ-2)}$$

그런데 (식 Ⅱ-2)는 복잡한 사안을 제외하더라도 당장 해결이 필요한 두 개의 문제가 떠오른다. 하나는 '속도'인 'X'는 '연속형'이므로 그의 존재 범위는 '$-\infty \sim +\infty$'라는 점, 즉 이와 같은 범위의 어느 값이 오더라도 'Y'는 흔들림 없이 '0, 1'의 값 내에서 결정되어야 한다. 또 하나는 첫 문제가 해결되려면 'Y' 역시 '연속형'이 되어야 하며, 그래야 (식 Ⅱ-2)에서의 '='이 의미가 생긴다. 이들 필요한 요건이 만족되도록 (식 Ⅱ-2)를 재표현하면 다음과 같다.

$$g(Y) = \beta_1 X + \beta_0 \qquad \text{(식 Ⅱ-3)}$$

(식 Ⅱ-3)에서 'Y'를 필요한 요건이 충족되도록 전환시켜 주는 식인 'g'가 존재하면 이를 '연결 함수(Link Function)'라고 한다. 더 풀어쓰면 '0과 1'만을 갖는 좌변의 '이항 특성'을 '연속형' 값으로 이루어진 (식 Ⅱ-3)의 우변과 매끄럽게 연결시켜 줄 함수를 가정한다. 과연 'Y'에 대해 'X'가 '$-\infty \sim +\infty$'인 범위를 수용하면서, 연속형이고, 그 한계 값으로 '0 ~ 1'을 갖게 할 '연결 함수'엔 어떤 것이 존재할까? 예로서 바로 '정규 분포'의 '누적 분포 함수'가 있다(통상 '표준 정규 분포'를 사용한다). 이같이 **'연결 함수'로 '정규 분포'의**

'누적 분포 함수'가 쓰인 경우를 '프로빗 모형'이라고 한다. 통계학에서 쓰이는 형태로 (식 Ⅱ-3)을 재구성하면 다음과 같다.

○ '이항특성'의 'Y'를 '선형방정식'과 연결시킴. (식 Ⅱ-4)
$g[\Pr(Y=1|X)] = \beta_1 X + \beta_0$: 'g'는 연결함수

○ '표준정규 분포'의 경우,
$\Phi_z^{-1}[\Pr(Y=1|X)] = \beta_1 X + \beta_0$

또는, 'Φ_z^{-1}'를 옮겨서,
$\Pr(Y=1|X) = \Phi_z(\beta_1 X + \beta_0)$ ----- a)

$Where, \Phi_z^{-1}(\bullet)$는 '표준정규분포'의 '역누적분포함수'
$\Phi_z(\bullet)$는 '표준정규분포'의 '누적분포함수(cdf)'

(식 Ⅱ-4)에서 '$g[\Pr(Y=1|X)]$'의 의미는 '연속형 X값'이 주어진 상태에서 "'$Y=1$', 즉 '고장'이 나올 확률(Pr)"로 해석한다. 만일 '연결 함수'가 '표준 정규 분포'인 경우 'g' 대신 '역 누적 분포 함수'인 'Φ_z^{-1}'로 표현한다. 원리를 실제 해석에 적용하기 위해서는 (식 Ⅱ-4)의 'a)식'을 기억해두자. '표준 정규 분포'의 '누적 분포 함수'인 '$\Phi_z(\bullet)$'의 개념을 확장하면 '와이블 분포'나 '최소 극단 값 분포', '로그 정규 분포' 등이 적용된다. [그림 Ⅱ-3]은 (식 Ⅱ-4) 및 '연결 함수'의 충족 조건들을 표현한 개요도이다.

[그림 Ⅱ-3]을 보면 'z-축' 및 '$\mu=0, \sigma=1$' 들은 모두 '표준 정규 분포'와 함께하는 값들이다. (식 Ⅱ-3)을 '(식 Ⅱ-4)의 a)식'과 연결시키면 '$\beta_1 X + \beta_0$'로 계산된 값은 곧 'z값(그림 예에서 -2)'이 되고, 이 값이 가르는 왼쪽 넓이가 '고장($Y=1$)이 나올 확률'이다. 즉 하나의 '연속형 X값'이 정해지면 그에 대응하는 하나의 'Y값'이 '확률'로서 얻어진다. 물론 직접 적분하기보다 [그림 Ⅱ-3]의 오른쪽 그래프와 같이 '표준 정규 분포의 누적 분포 함수'를 통해 바

[그림 Ⅱ-3] '프로빗 모형'의 해석 예

【표준 정규 분포】

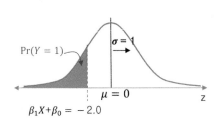

【표준 정규 분포의 누적 분포】

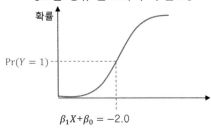

로 확률 값을 얻을 수 있다. 이때 'β_1과 β_0'는 주어진 '수명 자료'로부터 추정을 통해 알 수 있다.

그런데 '연결 함수'로 '정규 누적 분포 함수'만 쓰일까? 다음 [그림 Ⅱ-4]는 미니탭의 '프로빗 분석'에 포함된 '연결 함수'를 나타낸다.

[그림 Ⅱ-4] '연결 함수(Link Function)' 유형 예

미니탭『통계분석(S)>신뢰성/생존분석(L)>프로빗 분석)(P)....』

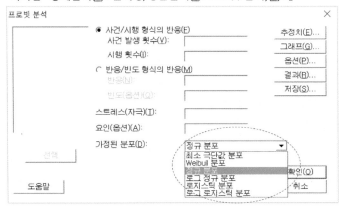

[그림 Ⅱ-4]의 '대화 상자'엔 앞서 설명했던 '정규 분포' 외에도 '최소 극단값 분포', '와이블 분포', '로지스틱 분포'가 있으며, '로그'를 취해 변환이 가능한 '로그 정규 분포', '로그 로지스틱 분포'가 포함되어 있다. 사용 가능한 '연결 함수'가 여럿 있다는 것은 분석 대상인 '수명 자료'가 어떤 분포로 잘 설명되는지 '적합(Fitting)' 과정이 필요하다는 것을 암시한다. 이어지는 사례 분석을 통해 분석 과정 및 해석 방법을 좀 더 자세히 알아보자.

[사례 분석]

좋은 '프로빗 분석' 사례에 미니탭에서 제공하는 '전구 분석'이 있다. 'X'에는 '연속형 변수'뿐만 아니라 '범주형 변수'도 포함하고 있어 내용 이해와 현업 적용에 많은 도움이 될 것 같아 선택하였다. 우선 상황을 보면 가정용 전압 기준 두 종류의 전구를 판매하고 있으며, 이때 수명 시험을 위해 '연속형 변수(X_1)'인 '전압'을 '$105\,V \sim 129\,V$'로, '범주형 변수(X_2)'인 '전구 유형'을 'A, B'로 고려한다. 또 전구 '실패(고장)의 정의'는 '800시간 전에 전구가 나감'이다. 다음 [표 Ⅱ-2]는 실험을 통해 수집된 '수명 자료' 예이다.[82]

[표 Ⅱ-2] '전구'의 수명 자료

전압(X_1)	유형(X_2)	시행 수	실패 수	전압(X_1)	유형(X_2)	시행 수	실패 수
108	A	50	2	108	B	50	3
114	A	50	6	114	B	50	8
120	A	50	11	120	B	50	13
126	A	50	27	126	B	50	31
132	A	50	45	132	B	50	46

※ 이후 본 예에 대해, 용어 '고장'과 '실패'는 동일한 의미로 혼용해 사용됨.

---

82) 미니탭 제공 데이터 "전구.MTW."

[표 Ⅱ-2]의 '수명 자료'는 [표 Ⅱ-1]에서 설명했던 유형들 중 '비율형'에 속한다. [표 Ⅱ-2]가 어느 분포에 적합 하는지, 또 그에 따른 선형 회귀의 '계수'들은 얼마인지 추정하는 작업은 다소 복잡한 수학적 절차가 따르므로 본문에서는 생략한다. 따라서 분석 과정은 미니탭 기능을 이용하고 결과로 얻은 통계적 수치들의 해석에 좀 더 집중할 것이다.

① 적합도 검정(Goodness-of-Fit Tests)

'프로빗 분석'을 위해서는 (식 Ⅱ-4)의 관계식 정립을 위해 제일 먼저 적절한 '누적 분포 함수'를 찾아야 한다. 어느 분포가 [표 Ⅱ-2]의 '수명 자료' 해석에 적합한지 찾는 과정을 '적합도 검정'이라고 한다. 통계적으로 이루어지며 검정 방법엔 'Pearson(피어슨)'과 'Deviance(이탈도)'가 있다. 미니탭에서는 분석이 따로 이루어지지 않고 한 번에 전체 결과가 나오지만 편의상 해석 순서대로 분리해 설명을 이어나가겠다. 먼저 [그림 Ⅱ-4]의 '대화 상자'를 다음 [그림 Ⅱ-5]에 다시 옮겨놓았다.

[그림 Ⅱ-5] '프로빗 분석' 미니탭 '대화 상자' 입력 예

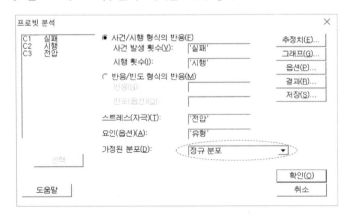

[그림 Ⅱ-5]는 [표 Ⅱ-2]의 각 항목들이 '대화 상자'의 해당란에 각각 입력된 예이다. '연속형'인 '전압(X_1)'과 '범주형'인 전구의 '유형(X_2)'이 입력된 위치를 참고하기 바란다. 현재는 '정규 분포'가 지정되어있지만 각 분포별로 이 과정을 반복해야 분포별 '적합도 검정' 결과를 비교할 수 있다. 비교를 통해 최적의 '누적 분포 함수'가 결정된다. 다음 [표 Ⅱ-3]은 각 분포별 '적합도 검정' 결과를 요약한 예이다(주요 분포 네 개만 수행함).

[표 Ⅱ-3] 각 분포별 '적합도 검정' 결과 비교

분포＼방법	Pearson(피어슨)			Deviance(이탈도)		
	카이-제곱	자유도	P	카이-제곱	자유도	P
정규 분포	9.50602	7	0.218	9.62313	7	0.211
로그 정규 분포	12.0516	7	0.099	12.1207	7	0.097
최소 극단 값 분포	1.75495	7	0.972	1.73967	7	0.973
와이블 분포	2.51617	7	0.926	2.49188	7	0.928

결과 화면에 각 분포별로 적합 여부를 눈으로 확인시켜 줄 '확률도'가 함께 나온다. 그러나 데이터 수가 많지 않고 눈으로 차이를 구분해내기 어려워 일단 본문엔 포함시키지 않았다.

우선 [표 Ⅱ-3]에서 '카이 제곱'은 '검정 통계량'이라 하고, '카이 제곱 분포'를 기준했을 때 'x-값'에 해당한다. 즉 '카이 제곱 분포'라고 하는 비대칭 분포가 존재하고, 표에 제시된 '검정 통계량'인 '카이 제곱' 값이 분포를 이등분하게 되며, 이때 오른쪽 '넓이(확률)'가 'P-값(P-Value)'이다. 제시된 '수명 자료'의 해석에 분포가 '적합'한지 여부는 '검정 통계량'이 작을수록, 또는 'P-값'이 클수록 "적합함"으로 판단한다. 이들의 해석은 '가설 검정' 영역으로 본문에서의 자세한 설명은 생략한다.

[표 Ⅱ-3]으로부터 [표 Ⅱ-2]를 잘 설명하는 '누적 분포 함수'는 '최소 극단 값 분포'의 것이 가장 유리하다는 것을 알 수 있다. '로그 정규 분포'의 경우 'P-값'이 '0.099'로 만일 '유의 수준 = 0.1'로 판단할 경우 '통계적으로 적합하지 않다'로 결론짓는다. 즉 넷 중에 가장 부적합하다고 판단한다. 만일 '최소 극단 값 분포'의 적용이 어려울 땐, '검정 통계량' 대비 큰 차이가 없는 '와이블 분포'를 적용해도 결과 해석에 큰 무리가 없을 것으로 보인다.

참고로 미니탭 사례 분석에는 '와이블 분포'를 적용하고 있다. 독자들의 다양한 학습 경험을 위해 본문에서는 원칙대로 '최소 극단 값 분포'를 적용하겠다. 단, 이 분포의 '확률 밀도 함수'에 대한 설명은 생략한다. 또 '와이블 분포'의 적용은 미니탭 도움말을 참고하기 바란다. 다음 [표 Ⅱ-4]는 미니탭의 '적합도 검정'과 함께 출력된 '최소 극단 값 분포'의 '모수(Parameter)'를 추정한 결과이다. '전구 유형(A, B)'별로 나뉘어 따로 결정된다.

[표 Ⅱ-4] '최소 극단 값 분포'의 '모수' 추정 값(범주별로 얻어짐)

유형 \ 모수	위치 모수		척도 모수	
	추정치	95% 정규 신뢰 구간	추정치	95% 정규 신뢰 구간
A	127.377	(125.983, 128.771)	6.11229	(5.24586, 7.12181)
B	126.274	(124.929, 127.618)	6.11229	(5.24586, 7.12181)

② 회귀 분석

'회귀 분석'은 (식 Ⅱ-4)에서의 '회귀 계수'인 'β'들을 '수명 자료'로부터 추정하고, 각 변수들이 'Y(실패, 정상)'의 변동에 영향을 주는지 여부를 'P-값'으로 판단한다. 다음 [그림 Ⅱ-6]은 미니탭 '세션 창' 결과 중 '회귀 분석' 영역만 잘라 옮겨놓은 것이다.

[그림 Ⅱ-6] '회귀 분석' 결과 예

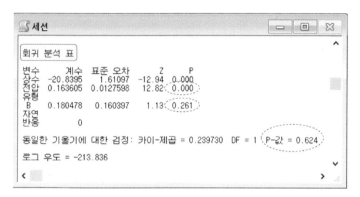

[그림 Ⅱ-6]으로부터 '전압(X_1)'의 '계수'는 '0.163605', 전구의 '유형(X_2)'은 '0.180478'이다. '계수'들의 추정은 '최대 우도 추정(MLE, Maximum Likelihood Estimation)'이란 통계적 방법을 이용한다. 관련 내용은 범위에서 벗어나므로 관심 있는 독자는 「Be the Solver_탐색적 자료 분석(EDA)」 편을 참고하고, 본문에서의 설명은 생략한다.[83] 추정된 '계수'들을 이용해 (식 Ⅱ-4)의 'a)식'을 완성하면 다음과 같다.

$$\Pr\big(Y=1\,|\,X_{전압}, X_{유형}\big) = \varPhi_{최소극단값}\!\left(\begin{array}{l} 0.163605\,X_{전압}\, + \\ 0.180478\,X_{유형} - 20.8395 \end{array}\right) \qquad (식\ Ⅱ\text{-}5)$$

단, $\begin{cases} 전구\,유형 = A이면,\ X_{유형}=0 \\ 전구\,유형 = B이면,\ X_{유형}=1 \end{cases}$

---

83) pp.301~312 참조.

참고로, [그림 Ⅱ-6]의 맨 아래에 '동일한 기울기에 대한 검정'의 'P-값'이 '0.624'로 나타나 있다. '기울기'가 통계적으로 같다는 것은 '전압' 변화로 인한 고장의 양상에 차이가 없다는 뜻이다. 만일 '전압' 변화에 따라 서로 다른 고장의 형태를 보인다면 둘은 비교되기 어렵다.

(식 Ⅱ-5)의 활용은, 예를 들어 '$X_{전압}=128.5\,V$'이고 '$X_{유형}=A$형'일 때, 전구가 '고장(실패) 날 확률[$\Pr(Y=1)$]'은 다음으로 계산된다.

$$\Pr(Y=1)=\Phi_{최소극단값}\begin{pmatrix}0.163605*128.5+\\0.180478*0-20.8395\end{pmatrix} \qquad \text{(식 Ⅱ-6)}$$
$$=\Phi_{최소극단값}(0.183742)$$

(식 Ⅱ-6)은 '최소 극단 값 분포'의 '누적 분포 함수'를 이용하거나 미니탭 '계산 기능'을 이용해 얻을 수 있다. 다음 [그림 Ⅱ-7]과 같다.

[그림 Ⅱ-7] '$X_{전압}=128.5\,V$', '$X_{유형}=A$형'에서 고장 날 확률

미니탭 『계산(C)>확률분포(D)>최소 극단 값 분포(V)...』

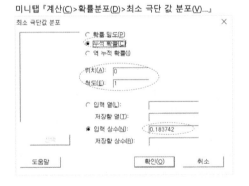
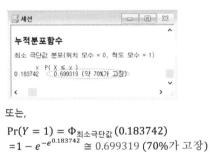

또는,
$$\Pr(Y=1)=\Phi_{최소극단값}(0.183742)$$
$$=1-e^{-e^{0.183742}}\cong 0.699319\ (70\%가\ 고장)$$

[그림 Ⅱ-7]에는 미니탭 계산 과정과 '누적 분포 함수'를 이용해 직접 계산

한 결과가 모두 포함되어 있다. [그림 Ⅱ-7]로부터 '최소 극단 값 분포'의 '누적 분포'에 (식 Ⅱ-6)에서 얻은 '0.183742'를 입력해 적분 값을 얻으면 '약 0.7'이며, '$X_{전압} = 128.5V$', '$X_{유형} = A$형'에서 고장 날 가능성은 초기 아이템 수의 약 70%에 이름을 알 수 있다. 참고로 계산 과정 중 적용된 '최소 극단 값 분포'의 모수 값들은 '위치 모수 = 0', '척도 모수 = 1'로 표준화 값을 적용한다.

(식 Ⅱ-6) 및 [그림 Ⅱ-7]과 동일한 결과를 '최소 극단 값 분포'의 모수 추정 값인 '[표 Ⅱ-4]'를 이용해 직접 얻을 수도 있다. [표 Ⅱ-4]에서 'A형'의 모수는 '위치 모수 = 127.377'과 '척도 모수 = 6.11229'였다. 따라서 적분 계산은 다음 [그림 Ⅱ-8]과 같다.

[그림 Ⅱ-8] '최소 극단 값 분포'의 '모수'들을 이용한 고장 확률 계산 예

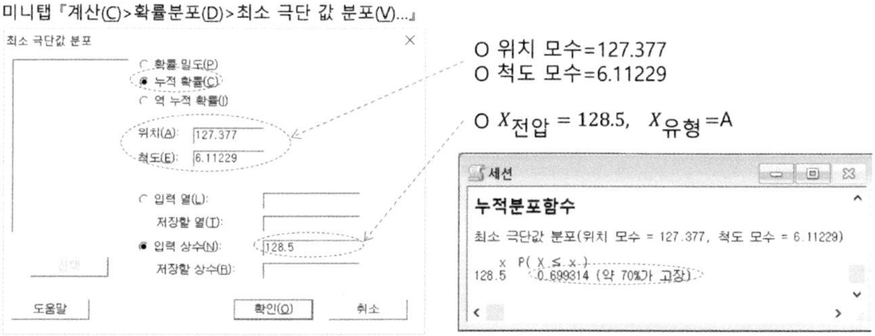

[그림 Ⅱ-8]로부터 (식 Ⅱ-6) 및 [그림 Ⅱ-7]과 동일한 결과를 얻었다.

③ 백분위수 해석

미니탭 '세션 창'에 나타나는 분석 결과 중 '백분위수 표'가 있다. '백분위수'는 'Percentile'로서 집단을 '100등분'해서 해석한다. 비슷한 예로 '그래프 분석' 중 사용 빈도가 높은 '상자 그림(Box Plot)'은 집단을 '4등분'해서 '25%

를 나누는 데이터 값', '50%를 나누는 데이터 값', '75%를 나누는 데이터 값'을 찾아 전체를 4개의 구역으로 나눈 뒤 분석에 이용한다. '4등분'의 의미로 영어로는 'Quartile(사분위수)'이라고 한다.

신뢰성 분야에서의 '백분위수' 해석도 동일하다. 예를 들어, [표 Ⅱ-2]의 '전구 고장' 자료의 경우 '1%의 누적 고장을 일으키는 전압 값', '5%의 고장을 일으키는 전압 값', '50%의 고장을 일으키는 전압 값' 등의 해석이 가능하다. 다음 [그림 Ⅱ-9]는 [표 Ⅱ-2]의 '전구 고장' 시험 데이터 분석 중 '백분위수'의 일부 결과이다.

[그림 Ⅱ-9] '전구 수명 자료'의 '백분위수' 결과 예

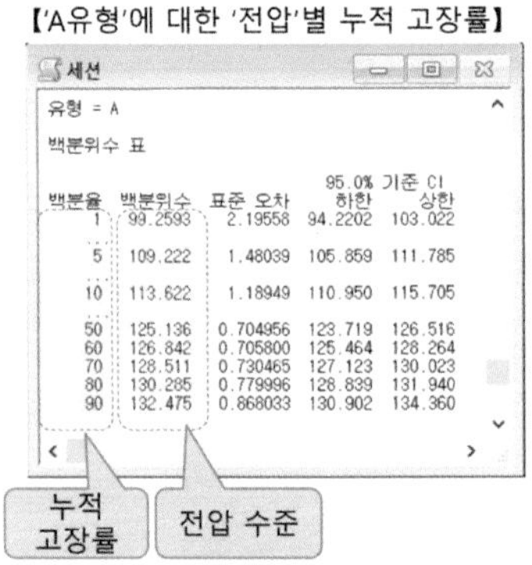

백분율	백분위수	표준 오차	95.0% 기준 CI 하한	95.0% 기준 CI 상한
1	99.2593	2.19558	94.2202	103.022
...				
5	109.222	1.48039	105.859	111.785
...				
10	113.622	1.18949	110.950	115.705
...				
50	125.136	0.704956	123.719	126.516
60	126.842	0.705800	125.464	128.264
70	128.511	0.730465	127.123	130.023
80	130.285	0.779996	128.839	131.940
90	132.475	0.868033	130.902	134.360

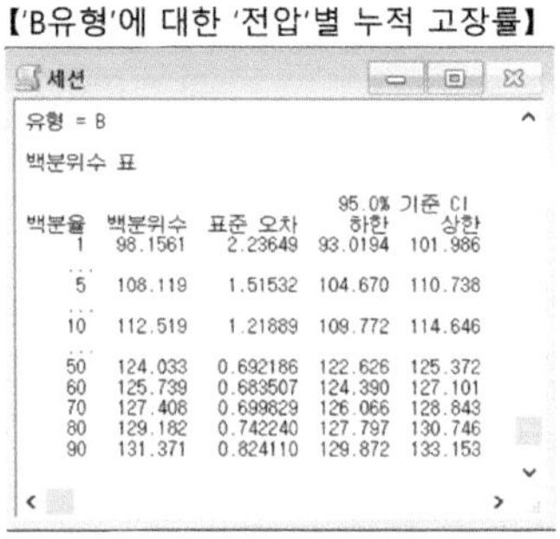

백분율	백분위수	표준 오차	95.0% 기준 CI 하한	95.0% 기준 CI 상한
1	98.1561	2.23649	93.0194	101.986
...				
5	108.119	1.51532	104.670	110.738
...				
10	112.519	1.21889	109.772	114.646
...				
50	124.033	0.692186	122.626	125.372
60	125.739	0.683507	124.390	127.101
70	127.408	0.699829	126.066	128.843
80	129.182	0.742240	127.797	130.746
90	131.371	0.824110	129.872	133.153

'범주형 변수'가 포함될 경우 각각에 대한 '백분위수'가 얻어진다. [그림 Ⅱ-9]의 'A 유형'을 보면 '백분위수 = 전압'을 나타내며, 그 값이 점점 증가할수록 '백분율'에서의 '누적 고장 확률'은 증가한다. 예를 들어, '$X_{전압} = 113.622$'가 아이템에 인가되면, 800시간 이내 고장 나는 아이템 비율은 '약 10%'에 이른다. 거꾸로 전체의 50%가 고장 나게 할 조건은 'A형'의 경우, '$X_{전압} = 125.136$'이다. '전체의 50%'란 '중앙값(Median)'이며, 신뢰성 분석에서 대푯값으로 자

주 이용된다.

④ '불신뢰도(누적 고장 확률)', 또는 '신뢰도(생존 확률)' 추정

현재 제시된 '전구' 제품은 소비자들이 '117V'에서 사용하는 것으로 알려져 있으며, 이 수준에서의 '불신뢰도(또는 누적 고장 확률)'를 추정해보자. 다시 '신뢰도(생존 확률)'는 '1－불신뢰도'이므로 하나를 얻으면 다른 신뢰성 척도도 계산된다. 계산 과정은 (식 Ⅱ-5)와 (식 Ⅱ-6), 및 [그림 Ⅱ-7], [그림 Ⅱ-8]과 같다. '117V'가 알려져 있으므로 이 값을 그대로 적용할 수 있는 [그림 Ⅱ-8]을 이용해보자. 다음 [그림 Ⅱ-10]과 같다.

[그림 Ⅱ-10] 소비자 사용 조건인 '117V'에서의 '불신뢰도' 계산

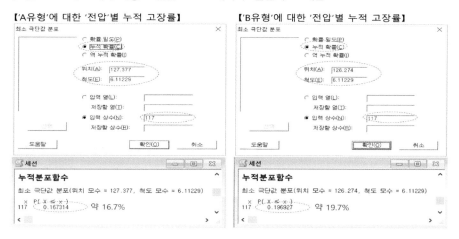

[그림 Ⅱ-10]에 쓰인 '최소 극단 값 분포'의 '모수'들은 [표 Ⅱ-4]를 참조한다. 결과는 'A형'은 800시간 이내에 '약 16.7%'가 고장 나고, 800시간을 초과해 생존할 '신뢰도(생존 확률)'는 '약 83.3%'로 추정된다. 동일하게 'B형'은

800시간 이내에 '약 19.7%'가 고장 나고, 800시간을 초과해 생존할 '신뢰도 (생존 확률)'는 '약 80.3%'로 추정된다. 'A형'이 '3%' 가량 수명에 유리하지만 앞서 '회귀 분석'으로부터 통계적으론 큰 유의한 차이라고 보긴 어렵다.

반대로 연구개발 단계에서 '15%'가 고장 나는 'B_{15} 수명'이 중요하게 여겨진다고 가정하자. 본 예의 경우 800시간 이전에 '15%'가 고장 나게 할 '전압'을 추정할 수 있다. '역 누적 분포 함수'를 이용하는 접근인데, 설명을 단순화하기 위해 앞서 '신뢰도'를 얻는 문제와 함께 미니탭 기능을 이용해보자.

[그림 Ⅱ-11] 불신뢰도(누적 고장 확률), 신뢰도(생존 확률) 추정

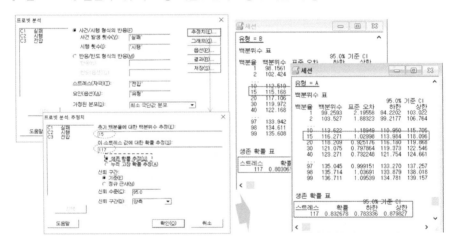

[그림 Ⅱ-11]을 보면 '프로빗 분석'의 '대화 상자' 내 '추정치(E)...'로 들어가 필요 내용을 입력하고 있다. 먼저 '추가 백분율에 대한 백분위수 추정(E):'에 '15%'를 입력한다. 800시간 전에 '누적 고장 확률'이 '15%'되게 하는 '전압 값'을 얻을 수 있다. 다음 '이 스트레스 값에 대한 확률 추정(S):'에 '117'을 입력하면 [그림 Ⅱ-10]에서 얻었던 '신뢰도(또는 생존 확률)'를 얻는다('1'에서

빼줌).

[그림 Ⅱ-11]의 '세션 창'에 'A형'은 '15%'에 해당하는 '전압 = 116.271V', 'B형'은 '전압 = 115.168V'이다. '117V'에서의 '생존 확률'은 'A형'의 경우 '0.832678', 'B형'의 경우 '0.803061'이다. 추정의 불확실성 때문에 '95% 신뢰 구간'은 꼭 짚어보고, 또 해석 때도 반드시 활용하는 습관을 키워야 한다. 각 유형별 '신뢰도(또는 생존 확률)'를 '불신뢰도(또는 누적 고장 확률)'로 바꾸면 [그림 Ⅱ-10]의 결과와 정확히 일치한다는 것을 알 수 있다.

⑤ 그래프 분석

'프로빗 분석'을 수행하면 통계량들 외에도 현상을 시각적으로 파악할 수 있는 그래프들이 출력된다. '연속형 확률 밀도 함수'들의 해석 때 자주 마주치는 '신뢰도(생존 확률) 곡선'이나 반대의 '불신뢰도(누적 고장 확률) 곡선', 적합도 검정에서의 '잔차 대 확률 그래프' 등이 있다.

[그림 Ⅱ-12]는 '신뢰도(생존 확률) 곡선'과 '불신뢰도(누적 고장 확률) 곡선'을 각각 나타낸다.

[그림 Ⅱ-12] '신뢰도(생존 확률) 곡선', '불신뢰도(누적 고장 확률) 곡선'

【 신뢰도 (생존 확률)' 곡선 】　　　　【' 불신뢰도(누적 고장 확률)' 곡선 】

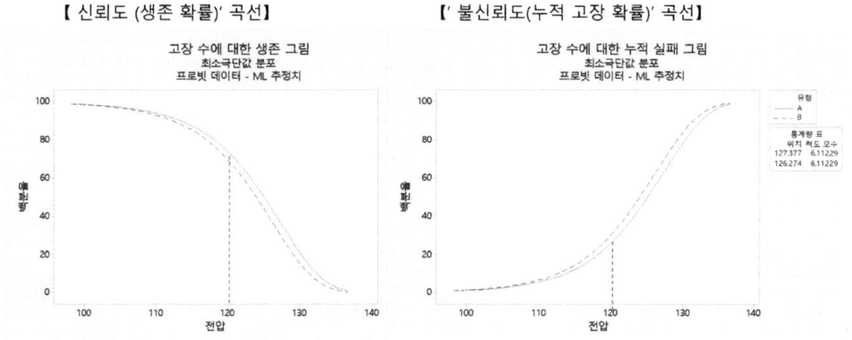

[그림 Ⅱ-12]에서 왼쪽 '신뢰도(생존 확률) 곡선'을 보면 '전압 = 120V' 수준에서 곡선이 급변하고 있음을 알 수 있다. 반대로 오른쪽 '불신뢰도(또는 누적 고장 확률)'는 '120V' 수준에서 급격히 증가하고 있음도 확인된다. 소비자 사용 전압이 '117V'임을 감안할 때 변곡점 근처가 소비자 사용 전압과 유사한 수준은 전구의 수명이 충분치 않은 방증일 수 있으며, 따라서 800시간 이상의 수명 조건을 갖출 수 있도록 연구 개발이 더 필요할 수도 있다(고 가정한다).

'Y'가 '이항 특성'의 경우 자료 해석에 제약이 많고 '표본 크기'에 따라서도 결과의 신뢰도가 크게 영향 받을 수 있다. 따라서 매 분석 때마다 절대 분석을 수행하기보다 이전 자료의 꾸준한 축적을 통해 상대적 비교를 할 수 있는 체계 마련도 분석과 의사 결정에 큰 도움이 된다는 점 명심하자. 예를 들어 'B_{10} 수명'을 지속적으로 비교하거나 '모수'들의 '신뢰 구간' 변화를 관찰하는 활동 등이다.

끝으로 다음 [그림 Ⅱ-13]은 '적합도 검정'에서 설명했던 'Pearson법'의 '잔차'와 '확률' 간 '잔차 그래프'를 나타낸다.

[그림 Ⅱ-13] 'Pearson 잔차' 대 '사건 확률' 그래프

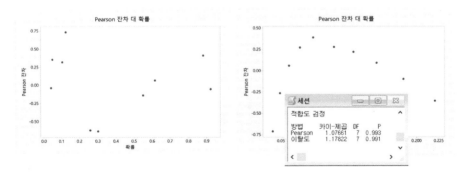

[그림 Ⅱ-13]의 잔차 그래프는 임의성을 띠어야 한다. 그러나 어떤 현상이 비정상인지 쉽게 알 수 없을 것 같아 오른쪽에 곡선형 패턴의 비정상 '잔차 그림'을 추가하였다(비정상 패턴 예는 '고장 수'를 의도적으로 증가시켜 나타낸 결과임). 만일 [그림 Ⅱ-13]의 오른쪽 결과를 얻었다면 '세션 창'의 '적합도 검정'은 'P-값 = 0.993'으로 '최소 극단 값 분포'에 잘 적합하고 있는 것으로 보인다. 숫자만 봤을 때 정상 상태로 해석되지만 '잔차 그래프'를 통해 자료에 문제가 있음을 엿볼 수 있다. 극단적인 예이지만 실무에서 다양한 현상과 마주치므로 늘 주의 깊게 관찰한다. 즉 항상 그래프와 함께 해석하는 습관을 키운다.

1.2. '수명 자료'의 '회귀 분석(Regression Analysis)'

[그림 Ⅱ-1]의 '수명 자료 분석법 선정도'로 돌아가 이어질 다음 분석에 대해 알아보자. 이해를 돕기 위해 [그림 Ⅱ-14]에 '선정도'를 다시 옮겨놓았다.

[그림 Ⅱ-14]의 '선정도'에서 '프로빗 분석' 다음 이어질 판단은 '가속스트레스 포함?', 이다. 이때 수집된 데이터에 '가속 변수'가 포함되어 있으면 '수명 자료 회귀 분석(Regression Analysis with Life Data)'을 수행한다. 만일 아이템을 고장나게 할 '가속 변수'를 정하고 일정 기간 시험을 통해 고장을 유도한 뒤 연구에 필요한 정보를 해석한다면 '가속 수명 검사'가 필요하다. '가속 변수'에는 '연속형 변수'와 '범주형 변수'가 동시에 포함되어도 해석이 가능하다.

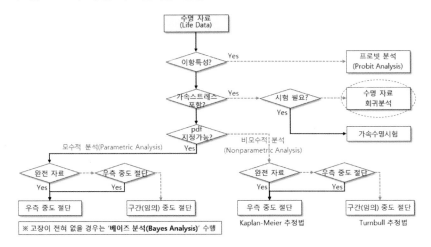

　'회귀 분석'에 대해, '수명 자료 회귀 분석'과 기존의 '회귀 분석' 간 가장 큰 차이는 아이템에 스트레스를 야기하는 변수가 주어지고 그로 인해 '고장' 난 시점이 기록된다는 점이다. 즉 ① 항상 '고장 시간(Failure Time)'이 포함되고, ② '관측 중단 데이터'의 해석이 가능하며, 끝으로 ③ 자료 성격에 맞는 '확률 밀도 함수'가 필요하다. '확률 밀도 함수(pdf)'에는 '정규 분포', '로지스틱 분포', '최소 극단 값 분포'와 그들에 '로그'를 취한 '로그 정규 분포', '로그 로지스틱 분포'와 '와이블(또는 지수) 분포'가 사용된다.

　신뢰성 분야에서의 '회귀 분석'은 확률을 고려한 특별한 '모형(Model)'의 정립이 필요하다. 왜냐하면 데이터 속에 '가속 변수', '수명 시간'이 포함되어 있고, 여기에 자료를 설명할 '확률 밀도 함수'가 덧붙어야 하므로 이들 모두가 '모형' 속에서 유기적 관계를 형성해야 한다. 따라서 이들 모두를 적합하게 설명할 '모형'에 대한 고려가 필요하다. '수명 자료의 회귀 분석'을 위해 다음의 두 모형이 적용된다.

[위치모수 – 척도모수 모형] (식 Ⅱ-7)

이 모형에 적용되는 분포로는 다음의 것들이 포함된다.

– 정규 분포, 최소 극단 값 분포, 로지스틱 분포,

$$Y_p = \mu + \Phi^{-1}(p)\sigma = \beta_0 + \beta_1 X_1 + \beta_2 X_2 + \dots + \Phi^{-1}(p)\sigma \quad - a)$$

: $'\mu'$는 '가속 변수'와 관련된 '위치 모수'
  $'\sigma'$는 '척도모수', '와이블 분포'는 '형상 모수 = $1/\sigma'$
  $'\Phi^{-1}(p)'$는 '표준 역 누적분포함수($Standardized \in verse\ cdf$)'

즉, $F(Y) = \Phi\left(\dfrac{Y-\mu}{\sigma}\right)$

[로그 위치모수 – 척도모수 모형]

이 모형에 적용되는 분포로는 다음의 것들이 포함된다.

– 로그 정규분포, 와이블(지수) 분포, 로그 로지스틱분포,

$$\ln(Y_p) = \mu + \sigma\Phi^{-1}(p) = \beta_0 + \beta_1 X_1 + \beta_2 X_2 + \dots + \sigma\Phi^{-1}(p) \quad - b).$$

또는,

$$Y_p = e^{\mu + \sigma\Phi^{-1}(p)} = e^{\beta_0 + \beta_1 X_1 + \beta_2 X_2 + \dots + \sigma\Phi^{-1}(p)}$$

즉, $F(Y) = \Phi\left(\dfrac{\ln(Y)-\mu}{\sigma}\right)$

(식 Ⅱ-7)의 '[위치모수 - 척도모수 모형]'의 'a)'는 '확률 밀도 함수'로 '정규 분포', '최소 극단 값 분포', '로지스틱 분포'가 쓰이고, '[로그 위치모수 - 척도모수 모형]'의 'b)'는 앞서 쓰인 분포들에 'ln'을 적용한 '로그 정규 분포', '로그 로지스틱 분포' 및 '와이블(또는 지수) 분포'들이 적용된다.

[사례 분석]
지금부터 이어질 '수명 자료 분석법' 설명은 「3.4. '수명 자료(고장 데이터)

분석' 절차」의 순서를 따를 것이다. 기본 학습이 필요한 독자는 해당 단원으로 돌아가 복습하기 바란다.

① 아이템에 대한 '수명 자료'를 수집한다.

'회귀 분석'을 위한 콘덴서 '수명 자료(hrs)'가 [표 Ⅱ-5]라고 가정하자.[84] '가속 변수'로 '온도(Temperature)'와 '전압(Voltage)'이 적용되었으며, 고객의 사용 조건을 고려할 때 '설계 값'은 '온도 = 170℃', '전압 = 230V'이다(라고 가정한다). 이때 분석 시 '설계 값'의 용도는, 수명 자료 분석을 통해 모형이 완성된 후 그 '설계 값'을 모형에 입력하고, 계산 결과로써 '콘덴서 수명'의 '추정 값'을 얻는데 이용된다. 따라서 분석 전 아이템의 '설계 값'에 대한 정보가 수집되어 있어야 한다.

[표 Ⅱ-5] '콘덴서'의 수명 시험 데이터(Meeker & Escobar, 1998)

온도	인가된 전압(Voltage)			
	200V	250V	300V	350V
170℃	439,904,1092,1105	572,690,904,1090	315,315,439,628	258,258,347,588
180℃	959,1065,1065,1087	216,315,455,473	241,315,332,380	241,241,435,455

② '수명 분포(수명 자료 모형)'를 찾는다.

과거 또는 현재의 연구 과정을 통해 아이템에 대한 수명 분포가 알려져 있

---

84) 1) Zelen, M. Factorial experiments in life testing. Technometrics 1, 3 (1959), 269-288. - Capacitor 시험 데이터를 아래 Meeker가 신뢰성 회귀 분석에 적용.
2) Meeker, W. Q., and Escobar, L. A. Statistical Methods for Reliability Data. John Wiley and Sons, Inc., 1998.

는 경우가 대부분이다. 그러나 여기선 사전 정보가 없다는 가정하에 진행해
보겠다.

[표 Ⅱ-5]의 '수명' 데이터가 어떤 '확률 밀도 함수(pdf)'를 따르는지 알아
보기 위해 다음 [그림 Ⅱ-15]와 같이 여러 분포들을 적합 시켜 보았다.

[그림 Ⅱ-15] '확률 밀도 함수'를 찾기 위한 '확률도' 예

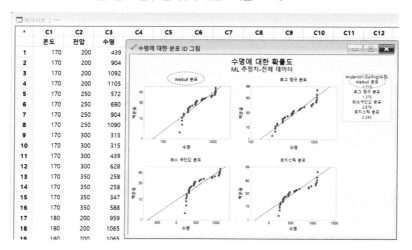

'확률도'상으로는 '로그 정규 분포'가 가장 잘 맞아 보이고, 실제
'Anderson-Darling(수정)' 값도 '로그 정규 분포(1.370)'가 가장 작다[실제는
'로그 로지스틱 분포(1.334)'가 가장 낮았다]. 그러나 아이템이 '콘덴서'이고,
'전압'에 의한 고장 메커니즘은 '피로 고장' 해석에 적합한 '로그 정규 분포'
보다 유전체 재료의 해석에 쓰이는 '와이블 분포'를 선정하였다. '와이블 분
포'는 유전체 내의 불연속성 성장에 기인한 고장 해석 등에 유용하다. 실제로
[표 Ⅱ-5]의 데이터 출처의 문헌도 '와이블 분포'를 이용해 해석하고 있다.

[그림 Ⅱ-15]에서 '와이블 분포'의 '확률도'를 보면 꼬리 부분의 두 개 타점

정도가 직선에서 벗어나 있지만, 'Anderson-Darling(수정)' 값은 '1.715'로 '로그 정규 분포'와 큰 차이를 보이지 않는다. 실제 '와이블 분포'를 선택하더라도 결과에 큰 차이를 보이지 않을 것이다. 만일 현재 분석 대상인 '콘덴서'가 과거에도 계속해서 '와이블 분포'를 적용해왔다면 상대적 비교를 위해서라도 타 분포로 전환하는 일은 심각하게 고려되어야 한다.

③ 모수(Parameter)를 추정한다.
  '수명 자료'가 '와이블 분포'를 따르므로 예상되는 회귀 방정식은 (식 Ⅱ-7)의 'b)'가 해당되며, 식을 다시 옮기면 다음과 같다. 따라서 '와이블 분포의 모수'와 '회귀 방정식의 회귀 계수'가 데이터로부터 추정되어야 한다.

$$\ln(Y_p) = \mu + \sigma \Phi^{-1}(p) = \beta_0 + \beta_1 X_1 + \beta_2 X_2 + \dots + \sigma \Phi^{-1}(p) \qquad (\text{식 Ⅱ-8})$$

  (식 Ⅱ-8)의 좌변인 '$\ln(Y_p)$'는 '수명 자료'에 'ln'을 취한 것이고, 'μ'는 '회귀 방정식' 중 '$\beta_0 + \beta_1 X_1 + \beta_2 X_2 + \dots$'에 대응한다. 즉 '$Xs$'에 값을 입력해 얻어지는 '평균(위치 모수)' 값임을 알 수 있다. 또 '콘덴서'의 '수명'은 '가속 변수'가 작용하는 '확률 분포'를 따르므로 '$\sigma \Phi^{-1}(p)$'가 포함되어 '다중 회귀 방정식'을 확률 상황에 맞게 보정한다.
  이제 미니탭을 이용해 '최대 우도 추정'으로 (식 Ⅱ-8)의 계수들인 'β_i'들과 '모수'인 'σ(척도 모수)'를 추정한다('Newton-Raphson 알고리즘'이라는 반복적 점근법을 이용해 추정 값을 얻음). 참고로 '와이블 분포'의 경우 '형상 모수(β)'가 (식 Ⅱ-8)에 포함된 'σ(척도 모수)'를 대신해야 한다([표 Ⅰ-18] 참조). 따라서 '와이블 분포'로 분석하면 '형상 모수(β)'가 출력되므로 (식 Ⅱ-8)의 'σ'로 전환하려면 '$1/\beta$'을 한다. 다음 [그림 Ⅱ-16]은 '회귀 계수'와 '모수'

를 얻는 과정과 결과이다.

[그림 Ⅱ-16] '회귀 계수'와 '모수'의 추정

미니탭 『통계분석(S)>신뢰성/생존분석(L)>수명 데이터 회귀 분석(E)...』

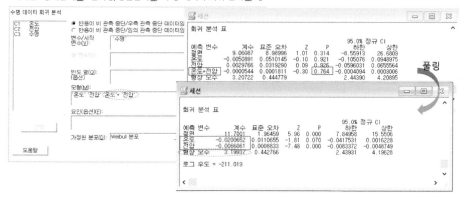

[그림 Ⅱ-16]은 미니탭 내 '대화 상자'의 위치와, 입력 및 실행 결과를 나타
낸다. 특히 '대화 상자' 중 '모형(M):'에는 '가속 변수'인 '온도', '전압' 외에
그들의 '상호 작용'인 '온도*전압'도 포함시켰다. 이때 결과인 '회귀 분석 표'
에서, '온도*전압'의 'P-값 = 0.764'로 유의하지 않아 '상호 작용' 항을 빼고
재분석하였다('풀링'이라고 한다). 항을 빼는 방법은 단순히 [그림 Ⅱ-16]의
'대화 상자' 내 '모형'에서 '온도*전압'을 입력하지 않는다.

'전압'의 'P-값 = 0.000'으로 '콘덴서 고장'에 영향력이 매우 크다는 점과,
'온도'의 'P-값 = 0.070'으로 '유의 수준 = 10%'를 기준할 때 어느 정도 고장
에 영향을 준다는 것을 알 수 있다. 또 '형상 모수(β) = 3.19937'로 추정되었
다. 이때 (식 Ⅱ-8)의 '회귀 방정식'을 완성하면 다음과 같다.

$$\bigcirc \ln(Y_P) = \mu + \Phi^{-1}\sigma(p) \qquad\qquad (\text{식 } \mathrm{II}\text{-9})$$
$$= 11.7001 - 0.0200652 * X_{온도} - 0.0066061 * X_{전압}$$
$$+ \frac{1}{3.19937} * \ln[-\ln(1-p)]$$

또는 양변에 'e'를 취해,

$$\bigcirc Y_P = e^{\left\{ \substack{11.7001 - 0.0200652 * X_{온도} - 0.0066061 * X_{전압} \\ + (1/3.19937) * \ln[-\ln(1-p)]} \right\}}$$

단, '$\Phi^{-1}_{Weibull}(p)$'는 '최소 극단값 $Type\ I$ 분포($Gumbel\ dist.$)'의 $Standardized\ Inverse\ cdf$, 즉 '$\ln[-\ln(1-p)]$'를 적용함.

(식 II-9)에서 '$\sigma\Phi^{-1}_{Weibull}(p)$' 중 '$\sigma$'는 '1/[형상모수($\beta$)]'이므로 [그림 II-16] 의 '형상 모수' 출력 값(3.19937)을 이용한다. 다만 '$\Phi^{-1}_{Weibull}(p)$'는 '표준 역 누적 와이블 분포'인데, '와이블 분포'가 '극단 값 분포'의 특별한 경우이므로 '최소 극단 값 분포'의 '표준 역 누적 분포 함수'를 이용한다. 이 분포에 대한 상세한 소개는 관련 문헌을 참고하기 바란다.[85] 참고로 (식 II-9)의 '$\Phi^{-1}_{Weibull}(p)$' 는 '$\ln[-\ln(1-p)]$'이다.

[표 II-6]은 '$\sigma\Phi^{-1}(p)$'의 계산을 위해 '수명 자료 회귀 분석'에 적합 된 (Fitted) '확률 밀도 함수'별 '표준 역 누적 분포 함수(Standardized Inverse cdf)' 및 '척도 모수(σ)' 들을 모아 정리한 것이다.

[표 II-6]은 전적으로 (식 II-7)의 'a)식'과 'b)식'을 계산할 때 쓰인다. 다 시 강조하지만 'a)식'에는 '정규 분포', '최소 극단 값 분포', '로지스틱 분포' 가, 'b)식'에는 '로그 정규 분포', '로그 로지스틱 분포', '와이블 분포 및 지수 분포'가 적용된다는 점 기억하기 바란다.

---

85) http://www.itl.nist.gov/div898/handbook/eda/section3/eda366g.htm

[표 Ⅱ-6] '확률 밀도 함수'별 '$\Phi^{-1}(p)$' 및 'σ'

분포	표준 역 누적 분포 함수[$\Phi^{-1}(p)$]	σ
정규 분포	$\Phi_z^{-1}(p)$, 즉 '표준정규분포'에서의 'z_p'	척도 모수(σ)
로그 정규 분포	'정규 분포'와 동일	척도 모수(σ)
로지스틱 분포	'로지스틱 분포'의 '역 누적 분포 함수' 즉, $2\tanh^{-1}(2p-1)$.	척도 모수(σ)
로그 로지스틱 분포	'표준 로지스틱 분포 $\sim Logistic(0,1)$'의 역 누적 분포 함수. 즉, $\ln\left(\dfrac{p}{1-p}\right)$.	척도 모수(σ)
최소 극단 값 분포	'최소 극단 값 Type I 분포'의 '역 누적 분포 함수' 즉, $\ln[-\ln(1-p)]$	척도 모수(σ)
와이블 분포	'최소 극단 값 분포'와 동일	$1/$[형상 모수(β)]
지수 분포	'최소 극단 값 분포'와 동일	척도 모수(λ) = 항상 '1'

④ 아이템의 수명을 계산한다.

⑤ '불신뢰도(누적 고장 확률)', '수명(Y, 백분위수)' 추정하기

(식 Ⅱ-9)의 활용법에 대해 알아보자. 일반적으로 '회귀 방정식'을 확보했으면, 'X'가 주어진 상태에서 'Y'를 얻던가, 원하는 'Y'를 얻기 위해 'X'를 찾는 시도가 가능하다. 현재 (식 Ⅱ-9)는 '가속 변수(X)', '수명(Y, 즉 백분위수)', '누적 고장 확률(p)'을 포함하며 이때 알고자하는 정보는 다음으로 요약된다.

○ 설계변수(Xs)가 주어진 상태에서,　　　　　　　　　　(식 Ⅱ-10)
　　$\begin{cases} \text{주어진 '누적 고장확률}(p)'\text{에 따른, '수명}(Y, \text{백분위수})' \\ \text{주어진 '수명}(Y, \text{백분위수})'\text{에 따른, '누적고장확률}(p)' \end{cases}$

○ 설계변수(Xs)가 주어지지 않은 상태에서,
　　$\begin{cases} \text{워크시트의 '모든 } Xs \text{ 조합'에 대해,} \\ \text{주어진 '누적고장확률}(p)'\text{에 따른, '수명}(Y, \text{백분위수})' \end{cases}$

　다음 [그림 Ⅱ-17]은 만일 아이템의 변수 '설계 값', 즉 시장에서의 사용 조건이 '$X_\text{온도} = 170℃, X_\text{전압} = 230\,V$'로 적용된다고 가정할 때, (식 Ⅱ-9) 및 (식 Ⅱ-10)의 적용과 미니탭의 결과를 비교한 것이다.

[그림 Ⅱ-17] '수명(Y, 백분위수)', '불신뢰도(누적 고장 확률)'의 추정

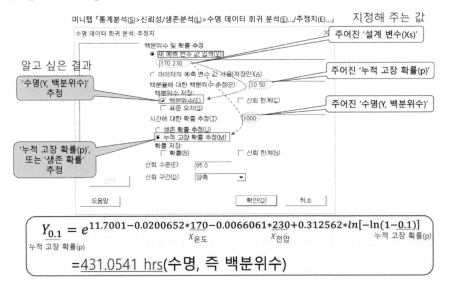

[그림 Ⅱ-17]에서 두 개의 곡선 화살표를 보자. 하나는 '설계 값(Xs) = 170℃, 230V'로 주어진 상태에서 '누적 고장 확률(p) = 10% 또는 50%'일 때

알고 싶은 결과인 ‘수명(Y, 즉 백분위수)’을 얻는 경로이다. 다른 곡선 화살표는 ‘설계 값(Xs) = 170℃, 230V’로 주어진 상태에서 이번엔 ‘수명(Y, 즉 백분위수) = 1,000hrs’일 때 알고 싶은 결과인 ‘누적 고장 확률(p)’을 얻는 경로이다. ‘1 - 누적 고장 확률(p)’은 ‘생존 확률’이 된다는 점도 기억하자.

또 [그림 Ⅱ-17]의 맨 아래엔 ‘설계 값(Xs) = 170℃, 230V’ 상태에서, ‘누적 고장 확률(p) = 10%’일 때 알고 싶은 ‘수명(Y, 즉 백분위수) = 431.0541hrs’임을 직접 계산을 통해 확인하고 있다. 다음 [그림 Ⅱ-18]은 미니탭을 통해 얻은 ‘세션 창’ 결과를 보여준다.

[그림 Ⅱ-18] ‘설계 값(Xs) = 170℃, 230V’에서의 추정 값들

세션

백분위수 표

백분율	온도	전압	백분위수	표준 오차	95.0% 정규 CI 하한	95.0% 정규 CI 상한
10	170	230	431.061	61.8105	325.450	570.944
50	170	230	776.712	73.1411	645.809	934.147

누적 고장 확률 표

시간	온도	전압	확률	95.0% 정규 CI 하한	95.0% 정규 CI 상한
1000	170	230	0.788958	0.589469	0.934019

[그림 Ⅱ-18]에서 ‘설계 값(Xs) = 170℃, 230V’ 상태에서, ‘누적 고장 확률(p) = 10%’일 때 ‘수명(Y, 백분위수) = 431.061hrs’으로 [그림 Ⅱ-17]의 계산 결과와 정확히 일치한다. 그 외에 계산하지 않았던 ‘누적 고장 확률(p) = 50%’의 ‘수명’도 계산되어 있다. 맨 아래쪽에는 거꾸로 ‘수명(Y, 백분위수) = 1,000hrs’에서의 ‘누적 고장 확률(p) = 0.788958’로 관찰된다. 즉 고객사용 조

건에서 '1,000시간'이 지났을 때 아이템이 생존해있을 가능성은 '100대 중 21 대(= 1 - 0.79)'임을 예측할 수 있다. '95% 신뢰 구간 폭'이 대체로 큰 것으로 부터 '표본 크기'를 키워 정밀도를 높여나가는 활동도 중요할 것으로 보인다.

추가로 (식 Ⅱ-10)에서 '설계 값(Xs)이 주어지지 않은 상태에서'는 'Xs'가 입력되지 않는 대신, 실험에 쓰인 '모든 Xs 조합'별로 주어진 '누적 고장 확률(p)'에 대해 '수명(Y, 즉 백분위수)'을 계산한다. 이때는 미니탭의 경우 '세션 창'이 아닌 각 'Xs 조합'별로 '결과 값'들이 '워크시트'에 직접 출력된다. 다음 [그림 Ⅱ-19]는 '대화 상자'와 결과 예이다.

[그림 Ⅱ-19] "설계 값(Xs)이 주어지지 않은 상태"의 추정 수명 결과

미니탭 『통계분석(S)>신뢰성/생존분석(L)>수명 데이터 회귀 분석(E)…/추정치(E)…』

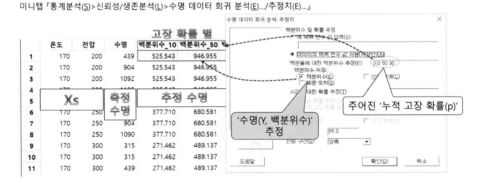

[그림 Ⅱ-19]는 '대화 상자'에 [그림 Ⅱ-17]처럼 '설계 값(Xs)'이 입력되어 있지 않다. 따라서 '워크시트'에 기록되어있는 '실험 값 조합'들이 '설계 값'으로 대신 쓰인다. [그림 Ⅱ-19]의 '대화 상자'에 입력된 '누적 고장 확률(p)'별 '추정 수명'이 '워크시트'에 출력되어 있다.

1.3. '완전 자료(Complete Data)' 분석

'모수적 분석(Parametric Analysis)'은 '모수(Parameter)' 추정이 가능한 '확률 밀도 함수(pdf)'가 존재하는 '수명 자료 분석'을 총칭하는 용어. [그림 Ⅱ-14]의 '수명 자료 분석법 선정도'에서 '모수 분석' 중 '완전 자료(Complete Data)'의 신뢰성 분석에 대해 알아보자. '완전 자료'의 특징을 다시 정리하면 다음과 같다.

- 아이템의 고장 난 시간이 정확히 알려져 있다.
- 고장 난 시점이 대부분 제각각이다.
- 수리나 클레임 등 실제 사용 환경에서 수집된 수명 자료이다.
- 사내 시험 평가에서 수집된 고장 시간도 포함한다.

'수명 자료 분석법' 설명인 「3.4. '수명 자료(고장 데이터) 분석' 절차」의 순서에 따라 네 단계로 나눠 다음과 같이 진행된다. 기본 학습이 필요한 독자는 해당 단원으로 돌아가 복습하기 바란다.

① 아이템에 대한 '수명 자료'를 수집한다.

일반적인 '완전 자료'의 수집 포맷은 [표 Ⅱ-7]과 같다. 데이터는 한 기계 장치에 포함된 '휠(Wheel)'의 파손 시점까지의 시간이며, 휠의 내구성 측도를 나타낸다. '고장 시간'은 휠이 파손되어 수리를 의뢰한 제품에 대해 이루어졌으며, 기계 장치 내부에 설치된 '카운터'의 회전수를 시간 단위로 전환한 것이다. 만일 '시간'이 아닌 '회전 수(Cycle)'나 '주기(Frequency)'로 관리되고 있으면 그대로 사용해도 무방하다. 즉 현재 사용 중인 관리 단위 그대로 분석에 활용해야 해석과 의견 교환에 유리하다.

[표 II-7] '모수적 분석'을 위한 '완전 자료' 예(휠 내구성 데이터, hrs)

휠(Wheel) 수명				[hrs]
1,419.6	9,388.7	1,088.7	5,455.1	4,795.9
835.4	8,447.0	3,452.3	12,915.7	16,834.4
17,843.2	1,160.5	6,290.7	10,841.3	1,097.3
7,437.8	335.9	6,811.0	8,644.4	12,113.6
5,158.9	14,129.5	5,657.7	11,612.9	7,654.5

[표 II-7]의 '수명 자료'는 기록된 '수명 시간' 하나하나가 분석에 직접 쓰이지만 사실은 '수명 시간' 한 개에는 '고장 난 아이템 한 개'의 의미도 같이 내포한다. 즉 '수명 시간 - 고장 빈도'가 하나의 쌍으로 이루어져 있다. 그래야 '수명 시간'을 'X-축'으로 두고 'Y-축' 방향으로 '빈도'를 쌓아나갈 수 있다(「4. 확률 밀도 함수의 형성」 참조).

[표 II-7]의 '수명 자료'를 해석해 '휠(Wheel)'의 '10%'가 고장 나는 시점인 'B_{10} 수명'과, '15,000시간'에서의 '신뢰도(생존 확률)'를 알고자 한다.

② '수명 분포(수명 자료 모형)'를 찾는다.

'확률지'가 있다면 그 위에 타점해 어느 '고장 확률 밀도 함수(pdf)'를 따르는지 확인할 수 있다. 또 평가 대상인 아이템이 크게 바뀌지 않고 항상 고정적이면 기업 자체적으로, 또는 전문가에 의뢰해 엑셀로 매크로를 짠 프로그램을 이용할 수도 있다. 엑셀의 활용은 데이터 입력과 동시에 분포는 물론 기본 정보들이 바로 나오도록 구성할 수도 있어 생산 라인이나 품질 관리팀에서 수시 평가가 가능하다. 본문에서는 편리상 통계 패키지를 이용한다. 다음 [그림 II-20]은 미니탭을 이용해 '확률 밀도 함수(pdf)'를 적합 시킨 예이다.

[그림 Ⅱ-20] '수명 분포'를 찾기 위한 '적합도' 평가

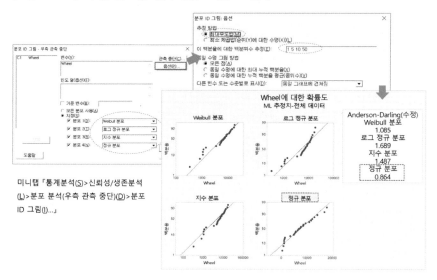

미니탭『통계분석(S)>신뢰성/생존분석
(L)>분포 분석(우측 관측 중단)(D)>분포
ID 그림(I)...』

[그림 Ⅱ-20]에서 네 개의 '확률 밀도 함수'인 '와이블 분포', '로그 정규 분포', '지수 분포', '정규 분포'를 적합 시켜 보았다. 이때 '　옵션(P)...　'에서 '추정 방법'에 '최대 우도법(M)'을 지정했는데 그로부터 'Wheel에 대한 확률도' 결과에 'Anderson-Darling(수정)'으로 분포의 적합 여부를 나타내고 있다. 'Anderson-Darling(수정)' 통계량이 작을수록 적합이 잘된 분포이다.[86] 만일 '최대 우도법(M)' 대신 '최소 제곱법'을 선택한다면 'Anderson-Darling(수정)' 통계량 대신 '상관 계수'를 통해 적합 여부를 판단한다. '상관 계수'는 클수록 적합이 잘되는 분포이다. [그림 Ⅱ-20]에서 휠 '수명 자료'를 잘 설명하는 분포는 '정규 분포'임을 알 수 있다.

---

86) 'Anderson-Darling Test'는 다음 자료 참조. 「Be the Solver_탐색적 자료 분석(EDA)」 편, pp.132～134.

사실 휠과 같은 기계 부품의 내구성은 '와이블 분포'나 '로그 정규 분포'가 해석에 적합할 수 있다. 전자 부품이나 기계 부품들은 오랜 기간 많은 연구가 이루어진 분야이고 그 때문에 수명 분포들이 대부분 밝혀져 있다. 따라서 아이템에 대해 처음 진행하는 분석이면 결론에 이르기 전 참고할 만한 정보가 없는지 관련 문헌이나 논문 등을 철저히 조사하는 활동이 선행되어야 한다.

또는 기업 내에서 지속적으로 관리해온 아이템은 수명 분포가 정해져 있을 가능성이 높다. 이 경우 [그림 Ⅱ-20]처럼 적합도가 높다고 해서 '정규 분포'를 선택하는 것은 잘못된 결론에 이를 수 있다. 다른 분포를 선택하면 과거 자료와의 상대적 비교가 어려울뿐더러 분포가 바뀌었다면 프로세스에 개선이 이루어져야 할, 즉 예상치 못한 문제가 존재할 수 있기 때문이다. 참고로 본문에서는 이후에 이루어질 '모수 추정'에서 '정규 분포'가 수학적 처리에 용이하단 점을 감안해 '정규 분포'를 선택하였다.

③ 모수(Parameter)를 추정한다.
'수명 자료'를 설명할 '확률 밀도 함수(pdf)'로 '정규 분포'를 찾았다. 다음은 '정규 분포'의 'pdf'를 다시 옮겨놓은 것이다.

$$['정규 분포'의 pdf] \quad : \quad f(t) = \frac{1}{\sqrt{2\pi}\,\sigma} e^{-\frac{(t-\mu)^2}{2\sigma^2}} \qquad (식 \ Ⅱ-11)$$

(식 Ⅱ-11)에서 'pdf'의 일반적 쓰임새는 함수에 포함된 '모수(μ, σ)'가 알려져 있을 때, '주어진 t'에 대한 '확률 밀도$[f(t)]$'를 얻거나, 또는 적분을 통해 '확률'을 계산하는 일이다.

그러나 현재는 상황이 다른데 [표 Ⅱ-7]의 '수명 자료'를 설명할 'pdf'로 '정규 분포'가 찾아졌고, 이어 휠의 수명을 추정할 목적으로 'pdf'를 이용해야 한다. 하지만 이전 사례 분석과 마찬가지로 식을 당장 사용할 수는 없다. 왜냐하면 (식 II-11)의 '모수'인 'μ, σ'가 알려져 있지 않기 때문이다. 이때 가장 합리적인 접근은 [표 II-7]의 데이터가 올바르다면 그들이 나올 가능성이 가장 크도록 해주는 '모수'들을 찾아주는 게 현실적이다. 이와 같은 접근법이 '최대 우도 추정(MLE, Maximum Likelihood Estimation)'이다.

좀 더 상황을 단순화시키기 위해 '수명 자료'가 단 세 개만 수집됐다고 가정하자. 즉 '116, 97, 123'이다. 이때 이 세 개 데이터가 '정규 분포'를 따른다고 할 때, 이들이 나올 가능성이 최대가 되게 하는 '모수'를 찾는다고 하자. 이것은 '각각이 독립적으로 얻어질 때 116이 나오고 97이 나오고 123이 나오는 사건'이므로 각각의 가능성을 곱해야 한다. 이 결과를 'L'이라고 하고, 이 확률을 최대가 되도록 수학적 접근을 시도한다. 식은 다음과 같다['L'을 '우도 함수(Likelihood Function)'라고 한다].

$$L = \left(\frac{1}{\sqrt{2\pi}\,\sigma} e^{-\frac{(116-\mu)^2}{2\sigma^2}} \right) \times \left(\frac{1}{\sqrt{2\pi}\,\sigma} e^{-\frac{(97-\mu)^2}{2\sigma^2}} \right) \qquad \text{(식 II-12)}$$
$$\times \left(\frac{1}{\sqrt{2\pi}\,\sigma} e^{-\frac{(123-\mu)^2}{2\sigma^2}} \right)$$

$$= \left(\frac{1}{\sqrt{2\pi}\,\sigma} \right)^3 \times e^{-\frac{(116-\mu)^2 + (97-\mu)^2 + (123-\mu)^2}{2\sigma^2}} \qquad --a)$$

(식 II-12)의 'a)'에서 항 '$(116-\mu)^2 + (97-\mu)^2 + (123-\mu)^2$'를 보자. '$L$'이 최대가 되려면 바로 이 항이 최소가 되어야 하며, 가장 작은 값을 갖는 방법은 '모수'인 'μ'가 '116, 97, 123'의 '평균'인 '112'가 되는 것이다. 왜 '평균'인 '112'가 'L'을 최대화하는지는 무식한 방법이지만 그 이외 다른 값들을

하나씩 몇 개만 넣어 계산해보면 쉽게 알 수 있다. 그래도 의심이 가면 굉장히 많은 노동(?)이 필요하겠지만 결국은 세 값들의 '평균'을 대입하는 것이 'a)'를 가장 크게 할 유일한 값임을 알게 된다.

지금까지의 설명을 확장해서 전체 과정을 수학적으로 전개해보자. 앞서 세 개의 값들이 '$x_1, x_2, \dots x_n$'처럼 'n개'로 늘어나면 (식 II-12)는 다음과 같이 표현된다.

$$L = \prod_{i=1}^{n} \left\{ \left(\frac{1}{\sqrt{2\pi}\,\sigma} \right) \times e^{-\frac{(x_i - \mu)^2}{2\sigma^2}} \right\} \qquad (\text{식 II-13})$$

$$= \left[(2\pi)^{-1/2} \sigma^{-1} \right]^n \times e^{-\frac{\sum_{i=1}^{n}(x_i - \mu)^2}{2\sigma^2}}$$

양변에 'ln'해서 정리하면,

$$\ln L = -\frac{1}{2} n \ln(2\pi) - n \ln\sigma - \frac{\sum_{i=1}^{n}(x_i - \mu)^2}{2\sigma^2} \quad --- b)$$

(식 II-13)에서 'Π'는 (식 II-12)에서처럼 '동일 구조의 식을 계속 곱한다.' 는 기호이고, 양변에 'ln'을 취하는 이유는 식의 성격을 바꾸지 않으면서 '미분'을 쉽게 하기 위함이다. 이제 (식 II-13)의 'b)식'을 'μ'에 대해 두 번 편미분해서 기울기가 '+ → 0'의 형태로 관찰되면 그때의 'μ'는 (식 II-13)을 최대로 하는 값으로 판단한다. 동일하게 'σ'에 대해 편미분을 수행한 뒤 같은 결론을 유도한다. 다음은 'μ'와 'σ'를 얻기 위한 '최대 우도 추정(MLE)' 과정을 보여준다.

$$\frac{\partial(\ln L)}{\partial \mu} = -\frac{-2\sum_{i=1}^{n}(x_i - \mu)}{2\sigma^2} = 0 \qquad \text{(식 II-14)}$$

$$\Rightarrow \sum_{i=1}^{n} x_i = n\hat{\mu}$$

$$\therefore \hat{\mu} = \bar{x} = \frac{\sum_{i=1}^{n} x_i}{n} \quad ---c)$$

비슷하게 'σ'에 대해서는 다음과 같다.

$$\frac{\partial(\ln L)}{\partial \sigma} = -\frac{n}{\sigma} + \frac{\sum_{i=1}^{n}(x_i - \mu)^2}{\sigma^3} = 0 \qquad \text{(식 II-15)}$$

$$\Rightarrow \hat{\sigma}^2 = \frac{\sum_{i=1}^{n}(x_i - \mu)^2}{n}$$

$$\therefore \hat{\sigma} = \sqrt{\frac{\sum_{i=1}^{n}(x_i - \mu)^2}{n}} \quad ---d)$$

'c)식'과 'd)식'은 매우 낯익은 '산술 평균'과 '분산(또는 표준 편차)'을 얻는 식이다.

결국 '최대 우도 추정(MLE)'은 수명과 같은 변량이 수집되고 그를 설명할 '확률 밀도 함수(pdf)'가 정해졌을 때, '모수'들을 추정하기 위한 수학적 접근법임을 알 수 있다. 예로 들었던 (식 II-11)의 '정규 분포'와 같은 'pdf'에 포함된 '모수(μ, σ^2)'들은 '최대 우도 추정' 결과, '수명 자료'들의 '산술 평균'과 '표준 편차'를 통해 '모수'가 얻어지는 게 가장 바람직하다는 것을 알려준다.

다른 '확률 밀도 함수' 역시 동일한 과정을 거쳐 각각의 '모수'를 추정한다. 이때는 '추정'의 의미이므로 (식 Ⅱ-15)의 경우 '$\hat{\mu}, \hat{\sigma}$'와 같이 'hat'를 씌워 표현한다.

이제 [표 Ⅱ-7]의 '수명 자료'에 대해 (식 Ⅱ-14)와 (식 Ⅱ-15)를 적용해 보자.

$$\hat{\mu} = \bar{x} = \frac{\sum_{i=1}^{n} x_i}{n} = \frac{1419.6 + 835.4 + \dots + 7654.5}{25} \qquad (식 \ Ⅱ-16)$$
$$\cong 7256.88$$
$$\hat{\sigma} = \sqrt{\frac{\left(x_i - \hat{\mu}\right)^2}{n}} = \sqrt{\frac{(1419.6 - 7256.88)^2 + \dots + (7654.5 - 7256.88)^2}{25}}$$
$$\cong 4958.92$$

다음 [그림 Ⅱ-21]은 미니탭을 이용한 결과이다('신뢰성 모듈'과 '기초 통계 모듈'로부터 각각 얻음).

[그림 Ⅱ-21] '모수 추정' 결과. '신뢰성 분석'과 '기초 통계'의 '모수' 차이

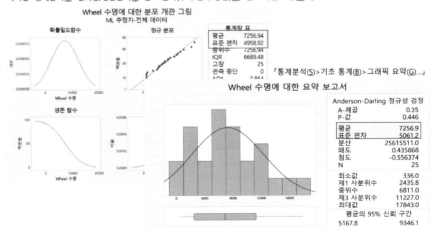

[그림 Ⅱ-21]은 미니탭의 '신뢰성 모듈'에서 계산된 '평균 = 7,256.94' 및 '표준 편차 = 4,958.92'와 '기초 통계 모듈'에서 계산된 '평균 = 7,256.9' 및 '표준 편차 = 5,061.2'를 비교한 것이다. 왜 '표준 편차'가 차이 날까? 신뢰성 에서의 '최대 우도 추정(MLE)'은 (식 Ⅱ-15)의 '식 d)'와 같이 '데이터 수 = n'으로 나누는 반면, '기초 통계'에서는 '표본 표준 편차'의 경우 '자유도'인 '$n-1$'로 나누기 때문이다. '신뢰성 계산'에서는 '모 표준 편차'의 개념이, '기초 통계'에서는 '표본 표준 편차'의 개념이 적용되는 셈이다.

'정규 분포' 이외의 '와이블 분포', '로그 정규 분포', '지수 분포' 등도 모두 '최대 우도 추정(MLE)'으로 '모수'들을 추정할 수 있으나 적분의 어려움 등 굳이 본문에 실을 필요가 없을 것 같아 생략한다. 관심 있는 독자는 Wikipedia 등을 참고하기 바란다.

④ 아이템의 수명을 계산한다.
⑤ '신뢰 구간(Confidence Intervals)'을 구한다.

휠(Wheel)의 '수명 자료'인 [표 Ⅱ-7]로부터 해석에 적합한 '확률 밀도 함수 (pdf)'인 '정규 분포'를 찾았고 '모수'를 추정하였다. '모수'들이 입력된 최종 '확률 밀도 함수'는 다음과 같다.

[정규 분포] (식 Ⅱ-17)

$$f(t) = \frac{1}{\sqrt{2\pi}*4958.92} e^{-\frac{(t-7256.94)^2}{2*4958.92^2}}$$

서두의 "① 아이템에 대한 수명 자료를 수집한다."에서 알고 싶은 정보는 '휠(Wheel)'의 '10%'가 고장 나는 시점인 'B_{10} 수명'과, '15,000시간'에서의 '신뢰도(생존 확률)'이다. 'B_{10} 수명'은 (식 Ⅱ-17)의 '역 누적 분포 함수'를,

'신뢰도'는 '불신뢰도(누적 고장 확률)'를 구한 뒤 '$1 - F(t)$'를 통해 얻는다. 이를 위해 미니탭의 다음 기능을 이용한다.

[그림 II-22] 'B_{10} 수명'과 '15,000시간'에서의 신뢰도(생존 확률) 구하기

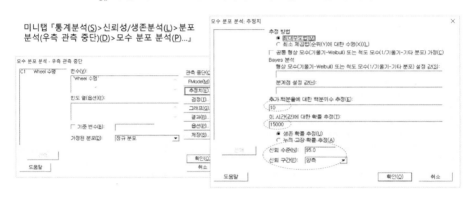

[그림 II-22]에서 '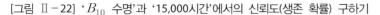'로 들어가 '추가 백분율에 대한 백분위수 추정 (E):'에 '10'을, '이 시간(값)에 대한 확률 추정(A)'에 '15000'을 각각 입력한다. 추가로 [그림 II-22]의 '대화 상자'에는 '생존 확률'과 '신뢰 구간'이 자동 구해질 수 있도록 '기본 설정(Default)'이 되어있다. [그림 II-23]은 출력 결과이다.

물론 (식 II-17)의 '정규 분포'가 완전히 파악되어 있으므로 '정규 분포'의 '누적 확률 분포(cdf)'를 이용해 직접 계산도 가능하다. 여기서 직접 계산이란 실제 적분의 어려움으로 엑셀이나 통계 패키지를 활용한다는 뜻이다. 미니탭의 경우 '계산 모듈'을 이용해 직접 값들을 얻을 수 있다. 계산 과정은 생략한다.

[그림 Ⅱ-23] 'B_{10} 수명'과 '신뢰도(생존 확률)'

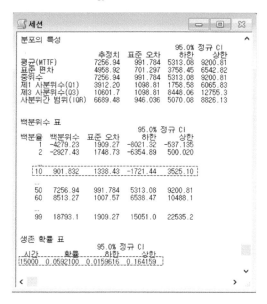

　　[그림 Ⅱ-23]에서 '백분율 = 10%'는 기본 출력에 포함되어 있으므로 별개
로 기술하지 않는다. 결과로부터 아이템의 '10%'가 고장 나는 시점은 '901.832
시간'이며, '95% 신뢰 구간'은 '-1721.44 ~ 3525.10'이다. '정규 분포'이기
때문에 '음수'가 나올 수 있다고 설명한 바 있다. 그러나 '수명'에서는 '음수'
란 의미가 없다. '0'부터로 해석한다. 이 같은 이유로 '정규 분포'는 수명 해석
때 적용 여부를 미리 고려해봐야 한다.

　　'15,000시간' 시점의 '신뢰도(생존 확률)'에 대해서는 '0.05921(약 5.9%)'가
생존해있을 것으로 추정된다. '95% 신뢰 구간'을 보면 측정이 반복될 시
'15,000시간' 시점의 '신뢰도(생존 확률)'는 '약 1.6%'에서 '약 16.4%' 사이에
대부분 포함될 것으로 보인다.

'중도 절단 자료'의 기본 설명은 [표 Ⅰ-5]를 참고하기 바란다. '중도 절단 (Censoring)'은 '통계학, 공학, 경제학, 의학 등에서 사용되며, 데이터의 측정값 이나 관찰치가 부분적으로만 알려진 상태'이다. 연구나 양산품 시험 평가, 또 는 시장에서 수집되는 대부분의 '수명 자료'들은 고장 난 시점을 정확하게 기 술하고 있는 반면, 연구 단계에서의 시험 평가는 여건상 고장 나지 않은 아이 템의 '수명 자료'도 자주 만들어낸다.

시험 중 '중도 절단' 방식은 크게 두 가지가 있다. 하나는 미리 정해놓은 시 간에 이르렀을 때 시험을 멈추는 '정시 중단(제1종 중도 절단, Type Ⅰ Censored)'이고, 반대로 미리 정해놓은 '고장 수'에 이르렀을 때 시험을 중단 하는 '정수 중단(제2종 중도 절단, Type Ⅱ Censored)'이 있다. '정시 중단'을 통해 기록된 '수명 자료'는, 예를 들어 '5,000시간' 시점에 일률적으로 시험을 멈췄다면 고장 난 아이템의 수명은 '5,000시간 이하'가 되겠지만 작동 중인 아이템은 모두 동일한 '5,000시간'으로 기록될 것이다.

반면에 '정수 중단'은 정해놓은 수의 아이템이 고장 나면 시험이 중단되므로 충분한 사전 정보가 없으면 예상을 뛰어 넘는 오랜 기간을 기다릴 수 있다. 다 음 [그림 Ⅱ-24]는 '중도 절단 자료'의 유형을 분포와 함께 표시한 예이다.

[그림 Ⅱ-24] '중도 절단 자료'의 유형

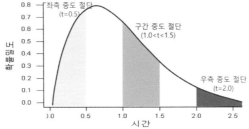

[그림 Ⅱ-24]에서 '좌측 중도 절단 자료(Left-censored Data)'는 '0.5시간' 시점에 아이템을 관찰했을 때 이미 고장 난 경우이다. 즉 '0.5시간' 이전 어느 시점에 고장이 났다는 정보만 알고 있다. 연구소에서 금속 표면 코팅제를 개량할 때 염수를 계속 뿌리며 부식 상태를 관찰한다고 가정해보자. 만일 일정 기간이 지나 부식이 발생한 상태를 발견했다면 그 시각은 '좌측 관측 중단 자료'에 해당한다. 이때의 '누적 고장 확률'은 '0.5시간 이하'인 '$P(X \leq 0.5)$'를 구한다.

이어 [그림 Ⅱ-24]에서 '우측 중도 절단 자료(Right-censored Data)'는 시험을 중단한 '2.0 시간'의 관측 시점까지 고장 나지 않은 자료이다. 만일 '2.0 시간'까지 고장 나지 않을 확률, 또는 '2.0 시간'을 초과해서 생존할 확률을 구하려면 '$P(X > 2.0)$'을 구한다. 이 값을 '신뢰도(또는 생존 확률)'라고 설명한 바 있다.

끝으로 [그림 Ⅱ-24]에서 '구간 중도 절단 자료(Interval-censored Data)'는 시험을 시작했을 때 정상 작동했던 아이템이 관찰 시점에 고장 나 있는 자료이다. '시점과 시점 사이'에서 고장 났다는 정보만 확인될 뿐 정확한 시점은 알지 못한다. 이때의 '누적 고장 확률'은 두 시점 사이의 적분을 통해 계산되며, $P(1.0 < X < 1.5)$'를 구한다. '좌측 중도 절단 자료'는 '구간 중도 절단 자료'의 특별한 경우이다. 즉 '구간 중도 절단 자료'의 경우 '시작 시점'과 '관찰 시점'을 '[L, R]'로 표시할 때, '좌측 중도 절단 자료'는 시작 시점을 알 순 없지만 '음수'는 없으므로 '$L = 0$'에 해당한다. 반면에 '우측 중도 절단 자료' 역시 '구간 중도 절단 자료'의 특별한 경우이다. 즉 '구간 중도 절단 자료'의 '[L, R]'에서 '$R = \infty$'에 해당한다.

그 외에 '임의 중도 절단 자료(Arbitrary-censored Data)'가 있으며, 수명 자료가 '완전 자료', '좌측 중도 절단 자료', '우측 중도 절단 자료', 또는 '구간 중도 절단 자료' 들이 모두 섞여 있는 자료를 말한다. 필자의 경험으론 '시장 데이터'나 연구소 내 과거 자료들을 한데 모아놓았을 때 자주 접하는 자료 형이다. 미니탭에서는 '임의 관측 중단'을 분석할 수 있도록 별도의 '분석 모듈'을 제공한다.

'좌측 중도 절단 자료'는 일반적으로 '우측 중도 절단 자료'보다 적용 빈도가 낮으므로 '구간 중도 절단 자료' 설명에 포함시켜 간단히 언급할 것이다. 이제 분석 빈도가 가장 높은 '우측 중도 절단 자료'의 수명 분석에 대해 알아보자. 동일하게 다섯 단계의 절차에 따라 설명이 진행된다.

① 아이템에 대한 '수명 자료'를 수집한다.

한 전자 부품의 수명 분석을 위해 가혹 조건을 설정한 후 신뢰성 시험을 수행하였다(고 가정한다). 다음 [표 II-8]은 시험 후 정리된 '우측 중도 절단 자료'이다(라고 가정한다).

[표 II-8] 전자 부품에 대한 '우측 중도 절단' 수명 자료(hrs)

부품 No.	전자 부품 수명	중도 절단	부품 No.	전자 부품 수명	중도 절단
1	2	F	9	21	F
2	6	F	10	43	F
3	6	C	11	63	F
4	7	F	12	64	C
5	9	C	13	72	F
6	11	C	14	77	F
7	14	F	15	112	C
8	16	C	–	–	–

[표 II-8]은 본문에서 다양한 데이터 포맷을 독자로 하여금 경험시키기 위해 도입하였다. 예를 들어, 일반적인 '정시 중단' 시험일 경우 '112 시간'에 모든 시험을 중단했다면, [표 II-8]에서 최대 '112 시간'은 여전히 '작동 중인 아이템(C)'이고 그 미만 시간대는 모두 '고장 난 아이템(F)'으로 간주된다. 그

러나 표를 보면 '부품 No.7'은 '14시간'에 고장 난 반면, '부품 No.3'은 그보다 이전 시간대인 '6시간'임에도 여전히 작동 중으로 표시되어 있다. 즉 'C'와 'F'가 뒤섞여 있는 양상이다.

이 같은 시험은 [표 Ⅱ-8]과 같이 총 15개의 전자 부품을 가혹 조건에서 시험하면서, 필요에 의해 중간 중간 고장 난 부품의 원인 규명, 또는 부품 내 상태 변화를 관찰할 목적으로 '고장 해석'을 가정한 상황이다. 따라서 시험을 진행하면서 고장 난 부품은 '완전 자료'이므로 시험대에서 빼내지만, 고장 나지 않은 부품도 '고장 해석'을 위해 작동 중인 부품을 빼내야 한다(고 가정한다). 이때 고장 나지 않은 부품은 '중도 절단 자료'가 된다.

② '수명 분포(수명 자료 모형)'를 찾는다.

다음 [그림 Ⅱ-25]는 [표 Ⅱ-8]의 수명 분포를 찾기 위한 미니탭 입력과 그 결과이다.

[그림 Ⅱ-25] '수명 분포'를 찾기 위한 '적합도' 평가

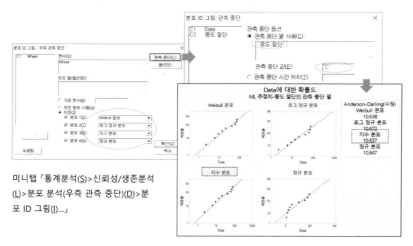

미니탭 『통계분석(S)>신뢰성/생존분석(L)>분포 분석(우측 관측 중단)(D)>분포 ID 그림(I)...』

[그림 Ⅱ-25]에서 이전과의 차이점은 '관측 중단(C)...'으로 들어가 '중도 절단' 열을 지정해줘야 한다. '완전 자료'는 'F', '중도 절단 자료'는 'C'로 입력해놓았으므로 자동으로 인식한다. 그러나 다른 단어로 표기했다면 '대화 상자'의 '관측 중단 값(E):'에 단어를 따옴표와 함께 입력한다.

[그림 Ⅱ-25]의 '확률도'를 보면 'Anderson-Darling(수정)' 값이 가장 작은 '지수 분포(10.637)'를 전자 부품 수명 해석에 적절한 분포로 정하였다(고 가정한다). 참고로 이후에 설명될 '모수 추정'에서 '지수 분포'는 '중도 절단 자료'가 포함된 경우에 수학적 처리가 용이하단 점도 감안하였다.

③ 모수(Parameter)를 추정한다.

'중도 절단 자료'가 포함된 경우 '모수'를 추정하기 위해 '정시 중단(제1종 중도 절단)'과, '정수 중단(제2종 중도 절단)' 별로 수학적 처리가 달리 전개된다. 또 '정시 중단'의 경우 a)모든 아이템들을 똑같은 시점에서 시험 종료시키는 방법과, b)아이템별로 서로 다른 종료 시점을 할당하는 방법이 있으며 어느 방법을 선택하느냐에 따라 '모수 추정' 산식에도 약간의 차이가 있다. 본문에서는 '정시 중단, 중도 절단 시간이 대상마다 다르며, 지수 분포이고, 고장원인이 한 개인 경우'에 한정해 수학적 전개 과정을 소개할 것이다.[87] 다른 '분포 함수'들의 '모수 추정'과 관련한 해석들은 본 책의 범위를 넘어서므로 관심 있는 독자는 관련 문헌을 참고하기 바란다.

'정규 분포'의 '우도 함수(L로 정의했었다)'인 (식 Ⅱ-12)를 상기하면 '지수 분포'의 '우도 함수'도 다음과 같이 동일하게 전개된다.

$$L = \left(\lambda e^{-\lambda t_1} \right) \times \left(\lambda e^{-\lambda t_2} \right) \times \ldots \times \left(\lambda e^{-\lambda t_n} \right) \qquad \text{(식 Ⅱ-18)}$$

$$= \lambda^n e^{-\lambda \sum_{i}^{n} t_i}$$

---

87) 윤상운 (1996), 「신뢰성 분석」, pp.49~50.

다만 (식 Ⅱ-18)은 고장 난 아이템과, '중도 절단'처럼 고장 나지 않은 아이템이 공존하는 상황을 반영해야 한다. 만일 고장 난 아이템의 '고장 시간'을 'x_i'라 하고, 아이템의 '중도 절단' 시점을 'l_i'라 하자. 시험 중 실제 고장 난 개수를 'r개'로 가정하면 이를 (식 Ⅱ-18)에 반영한 결과는 다음과 같다.

$$L = \lambda^n e^{-\lambda \sum_{i}^{n} t_i} = \lambda^r e^{-\lambda \left(\sum_{i \in C}^{n} x_i + \sum_{i \in D}^{n} l_i \right)}$$

(식 Ⅱ-19)

잘 알고 있다시피 고장 난 아이템에 대한 '지수 분포'의 '고장 확률 밀도 함수'는 '$\lambda e^{-\lambda x}$'이고, 생존 아이템의 '신뢰도 함수'는 중도 절단 시점이 'l시간'이므로 '$e^{-\lambda l}$'로 해석할 수 있다. (식 Ⅱ-19)의 '$\sum_{i \in C}$'에서 '$i \in C$'는 전체 'n개' 아이템들 중 '고장 수'만을, '$\sum_{i \in D}$'의 '$i \in D$'는 전체 'n개' 아이템들 중 '중도 절단 수'만을 포함하는 표현이다.

이제 (식 Ⅱ-19)를 최대화함으로써 'λ'를 추정하는 과정은 '정규 분포'의 (식 Ⅱ-14)와 같이 편미분이 필요하며, 이를 '최대 우도 추정(MLE)' 이라고 한 바 있다.

(식 Ⅱ-19)로부터,

(식 Ⅱ-20)

$$\frac{\partial(L)}{\partial \lambda} = -\frac{\partial(\lambda^r e^{-\lambda T})}{\partial \lambda} = 0 \ : \ T = \sum_{i \in C} x_i + \sum_{i \in D} l_i$$

$$\Rightarrow r\lambda^{r-1} e^{-\lambda T} + \lambda^r(-T)e^{-\lambda T} = 0$$

$$\Rightarrow \lambda^r e^{-\lambda T}\left(\frac{r}{\lambda} - T\right) = 0$$

$$\Rightarrow \hat{\lambda} = \frac{r}{T} \ --------- a)$$

추가로 (식 Ⅱ-20)의 'T'에 포함된 '$\sum_{i \in D} l_i$'는 시험에 참여한 각 아이템들의 '중도 절단 시점'이 모두 다르다는 것을 가정한 표현이다. 이때 '중도 절단 시점 = 5,000시간'처럼 일률적으로 정해버리면 '중도 절단 된 아이템 수'는 전체 'n개'에서 '고장 수'인 'r개'를 뺀 수이므로 'T'는 다음과 같이 정리된다.

$$\sum_{i=1}^{n-r} l_i = l_1 + l_2 + l_3 + \ldots + l_{n-r} = l + l + \ldots + l \qquad \text{(식 Ⅱ-21)}$$
$$= (n-r) \times l$$

(식 Ⅱ-20)의 '모수 추정'이 들어맞는지 확인하기 위해 [표 Ⅱ-8]과 같이 '중도 절단 시점'이 제각각인 자료의 계산 값과, 미니탭 결과를 비교해보자. 다음은 [표 Ⅱ-8] 자료의 '모수 추정'을 직접 계산한 결과이다.

$$\text{고장 난 부품 수}(r) = 9\text{개} \qquad \text{(식 Ⅱ-22)}$$
$$\text{전체 고장 시간}(T) = \sum_{i=1}^{9} x_i + \sum_{i=1}^{6} l_i$$
$$= (2+6+7+14+21+43+63+72+77)$$
$$+ (6+9+11+16+64+112)$$
$$= 523$$

$$\hat{\lambda} = \frac{r}{T} = \frac{9}{523} \cong 0.01721.$$

단, 출처에 따라 $'r'$ 대신 $'r+1'$ 도 사용함.

다음 [그림 Ⅱ-26]은 [표 Ⅱ-8]에 대한 미니탭의 '모수 추정' 결과를 옮겨놓은 것이다.

[그림 Ⅱ-26] '중도 절단 자료'의 '모수 추정'(지수 분포)

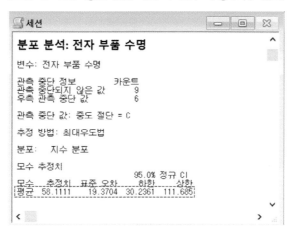

[그림 Ⅱ-26]에서 '척도 모수(m)'는 '평균'인 '58.111'로 추정한다. 미니탭 경우 '지수 분포'는 '$1/m$'을 적용하므로 (식 Ⅱ-22)와 일치시키기 위해서는 '58.111'의 역수를 취해 'λ'를 얻는다. 결과는 '약 0.01721'로 (식 Ⅱ-22)의 직접 계산과 정확히 일치한다는 것을 알 수 있다.

④ 아이템의 수명을 계산한다.
⑤ '신뢰 구간(Confidence Intervals)'을 구한다.
전자 부품의 '수명 자료'인 [표 Ⅱ-8]로부터 해석에 적합한 '확률 밀도 함수(pdf)'인 '지수 분포'를 찾았고, '모수'를 추정하였다. '모수'가 반영된 최종 '확률 밀도 함수(pdf)'는 다음과 같다.

$$[지수 분포]$$
$$f(t) = 0.01721 \times e^{-0.01721t}$$

(식 Ⅱ-23)

[표 Ⅱ-8]을 설명할 '*pdf*'가 (식 Ⅱ-23)인 상황에서 전자 부품의 수명이 '180 시간'일 때의 '신뢰도(또는 생존 확률)'를 구해보자. 미니탭 입력 과정은 '중도 절단' 열을 지정하는 것 외에는 '정규 분포'에서의 [그림 Ⅱ-22]와 동일하다. [그림 Ⅱ-27]은 '우측 중도 절단 자료'의 수명 분석 결과이다.

[그림 Ⅱ-27] '180 시간'에서의 '신뢰도(생존 확률)'

'지수 분포'의 '신뢰도(생존 확률)함수'이용 시

$T=180$시간일 때의 '신뢰도(생존 확률)'는?

$$R(t) = e^{-\lambda t}$$
$$= e^{-0.01721 \times 180}$$
$$\cong \boxed{0.04515}$$

[그림 Ⅱ-27]에는 '백분위수'에 대한 수명은 생략하였다. 결과에는 대푯값인 '평균(지수 분포의 모수와 동일)'과 '중앙값(그림에선 '중위수')'이 포함되어 있다. '평균'은 '$xf(t)$'를 적분해 얻어지며, '중앙값'은 일렬로 수명 자료를 정렬했을 때의 중간 수명 값이다. '180 시간'에서의 '신뢰도(생존 확률)'는 '약 0.045(4.5%)'로 100대가 출하되었다면 '약 95대'가 고장 난 시점으로 인식된다. 직접 계산한 '신뢰도'와 미니탭 결과가 일치한다.

'95% 신뢰 구간'은 '(0.0025976, 0.199552)'로 폭이 꽤 넓다. 즉 '진정한 생존 확률이 이 구간 안에 존재할 확률이 95%', 또는 '진정한 생존 확률이 이 구간 안에 있을 것으로 95% 확신'한다. 구간 폭이 넓다고 판단되면 '표본 크기'를 늘리거나 '산포'를 줄이려는 기술적 노력이 필요할 수 있다. '① 아이템에 대한 '수명 자료'를 수집한다.'에서 언급했듯이 본 시험은 '가혹 조건'에서 이루어지므로 만일 '가속 계수'가 알려져 있다면 '180 시간'이 정상 사용 환경에서 어느 정도의 기간에 해당되는지도 유추해볼 수 있다. 그러나 '가속 수명' 관련 사항들에 대해서는 별도의 설명을 생략한다.

1.5. '구간 중도 절단 자료(Interval-censored Data)' 분석

'구간 중도 절단 자료'로 들어오면 모수를 추정하는 방법이 훨씬 더 복잡해진다. 구분해야 할 유형이 많아지기 때문이다. 일단 시간 구간을 균등하게 나눠 관찰하는 방법(균등 구간)과, 불균등하게 나눠 관찰하는 방법(불균등 구간)이 있다. 또 아이템이 임의 구간에서 고장이 나면 새것으로 교체해서 시험(복원 모형)을 계속하는지와, 교체하지 않는 시험(비복원 모형)이 추가된다. 여기다 '정시 중단(제1종 중도 절단)'과, '정수 중단(제2종 중도 절단)'까지 고려해야 한다. 더 들어가면 '고장 원인'이 '한 개'인 경우와 '두 개 이상'인 경우로 나눠야 한다. 매우 복잡한데, 이들 내용들에 대해서는 관련 논문, 또는 전문 서적을 참고해야 한다.[88] 본문에서는 가장 일반적이면서 기업에서 적용 빈도가 높은 '균등 구간 - 비복원 모형'을 다룬다. 시험 개요도는 다음 [그림 Ⅱ-28]과 같다.

[그림 Ⅱ-28] '구간 중도 절단 자료'가 형성되는 시험 개요도

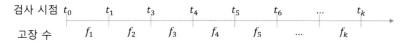

---

88) 윤상운 (1996), 「신뢰성 분석」, 자유 아카데미, pp.73~82.

[그림 Ⅱ-28]에서 시험이 시작되는 't_0'부터 매 시점마다 아이템 상태를 관찰하며, 시간 구간 사이마다 '고장'이 발생하나 정확한 시점은 알 수 없다. 물론 '고장'은 모든 구간에서 항상 발생될 필요는 없다.

'구간 중도 절단 자료'는 병원에서 의사의 진료 체계와 견주곤 하는데, 100명의 암 환자가 첫 방문 시점엔 전이 증상이 전혀 관찰되지 않다가 각자 방문때 전이가 생긴 환자들이 있다면 정확한 발생 시점은 알 수 없다. 대신 이전 방문 시점과 현 방문 시점의 구간 형태로만 자료가 존재한다. 이때 자료를 수집해 분석을 수행할 시점에는 전이가 없는 환자(Censored Data)도 같이 존재한다.

기업에서도 유사한 상황이 자주 발생한다. 개발된 금속 재질의 부식 상태를 파악하려면 염수를 계속 뿌리며 상태를 관찰하곤 한다. 이때 증상이 나타날 때까지 시간이 오래 걸릴 경우 며칠에 한 번씩 주기적으로 관찰하며 기록하는데, 만일 어느 시점에 고장에 준한 부식이 발생했다면 이 역시 '구간 중도 절단 자료'가 된다. 또는 시장에 출시한 제품 500개에 대해 총 5년 동안 6개월 간격으로 고장 수를 조사한다면 정확한 고장 시점은 알 수 없지만 6개월 단위의 시작 시점과 조사 시점 사이 어딘가에서 고장이 생겼다는 것은 알 수 있다. 또 조사가 끝나는 5년(60개월) 시점엔 고장 없이 여전히 작동 중인 제품도 존재한다. 따라서 이 역시 '구간 중도 절단 자료'가 된다. 사례 분석에 대해 알아보자.

① 아이템에 대한 '수명 자료'를 수집한다.

'구간 중도 절단 자료'의 데이터 포맷은 미니탭의 '도움말'에 제시된 구조가 매우 유익하다. 즉 '고장 아이템'이 시간 구간 어딘가에서 나타나면 간단히 '[L, R]'로 표시할 수 있다. 이때 '좌측 중도 절단 자료'인 '[0, L]'이나, '우측 중도 절단 자료' 구조인 '[R, ∞]', 또는 '완전 자료'인 '[t_1, t_1]'은 모두 '구간 중도 절단 자료'의 특수한 경우다. 따라서 이들 모두가 조합된 형태의 데이터 포맷도 배제할 수 없는데, 이를 '임의 관측 중단 자료(Arbitrary-censored Data)'라고 한다. 구조상 '구간 중도 절단 자료'까지 포괄하는 자료 형태다. 다음 [표 II-9]는 '임의 관측 중단 자료'의 예이다.

[표 II-9] '임의 관측 중단 자료'의 예

검사 시간(hrs)		고장 수	고장 모드	수명 자료 유형
시작	끝			
*	500	3	깨짐	좌측 중도 절단 자료
500	1500	1	깨짐	구간 중도 절단 자료
1500	2000	2	마모	구간 중도 절단 자료
2000	2000	1	균열	완전 자료
2000	*	14	마모	우측 중도 절단 자료
...	...	...	...	...

[표 II-9]는 '수명 자료 유형'이 모두 포함되거나 일부가 혼재된 모습을 보인다. 데이터 포맷을 더 확장하면 '고장 모드'도 포함시킬 수 있다. 통상은 '고장 모드'가 한 개인 경우를 분석 대상으로 삼지만 한 아이템의 수명 시험을 진행하면서 '고장 모드'가 여럿 관찰되면 이 역시 분석에 포함시킬 수 있다. 이것을 '다중 고장 모드(Multiple Failure Modes)'라고 하며, 「1.6. '다중 고장 모드 자료(Multiple Failure Modes Data)' 분석」에서 다룬다. 다음 [표 II-10]은 한 아이템의 '구간 중도 절단 자료'의 예이다(라고 가정한다).

[표 Ⅱ-10] '구간 중도 절단 자료(Cycles)'의 예

검사 시간(Cycles)		고장 수	중도절단 수	설명
시작	끝			
0	50	2	0	
50	100	4	3	
100	150	4	2	○ 총 53개 아이템
150	200	2	0	○ 0 ~ 50시간 : 2개 고장
200	250	0	5	○ 50 ~ 100시간 : 4개 고장, 3개는
250	300	3	0	정상이나 고장 해석을 위해 시험에
300	350	0	1	서 뺌. 이하 해석 동일함.
350	400	2	2	
400	450	1	4	
450	500	2	16	

[표 Ⅱ-10]은 데이터 수집 방식의 한 예로, 수명 자료 분석 시 자료의 전
처리 방법을 학습시킬 목적으로 도입하였다. 우선 측정 단위는 'Cycles'인데
배터리의 충·방전을 '1 Cycle'로 정하고 계속 작동시키며 상태를 측정하는
시험, 자동차 바퀴를 회전시키며 특정 기계 부품의 '마모도'를 측정하는 시험,
화학적 환경에 노출과 보호의 반복을 통해 표면 상태를 관찰하는 시험 등 부
하를 반복하는 시험에서 자주 쓰인다. 일반적으로 반복 주기를 일정하게 유지
하면 '시간'으로의 전환도 바로 가능하다.

[표 Ⅱ-10]의 구간은 '50 Cycles'로 나뉘어 있으며, 매 '50 Cycles'마다 측
정이 이루어진다. 예를 들어, 시험에 참여한 총 아이템 수는 '53개'이며, 첫
구간인 '0 ~ 50'의 경우 아이템의 '고장 수 = 2개'이고, 각 고장이 정확히
구간의 어느 시점 때 발생했는지는 알 수 없다. 이어 두 번째 구간인 '50 ~
100'에서 '고장 수 = 4개', '중도 절단 수 = 3개'이며, 이때 후자는 시험 중
'고장 해석'을 목적으로 정상 작동 아이템 '3개'를 빼냈다는 의미다. 다른 구
간들도 동일한 해석이 가능하다. [표 Ⅱ-10]으로부터 신뢰성 분석을 위해 데

이터 포맷을 어떻게 편집해야 할지는 다음 주제에서 알아보자.

② '수명 분포(수명 자료 모형)'를 찾는다.

[표 Ⅱ-10]을 해석하기 위해 적합한 분포를 찾아야 하는데 그 전에 데이터가 분석에 적합하도록 전 처리가 필요하다. 왜냐하면 [표 Ⅱ-10]은 '고장 수' 열과, '중도 절단' 열이 각각 존재하므로 이들을 한 개 열로 합쳐야 미니탭 입력이 가능하다. 다음 [표 Ⅱ-11]은 전 처리가 끝난 결과이다.

[표 Ⅱ-11] '구간 중도 절단 자료(Cycles)'의 전 처리 예

검사 시간(Cycles)		고장 수	검사 시간(Cycles)		중도절단 수
시작	끝		시작	끝	
0	50	2	−	−	0
50	100	4	100	*	3
100	150	4	150	*	2
150	200	2	−	−	0
200	250	0	250	*	5
250	300	3	−	−	0
300	350	0	350	*	1
350	400	2	400	*	2
400	450	1	450	*	4
450	500	2	500	*	16

[표 Ⅱ-11]은 편의상 '고장 수'와 '중도 절단 수' 두 영역으로 나눴지만 '워크시트'에 옮길 때 '시작'과 '끝' 열은 하나로 연결된다. 구간 '50 ∼ 100'을 예로 들어보자. '고장 수 = 4개'이고, '중도 절단 수 = 3개'이다. 이들을 한 줄로 연결하려면 '끝'점인 '100 Cycles' 시점 때 '3개'는 정상 작동 중이었으나 '고장 해석'을 위해 뺐으므로 이 '3개'에 대한 '시작'은 '100'이고 '끝'은 '∞'의 상태가 된다. 분포를 찾기 위해 [표 Ⅱ-11]을 '워크시트'에 옮긴 모양

과 미니탭 '대화 상자' 입력 예는 다음 [그림 Ⅱ-29]와 같다.

[그림 Ⅱ-29] '데이터 포맷'과 '수명 분포'를 찾기 위한 '적합도' 평가

미니탭 『통계분석(S)>신뢰성/생존분석(L)>분포 분석(임의 관측 중단)(I)>분포 ID 그림(I)...』

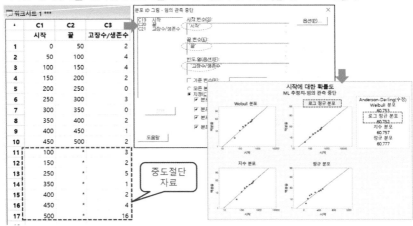

[그림 Ⅱ-29]에는 [표 Ⅱ-11]의 전 처리된 데이터 입력 상태와 미니탭 '대화 상자' 및 적합 결과를 보여준다. '중도 절단 자료'는 워크시트 맨 아래에 정렬되어있다. [표 Ⅱ-11]과 비교하기 바란다. 자료 적합 결과는 '와이블 분포', '로그 정규 분포', '지수 분포' 및 '정규 분포' 모두가 활용 가능한 것으로 판단되나 '로그 정규 분포'가 'Anderson Darling(수정) = 60.752'로 가장 작고 이전 아이템 해석 때 활용됐던 이유로 '확률 밀도 함수'로 정하였다(고 가정한다).

③ 모수(Parameter)를 추정한다.
'수명 자료'를 해석할 '확률 밀도 함수'로 '로그 정규 분포'가 결정되었다.

이어지는 작업은 '모수'들인 'μ, σ'를 추정해야 한다. 현재의 자료는 '균등 구간 - 비복원 모형 - 단일 고장 모드'에 해당한다. 이들의 추정 과정은 범위를 많이 벗어나므로 관심 있는 독자는 관련 문헌을 참고하기 바란다. '비복원 모형'의 '신뢰 구간' 추정에 대해서는 Nelson(1977)을,[89] 수명 분포가 '로그 정규 분포'일 때의 '모수 추정(수명 추정)'에 대해서는 Wei and Bau(1987)가 있다.[90]

본문에서는 미니탭을 이용하여 '로그 정규 분포'의 모수들을 추정한다. 다음 [그림 II-30]은 미니탭 경로와 그 결과를 나타낸다.

[그림 II-30] '로그 정규 분포'의 '모수(Parameter)' 추정

미니탭『통계분석(S)>신뢰성/생존분석(L)>분포 분석(임의 관측 중단)(I)>모수 분포 분석(P)...』

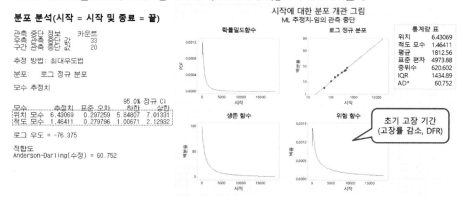

---

89) ▷ Nelson, W. B., and Schmee, J. (1977a), "Confidence Limits for Reliability of (Log) Normal Life Distributions from Small Singly Censored Samples and Best Linear Unbiased Estimates." General Electric Company Corporate Research & Development TIS Report 76CRD259.
  ▷ Nelson, W. B., and Schmee, J. (1977b), "Prediction Limits for the Last Failure Time of a (log) Normal Sample from Early Failure Times", General Electric Company Corporate Research & Development TIS Report 77CRD189. Also, in IEEE Trans. Reliab. R-30, Dec. 1981.
90) Wei, Duan; Bau, Jinn-jomp (1987), "Some optimal designs for grouped data in reliability demonstration tests", IEEE Transactions on Reliability R36(5), pp.600~604.

[그림 Ⅱ-30]으로부터 '로그 정규 분포'의 '위치 모수(μ) = 6.43069', '척도 모수(σ) = 1.46411'이며, '위험 함수'로부터 아이템의 수명은 '초기 고장 기간'인 '고장률 감소(DFR)'에 해당한다. '초기 고장률'을 줄이기 위해서는 'B_1, B_3'와 같이 시험 표본들 중 '1%' 또는 '3%'가 고장 날 때까지의 수명을 기초로 제조 라인의 원인 규명이나 해당 시간을 늘여가는 '연구 개발' 활동이 중요할 수 있다. '로그 정규 분포'의 '확률 밀도 함수(pdf)'는 (식 Ⅱ-24)와 같다.

④ 아이템의 수명을 계산한다.

⑤ '신뢰 구간(Confidence Intervals)'을 구한다.

'수명 자료'인 [표 Ⅱ-11]로부터 해석에 적합한 '확률 밀도 함수(pdf)'인 '로그 정규 분포'를 찾았고, '모수'를 추정하였다. '모수'가 반영된 최종 '확률 밀도 함수(pdf)'는 다음과 같다.

[로그 정규 분포]　(식 Ⅱ-24)

$$\ln N(t;\mu,\sigma) \equiv f(t) = \frac{1}{1.46411\sqrt{2\pi}\,t}e^{-\frac{(\ln t - 6.43069)^2}{2\times 1.46411^2}}, \quad t > 0$$

[표 Ⅱ-10]을 설명할 'pdf'가 (식 Ⅱ-24)인 상황에서 '평균 수명(MTTF)'과 '보증 수명'이 '10,000 Cycles'일 때의 '신뢰도(또는 생존 확률)'를 구해보자. 결과는 [그림 Ⅱ-31]과 같다.

[그림 Ⅱ-31]에서 아이템의 '평균 수명(MTTF) = 1812.56 Cycles'이다. '95% 신뢰 구간'도 동시에 구해지며 '95% CI(524.452, 6264.4)'로 나타났다. 즉 '진정한 수명이 이 구간에 존재할 확률이 95%', 또는 '진정한 평균 수명이 이 구간에 있을 것으로 95% 확신'한다. 만일 '신뢰 구간 폭'이 너무 넓다고 판단되면 '표본 크기'를 늘리거나 '산포'를 줄이려는 기술적 노력이 필요하다.

[그림 Ⅱ-31] '평균 수명(MTTF)'과 '10,000 Cycles'의 '신뢰도'

```
📊 세션                                                    [ — ][ ⬜ ][ ✕ ]

  분포의 특성
                                           95.0% 정규 CI
                     추정치     표준 오차    하한      상한
  평균(MTTF)         1812.56   1146.87    524.452   6264.40
  표준 편차          4973.88   5355.25    602.877   41035.7
  중위수             620.602   184.480    346.566   1111.32
  제1 사분위수(Q1)   231.172   55.4607    144.452   369.954
  제3 사분위수(Q3)   1666.06   726.980    708.387   3918.41
  사분위간 범위(IQR) 1434.89   700.674    551.015   3736.55


  생존 확률 표
                        95.0% 정규 CI
   시간       확률        하한       상한
   10000    0.0288132  0.0018774  0.184327
```

'보증 수명'이 '10,000 Cycles'일 때, 예상되는 '신뢰도(생존 확률)'는 '약 0.0288(2.88%)'로 이 수준이 만일 설계 당시 '50%'를 목표로 했다면 아이템의 대폭적인 신뢰성 향상이 필요하다(고 가정한다).

1.6. '다중 고장 모드 자료(Multiple Failure Modes Data)' 분석

아이템에 '부하(Load)'가 작용하면 '스트레스(Stress)'가 생기면서 원치 않는 증상이 나타나는데 이것을 '고장(Failure)'이라 하고, '고장'은 다시 여러 형태들이 존재하므로 이들을 한데 모아 '고장 모드(Failure Mode)'라고 부른다. 다음 [그림 Ⅱ-32]는 아이템이 각각 '유리 판'과 '스마트 폰'일 때의 '고장 모드' 예를 나타낸 것이다.

[그림 Ⅱ-32] 아이템에서의 '다중 고장 모드' 예

[아이템: 유리 판]

파손, 뒤틀림, 수축

[아이템: 스마트 폰]

디스플레이 휘도저하, 프로세서 기능저하, 이차전지 방전

[그림 Ⅱ-32]처럼 한 개 아이템이 여러 '고장 모드'를 갖고 있을 때, 이를 '다중 고장 모드(Multiple Failure Modes)'라고 한다. 만일 이들 중 최소 한 개 이상이 실제 발생하면 아이템 기능은 상실된다. 즉 '고장이 발생한 것'이며, '수명이 다한 것'이다. 물론 교체하면 다시 새것처럼 사용할 수 있지만 일단 아이템의 출하 후 고객에게 원치 않는 증상이 나타나면 그 시점을 '수명'으로 간주할 수 있으므로 '수명 분석'을 위해서는 우선 교체·교환이 없는 상황이 전제되어야 한다(부품 교체를 통한 수명 연장은 별도의 해석 필요).

또 아이템의 '수명'은 특정 '고장'이 발생했을 때를 '수명 시간'으로 기록하고 분석이 진행되지만, 고객 입장에선 여러 '고장'들 중 하나만 발생해도 '고장'으로 판단한다. 따라서 아이템이 여러 '고장 모드'를 포함할 경우 그들 중 하나를 분석 대상으로 삼기보다 주요 '고장 모드' 전체를 대상으로 '수명 분석'을 수행한 뒤, 가장 취약한 '고장 모드'를 개선하려는 노력이 선행되어야 한다. 여기엔 두 개의 접근법이 있으며, 하나는 '경쟁 고장 모드 분석 (Competing Failure Modes Analysis)'이고, 다른 하나는 '혼합 와이블 분석 (Mixed Weibull Analysis)'이다. '수명 자료'는 '완전 자료', '중도 절단 자료', '구간 자료' 들이 모두 가능하다. 본문은 '완전 자료'에 한정한다.

'경쟁 고장 모드 분석'은 영문으로 'Competing Failure Modes Analysis'이며, 간단히 줄여 'CFM'으로 불린다. '경쟁(Competing)'의 뜻은 아이템의 고장 양상이 여러 '고장 모드'를 포함하고 있을 때, 이들이 서로 '고장'을 일으키기 위해 '경쟁한다!'는 의미를 담는다. 만일 다섯 개의 '고장 모드'가 있다면 고객이 사용하는 환경에 가장 취약한 하나의 '고장 모드'가 나머지 네 개 '고장 모드'와의 경쟁률을 뚫고(?) 발현될 것이다.

따라서 아이템이 갖고 있는 각 '고장 모드'들이 이미 수차례 발생했고, 그들 각각의 '신뢰도(생존 확률)'가 알려져 있으면 '고장 모드' 전체를 반영한 '전체 신뢰도'가 개발자와 고객 모두에게 매우 중요한 척도가 된다. 특정 '고장 모드'의 발생 빈도가 높은 것도 문제이고, 빈도는 낮지만 특정 환경에 처하면 반드시 발생하는 '고장 모드'도 개선 대상이 될 수 있다. 결국 한 아이템에 속한 여러 '고장 모드'들 중 하나만을 구분해서 분석하고 관리하는 정책은 비즈니스 차원에선 큰 도움이 될 수 없다.

'경쟁 고장 모드 분석'에서 각각의 '고장 모드'들은 서로의 발생과는 무관한 독립적 원인들에 의해 나타난다고 가정한다. 이것은 [그림 Ⅱ-32]의 '유리 판'이나 '스마트 폰'의 예에서도 간접적으로 확인할 수 있다. 다음은 아이템의 '전체 신뢰도'를 나타낸다.

$$R(t)_{아이템} = R_1(t) \times R_2(t) \times ... \times R_{n(t)} \qquad (식\ Ⅱ\text{-}25)$$

여기서, $'n'$은 서로 다른 '고장 모드'

(식 Ⅱ-25)는 마치 직렬로 연결된 부품들의 '전체 신뢰도'를 구하는 식과

동일하다. 아이템이 고장 나지 않고 생존하려면 "'고장 모드 1'이 생기면 안 되**고**, '고장 모드 2'가 생겨도 안 되**고**, 계속해서 '고장 모드 n'도 생기면 안 된다." 따라서 아이템의 '전체 신뢰도'는 각 '고장 모드'가 생기지 않을 '확률들의 곱'으로 형성된다. 다음 [표 Ⅱ-12]는 '다중 고장 모드 자료' 중 '경쟁 고장 모드 분석'을 위한 자료 예이다.[91]

[표 Ⅱ-12] '경쟁 고장 모드 분석'을 위한 자료 예(스마트 폰, hrs)

고장시간	고장모드	고장시간	고장모드	고장시간	고장모드	고장시간	고장모드
730	AP	2,807	Battery	5,852	Battery	8,976	Display
1,025	Display	3,013	Display	5,986	AP	9,155	AP
1,322	Display	3,049	AP	6,015	Display	9,371	Battery
1,380	Battery	3,085	Battery	6,153	Display	9,864	Display
1,500	AP	3,210	Display	6,558	Battery	12,131	AP
1,514	Display	3,590	AP	6,845	AP	12,330	Battery
1,796	AP	4,225	Display	7,141	Display	13,486	Display
2,150	AP	4,824	Display	7,175	Display	13,809	Battery
2,164	Display	5,238	AP	7,837	Battery	–	–
2,267	Battery	5,304	Display	8,410	AP	–	–

[표 Ⅱ-12]는 연구소 시험실에서 스마트 폰을 24시간 계속 작동시켜 얻은 자료로 '고장 모드'는 총 세 개인 'AP(Application Processor) 기능 저하', 'Display 휘도 저하', 'Battery 방전'이다. 목표 신뢰도는 1년 시점(8,760시간)에 '0.5(50% 생존)'를 유지하는 것이다(라고 가정한다).

분석을 위해 「3.4. '수명 자료(고장 데이터) 분석' 절차」에서 언급한 5단계 절차를 따른다. 단 '①, ②, ③...' 등의 구분은 생략한다. 제일 먼저 수행할 활동이 분포를 적합 하는 일인데 기존의 연구로부터 'AP 기능 저하'는 '로그 정

---

91) http://www.weibull.com/hotwire/issue167/hottopics167.htm

규 분포'로, 'Display 휘도 저하'와 'Battery 방전'은 '와이블 분포'로 각각 해석되었다(고 가정한다). '고장 모드'가 여럿이므로 그를 해석할 '확률 밀도 함수'도 각 '고장 모드'별로 따로 존재할 수 있다. 다음 [그림 Ⅱ-33]은 확인을 위해 미니탭으로 적합 시키는 과정과 결과이다.

[그림 Ⅱ-33] '경쟁 고장 모드 분석'의 분포 적합 예

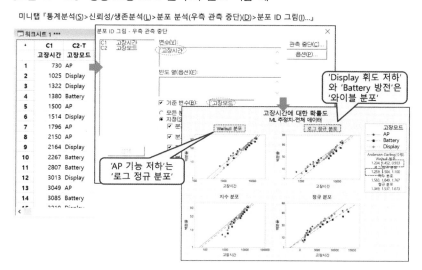

[그림 Ⅱ-33]에서 [표 Ⅱ-12]가 '워크시트'에 입력된 상태, 그리고 '대화 상자'의 입력 상태를 눈여겨보기 바란다. 여러 '고장 모드'가 동시에 분석되기 위해서는 '대화 상자'의 '기준 변수(B):'에 '워크시트'의 '고장 모드' 열이 입력되어야 한다. 그 결과로 나타난 '확률도'가 [그림 Ⅱ-33]의 오른쪽 아래에 출력되어 있다.

'확률도'에서 'AP 기능 저하'는 'Anderson-Darling(수정)'이 '와이블 분포(1.204)'의 경우가 '로그 정규 분포(1.259)'보다 약간 작으나 별반 차이가 없어

기존의 '로그 정규 분포'를 유지했다(고 가정한다). 'Display 휘도 저하'와 'Battery 방전'은 '와이블 분포'가 예상대로 잘 적합 한다.

다음은 각 '고장 모드'별 '모수 추정'과 '1년(8,760시간)' 시점의 '신뢰도(생존 확률)'를 추정해야 한다. 이들은 모두 다음 [그림 Ⅱ-34]와 같이 미니탭 '대화 상자' 기능을 이용해 한 번에 처리된다.

[그림 Ⅱ-34] 각 '고장 모드'별 '모수 추정'과 '신뢰도' 추정 입력

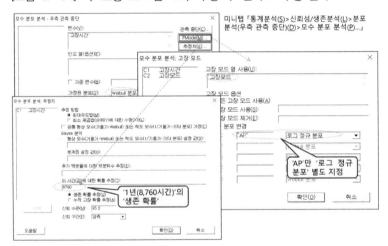

[그림 Ⅱ-34]는 '경쟁 고장 모드 분석'에 대한 미니탭의 좋은 기능을 보여 준다. 첫 '대화 상자'의 'FMode(M)...'로 들어가면 '고장 모드'별로 적합 분포를 개별로 지정할 수 있다. 'Display 휘도 저하'와 'Battery 방전'은 '와이블 분포'로 지정했으므로 'AP 기능 저하'만 '로그 정규 분포'로 따로 입력했다. '추정치(E)...'에는 '1년' 시점의 '생존 확률'을 추정하기 위해 '8,760'을 입력했다. 참고로 앞서 설명했던 바와 같이 '누적 고장 확률'도 선택할 수 있으며, 결과 값은 단지 '1 - 생존 확률'과 같다. 다음 [그림 Ⅱ-35]는 '세션 창' 결과 화

면을 옮겨놓은 것이다.

[그림 Ⅱ-35] '경쟁 고장 모드 분석'의 결과

고장 모드: AP

분포: 로그 정규 분포

모수 추정치

모수	추정치	표준 오차	95.0% 정규 CI 하한	95.0% 정규 CI 상한
위치 모수	9.32488	0.299686	8.73751	9.91225
척도 모수	1.15092	0.244719	0.758674	1.74596

생존 확률 표

시간	확률	95.0% 정규 CI 하한	95.0% 정규 CI 상한
8760	0.584941	0.402310	0.750630

고장 모드: Battery

분포: Weibull 분포

모수 추정치

모수	추정치	표준 오차	95.0% 정규 CI 하한	95.0% 정규 CI 상한
형상 모수	1.90147	0.461233	1.18200	3.05868
척도 모수	13196.0	2566.86	9012.92	19320.4

생존 확률 표

시간	확률	95.0% 정규 CI 하한	95.0% 정규 CI 상한
8760	0.632018	0.426223	0.781240

고장 모드: Dsiplay

분포: Weibull 분포

모수 추정치

모수	추정치	표준 오차	95.0% 정규 CI 하한	95.0% 정규 CI 상한
형상 모수	1.54899	0.308287	1.04866	2.28801
척도 모수	10799.3	1852.29	7716.15	15114.5

생존 확률 표

시간	확률	95.0% 정규 CI 하한	95.0% 정규 CI 상한
8760	0.485238	0.306259	0.642822

[그림 Ⅱ-35]는 '고장 모드'별 적합 분포와 '모수 추정'이 요약되어 있으며, 중요한 사실 하나는 예로서, 'AP 기능 저하'의 '모수'를 추정할 때 다른 '고장 모드'들의 '고장 시간'은 모두 '관측 중단'으로 처리한다는 점이다. 물론 다른 '고장 모드'의 '모수' 추정 때는 'AP 기능 저하'가 '관측 중단'으로 처리된다.

'고장 모드'별 '신뢰도(생존 확률)'는 초두에 언급했듯이 '1년(8,760시간)'에 대해 계산되어 있다(미니탭에는 '전체 신뢰도'도 출력되나 생략함). (식 Ⅱ-25)를 적용해 스마트 폰의 '전체 신뢰도'를 구하면 다음과 같다.

$$\begin{aligned} R(8{,}760)_{\text{아이템}} &= R_{AP}(8{,}760) \times R_{Battery}(8{,}760) \\ &\quad \times R_{Display}(8{,}760) \\ &= 0.584941 \times 0.632018 \times 0.485238 \\ &= 0.179389(\text{약 }18\%) \end{aligned} \qquad (\text{식 Ⅱ-26})$$

스마트 폰의 '1년(8,760시간)'에 대한 '신뢰도 목표'는 '0.5(50%)'를 지향하고 있으므로 각 '고장 모드'별 '신뢰도'가 최소 '0.8'은 되어야 한다. '$0.8^3 = 0.512$'이기 때문이다. 현재로선 '신뢰도'가 가장 취약한 'Display 휘도 저하(0.485)'에 대한 원인 규명과 개선을 통해 '신뢰도'를 높이는 활동이 요구된다. 중기적으론 세 개 '고장 모드' 전체에 대한 상향 노력이 강구되어야 한다(고 가정한다).

미니탭 결과에서 '전체 신뢰도'의 '95% 신뢰 구간'은 '95% CI(0.100586, 0.299380)'이다. 즉 "'전체 신뢰도'의 참값이 구간에 있을 확률이 95%"이다.

1.6.2. 혼합 와이블 분석(Mixed Weibull Analysis)

지금은 사라진 제품이지만 필자가 연구원 시절에 PDP(Plasma Display Panel)의 '가속 수명 시험' 프로젝트와 그 외의 몇몇 수명 시험을 진행했었다. 당시 PDP는 세상에 처음 나오는 디스플레이 제품이라 시험과 평가에 애를 많이 먹었던 기억이 난다. 한번은 수명 자료를 '와이블 분포'로 적합 시키던 중 '확률도'상에 직선 패턴을 보이지 않고, 하단 부위에 다른 기울기의 타점들이 관찰되었다. 그때의 해석은 '고장 모드' 두 개가 존재하며, 따라서 현상을 일으키는 원인 제공자 역시 인가된 '부하' 외에 또 다른 원인이 존재할 것이란 가설을 세웠다. 이 의견은 플라즈마 해석 팀에 그럴 가능성이 있다는 긍정적 견해를 이끌었고 몇몇 연구 활동 자료로 이용되었다.

'혼합 와이블 분포(Mixed Weibull Distribution, 또는 Compound Weibull Distribution, 또는 Multimodal Weibull)'는 '와이블 확률지'에 직선이 아닌 'S-형 패턴' 등이 보이는 상황에서 모형화에 이용된다. 한 문헌에 따르면[92] '혼합 와이블 분석'은 '고장 모드'에 대한 정보가 미흡하거나, 또는 각 '고장 모드'들이 통계적으로 독립이라는 확신이 없을 때 유용하다. 특히 부품의 초기 고장,

---

92) 장무성 외 (2013), "다수의 고장모드를 가지는 기계부품의 신뢰성 분석", Trans. Korean Soc. Mech. Eng. A, Vol. 37, No. 9, pp.1169~1174.

우발 고장, 마모 고장의 자료가 혼합되어 있을 때 적용될 수 있다.[93]

일반적으로 서로 다른 '고장 모드'는 서로 다른 '고장 시간'을 형성한다. 따라서 '고장 모드'가 명확하게 구분되지 않은 타점들을 '와이블 분포 확률지'에 찍게 되면 일렬로 배열은 하지만 일부 영역에 굴곡이 형성된다. '굴곡의 존재'는 '기울기의 차이'로 나타나며 구체적으론 '와이블 분포'의 경우, '6.3. 와이블 분포의 도시적 분석' 중 (식 Ⅰ-63)과 같이 '형상 모수(β)'가 달라진다. 다음은 (식 Ⅰ-63)을 다시 옮겨놓은 것이다.

$$F(t) = 1 - e^{-\left(\frac{t}{\alpha}\right)^\beta} \text{ 로부터 '1'을 이항하고 정리하면,} \qquad \text{(식 Ⅱ-27)}$$

$$\ln\left[\frac{1}{1-F(t)}\right] = \left(\frac{t}{\alpha}\right)^\beta$$

$$\ln\left\{\ln\left[\frac{1}{1-F(t)}\right]\right\} = \beta * \ln\left(\frac{t}{\alpha}\right) = \beta * \ln t - \beta * \ln\alpha \quad -1)$$

$$\Rightarrow \quad Y \qquad\qquad = \beta * X - \beta * \ln\alpha \quad -2)$$

(식 Ⅱ-27)의 '2)식'은 '직선 방정식'이며, '형상 모수(β)'가 '기울기'에 해당한다. 따라서 '와이블 분포 확률지'에 타점들을 찍을 때 'β'가 클수록 직선의 기울기는 경사가 더 급해지고, 'β'가 작을수록 직선의 기울기는 완만해진다. 이때 예를 들어, 두 개의 '고장 모드'가 포함된 '수명 자료'를 타점하게 되면 '형상 모수(β)'의 차이로 타점들은 직선이 아닌 한쪽이 구부러지거나 'S-형 패턴'을 띠게 된다. 한 출처에 따르면 '혼합 와이블 분포'는 다음의 식으로 표현된다.[94]

---

93) Nikulin, M.S., Limnios, N., Balakrishnan, N., Kahle, W. and Huber-Carol, C., 2010, Advances in Degradation Modeling: Applications to Reliability, Survival Analysis, and Finance, Birkhauser, pp. 6~7.

94) http://reliawiki.org/index.php/The_Mixed_Weibull_Distribution

$$f(t) = \sum_{i=1}^{k} P_i f_i(t) = \sum_{i=1}^{k} \frac{N_i}{N} \frac{\beta_i}{\alpha_i} \left(\frac{t}{\alpha_i} \right)^{\beta_i - 1} e^{-\left(\frac{t}{\alpha_i} \right)^{\beta_i}}$$ (식 Ⅱ-28)

여기서, k : '고장모드' 수

P_i : i번째 '고장모드'의 '표본크기' 비율. $\sum_{i}^{k} P_i = 1.$

N : 총 자료수, N_i : i번째 '고장모드'의 자료수

β_i : i번째 '고장모드'의 '형상모수'

α_i : i번째 '고장모드'의 '척도모수'

(식 Ⅱ-28)에서 만일 '고장 모드 수 = k개'일 경우, 서로 다른 모수를 갖는 '와이블 분포 k개'가 '합'해져 '혼합 와이블 분포'를 형성한다. 이때 (식 Ⅱ-28)의 'P_i'와 같이 각 '고장 모드'와 관련된 '데이터 수'가 '전체 대비 비율'로서 포함된다.

다음 [표 Ⅱ-13]은 이해를 돕기 위한 '혼합 와이블 분석'용 '수명 자료' 예이다. 추정 정확도를 파악할 목적으로 미니탭의 '랜덤 데이터' 기능을 활용하였으며, 추정이 이루어진 후 주어진 모집단 '모수'들과 비교하게 된다. 해석을 단순화시키기 위해 '고장 모드 수 = 2'로 한정했으며, '랜덤 데이터' 추출 정보만 표에 포함시켰다.

[표 Ⅱ-13] '혼합 와이블 분석'을 위한 '수명 자료' 예(hrs)

고장 시간
미니탭 '와이블 분포'의 '랜덤 데이터' 활용. ○ Group-1: 척도 모수(α_1)= 1, 형상 모수(β_1) = 0.5, $n = 40$ ○ Group-2: 척도 모수(α_2)= 10, 형상 모수(β_2) = 2.5, $n = 60$ ○ '고장 모드 수 = 2' 가정.

[표 Ⅱ-13]의 아이템 '수명 자료'는 여러 회 분석 경험을 통해 '와이블 분

포'로 적합 된다고 가정하자. 다음 [그림 Ⅱ-36]은 [표 Ⅱ-13]을 '와이블 분포'로 적합한 결과이다.

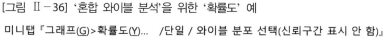

[그림 Ⅱ-36] '혼합 와이블 분석'을 위한 '확률도' 예

미니탭『그래프(G)>확률도(Y)... /단일 / 와이블 분포 선택(신뢰구간 표시 안 함)』

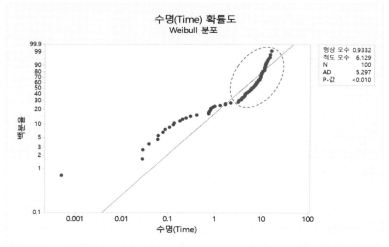

[그림 Ⅱ-36]의 '확률도'를 보면 타점들이 정확하게 직선을 따라 분포하지 않고 약간 굴곡져 보인다(원 표시 영역과 나머지 영역). 만일 어떤 이유로 두 개의 '고장 모드'가 존재할 경우, 원 표시의 밀집 영역이 두 번째 '고장 모드'를 나타낼 수 있다. 이것은 '기울기'가 더 급하기 때문이며, 따라서 다른 '형상 모수(β)'를 갖는다고 보인다(고 가정한다).

물론 이와 같은 판단은 현상을 뒷받침할 만한 물리·화학적 메커니즘을 규명하는 일이 선행되어야 한다. 단순히 자료의 왜곡이나 '표본 추출' 과정에서 일어난 산포 때문이라면 엉뚱한 결과로 이어질 수 있다. 지금은 두 개의 '와이블 분포'가 혼합된 상황으로 가정해보자.

[그림 Ⅱ-36]의 '확률도'로부터 '혼합 와이블 분포'라는 결정이 내려졌다면 '확률 밀도 함수(pdf)'는 (식 Ⅱ-28)에 따라 다음과 같이 '고장 모드 수 = 2개'일 때의 'pdf'가 된다.

$$['혼합\,와이블\,분포'의\,'확률밀도함수(pdf)']\qquad\qquad(식\ Ⅱ\text{-}29)$$

$$f(t)=\sum_{i=1}^{2}\frac{N_i}{N}\frac{\beta_i}{\alpha_i}\left(\frac{t}{\alpha_i}\right)^{\beta_i-1}e^{-\left(\frac{t}{\alpha_i}\right)^{\beta_i}}\quad :t>0$$

$$=P\bullet\left\{\frac{\beta_1}{\alpha_1}\left(\frac{t}{\alpha_1}\right)^{\beta_1-1}e^{-\left(\frac{t}{\alpha_1}\right)^{\beta_1}}\right\}$$

$$+(1-P)\bullet\left\{\frac{\beta_2}{\alpha_2}\left(\frac{t}{\alpha_2}\right)^{\beta_2-1}e^{-\left(\frac{t}{\alpha_2}\right)^{\beta_2}}\right\}$$

$$['혼합\,와이블\,분포'의\,'누적분포함수(cdf)']$$
$$F(t)=PF_1(t)+(1-P)F_2(t)$$

결국 '고장 모드 수 = 2개'인 상황에서 당장 필요한 사안은 (식 Ⅱ-29)를 완성하는 일이며, 구체적으론 '모수'들인 '$\alpha_1,\alpha_2,\beta_1,\beta_2$'와 각 '고장 모드'를 구성하는 비율들인 'P_1,P_2'를 추정하는 일이다.

그러나 안타깝게도 미니탭에서는 두 집단을 분리해 한 번에 분석할 수 있는 기능은 없다. 또 '혼합 와이블 분포'인 (식 Ⅱ-29)의 '모수'들 추정은 '단일 와이블 분포' 때보다 수학적 복잡도가 훨씬 증가한다. 그리고 앞서 '경쟁 고장 모드 분석'의 경우 '고장 모드' 하나의 '모수 추정' 때는 다른 '고장 모드'들의 수명을 '중도 절단 자료'로 간주해 계산이 이루어진 바 있으나 현재의 상황은 (식 Ⅱ-29)가 '확률 밀도 함수(pdf)' 자체이기 때문에 '모수 추정' 방법에 차이가 있다.

(식 Ⅱ-29)의 '모수'를 추정하는 방법에는 여러 접근법이 있다. 크게는 '수학적 방법'과 '그래프 방법'이 있다. '수학적 방법'은 다시 'MDE(Minimum

Distance Estimation)법'과 'MLE(Maximum Likelihood Estimation)법', '케세시오글루 추정(Kececioglu's Estimation)법' 등이 있다. 'MLE법'에 대해서는 이미 '정규 분포의 모수 추정'인 '(식 Ⅱ-12)～(식 Ⅱ-15)'에서 자세히 소개한 바 있다. 반면 '정규 분포' 이외의 '와이블 분포' 등 다른 '확률 밀도 함수'들에 대해서는 처리 과정이 본문의 설명 범위를 넘어서 관련 문헌을 소개하는 정도로 마무리했었다. 같은 이유로 '혼합 와이블 분포'의 '모수 추정' 과정도 본문에 수학적 과정을 포함시키진 않을 것이다. 다만 '혼합 포아송 분포(Compound Poisson)', '혼합 이항 분포(Compound Binomial)', '혼합 와이블 분포의 특별한 상황'들에 대해서는 Paul R. Rider(1961)가[95], 또 상세한 발전 과정과 수학적 해석에 대해서는 '미 공군 기술 대학(1997)'의 자료 등을 참고하기 바란다.[96] 그 외에 '수학적 접근법'과 '그래프 방법'을 쉽게 요약한 자료로 'Arfa Maqsood & Mohammad Aslam(2008)'이 있다.[97] 본문에서의 설명은 후자의 문헌에 포함된 '그래프 방법'에 대해 알아볼 것이다. '그래프 방법'은 전자관의 수명을 분석한 H. K. Kao(1959)가 제안한 방법[98]으로 NASA에서도 60년대 후반부터 문서로 규정해 적용한 바 있다.[99] 해당 자료들은 구글 크롬에서 검색을 통해 원문을 쉽게 접할 수 있다.

[그림 Ⅱ-37]은 모수 추정을 위해 [그림 Ⅱ-36]을 옮겨놓은 것이다.

---

95) Rider, Paul R. (1961). "Estimating the Parameters of Mixed Poisson, Binomial and Weibull Distributions by the method of moments", Bulletin de l'institute international de statistique 38, part 2.

96) Donald A. Mumford, Captain, USAF (1997), "Robust Parameter Estimation for the Mixed Weibull (Seven Parameter) Including the Method of Maximum Likelihood and the Method of Minimum Distance", Department of the Air Force, Air University, Air Force Institute of Technology.

97) Arfa Maqsood, Mohammad Aslam (2008), "A comparative study to estimate the parameters of mixed-Weibull distribution", Pak.j.stat.oper.res. Vol.IV No.1 2008 pp.1～8.

98) Kao, J. H. K. (1959). "A Graphical Estimation of Mixed Weibull Parameters in Life- Testing of Electron Tubes", Technometrics 1, pp.389～407.

99) Lee W. Fall (1966), "Estimation of Parameters in Compound Weibull Distributions", NASA - George C. Marshall Space Flight Center.

[그림 Ⅱ-37] '혼합 와이블 분포'의 분리(미니탭 '브러시' 기능 이용)

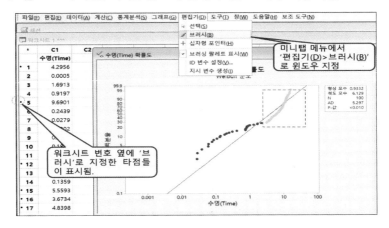

[그림 Ⅱ-37]의 '확률도'로부터 타점들을 두 그룹으로 분리해 각각의 '모수'들을 추정하면 다음 [그림 Ⅱ-38]과 같다.

[그림 Ⅱ-38] 분리된 두 그룹의 모수 추정

미니탭『그래프(G)>확률도(Y)... /단일 / 와이블 분포 선택(신뢰구간 표시 안 함)』

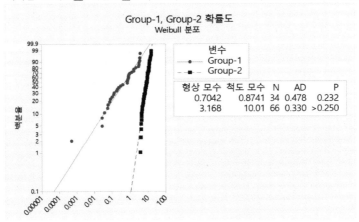

[그림 Ⅱ-38]의 'Group-1'과 'Group-2'는 '고장 모드-1'과 '고장 모드-2'에 각각 대응한다. [표 Ⅱ-13]의 '모집단'과 비교하기 위해 다음 [표 Ⅱ-14]에 추정된 '모수'들을 정리하였다.

[표 Ⅱ-14] 분리된 '와이블 분포'의 추정된 '모수'와 모집단 비교

모수	Group-1	와이블 분포 2
모집단	$Wei(1, 0.5), n = 40$	$Wei(10, 2.5), n = 60$
척도 모수(α)	0.8741	10.01
형상 모수(β)	0.7042	3.168
비율(P)	34%(34개)	66%(66개)

[표 Ⅱ-14]의 결과에는 타점들을 '브러시' 기능으로 분리할 때 직관에 따른 차이가 존재한다. 그러나 '고장 모드'가 여럿이라는 충분한 근거가 있을 때 그들을 분리해 해석에 이용하는 것은 매우 큰 의미가 있다. [표 Ⅱ-14]의 결과

[그림 Ⅱ-39] 시스템 내 두 개 '고장 모드' 존재에 대한 해석 예

미니탭『통계분석(S)>신뢰성/생존분석(L)>분포 분석(우측 관측 중단)(D)>분포 ID 그림(I)...』

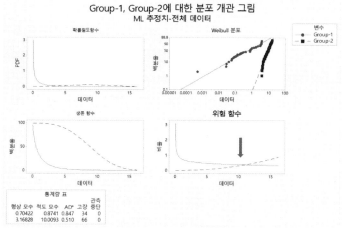

로부터 [표 Ⅱ-13]에서의 최초 '모집단'을 상당한 수준으로 잘 추정하고 있음을 확인할 수 있다.

[그림 Ⅱ-39]는 한 시스템 내에 '고장 모드'가 두 개인 경우 해석을 통해 얻어진 최종 분포 분석이다(라고 가정한다). 즉, 이 결과는 [그림 Ⅱ-38]의 연속된 분석 과정으로 시스템 내 두 개의 '고장 모드'가 존재한다는 가정하에 작성된 예이다. 그래프에서 '위험 함수'의 경우 '순간 고장률'이 초기에 '고장 모드-1'의 영향으로 매우 높다가 안정화된 후, '시간 10'부터 '고장 모드-2'의 영향을 받아 급격히 증가하는 '마모 고장'의 양상을 보인다. 어떤 해석으로 이어지든 '혼합 와이블 분석'은 아이템의 고장을 이해하는데 깊이 있는 고민을 낳게 함으로써 훨씬 더 과학적인 개선에 이르도록 돕는다. 연구 단계에서 매우 긍정적인 과정이라 할 수 있다.

1.7. '고장 난 아이템이 극히 적거나 없을 때'의 분석

[그림 Ⅱ-14]의 '수명 자료 분석법 선정도'에서 맨 아래에 '베이즈 분석'이 있다. 수명 시험 후 고장 난 아이템이 극히 적거나 아예 없다면 어떻게 될까? 이와 같은 상황은 「4. 확률 밀도 함수의 형성」에서 설명했던 데이터부터 분포 형성까지의 과정이 성립할 수 없다. 좌표 평면에 쌓아야 할 벽돌(데이터)이 없으므로 '분포 곡선'이 만들어지지 않고, 따라서 그를 해석할 '확률 밀도 함수(pdf)'도 존재하지 않는다. 또 'pdf'가 없으니 그 속에 포함된 '모수(Parameter)'의 추정도 불필요해져 결국 '고장 확률(또는 생존 확률)'의 계산은 현실적으로 어렵다.

예를 들어, 동전 앞면이 몇 번 나오는지 그 비율을 보기 위해 수차례 던지길 반복해도 앞면이 한 번도 안 나온다면 사실상 비율 계산은 불가능하다.

'빈도'가 있어야 비율(또는 확률)의 계산이나 모집단을 추정할 근거가 마련되는데, 이것을 '빈도 주의적 접근(Frequentist Approach)'이라고 한다. '빈도 주의'에서는 동전 던지기의 앞면이 전체의 50%가 나온다는 명제를 증명하려면 수없이 많은 시행이 필요하다. 몇 차례만으론 들쑥날쑥한 빈도의 앞면이 나올 것이므로 '표본 크기'가 작을수록 불리하다. 마치 수명 시험에서 고장 아이템 수가 없다면 수명 추정이 어려운 것과 같은 이치며, 적정 '표본 크기' 이상을 기대하는 지금까지의 확률 통계는 바로 이 접근법에 근거한다.

반면에 '베이즈 접근(Bayesian Approach)'이 있다. '빈도 주의적 접근'에서는 '확률 밀도 함수'의 '모수'를 고정된 '상수'로 가정하고 '수명 자료'로부터 그 값들을 추정한다. 바로 '최대 우도 추정(MLE, Maximum Likelihood Estimation)'법이 그랬다. 그러나 '베이즈 접근'에서는 '모수'들이 고정된 값이 아닌 '분포(Distribution)'를 형성한다. 또 특이점은 '모수의 분포'를 추정할 때 현재 관찰된 소수의 자료에다 연구원의 믿음 등도 함께 고려될 수 있다. 그리고 새로운 자료(정보)가 추가되면 '모수 분포'를 재추정한다. 갱신되는 것이며, 추정 정밀도가 높아진다. 이때 추정 전 활용된 자료(정보)를 '사전 확률 분포(Prior Probability Distribution)'라 하고, 갱신된 분포를 '사후 확률 분포(Posterior Probability Distribution)'라고 한다. 수명 평가의 시각에서 보면 아이템의 수명 분포가 미리 알려져 있고, 거기다 현재 소수의 '수명 자료(Data)'가 덧붙여질 때 '베이즈 정리(접근법)'로써 '사후 확률 분포'를 추정하며, 새로운 자료(정보)가 추가될 때마다 이 과정은 반복된다. 반복의 개념은 현실에서는 컴퓨팅 기능을 이용하므로 '베이지 접근'은 기업 실무자들이 학습하기엔 원리적으로나 수학적으로 장벽이 높다.

'수명 자료 분석'으로 돌아와 '베이즈 분석'에 대해 미니탭 도움말을 참조하면 좀 더 쉽게 이해할 수 있다. 내용은 "고장이 거의 없거나 전혀 없는 경우 분포 모수에 대한 과거 값을 사용하여 분석을 향상시킬 수 있다. 즉 기존의 모수를 제공하면 값을 적절하게 선택한 경우 결과 분석이 보다 정교해진다."
이다. 설명에서 '과거 값'이나 '기존의 모수 제공'과 같은 표현은 '베이즈 접
근'에서 '사전 확률 분포'에 해당한다. 이것은 '고장 난 수명 자료'가 없거나
극히 소수의 상황에서 수명 분석을 수행할 때 적어도 아이템의 분포에 대한
기본 정보는 알고 제시되어야 한다는 뜻이다. 추가로 '와이블 분포' 또는 '지
수 분포'에서 데이터를 추출한 경우 '베이즈 분석'을 수행하여 모수, 백분위수,
생존 확률 및 누적 고장 확률에 대한 신뢰 하한을 얻을 수 있고, 다음의 조건
이 모두 만족될 때 '베이즈 분석'이 가능하다.

- '와이블 분포' 또는 '지수 분포'에서 데이터를 추출한 경우
- 데이터가 '우측 중도 절단'된 경우 → 고장 수가 없거나 극히 소수 상황
- 모수를 추정하는데 '최대 우도법'을 사용할 경우
- '형상 모수(와이블 분포)'에 과거 값을 제공하는 경우('지수 분포'에서
  데이터를 추출한 경우 '형상 모수'에 자동으로 '1'이 지정됨).

'지수 분포'는 '와이블 분포'에 종속되어 있으므로 수명 추정에서의 '베이즈
분석'은 '와이블 분포'에 한정하는 경우가 대부분이며, 이 때문에 'Bayesian-
Weibull Analysis'라고도 한다.

사례를 통해 '베이즈 분석'을 접하면 내용 이해가 쉽다. 한 아이템의 'B_3
(3%가 고장 나는 시점의 시간)'에 대한 설계 목표가 '6개월'인 경우 연구소
시험 평가 결과가 [표 II-15]와 같다(고 가정한다). 기존의 사전 정보로부터
아이템의 수명은 '와이블 분포'를 따르며, '형상 모수 = 1.4'로 알려져 있다.
소수의 고장 데이터가 포함될 수 있으나 고장이 전혀 없는 극단적인 예를 들
었다. 분석 목적은 '아이템 수명'이 설계 목표인 '6개월'을 만족하는지 여부이
다(고 가정한다).

[표 Ⅱ-15] '베이즈 분석'을 위한 자료 예

시간(개월)	아이템 수	중도절단 여부
3	9	0

　　[표 Ⅱ-15]는 '3개월' 동안의 수명 시험에서 최초 참여한 '9개' 아이템 모두
고장 나지 않고 정상 작동한 상태이다. '베이즈 분석'을 위해 미니탭 경로와
'대화 상자' 입력 예는 다음 [그림 Ⅱ-40]과 같다.

[그림 Ⅱ-40] '베이즈 분석'을 위한 '대화 상자' 입력 예

미니탭 『통계분석(S)>신뢰성/생존분석(L)>분포 분석(우측 관측 중단)(D)>모수 분포 분석(P)...』

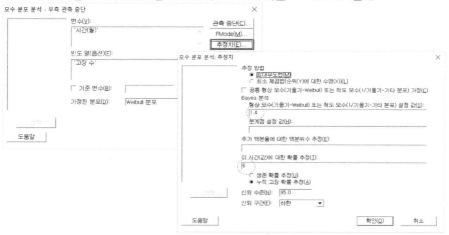

　　[그림 Ⅱ-40]의 '대화 상자'에 '와이블 분포'와 과거 경험치인 '형상 모수 =
1.4'를 입력하였다. '세션 창'에 '3%'의 '누적 고장 확률'의 정보는 기본으로
출력되므로 설계 목표인 '6개월' 시점의 '누적 고장 확률' 추정 값만 알아볼
목적으로 '6'을 입력했다. 출력 결과는 다음 [그림 Ⅱ-41]과 같다.

[그림 Ⅱ-41] '베이즈 분석' 결과

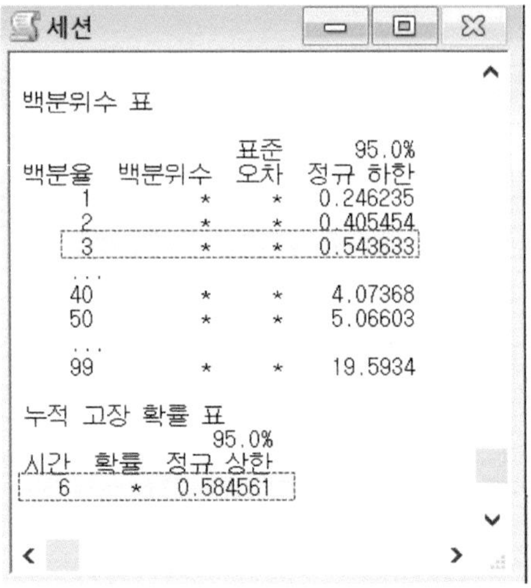
세션

백분위수 표

백분율	백분위수	표준 오차	95.0% 정규 하한
1	*	*	0.246235
2	*	*	0.405454
3	*	*	0.543633
...			
40	*	*	4.07368
50	*	*	5.06603
...			
99	*	*	19.5934

누적 고장 확률 표

시간	확률	95.0% 정규 상한
6	*	0.584561

[그림 Ⅱ-41]은 핵심적인 출력 결과만 요약한 것이다. '베이즈 분석'은 고장 아이템이 없는 경우 '신뢰 하한'만 얻는다. '3%'가 고장 나는 시점까지의 '95% 신뢰 하한'이 '약 0.544개월'로 계산됐다. 진정한 참값이 '0.544개월'까지 올 수 있다는 뜻이므로 '3%'가 고장 나는 시점의 설계 목표가 '6개월'인 상황에서 한참 못 미치는 수준이다. 제대로 설계된다면 '신뢰 하한'이 적어도 '7개월'보다 큰 값이 나와야 안정적일 것이다.

현재 설계 수준에서 '6개월'까지의 '누적 고장 확률'을 보면 [그림 Ⅱ-41]의 맨 아래 정보로부터 '약 58.5%'가 고장 난다는 것을 예견할 수 있다. '3%'라는 애초의 목표를 훨씬 넘어서는 예상 값이므로 큰 폭의 설계 변경이 있어야 할 것으로 판단된다.

2. 비모수적 분석 개요

　　　　　　'모수적 분석'에 이어 분포의 고려가 불필요
한 '비모수적 분석(Non-parametric Analysis)'에 대해 알아보자. 자료의 형태인
'완전 자료', '우측 중도 절단 자료' 및 '구간(임의) 중도 절단 자료'에 따라
분석법들에 차이가 있다. 각각에 대해 알아보자.

2.1. '완전 자료/우측 중도 절단 자료' 분석

다음 [그림 Ⅱ-42]에 '수명 자료 분석법 선정도'를 다시 옮겨놓았다.

[그림 Ⅱ-42] '수명 자료 분석법' 선정도

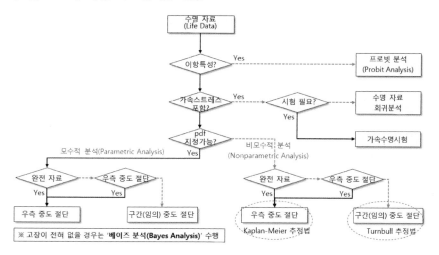

[그림 Ⅱ-42]의 주 경로에서 '‹‹‹pdf 지정가능?›››'에 따라 '확률 밀도 함수(*pdf*)'가 불필요하거나 아예 정의할 수 없는 경우 '비모수적 분석(Non-parametric Analysis)'으로 들어간다.

'비모수적 분석'은 말 그대로 '모수가 없는 상태에서의 분석'이다. 양산 제품이 아닌 일회성 아이템을 대상으로 한 수명 분석이나, 특별히 분포를 고려해야 할 이유가 없는 경우, 또는 분포 함수를 이용하기 위한 중간 단계의 해석 등 여러 이유로 활용된다. 확실한 것은 분포 함수의 적용 때보다 해석의 질은 다소 떨어질 수 있다는 점이다.

'모수적 분석' 때와 마찬가지로 '생존 확률', '신뢰 구간' 등을 추정할 수 있다. '수명 자료'의 유형에 따라 '완전 자료 및 우측 중단 자료'는 '카플란 마이어 추정법(Kaplan-Meier Estimation)' 또는 '카플란 마이어 생존 분석(Kaplan-Meier Survival Analysis)'을, '구간 중도 절단 자료 및 임의 중도 절단 자료'는 '턴블 추정법(Turnbull Estimation)', 그리고 공통적으로 적용할 수 있는 '생명표 법(Life Table Method)'이 있다. 참고로 '임의 중도 절단 자료'는 '수명 자료'가 '완전 자료', '우측 중도 절단 자료', '구간 중도 절단 자료' 등이 구분 없이 섞여 있는 자료를 말한다. 이어지는 본문은 우선 '카플란 마이어 추정법(Kaplan-Meier Estimation)'을 학습한 뒤, '구간(임의) 중도 절단 자료'에 쓰이는 '턴블 추정법'에 대해 알아볼 것이다.

Wikipidia에 따르면 추정법에서의 '카플란 마이어 추정량(Kaplan-Meier Estimator)'은 '누적 한계 추정량(Product-limit Estimator)'으로도 불리며, '수명 자료'로부터 '생존 확률'을 추정하는데 이용되는 '비모수적 통계량'이다. 의학 분야의 경우 특정 치료를 받은 환자가 정해진 기간 동안 생존해 있을 비율을 측정하거나, 실직 후 실업자 생활을 지속했던 기간, 또는 기계 부품의 평균 고장 시간, 과일을 주식으로 하는 조류나 동물이 과일을 따먹기 전 온전하게 남아 있을 기간을 측정할 때 등 다양한 상황에 활용된다. 추정량의 명칭은 「Journal of the American Statistical Association」에 비슷한 원고를 제출했던 Edward L. Kaplan과 Paul Meier의 이름을 딴 것으로 당시 저널 편집자였던 John Tukey가 둘의 연구를 하나의 논문으로 합치도록 설득한데서 유래하였다. 논문은 1958년에 발표되었다.[100]

'카플란 마이어 추정법'을 가만히 따져보면 우리가 잘 알고 있는 '불량률'이나 반대로 '양품률(수율)'을 구하는 방식과 동일하다. '불량률'은 '고장 확률'에, '양품률'은 '생존 확률'에 대응한다. '완전 자료'와 '우측 관측 중단 자료'는 따로 구분할 필요 없이 접근 자체가 동일하므로 둘을 합한 '수명 자료'를 이용할 것이다. 다음 [표 Ⅱ-16]은 한 회전체 아이템의 수명 시험으로부터 얻은 '완전 자료 + 우측 중도 절단 자료'를 나타낸다(고 가정한다).

[표 Ⅱ-16] '비모수 분석'을 위한 '완전 자료 + 우측 중도 절단 자료' 예

거리(km)	중도 절단 여부	거리(km)	중도 절단 여부
6,439	완전	10,496	중도 절단
7,019	완전	10,496	완전
8,058	완전	10,783	완전
8,058	완전	11,789	완전
8,636	중도 절단	14,156	중도 절단
8,801	완전	15,527	중도 절단

[표 Ⅱ-16]은 한 회전체 부품의 내구성을 시험한 결과로 '완전'은 고장이 발생된 경우이고, '중도 절단'은 정상임에도 '고장 해석'을 목적으로 시험에서

---

100) Kaplan, E. L.; Meier, P. (1958). "Non-parametric estimation from incomplete observations". J. Amer. Statist. Assn. 53 (282): 457-481.

빼낸 아이템들이다. '8,058km'는 고장이 '2개'이며, '10,496km'는 '중도 절단'과 '고장'이 각 '1개씩'이다. 측정 단위가 'km'인 것은 기구 회전을 통해 내구성 시험이 이루어졌기 때문이며, '회전수'를 '거리'로 환산한 결과이다. 물론 '분당 회전수'의 측도를 이용하면 '시간' 단위로도 전환이 가능하다.

'카플란 마이어 추정법'을 적용하기 위해 다음 관계식을 옮겨놓았다. 식만 보면 빨리 와 닿지 않지만 이어질 직접 계산 과정을 통해 쉽게 파악될 수 있으니 현재로선 참고 정도만 해도 좋을 것 같다.

$$[i번째까지의 '위험 수(Risk\ Nmber)'] \qquad\qquad (식\ \text{II}-30)$$
$$'위험 수'는 i번째에서의 '잔존 아이템수'$$

$$s_i = n - i + 1$$

$$Where,\quad n = 자료\ 총\ 개수,$$
$$i = 가장\ 작은 '고장시간'부터\ 1,2,...,n.$$
$$단, '중도절단'의 '위험 수'는\ 출력\ 안함.$$
$$'고장\ 시간'이\ 같으면\ 최초 '위험 수'만\ 출력함.$$

$$[생존\ 확률] : S(t_i) = \prod_{j=1}^{i}\left(\frac{n-j}{n-j+1}\right)^{\delta_j}$$
$$단, '\delta'는 '완전 = 1', '중도절단 = 0'$$
$$t_0 = 0, S(t_0) = 1.$$

$$[누적\ 확률] : F(t_i) = 1 - S(t_i)$$

(식 II-30)의 핵심은 '생존 확률'을 구하는 일이다. '수명 자료'가 주어지면 '고장 시간'을 가장 작은 값부터 큰 값으로 정렬한 뒤 '순위(Rank)'에 따라 '생존 확률'을 구한다. 이때 '중도 절단 자료'가 있으면 '위험 수'와 '생존 확률'은 출력 결과에서 제외된다. 다음 [표 II-17]은 [표 II-16]에 '카플란 마이어 추정법'을 적용한 '위험 수'와 '생존 확률' 결과이다.

[표 Ⅱ-17] '카플란 마이어 추정법' 계산 결과

거리(km)	중도 절단 여부	i	위험 수 (Risk Number)	생존 확률[$S(t_i)$]	
				누적 생존율 계산	결과
6,439	완전	1	$= 12 - 1 + 1 = 12$	$[(12-1)/12]^1$	0.917
7,019	완전	2	$= 12 - 2 + 1 = 11$	$0.917*[(12-2)/11]^1$	0.833
8,058	완전	3	$= 12 - 3 + 1 = 10$	$0.833*[(12-3)/10]^1$	0.750
8,058	완전	4	$= 12 - 4 + 1 = 9$	$0.750*[(12-4)/9]^1$	0.667
8,636	중도절단	5	$= 12 - 5 + 1 = 8$	$0.667*[(12-5)/8]^0$	0.667
8,801	완전	6	$= 12 - 6 + 1 = 7$	$0.667*[(12-6)/7]^1$	0.571
10,496	중도절단	7	$= 12 - 7 + 1 = 6$	$0.571*[(12-7)/6]^0$	0.571
10,496	완전	8	$= 12 - 7 + 1 = 6$	$0.571*[(12-7)/6]^1$	0.476
10,783	완전	9	$= 12 - 9 + 1 = 4$	$0.476*[(12-9)/4]^1$	0.357
11,789	완전	10	$= 12 - 10 + 1 = 3$	$0.357*[(12-10)/3]^1$	0.238
14,156	중도절단	11	$= 12 - 11 + 1 = 2$	$0.238*[(12-11)/2]^0$	0.238
15,527	중도절단	12	$= 12 - 12 + 1 = 1$	$0.238*[(12-12)/1]^0$	0.000

(참고) '위험 수'와 '결과' 열에서의 옅은 색 값들은 세션 창 결과에 안 나타남.

[표 Ⅱ-17]에서 주의할 사항은 반복된 '8,058km'의 경우, '위험 수'는 처음 것이, '생존 확률'은 나중 것이 출력된다(출력되지 않는 값은 옅은 색으로 표시함). 또 다른 반복된 '10,496km'의 경우는 좀 다른데, '중도 절단'과 '완전'이 하나씩 포함되어 있다. 이 경우 '중도 절단'의 '위험 수'는 유지된 채 다음 '완전 자료'에 반영된다(표 계산 예 참조). 좀 복잡해 보이나 일반적으로 통계 프로그램을 이용하므로 혼선은 없을 것이다. 다음 [그림 Ⅱ-43]은 미니탭 결과이다.

[그림 Ⅱ-43] '카플란 마이어 추정법' 미니탭 결과

미니탭 『통계분석(S)>신뢰성/생존분석(L)>분포 분석(우측 관측 중단)(D)>비모수 분포 분석(N)...』

[그림 Ⅱ-43]에서 시간대별(실제는 'km')로 '위험 수'와 '생존 확률', '95% 신뢰 구간'이 출력되어 있다. [표 Ⅱ-17]과 비교해보기 바란다.

사실 [표 Ⅱ-17]의 계산에 적용된 (식 Ⅱ-30)이나 [그림 Ⅱ-43]에서의 결과 내용들은 다소 복잡한 느낌이 든다. 그러나 '표준 오차'나 '95% 신뢰 구간' 값들을 빼면 '생존 확률(고장 확률)'을 계산하는 일은 잘 알고 있는 상식선에서 대부분 가능하다. 예를 들어, '10개'의 아이템들 중 '1개'가 고장 나면 '고장 확률'은 '1/10 = 0.1'이고 '생존 확률'은 '1 − 0.1 = 0.9'이다. 또 고장나지 않고 '중도 절단'된 아이템의 '생존 확률'은 '1'이 되는 식이다. 이를 적용해 [표 Ⅱ-17]의 '생존 확률'만 계산한 결과가 다음 [표 Ⅱ-18]이다.

거리(km)	중도절단 여부	생존 아이템 수	생존 확률	
			구간 생존 확률	누적 생존 확률
6,439	완전	11	$= 11/12 \cong 0.917$	0.917
7,019	완전	10	$= 10/11 \cong 0.909$	0.833
8,058	완전	9	$= 9/10 \cong 0.900$	0.750
8,058	완전	8	$= 8/9 \cong 0.889$	0.667
8,636	중도절단	8	$= 8/8 = 1.000$	0.667
8,801	완전	6	$= 6/7 \cong 0.857$	0.571
10,496	중도절단	6	$= 6/6 = 1.000$	0.571
10,496	완전	5	$= 5/6 \cong 0.833$	0.476
10,783	완전	3	$= 3/4 = 0.750$	0.357
11,789	완전	2	$= 2/3 \cong 0.667$	0.238
14,156	중도절단	2	$= 2/2 = 1.000$	0.238
15,527	중도절단	1	$= 1/1 = 1.000$	0.238

(참고) '누적 생존 확률' 열에서 열은 색 값들은 세션 창 결과에 안 나타남.
'누적 생존 확률' 예(네 번째 8,058km) : $0.917 \times 0.909 \times 0.900 \times 0.889 \cong 0.667$

[표 Ⅱ-18]에서 '10,496'처럼 동일한 '거리(km)'에 '중도 절단'과 '완전'이 함께 포함된 경우만 계산 때 주의하면('생존 확률' 계산 시 분모가 동일) 결과는 [표 Ⅱ-17] 및 [그림 Ⅱ-43]과 같다.

[그림 Ⅱ-43]의 결과들 중 아이템의 '평균 수명($MTTF$)'은 만일 모든 수명 자료가 '완전 자료', 즉 모두 고장 난 상태이면 전체 자료를 '산술 평균'한 값과 같다. 그러나 [표 Ⅱ-16]과 같이 '중도 절단 자료'가 포함된 경우 다음의 관계식을 이용한다. 이때 (식 Ⅱ-30)의 '$t_0 = 0, S(t_0) = 1$', [표 Ⅱ-17]의 '거리' 열 및 '생존 확률' 열의 값들을 이용한다. 다음과 같다.

$$MTTF = \sum_i \left[S(t_{i-1}) \times (t_i - t_{i-1}) \right] \qquad \text{(식 II-31)}$$
$$= \left[S(t_0) \times (t_1 - t_0) \right] + \left[S(t_1) \times (t_2 - t_1) \right]$$
$$+ \left[S(t_2) \times (t_3 - t_2) \right] + ... + \left[S(t_{11}) \times (t_{12} - t_{11}) \right]$$
$$= 6439 + \left[0.917 * (7019 - 6439) \right] + \left[0.833 * (8058 - 7019) \right]$$
$$+ \left[0.750 * (8058 - 8058) \right] + ... + \left[0.238 * (15527 - 14156) \right]$$
$$\cong 10686.36$$

또 [그림 II-43]의 결과에서 '중앙값(Median)'은 '생존 확률' 중 '0.5 이하'들에서 '가장 작은 시간'을 선정한다. 예를 들어, '8,801km'의 '생존 확률'이 '0.571'이고, 다음이 '0.5'보다 작은 '0.476'이므로 '중앙값'은 이 확률의 시간 값인 '10,496km(0.5 이하 확률들 중에서 시간이 가장 작은 값)'이다. '비모수 분석'에서는 의사 결정용 대푯값으로 '중앙값'을 선호한다. [그림 II-44]는 '생존 그림'과 '위험 그림'을 각각 나타낸다.

[그림 II-44] 비모수 분석을 통한 '생존 그림'과 '위험 그림'

[생존 그림]   [위험 그림]

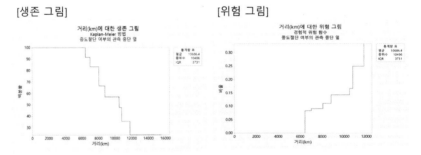

'위험 함수'를 이용한 '위험률'과 '신뢰 구간' 등의 계산은 생략한다. 필요한 독자는 미니탭 '도움말'의 수식들을 참고하기 바란다.

'카플란 마이어 추정법'의 강점은 '개선 전후 집단 간 비교'나 '인가한 부하 수준별 비교' 등 여러 집단을 분포의 고려 없이 동시에 통계적으로 검정할 수 있다는 점이다. 예를 들어, 앞서 [표 Ⅱ-16]의 기구 회전을 통한 내구성 시험에서 중앙값 '10,496km'가 설계 목표인 '12,000km'에 미달로 판단되어 개선후 재평가가 이루어졌다고 가정하자. 이때 개선 아이템 여섯 개의 표본으로부터 다음 [표 Ⅱ-19]와 같은 평가 결과를 얻었다(고 가정한다).

[표 Ⅱ-19] 기구 회전 내구성 개선 후 평가 결과

거리(km)	12,734	12,920	13,579	14,270	14,700	15,019
중도 절단 여부	중도 절단	완전	완전	중도 절단	완전	중도 절단

개선 상태를 확인하기 위해 [표 Ⅱ-16]과 [표 Ⅱ-19]를 [그림 Ⅱ-43]처럼 미니탭 모듈에 동시 입력한 후 얻은 결과는 다음 [그림 Ⅱ-45]와 같다('세선 창' 결과 중 '가설 검정' 영역만 옮김).

[그림 Ⅱ-45] 회전 내구성 개선 후 평가 결과

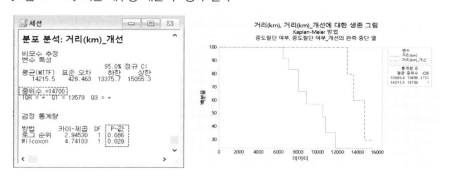

[그림 Ⅱ-45]에서 '중앙값'은 '개선 전 = 10,496'에서 '개선 후 = 14,700'으로 '약 4,200km' 증가하였다. '검정 통계량'인 '로그 순위'와 'Wilcoxon'의 'P-값'이 '0.086'과 '0.029'로 '유의 수준 = 10%'에서 모두 '의미 있는 결과',

즉 '개선됐음'을 나타낸다. 물론 유의점도 있다. '표본 크기' 등의 영향으로 '중도 절단'의 빈도나 발생 위치에 따라 유의성 여부가 쉽게 갈리기도 한다. 자료의 작은 변화에도 변화 정도가 심하다(불안정하다)는 뜻이므로 두 개 통계량 모두 유의한 수준이 될 수 있도록 '개선의 폭'과 '표본 크기'를 늘리는 전략도 매우 중요하다.

참고로 [표 Ⅱ-16]의 자료는 '모수적 분석' 중 '로그 정규 분포'에 잘 적합한다. 따라서 특별한 경우가 아니라면 가급적 '모수적 분석'을 이용하는 것이 해석에 유리하다.

2.2. '구간(임의) 중도 절단 자료' 분석

'구간(임의) 중도 절단 자료'이면서 분포를 가정하지 않는 경우의 '생존 확률 추정법'을 처음 제안한 사람은 Peto(1973)였다.[101] 이후 3년 뒤인 1976년에 Turnbull은 구간들이 서로 겹치더라도 적용할 수 있는 새로우면서도 일반화된 접근법을 발표하였다.[102] 이 방법은 '정규 분포'의 모수 추정인 '(식 Ⅱ-11)~(식 Ⅱ-15)'와 유사하게 자료를 설명하는 '우도 함수'를 대상으로, '비모수 최대 우도 추정 값(NPMLE, Non-parametric Maximum Likelihood Estimate)'을 얻기 위한 반복적인 알고리즘으로 이루어져 있다. '구간(임의) 중도 절단 자료'의 '우도 함수'는 다음과 같다.[103]

---

101) R. Peto. (1973), Empirical survival curves for interval censored data. Applied Statistics, 22:86-91.
102) 1) B.W. Turnbull (1976). "The Empirical Distribution Function with Arbitrarily Grouped, Censored and Truncated Data", Journal of the Royal Statistical Society 38, pp.290~295.
   2) B.W. Turnbull (1974). "Non-parametric Estimation of a Survivorship Function with Doubly Censored Data", Journal of the American Statistical Association 69, 345, pp.169~173.
103) Collett (2003), Modelling Survival Data in Medical Research, Second Edition. Front Cover. David Collett. CRC Press.

$$\prod_{i=1}^{ltc} \{1 - S_i(b_i)\} \prod_{i=ltc+1}^{ltc+rtc} S_i(a_i) \prod_{i=lfc+rtc+1}^{n} \{S_i(a_i) - S_i(b_i)\} \qquad \text{(식 II-32)}$$

(식 II-32)의 첫 항은 '좌측 중도 절단 자료'를, 가운데 항은 '우측 중도 절단 자료', 맨 끝 항은 '구간 중도 절단 자료'를 나타내며, 'NPMLE'를 위한 반복적인 수학 처리 과정을 통해 자료를 가장 잘 설명하는 '생존 확률'들을 추정한다. 수학적 처리는 프로그램 코드나 통계 패키지를 이용하므로 본문에서 원리까지 이해할 필요는 없을 것 같다. 좀 더 관심 있는 독자는 관련 자료를 참고하기 바란다.

본문에서 '턴블 추정법(Turnbull Estimation)'을 학습하기 위해 다음 [표 II-20]과 같은 '임의 중도 절단 자료'를 도입하였다. 또 '반복 알고리즘'의 표현에서 보듯 컴퓨팅의 도움 없이는 해석에 어려움이 있으므로 분석을 위해 미니탭만을 활용할 것이다.

[표 II-20] '비모수 분석'을 위한 '임의 중도 절단 자료' 예(Turnbull)

시간 구간	종류	고장	정상	시간 구간	종류	고장	정상
0~1000	1	1	26	0~1000	2	4	12
1000~2000	1	3	35	1000~2000	2	7	21
2000~3000	1	2	51	2000~3000	2	11	38
3000~4000	1	6	19	3000~4000	2	16	7
4000~5000	1	12	12	4000~5000	2	22	10
5000~6000	1	18	9	5000~6000	2	15	4

[표 II-20]은 한 아이템의 '마모도'를 평가한 결과이며, 합금 성분(종류 1, 종류 2)에 따른 두 종류의 '평균 수명'을 비교하고자 한다(라고 가정한다). 동일한 '시간 구간'에 '고장'과 '정상'이 구분되어 있으므로 전자는 '완전 자료',

후자는 구간 종료 시점에 고장 나지 않은 '중도 절단 자료'이다. '중도 절단'된 아이템은 모두 '고장 해석' 목적으로 시험에서 제외시켰다(고 가정한다). 분석을 위해 [표 Ⅱ-20]은 다음 [표 Ⅱ-21]과 같이 전 처리가 필요하다.

[표 Ⅱ-21] '비모수 분석'을 위한 자료의 전 처리

시간 구간		종류	아이템 수	시간 구간		종류	아이템 수
시작	끝			시작	끝		
0	1000	1	1	0	1000	2	4
1000	*	1	26	1000	*	2	12
1000	2000	1	3	1000	2000	2	7
2000	*	1	35	2000	*	2	21
2000	3000	1	2	2000	3000	2	11
3000	*	1	51	3000	*	2	38
3000	4000	1	6	3000	4000	2	16
4000	*	1	19	4000	*	2	7
4000	5000	1	12	4000	5000	2	22
5000	*	1	12	5000	*	2	10
5000	6000	1	18	5000	6000	2	15
6000	*	1	9	6000	*	2	4

[표 Ⅱ-20]과 [표 Ⅱ-21]을 비교하면 어떤 방식으로 전 처리가 되었는지 쉽게 알 수 있다. 예를 들어, 한 개 '시간 구간'에서 '정상' 아이템(정상임에도 '고장 해석'을 위해 시험으로부터 제외됨)은 그 구간 '끝' 시점에 '중도 절단 자료'이므로 별도 행을 마련해 '우측 중도 절단 자료'로 재표현 하였다. 미니탭 분석은 다음 [그림 Ⅱ-46]과 같다.

[그림 Ⅱ-46] '임의 중도 절단 자료'의 Turnbull 추정 결과

미니탭 『통계분석(S)>신뢰성/생존분석(L)>분포 분석(임의 관측 중단)(I)>비모수 분포 분석(N)…』

　　[그림 Ⅱ-46]으로부터 '마모도'에 대한 '설계 목표치'가 '5,000시간에서 생존 확률 80%'라고 가정할 때, '종류 1(약 68%)'이 '종류 2(38%)'보다 '약 30%' 높은 '생존율'을 보인다. 또 '종류 1'의 참값은 현재의 '95% 신뢰 구간'이 '95% CI(0.563079 0.79182)'이므로 이 구간에 있을 가능성이 높다. 그러나 '설계 목표'에는 여전히 미흡하므로 '종류 1'에 대한 성분 비율 최적화를 통해 현재의 '68%'를 '80% 이상'으로 높이도록 연구 개발이 요구된다.

III

수명 시험 계획 수립

수명 자료를 분석하는 일만큼이나 수명 평가를 위한 계획 수립도 매우 중요하다. 수명 시험은 오랜 시간이 걸릴 수밖에 없으므로 자칫 잘못된 준비로 중간에 멈추게 될 시 비용도 비용이지만 또 그만한 시간 이상을 기다려야 하기 때문에 타격이 만만치 않다. 따라서 신중한 사전 준비가 요구된다. 수명 시험 계획은 '표본 크기(n)', '허용 고장 수(r)', '시험 시간(T)' 등을 설정하는 것으로 미 국방부 규격인 MIL-STD, 미니탭을 이용한 통계적 방법들이 있다. 내용 이해를 위해 기초 이론들에 대해서도 알아볼 것이다.

수명 시험 계획 수립 개요

              지금까지 수명 시험을 통해 확보된 자료의 분석과 그를 뒷받침할 이론 설명에 많은 분량을 할애하였다. 그러나 '신뢰성 수명 시험'을 어떻게 준비하고, 특히 처한 상황에 맞는 방법과 주요하게 고려해야 할 항목들이 무엇인지 사전에 파악하는 일도 분석 못지않게 중요하다. 예를 들어, 시험에 참여시킬 '표본 크기'의 결정과 얼마만큼의 기간 동안 관찰해야 하는지, 고장률의 적정 수준과 꼭 파악해야 할 내용들은 무엇이며 어떻게 관리해야 하는지 등 어느 것 하나 명확하지 않으면 막상 시험에 들어갔을 때 막막한 느낌이 든다.

  '수명 시험 계획'의 핵심은 두 가지다. 하나는 시험에 필요한 '표본 크기 (n)'의 결정이고, 다른 하나는 정보를 충분히 파악하는데 필요한 '시험 시간 (T)'의 결정이다. 목적과 활용 정보들에 따라 '신뢰도 실증 시험 설계'와 '신뢰도 추정 시험 계획' 활동으로 나뉜다.

- **신뢰도 실증 시험 설계**(Design for Reliability Demonstration Test): '신뢰도 실증 시험'은 줄여서 'RDT'라고 한다. 이미 '실증 시험 개요'에 대해서는 「Ⅰ. 신뢰성(Reliability) 기초 / 3.1. '제품 개발 단계'에서의 신뢰성 기법」에서 설명한 바 있다. 'RDT'는 정해진 기간 동안 정해놓은 수의 아이템을 시험하는 활동으로, 이때 '허용 고장 수(r)'를 정한 뒤 정해진 시험 기간 내 이 고장 수 이하가 발생하면 아이템 신뢰도가 신뢰성 기준을 만족하거나 초과한 것으로 판단하고 실증 시험을 중단한다. 따라서 아이템에 문제가 있어 재설계한 후 기존과 비교해 수명이 향상되었는지, 또는 아이템이 신뢰성 규격을 만족하는지 여부를 확인할 때 유용하다.

'RDT'의 '수명 시험 계획'을 수립하기 위해서는 '표본 크기(n)', '시험 시간(T)', '허용 고장 수(r)' 등을 미리 확보할 필요가 있다. 이를 위해 미니탭의 「검사 계획(T) > 시연(D)...」 모듈이나 「MIL-HDBK-H108, Sampling Procedures and Tables for Life and Reliability Testing」의 정보를 활용한다. 주로 개발 단계에서 양산 전 수행한다. 미니탭의 도움말에 포함된 시험 설계 목적을 옮기면 다음과 같다.

☞ 실증 검사: 문제가 생긴 아이템을 재설계한 후, 재설계 전 알려진 고장 원인이 제거됐거나 유의하게 감소되었는지 통계적으로 확인. 가설을 옮기면 다음과 같음.

$$H_0 : \text{재설계된 아이템이 이전 시스템과 동일하다.} \qquad (\text{식 III}-1)$$
$$H_A : \text{재설계된 아이템이 이전 시스템보다 나아졌다.}$$

☞ 신뢰도 검사: 수명이 '신뢰성 규격'을 만족하는지 통계적으로 확인. 가설은 다음과 같음.

$$H_0 : \text{아이템의 '신뢰도'가 '목표 값'보다 작거나 같다.} \qquad (\text{식 III}-2)$$
$$H_A : \text{아이템의 '신뢰도'가 '목표 값'보다 크다.}$$

[참고] '신뢰도' 대신 '척도모수(와이블, 지수 분포)', '위치 모수(기타 분포)', '백분위수', 특정 시간에서의 '신뢰도', $MTTF$도 가능.

본문에서는 '신뢰도 실증 시험 계획'에 대해 「MIL-HDBK-H108」의 내용을 인용한다. 이 표준은 '지수 분포'와 '전자 장치(Electrics)'에 한정되어 있지만 복잡한 식보다는 실무에서 쉽게 활용할 수 있도록 도표와 사례 중심으로 되어 있고, 인터넷으로부터 원문도 쉽게 구할 수 있어 접근성이 뛰어나다. 또 무엇보다 오랜 기간 검증되었으며 신뢰할 수 있다는 점도 긍정적이다. 그러나 지면 제약상 모든 내용을 옮기기보다 가장 빈도가 높은 주제만 실었으므로 포함되지 않은 여타 시험 계획들에 대해서는 「MIL-HDBK-H108」의 해당 본문을 참고하기 바란다. 다만 향후 학습을 돕기 위해 모든 시험들에 대한 목록과 기본 정보는 본문에 포함시켰다. 또 「MIL-HDBK-H108」에서 유일하게 적용하고 있는 '지수 분포' 이외의 다른 분포들 사용에 대해서는 미니탭을 중심으로 이론과 사례 학습을 병행할 것이다.

- **신뢰도 추정 시험 계획**(Reliability Estimation Test Plan): 이 활동은 필요한 '정밀도(Precision)'를 사용하여 아이템의 '백분위수(Percentile)' 또는 '신뢰도'를 추정하는데 적합한 '표본 크기(n)'를 결정한다. 미니탭에서는 「검사 계획(T) > 추정(E)...」 모듈에서 다루어진다. 다음 예와 같은 목적에 이용된다(미니탭의 도움말을 편집해 옮김).

☞ 100시간의 추정치 내에서 95%의 신뢰 하한을 사용하여 10번째 백분위수를 추정하려면 얼마나 많은 단위를 검사해야 하는지.

☞ 0.05의 추정치 내에서 95%의 신뢰 하한을 사용하여 500시간에서의 신뢰도를 추정하려면 얼마나 오래 검사를 시행해야 하는지.

'신뢰도 추정 시험 계획'은 여러 수식들 간 복잡도가 높아(중도 절단 자료의 사용) 가능한 미니탭 기능을 이용하여 간단한 활용 예를 중심으로 설명을 이어나간다. 또 필요하면 관련 문헌의 출처를 밝혀 향후 관심 있는 독자들의 학습 의욕을 돋울 것이다.

추가로 짚고 넘어갈 사항이 시험 계획과 관련해 자주 등장하는 '생산자 위험(α-오류, 또는 Type Ⅰ Error)' 및 '소비자 위험(β-오류, 또는 Type Ⅱ Error)'과, 'OC-곡선(Operating Characteristic Curve)'이다. 본론에 들어가기에 앞서 이들의 기본 내용과 '수명 시험 계획' 간 관계에 대해서도 학습 공간을 마련하였다. 내용에 익숙한 독자라면 본 내용을 건너뛰어 바로 '수명 시험 계획 수립'의 본론으로 넘어가기 바란다.

1. 수명 시험 계획 수립 기초 이론

본 장에서는 '수명 시험 계획 수립'에 자주 등장하는 '생산자 위험(α-오류, 또는 Type Ⅰ Error)' 및 '소비자 위험(β-오류, 또는 Type Ⅱ Error)'과, 'OC-곡선(Operating Characteristic Curve)', 그리고 이들이 '수명 시험'과 어떻게 관계하는지에 대해 간단히 알아본다.

1.1. '생산자 위험 및 소비자 위험'과 '수명 시험 계획' 간 관계

'생산자 위험'은 'α-오류', 또는 '제1종 오류', 영어론 'Producer's Risk', '$\alpha-error$', 'Type Ⅰ Error', 또는 'False Alarm' 등으로 불린다. 개념은 제조 부문의 공정에서 '양품을 생산했음에도 최종 평가에서 불량으로 판단했을 때의 오류'이다. 양품을 시장에 출하해 수익을 올릴 수 있었음에도 잘못된 판단 때문에 결국 생산자가 손해를 본 상황이므로 '생산자 위험'으로 불린다. 이것은 실제 상황에서 아무리 완전한 평가 체계를 갖추었더라도 결국은 일정 수준 이상은 잘못된 판단을 내리지 않겠느냐는 본질적인 의심(?)에서 비롯된다. 대게 관습적으로 '5%', 또는 그보다 작거나 큰 값인 '1%', '10%'의 확률(가능성)을 모든 판단 때 고려한다.

'소비자 위험'은 'β-오류', 또는 '제2종 오류', 영어론 'Consumer's Risk', '$\beta-error$', 'Type Ⅱ Error', 또는 'Mis-detection' 등으로 불린다. 개념은 '생산자 위험'과 반대인데, 생산 중 '불량품을 생산했음에도 최종 평가에서 양품으로 판단했을 때의 오류'이다. 불량품은 철저하게 선별해 시장에 나가지 않도록 원천적으로 봉쇄시켰어야 함에도 그렇지 못하게 됐다는 뜻이다. 결국 손해는 제품을 구매한 소비자가 그대로 지게 되므로 '소비자 위험'이라고 한다. 이 역시 애초 평가에서 완전하게 검출하면 될 일이지만 그렇지 못할 것이란 의심을 누구라도 할 수 있기 때문에 일반적으로 '10%'의 오류 가능성, 많게는 '20%'의 가능성을 항상 열어두고 판단 때 활용한다.

아이템의 수명을 평가하는 과정에도 '$\alpha-$오류'와 '$\beta-$오류'는 그대로 적용된다. 다음 [그림 Ⅲ-1]은 두 '오류'를 설명하기 위한 'OC-곡선'이다. 'OC-곡선'에 대해서는 이어지는 단원에서 별도로 설명이 있을 것이다.

[그림 Ⅲ-1] '로트 불량률'과 '신뢰도'에 대한 'OC-곡선'($\alpha-$오류, $\beta-$오류)

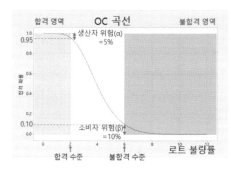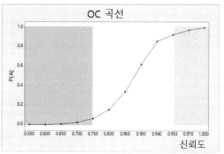

[그림 Ⅲ-1]의 왼쪽은 '로트 불량률 vs.합격 확률'이고 오른쪽은 '신뢰도 vs. 합격 확률' 그래프이다. 'OC-곡선' 하면 일반적으로 왼쪽을 지칭하나 신뢰성에서는 오른쪽 그래프처럼 '$x-$축'에 '신뢰도'가 오며, 전자는 '망소 특성'이므로 '역 S-자 패턴'이, 후자는 '망대 특성'이므로 'S-자 패턴'을 그린다. 방향만 다르지 '오류'에 대한 해석은 두 경우 모두 동일하므로 왼쪽 곡선을 중심으로 '오류'에 대해 알아보자. 우선 그림에 '합격 수준(2%)'이 있다. 이 값은 '로트 불량률'이 그보다 좋으면(즉, 그림에서 2% 이하의 '합격 영역') 모

두 '합격 로트'로 처리하는 기준이다. 그러나 표집 등이 완전치 못해 '합격 로트임에도 불량 로트로 잘못 판정하는 일부의 경우'를 막을 수 없으며, 이 같은 사건은 생산자(공급자)의 손해이므로 '생산자 위험(α-오류)'이라고 한다. 그림에서는 '최대 5%'로 설정되어있다.

반대로 '로트 불량률'이 높다고 판단되는 '불합격 수준(6%)' 이상은 '불합격 영역'이며, 고객은 이 영역에 포함된 로트는 모두 불합격 처리되기를 원한다. 그러나 역시 일부 합격 되는 로트를 막을 수 없으며, 이때 실제 발생 시 소비자가 손해를 보므로 '소비자 위험(β-오류)'이라고 한다. 그림에서는 '최대 10%'로 설정되어있다.

'α-오류'와 'β-오류'는 공급자와 구매자가 협의를 통해 서로의 손해를 최소화하도록 값을 설정할 수 있다. 또 검사를 위한 최적의 '표본 크기'를 결정할 때도 관여하는 주요 지표이다. [그림 Ⅲ-1]의 오른쪽 그래프에서는 '로트 불량률' 대신 '신뢰도'의 수용 값과 불수용 값을 정해 동일한 해석이 가능하다.

'오류'들과 'OC-곡선' 작성 및 [그림 Ⅲ-1]에 쓰인 여러 항목들과의 관련성은 「3.1.1. '누적 이항 분포'의 이해」에서 수식을 통해 좀 더 깊이를 더할 것이다. 그때 '수명 시험 계획'을 위해 '표본 크기' 등을 정하는 과정에 '오류'들이 어떻게 관여하는지 자연스럽게 설명이 이어진다. 관심 있는 독자는 해당 주제로 바로 넘어가기 바란다.

1.2. 'OC-곡선'과 '수명 시험 계획' 간 관계

'OC-곡선'은 우리말로 '검사 특성 곡선'이며, 영어로는 'Operating Characteristic Curve'이다. 한 아이템의 유입이 '50,000개'와 같이 그 크기가 매우 클 경우 '전수 검사'를 통해 양·불 판정을 하기란 현실성이 떨어진다. 너무 많기 때문이다. 따라서 전체 유입 수를 대표할 적정 '표본 크기(n)'와, '표본 크기' 중 합격 여부를 판단할 '허용 불량 수(r)'가 합리적으로 정해지면 저비용으로 매우 효율적인 평가가 가능하다. 즉 검사의 효율을 높이기 위한 접근이 'OC - 곡선'을 통해 이루어질 수 있으며, 한마디로 'OC - 곡선을 이용한 합리적 표본 추출 계획의 수립'이 중요하다.

'OC - 곡선'을 이용한 합리적인 '표본 추출 계획'을 수립하기 위해 기본적으로 정해줘야 할 사항들이 있다. 제품을 생산하는 프로세스의 경우 관리 상황에 맞는 다양한 기준들이 마련되어 있으므로 그에 준한 '표본 추출 계획'을 수립하는 일이 매우 중요하다. 그 전에 'OC - 곡선'의 형태를 미리 확인해보자. 다음 [그림 Ⅲ - 2]는 제조 부문에서 자주 쓰이는 'OC - 곡선'의 예이다.

[그림 Ⅲ - 2] 'OC - 곡선'의 예

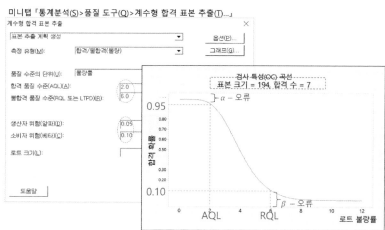

[그림 Ⅲ - 2]의 'OC - 곡선'을 얻으려면, 기본적으로 '합격 품질 수준(AQL,

Acceptable Quality Level)'이나, '불합격 품질 수준(RQL, Rejectable Quality Level)' 또는 'LTPD(Lot Tolerance Percentage Defective)', 그리고 '생산자 위험(α-오류)', '소비자 위험(β-오류)'이 필요하다([그림 III-2]의 '대화 상자' 참조). 이들로부터 얻은 'OC-곡선'의 'x-축'엔 '(로트) 불량률'이, 'y-축' 엔 '합격 확률'이 위치한다. 지정된 입력 정보에 따라 부드러운 '역 S-자 곡선'이 출력되며 아이템 평가를 위해 필요한 '표본 추출' 정보들이 함께 나온다. [그림 III-2]의 'OC-곡선'에는 주어진 상황에 맞는 '표본 크기(n) = 194개'와, '합격 수 = 7'이 출력됐으며, 이로부터 로트에서 표본을 '194개' 추출해서, 이들 중 '불량'이 '7개 이하'면 '로트 합격' 판정을, '8개 이상'이면 '로트 불합격' 판정을 내린다.

[그림 III-2]의 'OC-곡선'에는 'AQL = 2.0', 즉 '불량률'이 '2.0'인 로트는 평가 시 합격될 확률이 '약 0.95'이며, 이 값은 '$1 - 0.95 = 0.05(5\%)$'를 통해 'α-오류'와 연결된다. 또 'RQL = 6.0', 즉 '불량률'이 '6.0'인 경우 합격 확률은 '약 0.10'임을 알 수 있다. 이 값은 'β-오류'와 연결된다.

'AQL'과 'RQL'의 결정은 공급자의 경우 불량률이 낮은 로트는 가급적 모두 합격되기를 기대하고, 반대로 소비자의 경우 불량률이 높은 로트는 모두 불합격되기를 희망한다. 그러나 원하는 로트를 전부 합격시키거나 원치 않는 로트를 모두 불합격시키는 일은 잘못 판단의 가능성 때문에 현실적으로 일어나기 어렵다. 이에 적정 오류 수준을 각자의 입장에서 협의를 거쳐 정하게 되는데 이들이 'α-오류'와 'β-오류'의 설정 값이다. 미니탭 도움말에 사례가 있어 옮기면 다음과 같다.

"예를 들어, 마이크로 칩의 수입 검사에서 '합격 품질 수준(AQL)'은 표준이 '1.5%'이다. 그리고 항상 정확한 결정을 내릴 수 없기 때문에 '생산자 위험(α-오류)'을 '0.05'로 설정하였다. 이것은 품질 수준이 '1.5%'인 경우 로트의 합격 확률은 '약 95%'이고, '5%'만이 로트를 잘못(합격임에도 오류로 불합격) 처리한다는 의미다.

　반면 마이크로 칩의 수입 검사에서 '불합격 품질 수준(RQL)'은 표준이 '6.5%'이다. 이때 항상 정확한 결정을 내릴 수 없기 때문에 '소비자 위험(β-오류)'을 '0.10'으로 설정하였다. 이는 품질 수준이 '6.5%'인 로트의 경우 '최소 90%'의 경우는 제대로 불합격시키지만, '최대 10%'는 불합격 로트임에도 오류로 합격시킨다는 뜻이다. 불량률이 '6.5%'같이 높으면 90%처럼 많은 점유율을 불합격 처리함으로써 고객을 보호한다는 의미로 해석한다."

　다시 [그림 Ⅲ-2]로 돌아가 보자. 현재의 표본 운영 계획에서 담당자들이 '194개'의 '표본 크기'가 너무 많아 평가가 어렵다거나, 아니면 '7개의 불량품' 모두를 관찰하기 어렵다고 주장해 조정을 요청할 수 있다. 또는 반대로 확실한 평가 결과를 주장하며 '표본 크기'를 더 증가시키고 '합격 수'도 동시에 키우는 전략도 나올 수 있다. 이에 '표본 크기'와 '합격 수'를 [그림 Ⅲ-2]의 결과인 '194 - 7개' 이외에, '180 - 3개', '185 - 7개', '200 - 10개' 등이 제시되었다(고 가정하자). 이들 중 무턱대고 하나를 고를 수 없기 때문에 최적 안이었던 '194 - 7개'와 비교해 공급자와 소비자 모두가 만족하는 조건이 있는지 확인해보자.

　[그림 Ⅲ-3]은 미니탭 기능을 이용해 'AQL'과 'RQL'을 [그림 Ⅲ-2]와 동일한 'AQL = 2.0', 'RQL = 6.0'으로 유지한 상태에서 얻은 'OC-곡선'들이다. 'OC-곡선'들은 '180 - 3개', '185 - 7개', '200 - 10개'에 대한 것이며 이들 중 '194 - 7개'를 대체할 안이 있을지 결과를 통해 분석한다(고 가정한다).

[그림 Ⅲ-3] '표본 추출 계획' 변경을 위한 'OC-곡선'들의 비교

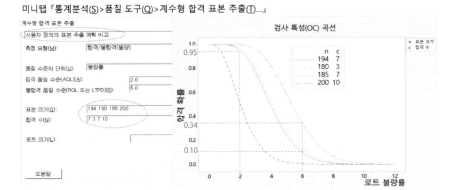

미니탭『통계분석(S)>품질 도구(Q)>계수형 합격 표본 추출(T)...』

   [그림 Ⅲ-3]에서 '로트 불량률 = 6%'를 보자. 이것은 'β-오류'인데 'OC-곡선'들 중 '200 - 10개'의 경우 기존 '194 - 7개'의 '0.1(10%)'에서 '약 0.34(34%)'로 크게 증가되었음을 알 수 있다. 또 '180 - 3개'의 곡선은 'β-오류'는 줄어든 대신 'α-오류'는 크게 증가하였고, '185 - 7개'의 곡선만이 최초 안과 유사한 패턴을 보인다. '표본 크기'를 줄여야 하는 상황이면 큰 이변이 없는 한 '185 - 7개'의 결정이 나름 의미 있어 보인다(고 가정한다).

   지금까지 '품질 관리 분야'에서 사용되는 'OC-곡선'의 내용과 용법에 대해 간단히 알아보았다. 이제 'OC-곡선'이 '수명 자료 분석'에서 어떻게 쓰이는지 알아볼 차례다. 그러나 이미 대부분의 주요 내용은 설명했으므로 추가 사항들에 대해 집중할 것이다.

   [그림 Ⅲ-3]에서의 'x-축'은 '불량률'이나 '단위당 결점 수' 등이 올 수 있는데 반해, '수명 자료 분석'은 '평균 시간(MTTF)'이나 '신뢰도' 등이 올 수 있다. 특히 '신뢰도'는 '불량률'과 달리 크면 클수록 좋은 '망대 특성'이므로

'OC-곡선'의 패턴이 '역 S-자 곡선'이 아닌 'S-자 곡선'을 띤다. '평균 시간'
이나 '신뢰도'가 높은 쪽에 위치할수록 'y-축'에 위치한 '합격 확률(AQL)' 역
시 증가하기 때문이다. '합격 확률'은 'n개'에서 '고장 수(r개)'를 추출하는 상
황이므로 '누적 이항 분포'를 이용한다. 식은 다음과 같다.

$$P(A) = P(i \leq r) = \sum_{i=0}^{r} \frac{n!}{i!(n-i)!} \left[(1-R_{LB})^i \cdot R_{LB}^{n-i} \right] \qquad \text{(식 III-3)}$$

여기서, 'R_{LB}'는 검증할 '신뢰도'의 '하한($Lower\,Bound$)'

(식 III-3)은 "수명 시험 중 '고장 수(i)'가 'r개'보다 작거나 같을 때의 확
률"이다. 잘 알려진 '이항 분포'는 '$P^i(1-P)^{n-i}$'의 구조이나 (식 III-3)에서
'R_{LB}'는 '신뢰도'이기 때문에 '$R_{LB}^i(1-R_{LB})^{n-i}$'가 아닌 '$(1-R_{LB})^i \cdot R_{LB}^{n-i}$'의
구조임에 유의한다. '신뢰도'는 't 시점'에서 '이하의 확률'이 아닌 '초과의 확
률'이란 점을 상기하자.

일반적으로 수명 시험 초기에 최초 참여하는 '표본 크기(n)'와 '허용 고장
수(r)'는 미리 정해진다. 따라서 이들을 이용해 (식 III-3)의 '신뢰도', 즉 'R_{LB}
의 변화'에 따른 '합격 확률' 간 곡선을 얻으면 바로 '수명 시험에서의 OC-
곡선'이다. [그림 III-4]는 '$n=10, r=2$'에 대한 'OC-곡선'을 나타낸다.

[그림 III-4]에서 '합격 확률'은 미니탭의 '이항 분포'에 대한 '누적 확률'
로 얻는다. 이때 '신뢰도 = 0.05'에 대한 '합격 확률'은, [그림 III-4]의 '대화
상자' 내 '사건 확률(E):'에 입력된 값처럼 '0.05'가 아닌 '0.95'를 입력해야 한
다. '$R_{LB}^i(1-R_{LB})^{n-i}$'가 아닌 '$(1-R_{LB})^i \cdot R_{LB}^{n-i}$'이기 때문이다.

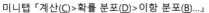

[그림 Ⅲ-4] '신뢰도 vs. 합격 확률'의 'OC-곡선, $(n, r) = (10, 2)$'

미니탭 『계산(<u>C</u>)>확률 분포(<u>D</u>)>이항 분포(<u>B</u>)...』

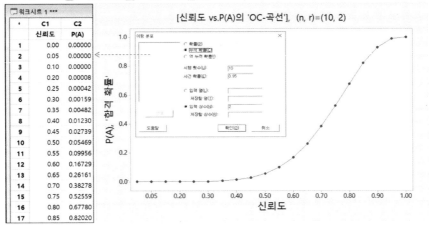

참고로 'OC-곡선'은 미니탭의 '시계열도' 기능을 이용하였다. '신뢰도'가 '망대 특성'이므로 [그림 Ⅲ-3]의 '역 S-자 곡선'과 달리 'S-자 곡선'을 보인다.

'수명 시험'에서 'OC-곡선'을 이용하면 [그림 Ⅲ-3]에서 보여준 바와 같이 여러 상황을 비교할 수 있다. 예를 들어, '표본 크기(n)'를 늘렸을 때 '소비자 위험'이나 '생산자 위험'의 변화나, '허용 고장 수(r)'와의 관계 등을 알 수 있다. 즉 이들 항목들을 변화시킴으로써 새로운 정책을 수용할 것인지 아니면 다른 대안을 찾을 것인지 확인하기 위해 'OC-곡선'을 이용한다. 다음 [그림 Ⅲ-5]는 '허용 고장 수(r)'와 '표본 크기(n)'의 비율이 '$r/n = 0.2$'인 동일 패턴에 대해 '신뢰도(R) = 0.72'의 '합격 확률'을 비교한 것이다.[104]

---

104) http://www.weibull.com/hotwire/issue93/relbasics93.htm.

[그림 Ⅲ-5] '$(n, r) = (10, 2)$와 $(30, 6)$'의 'OC-곡선' 비교

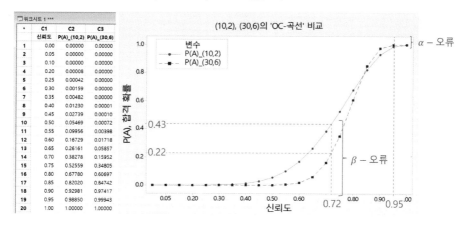

[그림 Ⅲ-5]에서 '신뢰도 = 0.72'에 대해, '$(n, r) = (10, 2)$'는 '0.43'인 반면 '$(n, r) = (30, 6)$'는 '0.22'를 보인다. 즉 '표본 크기(n)'가 증가하면, 'β-오류'는 감소한다는 것을 알 수 있다. '신뢰도 = 0.95'를 보면 'α-오류'는 거의 같거나 미세하게 증가했을 뿐이다. 만일 '허용 고장 수(r)'와 '표본 크기(n)', 또는 'α-오류'나 'β-오류'의 변경 시 [그림 Ⅲ-5]와 같이 'OC-곡선'의 비교를 통해 유리한 조건을 선택할 수 있다.

또 하나, 현 시험 상황에 적합한 'OC-곡선'을 의도적으로 선택할 수 있다. 예를 들어, 제품 개발 단계에서 많은 비용을 투입하는데 어려움이 있으므로 아예 'α-오류'나 'β-오류'를 높여 적은 표본으로 결과를 얻는 노력이 유리할 수 있다. 반대로 양산 단계에선 양품을 불량으로, 또는 불량을 양품으로 잘못 판단하면 그 사후 처리에 비용이 우려되므로 낮은 'α-오류'나 'β-오류'를 정해 가능한 보수적 관리를 견지하는 게 유리하다. 이와 같이 상황에 따라 위험 수준을 스스로 정하기 위해 'OC-곡선'을 다음 식으로 결정한다.

$$1-\alpha = \sum_{i=0}^{r} \frac{n!}{i!(n-i)!} \left[(1-R_1)^i \cdot R_1^{n-i} \right] \qquad \text{(식 III-4)}$$

$$\beta = \sum_{i=0}^{r} \frac{n!}{i!(n-i)!} \left[(1-R_2)^i \cdot R_2^{n-i} \right]$$

(식 III-4)는 '수명 시험 계획 수립'에 매우 중요하다. 원하는 수준의 '신뢰도(R_1, R_2)'와 각각의 'α 및 β'를 정해주면 두 식으로부터 적정 '표본 크기(n)'와 '허용 고장 수(r)'를 유도할 수 있기 때문이다. 예를 들어, 한 공급사에서 '$R_1 = 0.95$ 이상'에서 'α-오류 $= 0.1$ 이하'가 되길 원한다(고 가정하자). 다른 말로 실제 신뢰도가 '95%'가 넘는 로트를 잘못 판단해서 불량으로 처리할 가능성을 '최대 10%'까지 고려한다는 뜻이다.

또 소비자는 '$R_2 = 0.80$ 이하'에서 'β-오류 $= 0.15$ 이하'가 되길 원한다(고 가정하자). 다른 표현으로 소비자(고객)는 실제 신뢰도가 '80% 미만'인 로트를 합격시킬 확률이 최대 '15%'가 되길 원한다(고 가정한다). 이 상황은 (식 III-4)로부터 다음과 같이 관련 값들을 입력해 표현된다.

$$1-0.1=0.9 = \sum_{i=0}^{r} \frac{n!}{i!(n-i)!} \left[(1-0.95)^i \cdot 0.95^{n-i} \right] \qquad \text{(식 III-5)}$$

$$0.15 = \sum_{i=0}^{r} \frac{n!}{i!(n-i)!} \left[(1-0.80)^i \cdot 0.80^{n-i} \right]$$

(식 III-5)를 동시에 만족하는 'n'과 'r'은 미니탭의 '계산 기능'을 이용해 간접적으로 얻을 수 있으나 엄청난(?) 반복 작업이 필요하다. 출처에 따르면 그 값은 '$(n,r) = (22,2)$'가 두 식을 동시에 만족시키는 것으로 알려져 있다. 식을 통한 계산은 관련 문헌을 참고하기 바란다.[105] 따라서 본 예에서 '$(n,c) = (22,2)$'

---

105) "Determining the Experimental Sample Size", Tutorial Series Vol. 1, No. 1, p.4 참조.

인 'OC 곡선'은 '$R_1 = 0.95$'에 대해 '$\alpha = 0.1$'을, 동시에 '$R_2 = 0.80$'에 대해 '$\beta = 0.15$'를 반영한다. 'OC – 곡선'은 다음 [그림 Ⅲ – 6]과 같다.

[그림 Ⅲ – 6] '$(n, r) = (22, 2)$'의 'OC – 곡선'

미니탭『계산(C) > 확률 분포(D) > 이항 분포(B)…』

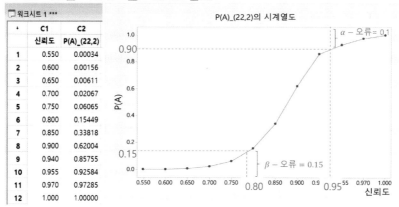

[그림 Ⅲ – 6]은 '$(n, r) = (22, 2)$'에 대해 미니탭 '계산 기능'으로 '신뢰도' 값을 하나씩 변경하며 얻은 '합격 확률'과 그의 'OC – 곡선'이다.

이어지는 단원은 계산 없이 '표'를 이용해 '수명 분석 계획'을 수립하는 방법에 대해 알아본다. 참고로 '누적 이항 분포'를 이용한 '표본 크기'의 유도는 본문 「3.1.2. '비모수 이항식'을 이용한 방법」을 참고하기 바란다.

2. 「MIL-HDBK-H108」시험 계획

신뢰성 분야에서 잘 알려진 미국 국방부 표준들 중 '수명 시험 계획 수립'과 관련된 '표집 계획(Sampling Plan)'에 대해 알아본다. 처음 입문하는 독자들을 위해 핸드북의 본문 구성부터 알아본다.

2.1. 「MIL-HDBK-H108」의 본문 구성

'수명 시험'을 완료했을 때 얻게 되는 산출물은 아이템의 고장 난 시점을 순차적으로 기록한 '시간(Life Time)'들이다. 만일 20개의 아이템이 시험에 참여했다면 동시에 모두 고장 나거나, 순차적으로 고장 났을 것이므로 기호로는 '$t_1 \leq t_2 \leq \dots \leq t_{20}$'의 관계가 성립한다. '수명'은 '고장' 난 아이템을 통해 측정되므로 전류에 의한 퓨즈의 끊어짐, 고전압으로 인한 콘덴서의 기능 상실, 또는 외력에 의한 재료의 파열 시점들과 관계한다. 따라서 시험은 아이템들에 전류, 전압, 힘 등의 부하를 동일하게 인가하는 방식으로 이루어진다. 이때 부하에 가장 취약한 아이템이 제일 먼저 고장 나고, 이어 다음 취약한 아이템의 고장이 반복된다.

시험에 대한 「MIL-HDBK-H108」은 크게 'Chapter 1'과 'Chapter 2'로 나뉜다. 'Chapter 1'은 '수명 시험 표집'에서 사용되는 용어들의 정의와 일반적인 시험 절차를 설명한다. 이어지는 'Chapter 2'에서는 수명 등 여러 신뢰성 요구 사항들에 하나하나 맞춤 형식으로 '수명 시험 표집 계획'의 절차와 응용을 다룬다. 특히 'Chapter 2'의 본문 주제와 원문 내 위치(페이지)를 요약하면 다음 [그림 III-7]과 같다.

[그림 Ⅲ-7] 「MIL-HDBK-H108」 본문 주제와 위치(페이지)

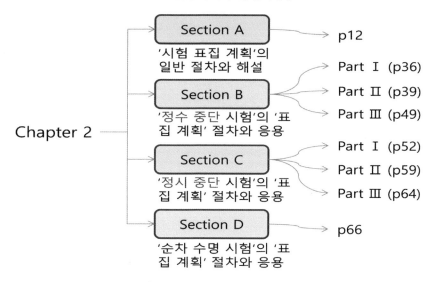

[그림 Ⅲ-7]에서 'Section B'는 '정수 중단 시험(제2종 중도 절단, Type Ⅱ Censored)'을, 'Section C'는 '정시 중단 시험(제1종 중도 절단, Type Ⅰ Censored)'을 각각 나타내며, 그림에서와 같이 각 'Section'별로 다시 세 개의 'Part'로 나뉜다. 또 [그림 Ⅲ-7]의 'Section C'를 다른 상자들 색과 달리한 이유는 모든 표준 내용을 본문에 옮기기보다 실무에서 적용 빈도가 높은 '정시 중단 시험' 부분만 소개한다는 의미로 강조한 것이다. 다음 [표 Ⅲ-1]은 각 'Part'들의 제목과 시험 전 미리 설정해야 할 항목들을 모두 모아 요약한 표이다.

[표 Ⅲ-1] 핸드북에 포함된 '수명 시험 표집 계획'을 위한 제목과 설정 항목

No	구분		절차 제목	미리 설정되어야 할 항목	
Section B		정수 중단 시험	[교체/비교체] 합격 절차	α, r, θ_0	또는, 표본 계획 코드, θ_0
1	part Ⅰ				
2	part Ⅱ		[교체/비교체] '표본 크기' 결정 시 '기대 대기 시간'과 '비용의 고려'	–	–
3	part Ⅲ		[구분 없음] '$\alpha, \beta, \theta_1/\theta_0$'가 정해질 때의 수명 시험 표집 계획	$\alpha, \beta, \theta_0, \theta_1$	–
Section C		정시 중단 시험	[교체/비교체] 합격 절차	α, n, r, θ_0	또는, 표본 계획 코드, n, θ_0
4	part Ⅰ				
5	part Ⅱ		[교체/비교체] 'α', 'β', 'θ_1/θ_0', 'T/θ_0'가 정해질 때의 수명 시험 표집 계획	$\alpha, \beta, \theta_0, \theta_1, T$	–
6	part Ⅲ		[비교체 시험] 정시 중단 전 로트 고장률에 근거한 수명 시험 표집 계획	$\alpha, \beta, p_0, p_1, T$	또는, $\alpha, \beta, G_0, G_1, T$
Section D			[구분 없음] 순차 수명 시험 표집 계획	표본 계획 코드, θ_0	–
7	–				

[표 Ⅲ-1]에서 열 ' 구분 '은 「MIL-HDBK-H108」에서 직접 언급하고 있는 시험별 '분류 번호'를, 열 ' 절차 제목 '은 '시험 절차 제목'을 나타내며, 제목 속에 포함된 용어 '교체'는 '시험 중 고장 아이템을 새 아이템으로 교체한 뒤 시험 지속'을, '비교체'는 '고장 아이템은 빼고 나머지만으로 시험 지속'을 각각 나타낸다. 열 ' 미리 설정돼야 할 항목 '은 '시험 전 정해줘야 할 파라미터'들이다.

본문에서는 [표 Ⅲ-1]의 '수명 시험 표집 계획'들 중 모든 시험 절차들에 공통으로 적용되는 사안들은 이어지는 '개요' 본문에서 설명하고, 지면 관계상 실무에서 가장 활용 빈도가 높은 '정시 중단 시험'인 'Section C - Part Ⅱ (No.5)'에 집중할 것이다. 또 '수명 시험 표집 계획'에서 주요하게 쓰이는 'OC- 곡선(Operating Characteristic Curves)'은 「1.2. 'OC – 곡선'과 '수명 시

험 계획’ 간 관계」를 참고하기 바란다.

2.2. ‘수명 시험 표집 계획(Life Test Sampling Plans)’ 개요

본론에 앞서 공통적이며 기본적인 사항들을 정리하면 다음과 같다.

1) 목적: 시험용 아이템들이 ‘지수 분포’를 따를 때, 그들의 수명 합격 여부를 판단할 목적으로 ‘수명 시험 표집 계획’을 수립한다.

2) ‘합격 평균 수명’의 설정: 시험에 들어가기 전 합격할 아이템의 ‘평균 수명(θ_0)’을 정한다([표 Ⅲ-1]의 ‘No.6’ 절차는 제외).

3) ‘불합격 평균 수명’의 설정: 시험에 들어가기 전 불합격할 아이템의 ‘평균 수명(θ_1)’을 정한다([표 Ⅲ-1]의 ‘No.3’, ‘No.5’ 절차만 해당).

4) 미리 정한 시험 시간 이전에 고장 나는 로트의 ‘합격 비율’ 설정: 시간을 정해놓고 수명 시험을 진행할 때 그 안에 고장 나는 로트의 ‘합격 비율(p_0)’을 정한다([표 Ⅲ-1]의 ‘No.6’ 절차만 해당).

5) 미리 정한 시험 시간 이전에 고장 나는 로트의 ‘불합격 비율’ 설정: 시간을 정해놓고 수명 시험을 진행할 때 그 안에 고장 나는 로트의 ‘불합격 비율(p_1)’을 정한다([표 Ⅲ-1]의 ‘No.6’ 절차만 해당).

6) ‘생산자 위험(α)’의 설정: ‘생산자 위험(α)’은 “‘평균 수명(θ_0)’, 즉 양품임에도 ‘평균 수명’에 미치지 못한다고 기각(불량으로 잘못 판단)할 확률”이다. ‘[표 Ⅲ-1]의 ‘No.6’ 절차에서는 ‘p_0(양품)임에도 잘못됐다고 판단해 로트를 기각(불량으로 판단)할 확률’이다.

다음 [표 Ⅲ-2]는 '생산자 위험(α) vs. 표집(Sampling) 전용 표'를 나타낸다. '전용 표'란 해당 시험 절차에 쓰이는 조건들을 쉽게 파악하고 정할 수 있도록 일목요연하게 요약한 표이다. 단, [표 Ⅲ-1]의 '총 6개 시험 계획 절차'들 중 본문에는 현업에서 가장 적용 빈도가 높은 '정시 중단 시험'인 'Section C - Part Ⅱ(No.5)'에 대한 'α 값'만 옮겨놓았다([표 Ⅲ-1] 내 다른 절차들의 'α 값'에 대해서는 '핸드북' p12 참조).

[표 Ⅲ-2] '생산자 위험(α)' vs. '표집 전용 표'

No	구분		절차 제목	생산자 위험(α)	전용 표
	Section C	정시	[교체/비교체] 'α', 'β', 'θ_1/θ_0', 'T/θ_0'가 정해질 때의 수명 시험 표집 계획	0.01, 0.05, 0.10, 0.25	[그림 Ⅲ-8] 참조, '핸드북'내 표 위치는 '2C-3', '2C-4', 또는 p61∽64
5	part Ⅱ	중단 시험			

[표 Ⅲ-2]의 용도는 '정시 중단 시험 - 교체/비교체 시험'에 들어가기 전, 제시된 'α-오류'들 중 하나를 결정할 때 쓰인다. 일반적으로 '0.05' 또는 '0.10'이 사용 빈도가 높다. 'α-오류'가 정해지면 [표 Ⅲ-2]의 '전용 표'에 설명된 위치로 가서 정해진 'α-오류' 영역을 찾아 수행할 시험의 '표집 조건'들을 파악한다. 실제 활용 예는 「2.3. 정시 중단 수명 시험 표집 계획 - 비교체 시험」과 「2.4. 정시 중단 수명 시험 표집 계획- 교체 시험」의 '사례 분석'을 참고하기 바란다.

7) '소비자 위험(β)'의 설정: '소비자 위험(β)'은 '평균 수명(θ_1)'의 미달, 즉 불량인 로트를 수용(양품으로 잘못 판단)할 확률이다. '[표 Ⅲ-1]의 'No.6' 절차에서는 '불량률'을 다루므로, 'β-오류'는 'p_1', 즉 로트의 '불합격 비율'임

에도 로트를 수용할 확률이다. 다음 [표 Ⅲ-3]은 '소비자 위험(β) $vs.$ 표집 (Sampling) 전용 표'를 나타낸다. '생산자 위험(α)'과 마찬가지로 [표 Ⅲ-1] 의 '총 6개 시험 계획 절차'들 중 본문에는 현업에서 가장 적용 빈도가 높은 '정시 중단 시험'인 'Section C - Part Ⅱ (No.5)'에 대한 'β 값'만 옮겨 놓았다 ([표 Ⅲ-1]의 다른 절차들에 대한 'β 값'은 '핸드북' p12 참조).

[표 Ⅲ-3] '소비자 위험(β)' $vs.$ '표집 전용 표'

No	구분		절차 제목	소비자 위험(β)	전용 표
	Section C	정시	[교체/비교체] 'α', 'β', 'θ_1/θ_0', 'T/θ_0'가 정해질 때의 수명 시험 표집 계획	0.01, 0.05, 0.10, 0.25	[그림 Ⅲ-7] 참조, '핸드북'은 2C-3, 2C-4
5	part Ⅱ	중단 시험			

[표 Ⅲ-3]의 용도는 '정시 중단 시험 - 교체/비교체 시험'에 들어가기 전 제시된 'β'들 중 하나를 결정할 때 쓰인다. 일반적으로 '0.10'이 사용 빈도가 높다. 실제 활용 예는 「2.3. 정시 중단 수명 시험 표집 계획 - 비교체 시험」과 「2.4. 정시 중단 수명 시험 표집 계획 - 교체 시험」의 '사례 분석'을 참고하기 바란다.

[그림 Ⅲ-8]은 '정시 중단 시험 - 비교체'의 '수명 시험 표집 계획'에 쓰이는 '전용 표'로서 [표 Ⅲ-2]의 'α-오류'와 [표 Ⅲ-3]의 'β-오류' 외에도 'θ_1/θ_0' 및 'T/θ_0'가 추가 설정된 상태에서 '표본 크기(n)'와 '허용 고장 수(r)'를 찾는데 이용된다(전체 표는 '부록 A' 참고). 활용 예는 「2.3. 정시 중단 수명 시험 표집 계획 - 비교체 시험」을 참고하기 바란다.

[그림 Ⅲ-8] '정시 중단 시험 - 비교체', 'α, β, θ_1/θ_0, T/θ_0' 설정의 경우

θ_1/θ_0	r	T/θ_0				r	T/θ_0			
		1/3	1/5	1/10	1/20		1/3	1/5	1/10	1/20
		n	n	n	n		n	n	n	n
		$\alpha = 0.10$		$\beta = 0.01$			$\alpha = 0.25$		$\beta = 0.01$	
2/3	77	238	369	699	1358	52	168	261	496	965
1/2	26	73	112	210	407	17	51	79	149	289
1/3	11	27	40	75	145	7	19	29	54	105
1/5	5	10	14	26	51	3	6	10	18	36
1/10	3	5	7	12	23	2	3	5	10	20
		$\alpha = 0.10$		$\beta = 0.05$			$\alpha = 0.25$		$\beta = 0.05$	
2/3	52	156	242	456	886	32	101	156	296	576
1/2	18	48	73	137	265	11	31	48	91	177
1/3	8	18	27	50	97	5	12	19	36	69
1/5	4	7	10	19	36	2	3	5	10	20
1/10	2	2	3	6	11	2	3	5	10	20
		$\alpha = 0.10$		$\beta = 0.10$			$\alpha = 0.25$		$\beta = 0.10$	
2/3	41	121	186	351	681	23	71	110	207	403
1/2	15	39	59	110	213	8	22	33	63	123
1/3	6	12	18	34	66	4	9	14	27	52
1/5	3	5	7	12	23	2	3	5	10	20
1/10	2	2	3	6	11	1	1	1	3	6
		$\alpha = 0.10$		$\beta = 0.25$			$\alpha = 0.25$		$\beta = 0.25$	
2/3	25	69	107	201	389	12	34	53	101	196
1/2	9	21	31	58	113	5	12	19	36	69
1/3	4	7	10	19	36	2	3	5	10	20
1/5	3	5	7	12	23	1	1	1	3	6
1/10	2	2	3	6	11	1	1	1	3	6

'정시 중단 시험 - 교체'에 대한 '수명 시험 표집 계획'은 다음 [그림 Ⅲ-9]를 통해 수립한다(전체 표는 '부록 A' 참고). 활용 예는 「2.4. 정시 중단 수명 시험 표집 계획 - 교체 시험」을 참고하기 바란다.

θ_1/θ_0	r	T/θ_0				r	T/θ_0			
		1/3	1/5	1/10	1/20		1/3	1/5	1/10	1/20
		n	n	n	n'		n	n'	n'	n
		$\alpha=0.10$		$\beta=0.01$			$\alpha=0.25$		$\beta=0.01$	
2/3	77	197	329	659	1319	52	140	234	469	939
1/2	26	59	98	197	394	17	42	70	140	281
1/3	11	21	35	70	140	7	15	25	50	101
1/5	5	7	12	24	48	3	5	8	17	34
1/10	3	3	5	11	22	2	2	4	9	19
		$\alpha=0.10$		$\beta=0.05$			$\alpha=0.25$		$\beta=0.05$	
2/3	52	128	214	429	859	32	84	140	280	560
1/2	18	38	64	128	256	11	25	43	86	172
1/3	8	13	23	46	93	5	10	16	33	67
1/5	4	5	8	17	34	2	3	5	10	19
1/10	2	2	3	5	10	2	2	4	9	19
		$\alpha=0.10$		$\beta=0.10$			$\alpha=0.25$		$\beta=0.10$	
2/3	41	99	165	330	660	23	58	98	196	392
1/2	15	30	51	102	205	8	17	29	59	119
1/3	6	9	15	31	63	4	7	12	25	50
1/5	3	4	6	11	22	2	3	4	9	19
1/10	2	2	2	5	10	1	1	2	3	5
		$\alpha=0.10$		$\beta=0.25$			$\alpha=0.25$		$\beta=0.25$	
2/3	25	56	94	188	376	12	28	47	95	190
1/2	9	16	27	54	108	5	10	16	33	67
1/3	4	5	8	17	34	2	2	4	9	19
1/5	3	3	5	11	22	1	1	2	3	6
1/10	2	1	2	5	10	1	1	1	2	5

'소비자 위험(β)'이 작을수록 '고장률'이 높은(또는 '평균 수명'이 낮은) 로트를 합격시킬 가능성은 점점 줄어든다.

8) OC－곡선(Operating Characteristic Curve): '수명 시험 표집 계획'에서의 'OC－곡선'은, '평균 수명'이 알려진 로트가 '표집 계획'에서 제시된 '합격 기

준'을 만족할 확률을 알려 준다. 핸드북에는 표집 계획용 'OC‐곡선' 적용을 [표 Ⅲ‐1]의 시험 유형들 중 'Section B - Part Ⅰ(No.1)', 'Section C - Part Ⅰ(No.4)', 'Section D(No.7)'들에만 한정한다. 각 절차들엔 '생산자 위험(α)' 별 및 '코드(Code)'별로 세분화되어 총 20개의 'OC‐곡선'을 제시한다('코드' 는 [그림 Ⅲ‐11] 참조). 제시된 'OC‐곡선'들은 '교체 시험'과 '비교체 시험' 의 구분이 없으므로 모두에 그대로 적용한다.

다음 [그림 Ⅲ‐10]은 [그림 Ⅲ‐11]의 '$\alpha = 0.1$, $\beta = 0.1$'에 대한 코드 'C-1'부터 'C-18'까지의 'OC‐곡선'들이다. 앞서 강조한 대로 이들 곡선들은 '수명 시험 표집 계획' 수립을 위해 [표 Ⅲ‐1]의 시험 유형들 중 'Section B - Part Ⅰ(No.1)', 'Section C - Part Ⅰ(No.4)', 'Section D(No.7)'에 한해 적 용된다. 본문에서의 활용 예는 생략한다.

[그림 Ⅲ‐10] '수명 시험 표집 계획'용 'OC‐곡선' 예

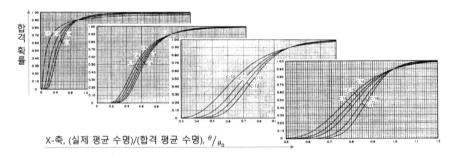

X-축, (실제 평균 수명)/(합격 평균 수명), θ / θ_0

9) 표집 계획 코드: [표 Ⅲ‐1]에 있는 'No.1', 'No.4' 및 'No.7' 절차들의 '수명 시험 표집 계획'과 관련된 'OC‐곡선'은 [그림 Ⅲ‐11]의 '코드(문자 - 숫자)'로 지정된 것을 사용한다. 이때 '코드'는 시험 전 설정되는 'α, β, θ_1 / θ_0' 에 의해 결정된다.

[그림 Ⅲ-11] '수명 시험 표집 계획'에 필요한 'OC-곡선' 찾는 코드

Code	θ_1/θ_0	Code	θ_1/θ_0	Code	θ_1/θ_0	Code	θ_1/θ_0	Code	θ_1/θ_0
$\alpha=0.01$ $\beta=0.10$		$\alpha=0.05$ $\beta=0.10$		$\alpha=0.10$ $\beta=0.10$		$\alpha=0.25$ $\beta=0.10$		$\alpha=0.50$ $\beta=0.10$	
A-1	0.004	B-1	0.022	C-1	0.046	D-1	0.125	E-1	0.301
A-2	.038	B-2	.091	C-2	.137	D-2	.247	E-2	.432
A-3	.082	B-3	.154	C-3	.207	D-3	.325	E-3	.502
A-4	.123	B-4	.205	C-4	.261	D-4	.379	E-4	.550
A-5	.160	B-5	.246	C-5	.304	D-5	.421	E-5	.584
A-6	.193	B-6	.282	C-6	.340	D-6	.455	E-6	.611
A-7	.221	B-7	.312	C-7	.370	D-7	.483	E-7	.633
A-8	.247	B-8	.338	C-8	.396	D-8	.506	E-8	.652
A-9	.270	B-9	.361	C-9	.418	D-9	.526	E-9	.667
A-10	.291	B-10	.382	C-10	.438	D-10	.544	E-10	.681
A-11	.371	B-11	.459	C-11	.512	D-11	.608	E-11	.729
A-12	.428	B-12	.512	C-12	.561	D-12	.650	E-12	.759
A-13	.470	B-13	.550	C-13	.597	D-13	.680	E-13	.781
A-14	.504	B-14	.581	C-14	.624	D-14	.703	E-14	.798
A-15	.554	B-15	.625	C-15	.666	D-15	.737	E-15	.821
A-16	.591	B-16	.658	C-16	.695	D-16	.761	E-16	.838
A-17	.653	B-17	.711	C-17	.743	D-17	.800	E-17	.865
A-18	.692	B-18	.745	C-18	.774	D-18	.824	E-18	.882

[그림 Ⅲ-11]에서 세 번째 강조된 쪽은 핸드북 사례 소개에서 사용된 '$\alpha=0.1$, $\beta=0.1$'이다. 예를 들어, 시험 전 미리 정해야 할 파라미터들이 '$\alpha=0.1$, $\beta=0.1$, $\theta_1/\theta_0=0.340$'이면, [그림 Ⅲ-11]에 따라 '코드'는 '$C-6$'이고, 이를 통해 [그림 Ⅲ-10]의 해당 'OC-곡선'을 찾아 해석한다. 'α, β'가 같으면 'OC-곡선'들은 같은 두 개의 점, $(1, 1-\alpha)$와 $(\theta_1/\theta_0, \beta=0.1)$을 지나며, 따라서 같은 코드의 '표집 계획'들은 같은 오류 방지 수준을 갖는다. 본문에서는 [표 Ⅲ-1]의 '정시 중단 시험'인 'Section C - Part Ⅱ(No.5)'에 집중할 것이므로 'OC-곡선'의 활용 예는 핸드북을 참고하기 바란다(핸드북 p37, p53 예제 참고).

10) 표집 계획에서 제공된 오류 방지 척도로서의 비율 'θ_1/θ_0': '소비자 위험 (β)'은 '7)'에서 설명한 바와 같이 "'불합격 평균 수명(θ_1)'임에도 로트를 수용 (양품으로 잘못 판단)할 확률"로 정의했었다. 'OC-곡선'은 'x-축'이 'θ_1/θ_0'

값으로 그려지기 때문에 'θ_1/θ_0' 역시 '소비자 위험(β)'과 함께 '평균 수명'의 척도가 된다. 비율 'θ_1/θ_0'는 '0'보다 크고 '1'보다 작다. 만일 'θ_1/θ_0'이 증가하고 'α, β, θ_0'가 상수이면 표집 계획에 의해 '평균 수명'이 낮은 로트를 합격으로 잘못 처리할 가능성은 줄어든다. [그림 Ⅲ-11]에서 여러 표집 계획들의 오류 감소 수준을 비교할 수 있으며, 공통적으로 'θ_1/θ_0'이 커지면 오류 가능성은 줄어든다.

2.3. 정시 중단 수명 시험 표집 계획 - 비교체 시험

이제 앞서 강조했던 바와 같이 [표 Ⅲ-1]의 '정시 중단 시험'인 'Section C - Part Ⅱ(No.5)'의 '표집 계획'에 대해 알아보자. 이 절차에 대해 '비교체 시험'은 [그림 Ⅲ-8], '교체 시험'은 [그림 Ⅲ-9]를 각각 사용한다. 또 본 절차는 'Section C - Part Ⅰ(No.4)'의 '[교체/비교체] 합격 절차'까지 연장될 수 있다. 예를 들어, [그림 Ⅲ-8]과 [그림 Ⅲ-9]에서 제공된 'α, β, θ_1/θ_0, T/θ_0' 이외 값들이 필요할 경우, 'Section C - Part Ⅰ(No.4)'를 참조하여 그곳에서 제공된 '표집 계획'들 중 하나를 사용할 수 있다.

또 만일 [그림 Ⅲ-8]과 [그림 Ⅲ-9]에서 원하는 'T/θ_0(계산으로 얻어짐-아래 [사례 분석] 참조)'가 표에서 제공되지 않으면 'T'는 보통 '상한(Upper Limit)'인 반면 'θ_0'는 '하한(Lower Limit)'으로 이루어진다는 점에 주목한다. 즉 어느 '표집 계획([그림 Ⅲ-8], [그림 Ⅲ-9])'에서도 희망하는 'T/θ_0'가 표에서 제시되어있지 않으면 그 다음 작은 'T/θ_0'의 '표집 계획' 값을 사용한다.

'정시 중단 수명 시험 표집 계획 - 비교체 시험' 내용의 핵심은 'α, β, θ_1/θ_0, T/θ_0'

가 정해진 상태에서 '허용 고장 수(r)'와 '표본 크기(n)'를 얻는 절차로 이루어져 있다. '허용 고장 수(r)'는 'Termination Number(종료 고장 수)'로 시험 시작 전 미리 정해놓은 '고장 수'이다. 이 '고장 수'에 이르면 시험은 종료된다. '표본 크기(n)'는 최초 시험에 참여한 아이템 수이다. 그러나 '교체 시험'일 경우 고장 난 아이템을 새것으로 교체해 시험을 계속하므로 전체 수는 점점 증가한다. 일반적으로 '표본 크기'는 비용을 고려해 결정한다.

'정시 중단'의 '비교체 시험'에서 '허용 고장 수(r)'와 '표본 크기(n)'를 얻는 절차는 [그림 Ⅲ-8]에서와 같이 'α와 $\beta = 0.01, 0.05, 0.1, 0.25$', '$\theta_1/\theta_0 = 2/3, 1/2, 1/3, 1/5, 1/10$', 그리고 '$T/\theta_0 = 1/3, 1/5, 1/10, 1/20$'의 조합으로 결정된다. '$\alpha$'와 '$\beta$'는 적절한 값으로 정해진 상태에서 '$\theta_1/\theta_0$'과 '$T/\theta_0$'가 계산으로 얻어지면 '허용 고장 수($r$)'와 '표본 크기($n$)'를 [그림 Ⅲ-8]을 통해 확인할 수 있다.

[사례 분석]
다음 상황에 적합한 '교체 수명 시험'의 '표집 계획'을 마련하라.

▷ 시험 기간은 '500시간'을 초과해서는 안 된다. 즉 '$T = 500$'
▷ '합격 평균 수명(θ_0)'은 10,000시간이고,
▷ '불합격 평균 수명(θ_1)'은 '2,000'시간이다.
▷ '생산자 위험(α)'은 '0.1', '소비자 위험(β)'은 '0.1'이다.

(풀이)
상기와 같은 조건에서 다음이 계산된다.

$$T/\theta_0 = 500/10{,}000 = 1/20 \qquad \text{(식 III−6)}$$
$$\theta_1/\theta_0 = 2{,}000/10{,}000 = 1/5$$

그 외에,
$$\alpha = 0.1, \ \beta = 0.1$$

(식 III−6)을 [그림 III−8]의 표에 대응시키면, '$r = 3$개'와 '$n = 23$개'를 얻는다. 따라서 본 시험은 다음과 같이 계획된다.

"최초 23개의 아이템으로 수명 시험을 시작한다. 이때 고장 난 아이템은 교체하지 않는다. 만일 아이템 3개의 고장이 500시간까지 발생하지 않으면 합격 기준을 만족한 것으로 판단한다. 수명 시험도 이 시점에 종료한다. 그러나 만일 3개의 고장이 500시간 이전에 발생하면 합격 기준을 충족하지 못한 것으로 판단하고 시험은 3개 아이템이 고장 난 시점에 종료한다.

2.4. 정시 중단 수명 시험 표집 계획 − 교체 시험

모든 기본 사항들은 직전의 '비교체 시험' 때와 동일하다. 즉 '정시 중단'의 '교체 시험'에서 '허용 고장 수(r)'와 '표본 크기(n)'는 'α와 $\beta = 0.01, 0.05, 0.1, 0.25$'이며, '$\theta_1/\theta_0 = 2/3, 1/2, 1/3, 1/5, 1/10$', 그리고 '$T/\theta_0 = 1/3, 1/5, 1/10, 1/20$'의 조합으로 결정된다. '$\alpha$'와 '$\beta$'가 적절한 값으로 정해진 상태에서 '$\theta_1/\theta_0$'과 '$T/\theta_0$'가 계산으로 구해지며, 이때 '허용 고장 수(r)'와 '표본 크기(n)'를 [그림 III−9]로부터 얻어낸다.

[사례 분석]

다음 상황에 적합한 '비교체 수명 시험'의 '표집 계획'을 마련하라.

▷ 시험 기간은 '500시간'을 초과해서는 안 된다. 즉 '$T = 500$'
▷ '합격 평균 수명(θ_0)'은 10,000시간이고,
▷ '불합격 평균 수명(θ_1)'은 '2,000'시간이다.
▷ '생산자 위험(α)'은 '0.1', '소비자 위험(β)'은 '0.1'이다.

(풀이)

상기와 같은 조건에서 다음이 계산된다.

$$T/\theta_0 = 500/10,000 = 1/20 \qquad \text{(식 III - 7)}$$
$$\theta_1/\theta_0 = 2,000/10,000 = 1/5$$

그 외에,
$\alpha = 0.1, \ \beta = 0.1$

(식 III - 7)을 [그림 III - 9]의 표에 대응시키면, '$r = 3$개'와 '$n = 22$개'를 얻는다. 따라서 본 시험은 다음과 같이 계획된다.

"최초 22개의 아이템으로 수명 시험을 시작한다. 이때 아이템이 고장 나면 바로 새로운 아이템으로 교체한다. 만일 아이템 3개의 고장이 500시간까지 발생하지 않으면 합격 기준을 만족한 것으로 판단한다. 수명 시험도 이 시점에 종료한다. 그러나 만일 3개의 고장이 500시간 이전에 발생하면 합격 기준을 충족하지 못한 것으로 판단하고 시험은 3개 아이템이 고장 난 시점에 종료한다.

3. 통계 패키지를 이용한 시험 계획

                                 수명 시험 계획 수립을 위해 앞서 미국 국방부 표준들을 활용할 수 있으나 적용할 수 있는 분포가 '지수 분포' 하나로 제한되어 있고, 아이템이 주로 전자 장비를 대상으로 하고 있어 다양한 상황에 맞는 해법을 찾기란 사실상 한계가 있다. 이에 국내 기업에 널리 퍼져 있는 통계 패키지 '미니탭'의 기능을 활용한 학습이 현 문제를 극복하는데 매우 큰 도움이 된다.

    앞서 「수명 시험 계획 수립 개요」에서 정리한 바와 같이 시험 계획을 위해서는 '신뢰도 실증 시험 설계(Design for Reliability Demonstration Test)'와 '신뢰도 추정 시험 계획(Reliability Estimation Test Plan)'이 있으며, 미니탭의 경우 전자는 '통계 분석($\underline{S}$) > 신뢰성/생존 분석($\underline{L}$) > 검사 계획($\underline{T}$) > 시연($\underline{D}$)' 모듈에서, 후자는 '통계 분석($\underline{S}$) > 신뢰성/생존 분석($\underline{L}$) > 검사 계획($\underline{T}$) > 추정($\underline{E}$)' 모듈에서 각각 다루어진다.

3.1. '신뢰도 실증 시험 설계' 계획

  '신뢰도 실증 시험(RDT)'은 정해진 기간 동안 정해놓은 수의 아이템을 시험하는 활동으로, 시험 기간 내 '허용 고장 수(r)' 이하가 발생하면 신뢰성 기준을 만족한다고 판단한다. 따라서 '수명 시험 계획'을 위해 '표본 크기(n)', '시험 시간(T)', '허용 고장 수(r)' 등을 미리 확보해야 한다. 미니탭에서는 이 활동을 '검사 계획' 중 '시연 검사'로 분류하고 '허용 고장 수(r)'는 미리 정해주되, '표본 크기(n)' 또는 '시험 시간(T)' 중 하나가 정해지면 다른 하나를 추정하는데 이용된다. 다음의 두 유형들이 있다.

- 실증 검사: 문제가 생긴 아이템을 재설계한 후, 재설계 전 알려진 고장
  원인이 제거됐거나 유의하게 감소되었는지 통계적으로 확인한다. 가설을
  다시 옮기면 다음과 같다.

$$H_0 : 재설계된\ 아이템이\ 이전\ 시스템과\ 동일하다. \qquad (식\ Ⅲ-8)$$
$$H_A : 재설계된\ 아이템이\ 이전\ 시스템보다\ 나아졌다.$$

- 신뢰도 검사: 수명이 '신뢰성 규격'을 만족하는지 통계적으로 확인한다.
  가설은 다음과 같다.

$$H_0 : 아이템의\ '신뢰도'가\ '목표\ 값'보다\ 작거나\ 같다. \qquad (식\ Ⅲ-9)$$
$$H_A : 아이템의\ '신뢰도'가\ '목표\ 값'보다\ 크다.$$

[참고] '신뢰도' 대신 '척도 모수(와이블, 지수 분포)', '위치 모수(기타
분포)', '백분위수', 특정 시간에서의 '신뢰도', '$MTTF$'도 가능.

(식 Ⅲ-8)과 (식 Ⅲ-9)의 공통점은 '비교 값(이전 값, 또는 목표 값)'보다
더 나아졌는지 확인하는데 있다. 주의할 사항은 신뢰성이 나아졌는지 그 자체
를 통계적으로 확인하는 것이 아니라 '시험 계획'을 수립하는 일이 목적이란
점이다. 즉 (식 Ⅲ-8)과 (식 Ⅲ-9)의 상황을 통계적으로 확인하기 위해 '표
본 크기(n)' 또는 '시험 시간(T)'을 얼마로 가져가야 하는지가 최종 얻으려는
결과물이다. 「MIL-HDBK-H108」에서 얻었던 '허용 고장 수(r)'는 본 과정에
선 해당되지 않는다. 이때 더 나아졌는지 관찰할 '신뢰성 척도'들은 다음 [그
림 Ⅲ-12]의 '대화 상자'를 통해 알 수 있다.

[그림 Ⅲ-12] '신뢰도 실증 시험 계획'의 '신뢰성 척도'들

미니탭「통계 분석(S) > 신뢰성/생존 분석(L) > 검사 계획(T) > 시연(D)...」

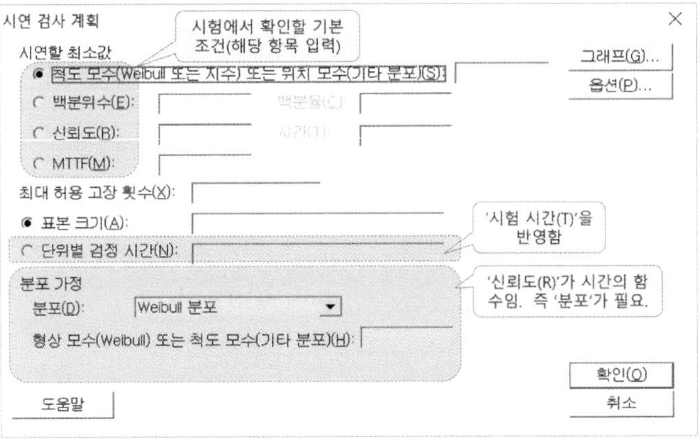

[그림 Ⅲ-12]의 '대화 상자'를 보면 '비교 값'의 '신뢰성 척도'들에 해당하는 '모수', '백분위수(Percentile)', '신뢰도', 'MTTF'가 있다. '비교 값' 대비 향상되었는지를 알기 위한 시험 계획 수립 시 이들 중 하나의 항목을 입력해야 한다. 또 '허용 고장 수'를 입력하는 '최대 허용 고장 횟수(X):'난이 있으며, 이어 '표본 크기(A):' 또는 '단위별 검정 시간(N):' 중 하나를 입력하면 입력하지 않은 다른 하나를 결과로 얻는다.

그 외에 '분포(D):'와 '모수(H)'에 대한 정보도 사전에 입력되어야 한다. 이 기능을 시연해보기 전에 '시험 계획 수립'을 위해 '표본 크기', 또는 '시험 시간'을 얻는 이론적 과정에 대해 먼저 알아보고, 이어 미니탭으로 검증하는 절차를 밟아보자. 두 가지 접근 방법이 있다. 하나는 '비모수 이항식을 이용한 방법'이고, 다른 하나는 '모수 이항식을 이용한 방법'이다. 둘은 모두 '누적 이항 분포'를 이용하며 먼저 이 분포 함수에 대해 알아보자.

'누적 이항 분포(Cumulative Binomial Distribution)'는 'α-오류, β-오류'와 'OC－곡선'을 설명했던 (식 Ⅲ－3)에서 몇 차례 언급한 바 있다. 당시는 이 분포에 대해 자세한 설명은 자제했으나 본격적으로 활용해야 하는 본 단계에서 좀 더 그 안을 들여다봐야 할 것 같다. 기본 식은 다음과 같다.

$$P_{R_{LB},\,n}(X \le r) = \sum_{i=0}^{r} \frac{n!}{i!(n-i)!}\left[(1-R_{LB})^{i} \cdot R_{LB}^{n-i}\right] \qquad \text{(식 Ⅲ－10)}$$

여기서, $'R_{LB}'$는 $'Lower\ Bound'$로써 실증돼야 할 '신뢰도'.
　　　　$'r'$은 '허용 고장 수'.
　　　　$'n'$은 시험에 쓰일 '표본 크기'.

이해를 돕기 위해 '기초 통계'에서 자주 접하는 통상적인 '이항 분포'를 옮기면 다음과 같다.

[이항 분포 함수]　　　　　　　　　　　　　　　　　　　　　　　(식 Ⅲ－11)

$$P_{p,\,n}(X=r) = \frac{n!}{r!(n-r)!}\left[p^{r} \cdot (1-p)^{n-r}\right]$$

여기서, $'p'$는 '모수'로, $'r'$이 '불량수'이면 '모불량률' 등이 됨.
　　　　$'r'$은 '선택되는 수'.
　　　　$'n'$은 '표본 크기'.

(식 Ⅲ－11)은 오직 둘 중 하나만 일어나는 사건들에 쓰인다. '불량품/양품', '정상/고장', 동전의 '앞면/뒷면' 등 '이항(二項)'의 경우들이다. 이때 해석은 "'p'와 'n'이 정해진 상태에서 'r개'가 나올 확률"을 계산한다. 'r'은 '불량수', '양품 수', 또는 '정상 수', '고장 수' 등 어느 항도 올 수 있으나, 일단

정해지면 '모수(Parameter)'인 'p'도 그에 맞춰 따라와야 한다. 예를 들어, "'p(불량률) = 0.8'과 '$n=5$'가 정해진 상태에서 'r(고장 수) = 2개'가 나올 확률" 등이다. '불량률'과 '고장 수'가 서로 연결되고 있으며, 만일 '양품률'이 오면 '양품 수'가 와야 한다. 방금 예시된 상황을 (식 Ⅲ-11)에 적용하면 다음과 같다.

$$P_{0.8,5}(X=2) = \frac{5!}{2!(5-2)!}\left[0.8^2 \cdot (1-0.8)^{5-2}\right] \qquad \text{(식 Ⅲ-12)}$$
$$= 0.0512$$

그런데 만일 구하고자 하는 값이 '확률'이 아닌 '누적 확률'이 될 때가 있다. 즉, "'p(불량률) = 0.8'과 '$n=5$'가 정해진 상태에서 'r(고장 수) = 2 이하'가 나올 확률"이다. 계산을 위해 (식 Ⅲ-11)을 이용하면 다음과 같다.

$$P_{0.8,5}(X \le 2) = P_{0.8,5}(X=0) + P_{0.8,5}(X=1) + P_{0.8,5}(X=2) \qquad \text{(식 Ⅲ-13)}$$
$$= 0.00032 + 0.0064 + 0.0512$$
$$= 0.05792$$

(식 Ⅲ-13)의 각 항을 (식 Ⅲ-12)와 같이 계산해 모두 더하면 '0.05792'를 얻는다(세부 계산 과정 생략). 그러나 각 항들을 '이항 분포 함수'로 계산하는 일은 다소 번거로운데 이때 한 번에 얻을 수 있는 '누적 이항 분포 함수'가 있다. 일반식은 다음과 같다.

$$\text{[누적 이항 분포 함수]} \qquad \text{(식 Ⅲ-14)}$$
$$P_{p,n}(X \le r) = \sum_{i=0}^{r} \frac{n!}{i!(n-i)!}\left[p^i \cdot (1-p)^{n-i}\right]$$

(식 Ⅲ-14)를 통해 (식 Ⅲ-13)을 쉽게 계산할 수 있다. 물론 수작업 계산은 둘 모두 동일한 과정을 겪겠지만 통계 패키지를 이용할 경우 (식 Ⅲ-14)가 계산에 이용된다.

　'신뢰도 실증 시험'을 계획하는 현 시점으로 돌아와 (식 Ⅲ-14)와 상황을 비교해보자. 예를 들어, "신뢰도가 500시간에 0.9인 아이템에 대해, 5개를 시험에 참여시켜 2개 이하가 고장 나면 합격, 2개를 초과하면 불합격"이라고 가정하자. 이때 '신뢰도(R)'는 'p'에 대응하고 나머지 모두 '이항 분포'의 결정 항목들과 동일하다. '500시간'은 어차피 각 아이템별로 동일한 '500시간'이 적용되므로 계산 때 고려 대상은 아니다.
　그러나 한 가지 차이점이 관찰되는데 (식 Ⅲ-14)에서 'r'이 '불량 수'이면 'p'도 상황에 맞게 '불량률'이 와야 하지만, '신뢰도 실증 시험'의 경우 '고장 수'는 그대로 와야 하는 반면, 'p'에 대응하는 'R'은 '생존 수'에 준하므로 개념상 'p(불량률)'와는 역의 관계에 있다. 따라서 (식 Ⅲ-14)를 '신뢰도 실증 시험'의 계획 수립에 이용하기 위해서는 '$p \Rightarrow 1-R$'로의 대체가 필요하다. 결과는 다음과 같다.

$$P_{R,n}(X \le r) = \sum_{i=0}^{r} \frac{n!}{i!(n-i)!} \left[(1-R)^i \cdot R^{n-i} \right] \qquad (식 \ Ⅲ-15)$$

　(식 Ⅲ-15)는 (식 Ⅲ-10)과 정확히 일치한다. 이어서 (식 Ⅲ-15)를 실제 수명 시험 계획에 쓰기 위해 꼭 알아둬야 할 '신뢰 수준(Confidence Interval)'과의 관계에 대해 알아보자. 약간 억지가(?) 포함된 설명이긴 하나 상황을 이해하기엔 그만이라 일단 밀어붙인다. 만일 확보한 '표본 크기'가 'n'인 아이템들 중 1,000시간까지의 '생존 수'를 's', 이때 '진정한 신뢰도(1,000시간까지

생존할 확률)'를 'R'이라고 하자. 사실 '참 신뢰도'인 'R'은 알 수 없으므로 상황을 통해 추정하기 위한 통계적 절차를 밟으면, 우선 아이템 'n'개를 시험해 1,000시간까지의 '생존 수'인 's'를 아주 많이 측정한 뒤 's/n'로부터 'R'의 추정값 '$\hat{R}$'을 수없이 얻는다. 그리고 이 값들로 분포를 그려 다음 [그림 III - 13]의 '정규 분포'를 얻었다고 가정하자.

[그림 III - 13] '신뢰도(R)'에 대한 '신뢰 수준'

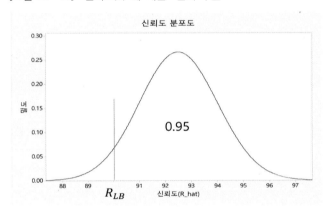

[그림 III - 13]에서 전체 넓이의 '95%'를 가르는 '하한 값(Lower Bound)', 'R_{LB}'를 그으면, 'x-축'상의 모든 '$\hat{R}$'들은 각자가 참 신뢰도인 'R'임을 자처하므로 따라서 그들 중 하나하나가 '참 신뢰도'가 될 수 있다. 결국 [그림 III - 13]의 해석은 '참 신뢰도, R이 R_{LB}이상에 존재할 확률은 0.95이다'로 설명된다. 이때 전체 넓이의 오른쪽 '95%'를 '신뢰 수준(Confidence Level)'이라 하고, 그 넓이를 가르는 'R_{LB}'를 '신뢰 구간의 하한(Lower Bound)'이라고 해서 '신뢰 하한(Lower Confidence Limit)'으로 부른다. 지금까지의 설명과 관련된 용어들을 한 곳에 정리하면 다음 [표 III - 4]와 같다.

[표 Ⅲ-4] '신뢰도 실증 시험'과 관련된 통계 용어

기호	의미
R	모 신뢰도(Population Reliability)
n	표본 크기(시험에 참여한 아이템 수)
s	생존 수(시험을 통과한 아이템 수)
CL_L	신뢰 수준(Confidence Level): '$R > R_{LB}$'일 확률, [그림 Ⅲ-13]참조.
R_{LB}	신뢰 하한(Lower Confidence Limit): '신뢰 수준'을 가르는 하한 값

[표 Ⅲ-4]에서 'R_{LB}'가 '신뢰도'를 뜻하므로 출처에 따라 영문으로 'Lower Reliability Limit(신뢰 하한)'으로도 쓴다. 의미상 차이는 없다. 단지 우리말 표현은 '신뢰 하한'으로 같고 영문상 표현만 다를 뿐이다.

[그림 Ⅲ-13]과 [표 Ⅲ-4]에 따르면 '모 신뢰도(R)'가 '신뢰 수준' 영역에 들지 못할 확률은 다음으로 표현된다.

$$R < R_{LB} \text{ 일 확률(또는 위험)} : 1 - CL_l \qquad (\text{식 Ⅲ-16})$$

한 문헌에 따르면 'n'과 's'가 주어졌을 때, 신뢰도가 최소 'R_{LB}'인 '신뢰 수준'을 다음으로 정의한다.[106]

$$CL_l = \sum_{i=0}^{s-1} \frac{n!}{i!(n-i)!} \left[R_{LB}^i (1-R_{LB})^{n-i} \right] \qquad (\text{식 Ⅲ-17})$$
$$= 1 - \sum_{i=s}^{n} \frac{n!}{i!(n-i)!} \left[R_{LB}^i (1-R_{LB})^{n-i} \right]$$

---

106) 본 내용과 출처는 미국 'Naval Missile Center'의 「MP-68-2: Reliability and Confidence Limits for Sample Testing」에 포함되어 있음. 원리 출처는 두 개임.
   (1) Pieruschka, Erich. Principles of Reliability, Englewood Cliffs, N.J., Prentice-Hall, Inc.. 1963. pp.231~233.
   (2) Pearson, E. S., and H. O. Hartley. Biometrika Tables for Statisticians. Cambridge, England, Cambridge University Press. 1966. Vol. 1, pp.83 and 84.

(식 Ⅲ - 17)을 '생존 수(s)'가 아닌 '고장 수(r)'로 바꾸면 다음과 같다.

$$[\text{최소 '신뢰도}(R_{LB})\text{'일 때의 '신뢰 수준'}] \qquad\qquad (\text{식 } Ⅲ - 18)$$

$$CL_l\big(R_{LB};r,n\big) = 1 - \sum_{i=0}^{r} \frac{n!}{i!(n-i)!}\left[\big(1-R_{LB}\big)^i \cdot R_{LB}^{\,n-i}\right]$$

'$\sum$'의 '시작 값'과 '끝 값'이 '고장 수'에 맞춰 바뀌었고, '생존 수(s) $\leftrightarrow$ R_{LB}'의 관계가 '고장 수(r) $\leftrightarrow$ $1-R_{LB}$'의 구조로 수정되었다. (식 Ⅲ - 18)은 '신뢰성 실증 시험'을 계획할 때 매우 유용하게 쓰이는데, 예를 들어 'R_{LB}, CL_l'이 알려진 상황에서 'n'이 주어지면 'r'을, 반대로 'r'이 주어지면 'n'을 얻을 수 있다. 또 'R_{LB}'를 고정 값이 아닌 '시간에 따라 변화하는 함수'로 정의할 시 '적정 시험 시간(T)'도 유도할 수 있다. 미리 '시험 계획'을 수립할 수 있다는 뜻이다. 사안에 따라서는 'CL_l, n, r'이 주어지면 수학적 반복 처리 과정을 통해 'R_{LB}'도 얻는다.

시험 계획을 위한 '표본 크기'를 구하는 기본적 접근은 크게 두 가지로 나뉜다. 하나는 '비모수 이항식을 이용한 방법'이고, 다른 하나는 '모수 이항식을 이용한 방법'이다. 그러나 이론은 공통적으로 (식 Ⅲ - 18)에 기반을 둔다. 각 접근법을 통해 어떻게 '신뢰도 실증 시험에 대한 계획'이 수립되는지 자세히 알아보자.[107]

3.1.2. '비모수 이항식'을 이용한 방법

'신뢰도 실증 시험(RDT)'에 필요한 '표본 크기(n)', 또는 '허용 고장 수(r)'

---

107) http://reliabilityanalyticstoolkit.appspot.com/sample_size

를 결정하기 위해 '비모수 이항식을 이용한 방법'이 있다. 영어로는 'Non-Parametric Binomial Reliability Demonstration Test'로 불린다. 적용 식은 이미 수차례 선보였던 (식 III − 18)의 '누적 이항 분포(Cumulative Binomial Distribution)' 함수에 근거한다. (식 III − 18)을 다시 옮기되 여러 문헌에서 일반적으로 쓰는 형태로 고쳐놓으면 다음과 같다.

$$1 - CL_l(R_{LB}; r, n) = \sum_{i=0}^{r} \frac{n!}{i!(n-i)!} \left[(1 - R_{LB})^i \cdot R_{LB}^{n-i} \right] \qquad \text{(식 III − 19)}$$

여기서, $'R_{LB}'$ 는 $'Lower\ Bound'$ 로써 실증돼야 할 '신뢰도'.
$'r'$ 은 '허용 고장 수'

(식 III − 19)는 (식 III − 18)에서 '1'을 이항했다. 따라서 좌변 '$1 - CL_l$'은 (식 III − 18)에서 보였던 '참 신뢰도(R)'가 'R_{LB}'보다 작아질 위험(Risk)이며, 그 값은 우변을 계산해서 얻어진다. (식 III − 19)에서 'R_{LB}'는 하나의 값으로 정해지지만 만일 'R_{LB}'가 시간에 따라 '와이블 분포'나 '로그 정규 분포' 등을 따르면 전체 식은 '모수 이항식'으로 불린다. '모수 이항식'을 이용한 방법은 「3.1.3. '모수 이항식'을 이용한 방법」에서 설명이 있을 것이다.

(식 III − 19)를 통해 얻을 수 있는 정보는 '신뢰도 실증 시험'에서 필요한 적정 '표본 크기(n)' 및 '허용 고장 수(r)'이다. 이에 대해서는 다음 '상황'의 예를 통해 자세히 알아보자.

(상황)

홍길동은 '신뢰도 실증 시험'을 준비 중에 있다. 아이템의 신뢰도는 1,000시간에 '0.95(100개 중 95개가 생존)'가 되어야 하며, 1,000시간 동안 '고장 수(r) = 0개'인 경우 합격으로 처리된다. 이때 '신뢰 수준'은 '0.8'이다. 시험에 적합한 '표본 크기'는 얼마인가?

참고로 '고장 수(r) = 0개'는 정해진 '시험 시간(1,000)' 동안 모든 아이템들이 고장 나지 않았을 때 시험을 종료하는 '무고장 시험'의 조건이다. 영어로는 'Success Run Test', 또는 'Zero Failure Test'라고 한다. '고장 수(r) = 0개'가 아닌 '1개 고장 수', '2개 고장 수' 등일 경우 'm - 고장 검사 계획'이라고 한다.

(풀이)

'누적 이항 분포 함수'인 (식 Ⅲ-19)에 주어진 상황을 입력하면 다음과 같다.

$$1-0.8 = \sum_{i=0}^{0} \frac{n!}{0!(n-0)!} \left[(1-0.95)^0 \cdot 0.95^{n-0} \right] \qquad \text{(식 Ⅲ-20)}$$
$$\Rightarrow 0.2 = 0.95^n$$
$$\Rightarrow n = \ln(0.2)/\ln(0.95)$$
$$\cong 31.38 \qquad\qquad \therefore 32개$$

'주)107'에 (식 Ⅲ-20)을 시연할 수 있는 계산기가 제공된다. 주어진 '상황'의 입력과 결과는 다음 [그림 Ⅲ-14]와 같으며 '32개'로 동일하다.

[그림 Ⅲ-14] '비모수 이항식'을 이용한 '표본 크기' 구하기

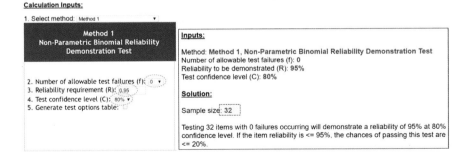

[그림 Ⅲ-14]는 '0 - 고장 검사 계획' 이외에 합격에 필요한 다양한 '허용 고장 수(r)'를 입력해도 계산이 가능하다. 단점은 '허용 고장 수(r)'를 얻을 수는 없으나 수학적 처리 과정을 거치면 계산이 가능하다는 점만 알려둔다. 또 '표본 크기'와 '허용 고장 수'를 동시에 얻기 위해서는 「1.2. 'OC - 곡선'과 '수명 시험 계획' 간 관계」나 「2. MIL-HDBK-H108 시험 계획」을 활용할 수 있다.

3.1.3. '모수 이항식'을 이용한 방법

'신뢰도 실증 시험'을 계획할 때 유용하게 쓰이는 (식 Ⅲ-19)에 대해 만일 'R_{LB}'가 시간에 따라 특정 분포를 따르면 어떻게 될까? 현업에서 '모수 이항식'을 이용해야 하는 상황은 다음과 같다.

아이템을 평가하기 위해 요구되는 '시험 시간'에 확인해야 할 '신뢰도'가 정해져 있음에도, 실제 시험은 정해놓은 시간을 지키지 못하고 더 짧은 시간에 마쳐야 할 때.

'R_{LB}'가 '시간(t)'에 따라 변화하는 상황을 식에 반영하면 다음과 같다.

$$1 - CL_l(R_{LB}; r, n) = \sum_{i=0}^{r} \frac{n!}{i!(n-i)!} \left\{ \left[1 - R_{LB}(t) \right]^i \cdot R_{LB}(t)^{n-i} \right\} \qquad (식 \ Ⅲ-21)$$

여기서, '$R_{LB}(t)$'는 '*Lower Bound*'로써 실증돼야 할 '신뢰도'이며,
특정 분포를 따름.
'r'은 '허용 고장 수'

(식 Ⅲ-21)의 '$R_{LB}(t)$'는 't의 함수'이다. 만일 '$R_{LB}(t)$'가 '와이블 분포'를

따른다고 가정할 때, '신뢰도 실증 시험'을 위해 필요한 '적정 표본 크기'는 다음의 순서를 따라 계산된다('적정 허용 고장 수'도 동일함).

① 아이템의 요구 작동 시간(Mission Time)인 'T_{Miss}'와 그 시점에 요구되는 신뢰도(Reliability)인 'R_{Rqmt}' 및 '형상 모수(β)'를 확인.

② (식 III−21)로부터 '와이블 분포'의 '척도 모수(α)' 유도.[108]

③ '시간(t)'에 따른 '$Wei(\alpha, \beta)$' 곡선을 작성하여, 그로부터 수행할 시험 시간인 'T_{Test}'에 대한 신뢰도 'R_{Test}'를 얻음.

④ (식 III−21)로부터 시험에 필요한 '적정 표본 크기(n)'를 계산함.

'① ~ ④' 과정을 통해 시험 환경에 맞는 '표본 크기(n)', 또는 '허용 고장 수(r)'를 얻으려면 제일 먼저 '척도 모수(α)'를 추정해야 한다. 수학적 전개를 단순화하기 위해 '허용 고장 수(r) = 0'으로 가정하자. 이때 (식 III−21)은 다음과 같이 정리된다.

$$1 - CL_l = \left\{ R_{LB}(t) \right\}^n \qquad \text{(식 III−22)}$$

만일 기존의 시험 자료로부터 '$R_{LB}(t)$'는 '와이블 분포'를 따르며, '형상 모수(β)'도 알려져 있다고 가정하자. 참고로 '와이블 분포'의 '신뢰도 함수'는 다음과 같다.

$$R_{LB}(t) = e^{-\left(\frac{t}{\alpha}\right)^\beta} \qquad \text{(식 III−23)}$$

---

108) 1) 'Nelson (1985)'은 와이블 '형상 모수'가 정해졌을 때 '척도 모수'에 대한 '단측 신뢰 구간'을 계산하는 데 이용된다. 추가 참고 자료로 'Abernethy(2006)'가 있다.

(식 Ⅲ-23)을 (식 Ⅲ-22)에 대입하면 다음과 같다.

$$1 - CL_1 = \left\{ e^{-\left(\frac{t}{\alpha}\right)^\beta} \right\}^n \qquad \text{(식 Ⅲ-24)}$$

$$\Rightarrow \ln(1 - CL_1) = n * \left\{ -\left(\frac{t}{\alpha}\right)^\beta \right\}$$

$$\Rightarrow 척도모수(\alpha) = t * \left\{ -\frac{\ln(1 - CL_1)}{n} \right\}^{-1/\beta} \quad ----- a)$$

(식 Ⅲ-24)를 이용해 '척도 모수(α)' 추정을 포함하여 시험에 적합한 '표본 크기'를 구해보자. '표본 크기'의 계산은 '① ~ ④' 과정을 따른다.

(상황)

연구소의 홍길동은 '신뢰도 실증 시험'을 계획하고 있다. 시험 목적은 아이템의 '신뢰도'가 100시간에 '최소 0.65'임을 '신뢰 수준 = 90%'로 확인하는 것이다. 시험 조건은 100시간 동안 5개가 생존해야 한다('0 - 고장 검사 계획'). 그러나 실제 시험은 50시간에 끝내야 한다. 이때 필요한 '표본 크기'는 몇 개로 정해야 할지를 구하시오. 단, 아이템의 수명은 기존 시험을 통해 '와이블 분포'를 따르며, '형상 모수(β) = 1.5'임을 알고 있다(고 가정한다).

(풀이)

앞서 설명했던 '① ~ ④' 과정을 통해 '표본 크기(n)'를 추정한다.

① T_{Miss}, R_{Rqmt} 및 '형상 모수(β)' 확인.

아이템의 정상적 평가를 위해서는 '$T_{Miss} = 100$시간'에 '$R_{Rqmt} = 0.65$'를 만족해야 한다. 이때 '형상 모수(β) = 1.5'이다.

② '와이블 분포'의 '척도 모수(α)' 유도.

'm - 고장 검사 계획'이면 (식 Ⅲ-21)을 이용해야 하나 현재는 '0 - 고장 검사 계획'이므로 '(식 Ⅲ-21)~(식 Ⅲ-24)'를 통해 최종 얻어진 (식 Ⅲ-24)의 'a)식'을 이용한다. '상황'에서 '신뢰 수준(CL) = 0.9', '$\beta = 1.5$'이므로 '척도 모수(α)'는 다음으로 얻는다.

$$\text{척도모수}(\alpha) = 100 * \left\{ -\frac{\ln(1-0.9)}{5} \right\}^{-1/1.5} \cong 167.69 \qquad \text{(식 Ⅲ-25)}$$

③ '시간(t) vs. $Wei(167.69, 1.5)$' 곡선을 작성, 'T_{Test}', 'R_{Test}' 확인.

'척도 모수(α)'가 (식 Ⅲ-25)와 같이 추정되었다. '와이블 분포'의 모수가 '$Wei(\alpha, \beta) = Wei(167.69, 1.5)$'이므로 미니탭에서 '랜덤 데이터'를 얻어 '신뢰도 곡선'을 그리면 다음 [그림 Ⅲ-15]와 같다(미니탭 「통계 분석(S) > 신뢰성/생존 분석(L) > 분포 분석(우측 관측 중단)(D) > 분포 개관 그림(O)...」). 출력 그래프 중 '생존 함수 곡선' 그림만을 확대해 적절히 편집한 결과이다. 참고로 '랜덤 데이터'는 가능한 '척도 모수'와 '형상 모수'가 일치되도록 '5만 개'를 반복 생성해 가장 근사한 모수들이 나온 데이터를 선택했다.

[그림 Ⅲ-15] 시험 가능 시간에서의 '신뢰도' 추정

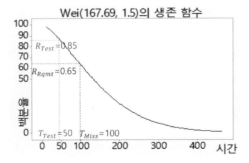

[그림 Ⅲ-15]를 보자. 시험 전 '상황'에서 '$T_{Miss}=100$시간'에 '$R_{Rqmt}=0.65$' 이었으며, '시험(Test) 시간'을 그 반인 '50시간'으로 줄였을 때의 예상 '신뢰도'는 약 '0.85'임을 추정할 수 있다(신뢰 수준 = 90%). '신뢰도'의 증가(0.65 → 0.85)는 시간이 줄어든 만큼 더 확신을 가져야 한다는 뜻으로 해석된다.

④ 시험에 필요한 '적정 표본 크기(n)'를 계산.

시험 시간을 반으로 줄였을 때 요구되는 '적정 표본 크기(n)'는 (식 Ⅲ-21)로부터 계산된다. 현재 상황은 '0 - 고장 검사 계획'이므로 이를 반영한 최종 식은 (식 Ⅲ-21)로부터 유도된 (식 Ⅲ-22)이다. 식을 다시 옮긴 뒤 관련된 값들을 입력한 결과는 다음과 같다.

$$1-CL_l = \left\{R_{LB}(t)\right\}^n \qquad\qquad (식\ Ⅲ-26)$$

$$\Rightarrow 1-0.9 = \left\{R_{LB}(50)\right\}^n = \left\{e^{-\left(\frac{50}{167.69}\right)^{1.5}}\right\}^n = 0.85^n$$

$$\Rightarrow \ln(0.1) = n * \ln(0.85)$$

$$\Rightarrow n = \frac{\ln(0.1)}{\ln(0.85)} \cong 14.2 \qquad \therefore 적정 '표본 크기 (n)' \cong 15개$$

[그림 Ⅲ-15]에서 '100시간' 때의 '신뢰도 = 0.65'를 '신뢰 수준 = 90%'로 확인하려면 '50시간'에서는 더 높은 '신뢰도 = 0.85', 즉 '100개 중 85개'의 '생존 수'가 관찰되어야 한다. 따라서 이를 반영한 '적정 표본 크기'는 초기 '5개'에서 '15개'로 '약 10개' 늘어나야 한다.

사실 지금까지의 과정과 결과는 미니탭으로 간단히 확인할 수 있다. 다음 [그림 Ⅲ-16]은 미니탭의 경로와 입력 '대화 상자' 및 결과를 나타낸다.

[그림 Ⅲ-16] 미니탭으로 '표본 크기(n)' 추정

미니탭「통계 분석(S) > 신뢰성/생존 분석(L) > 검사 계획(T) > 시연(D)...」

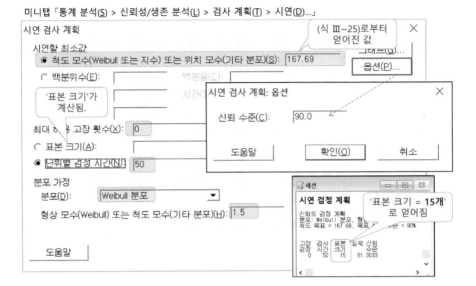

[그림 Ⅲ-16]을 보면 (식 Ⅲ-25)에서 계산된 '척도 모수(α)'가 입력되어 있고, 구하려는 '표본 크기(n)'만 제외하고 '상황'에서 제시된 값들이 모두 입력되어있다. 오른쪽 아래에 결과 '세션 창'이 있으며, 추정된 '적정 표본 크기(n)'는 '15개'임을 알 수 있다.

'0 - 고장 검사 계획'은 높은 신뢰성이 요구되는 아이템 평가에 유용하며 필요 '표본 크기'도 상대적으로 적어 유용하다. 만일 'm - 고장 검사 계획'도 함께 고려해서 최종 판단할 목적이라면 [그림 Ⅲ-16]의 '대화 상자'에 다음 [그림 Ⅲ-17]과 같이 입력한다.

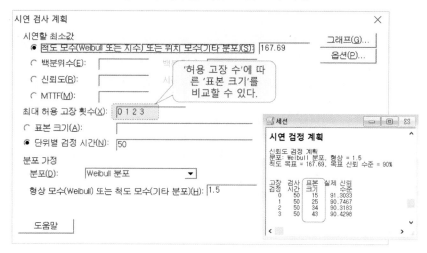

[그림 Ⅲ-17]의 '허용 고장 수'를 다양하게 입력함으로써 그에 따른 '표본 크기'를 미리 추정해 볼 수 있다. '검사 시간'이 일정한 경우 '허용 고장 수'가 많아질수록 '표본 크기'는 증가한다.

(상황)

간단한 사례를 이용하여 '실증 시험 시간(T)'을 추정해보자. 한 아이템의 신뢰도는 1,000시간에 0.9로 알려져 있다. 이때 실제 시험 때 배치할 '표본 크기 = 100개'이다. 시험 시간 안에 3개 이상 고장 아이템이 발생하면 불합격 처리된다. 판단은 '신뢰 수준 = 95%'에서 이루어지며, 기존 연구 자료로부터 아이템 수명은 '로그 정규 분포'를 따르고 '척도 모수(σ) = 3'으로 알려져 있다. '적정 시험 시간(T)'을 구하시오.

(풀이)

미니탭 '대화 상자'에 해당 값들을 입력하면 다음 [그림 Ⅲ-18]과 같다.

[그림 Ⅲ-18] '2-고장 검사 계획'에 대한 '시험 시간(T)' 추정

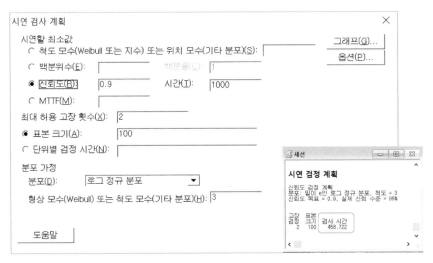

[그림 Ⅲ-18]의 결과로부터 1,000시간 때 신뢰도 0.9를 '신뢰 수준 = 95%'로 판단할 때, 100개의 표본으로 '약 460시간' 동안 시험하고, 2개 이하의 고장 아이템이 발생하면 해당 로트는 합격으로 판단한다. '로그 정규 분포'가 지정됐음에 유의한다.

[그림 Ⅲ-16]의 '대화 상자'를 보면 '시연할 최솟값'란에 '백분위수', '신뢰도', ' $MTTF$ ' 등 상황에 맞는 입력 값을 활용할 수 있으며, 그 결과로 예를 들었던 '표본 크기'와 '적정 시험 시간(T)'를 추정한다. 각각에 대한 과정은 모두 유사하므로 본문에서의 설명은 생략한다.

'신뢰도 추정 시험 계획(Reliability Estimation Test Plan)'은 아이템의 '신뢰성 척도'인 '백분위수(Percentile)'나 '신뢰도(Reliability)'를 추정하기보다 목표 추정치를 얻는데 필요한 '적정 표본 크기'를 정하는 데 주안점을 둔다. 제목에서 느끼는 '신뢰도 추정'과는 거리가 있다. 따라서 이전의 '신뢰도 실증 시험 설계 계획'과는 시험에 쓰일 '적정 표본 크기'를 얻는 데에 차이가 없으나 '정밀도(Precision)'와 '중도 절단(Censoring)'을 고려한다는 점에서는 큰 차별성이 있다.

우선 가장 중요한 개념이 '정밀도'이다. 다음 [그림 Ⅲ-19]를 보자.

[그림 Ⅲ-19] '정밀도' 설명 개념도

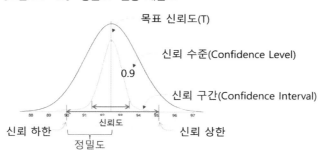

아주 상식적인 선에서 개념을 설명하면, 앞으로 수행할 시험 목적 중 하나가 아이템의 '목표 신뢰도'를 확인하는 것으로 가정하자. 이때 [그림 Ⅲ-19]와 같이 중심점의 값(진정한 신뢰도 값)을 알고 싶지만 시험으로부터 얻은 '점 추정치'인 '신뢰도(R)'는 'x-축' 어딘가의 값이 나올 가능성이 높고, 그들 중 어느 값이 참값인지를 아는 일은 쉽지 않다. 즉 '불확실성'이 존재한다. 따라서 참값이 들어 있으리라 기대되는 범위를 분포의 넓이로 정해 추정하는데 이 같은 추정을 '구간 추정'이라고 한다. 또 정해준 분포 내 넓이를 '신뢰 수준', '신뢰 수준'을 가르는 양쪽 두 값들을 '신뢰 구간'이라고 한다(그림 참조). '신뢰 구간'의 아래쪽 값은 '신뢰 하한(LCL, Lower Confidence Limit)', 오른쪽 큰 값은 '신뢰 상한(UCL, Upper Confidence Limit)'으로 불린다.

'정밀도'의 가장 일반적 정의는 [그림 Ⅲ−19]에 표기한 '목표 신뢰도(T)'와 '신뢰 하한'의 거리(Width)인 '$T-LCL$'이 자주 쓰이며, 이를 '하한 단측 구간 절대 폭(Lower One-sided Interval Absolute Width)'이라고 한다. 이외에도 '$UCL-LCL$'인 '양측 구간 절대 폭(Two-sided Interval Absolute Width)', 상대 폭 '$(UCL-LCL)/T$'인 '양측 구간 상대 폭(Two-sided Interval Relative Width)' 등 여러 측도들이 쓰인다. 그러나 약간의 차이는 있어도 '신뢰 구간의 폭'을 대상으로 하는 점은 동일하다.

'정밀도'가 '추정' 때 왜 중요할까? 일반적으로 '단측 신뢰 구간'인 '$T-LCL$'을 많이 이용한다. 이 구간에 진정한 '참 신뢰도'가 포함되어 있을 것으로 평가한다는 의미로 [그림 Ⅲ−19]를 보면 분포의 전체 넓이 중 '0.9'를 가르는 구간 폭의 반에 해당하는 길이다. 넓이가 '0.9'라는 것은 점유율(또는 확률)로 '참 신뢰도가 양측 신뢰 구간 안에 포함될 확률이 0.9'란 뜻과 같다.

이때 [그림 Ⅲ−19]의 '작은 정규 분포'를 보자. '산포'가 줄어든 경우이며, 전체 대비 넓이는 여전히 '0.9'지만 그를 가르는 '신뢰 구간 폭'은 이전에 비해 현격히 줄어들었음을 알 수 있다. '구간 폭'이 무한대로 줄어들면 '목표 신뢰도'를 점점 더 정확하게 맞출 수 있다는 뜻이므로 '추정의 정밀도'는 증가한다. 따라서 '$T-LCL$'이 작아질수록 '참 신뢰도'를 맞출 가능성은 점점 더 커질 수밖에 없다. 모든 연구원은 항상 시험을 통해 나온 결과 값이 정확한 참값이 되길 기대한다. 그러나 치러야 할 대가가 있다.

극단적인 예를 들어보자. 단 두 개의 측정값들로 '$T-LCL$'을 구한 것과,

100만개의 측정값들로 '$T-LCL$'을 구한 것의 차이점은 무엇일까? '중심 극한 정리'란 수학적 이론에 의하면 '구간 폭'은 '$1/\sqrt{n}$'에 따라 변한다. 즉 '표본 크기'가 증가하면 '분포의 산포'는 '$\sqrt{n}$'에 반비례로 줄어든다는 뜻이다. 다시 말해 측정값들이 많아지면 '$T-LCL$'은 '표본 크기'에 맞춰 자꾸 그 폭이 줄고 이것은 참값을 찾을 가능성은 더욱 커진다는 말과 상통한다. 그렇다고 여러 어려움 때문에 '표본 크기'를 줄이면 상대적으로 폭이 넓어져 추정의 정밀도는 떨어질 수밖에 없다. 결국 시험 전에 어느 정도의 폭으로 추정할 것인지 비용과, 시험 여건 등을 고려해 연구원이 제시해주는 지혜가 필요하다. 지금까지의 설명은 다음으로 요약된다.

▷ '표본 크기' 증가 ↔ '신뢰 구간'은 줄어듦 ↔ '정밀도' 커짐

'정밀도' 외에 '중도 절단 상태'나, '정시 시험'인지 또는 '정수 시험'인지를 정해줌에 따라 추정의 정밀도에 영향을 미친다. 이론적 배경에 관심 있는 독자는 미니탭 도움말, 또는 도움말에서 지정된 참고 문헌을 탐독하기 바란다. 본문에서의 별도의 설명은 생략한다. 간단한 사례에 대해 알아보자.

(상황)

한 신제품 아이템의 '신뢰도'와 그를 추정하는데 필요한 적정 '표본 크기'를 알고자 한다. 아이템의 '신뢰도'는 100시간에 얼마인지 추정이 필요하며, '신뢰도'에 대한 추정치의 '95% 신뢰 구간'은 '상한과 하한의 차'가 '0.05'가 되어야 한다. 또 시험은 200시간 동안 실행할 수 있으며, 기존 유사 제품에 대한 연구로부터 '신뢰도'는 '$Wei(450, 1.5)$'을 따를 것으로 예상된다.

(풀이)

주어진 '상황'에서 '신뢰 구간'의 '상·하한 차'는 '양측 신뢰 구간의 정밀도'를 나타내며 그 값은 '0.05'이다. 또 시험이 200시간 동안 실행될 수 있다는 것은 200시간 시점에 시험을 종료한다는, 즉 '중도 절단 시점'을 의미한다. 이로부터 본 시험이 '정시 시험'이란 점도 알 수 있다. 끝으로 신제품의 완전한 분포 정보는 아니지만 기존 유사 아이템의 시험 자료를 토대로 수명 자료는 '$Wei(450, 1.5)$'임도 알 수 있었다(고 가정한다). 본 '상황'을 미니탭 '대화 상자'에 다음 [그림 Ⅲ−20]과 같이 입력한다.

[그림 Ⅲ−20] '신뢰도'와 '표본 크기' 추정을 위한 '대화 상자' 입력 예

미니탭 「통계 분석(S) > 신뢰성/생존 분석(L) > 검사 계획(T) > 추정(E)...」

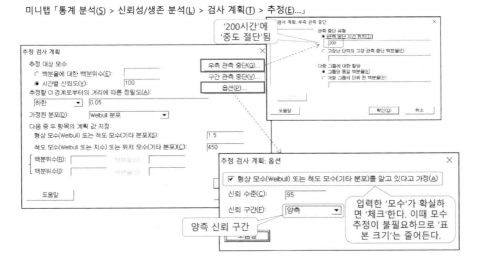

[그림 Ⅲ−20]은 항목을 입력할 때 혼선이 생길 정도로 복잡해 가능한 자세히 기재하였다. 특히 ' 우측 관측 중단(G)... '의 '200시간' 입력, '와이블 분포'의 두 '모수'들이 확실한 경우 ' 옵션(P)... '에 들어가 확실하다는 의미의 '√'를 함으로써

'표본 크기'를 크게 줄일 수 있다. 또 원 '대화 상자' 아래쪽에 ' {'로 표시한 영역은 바로 위에 입력된 '모수'들이 공란일 경우 활용한다. 즉 두 값들을 입력하면 '모수'들이 자동 추정되어 '세션 창'에 출력된다. 이때는 ' 옵션(P)... '의 '√ 항목'은 활성화되지 않는다. 활용 예는 미니탭 '도움말' 내 사례를 참고하기 바란다. 다음 [그림 Ⅲ-21]은 [그림 Ⅲ-20]의 결과를 나타낸다.

[그림 Ⅲ-21] '신뢰도'와 '표본 크기' 추정 결과

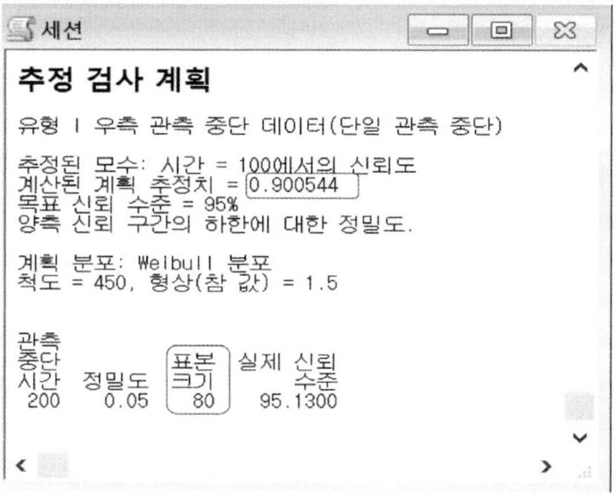

[그림 Ⅲ-21]로부터 신제품에 대한 '100시간'에서의 '신뢰도 = 0.90'이며, 주어진 정밀도를 만족하기 위한 시험 계획에서의 '표본 크기 = 80개'임을 알 수 있다.

지금까지 '신뢰성'에 대한 많은 내용에 대해 알아보았다. 본문의 기초 지식을 바탕으로 본인의 문제 해결 역량을 최고조로 끌어 올려, 아이템의 신뢰성을 혁신적으로 높일 수 있는 좋은 기회가 되길 기원하는 바이다.

부록(Appendix)

A. 정시 중단 수명 시험 전용 표(Table 2C-3,4)

'정시 중단' 수명 시험 – 비교체,　　(Table 2C – 3)

Life Test Sampling Plans for Specified α, β, θ₁/θ₀, and T/θ₀

θ_1/θ_0	r	T/θ_0 1/3 n	1/5 n	1/10 n	1/20 n	r	T/θ_0 1/3 n	1/5 n	1/10 n	1/20 n
		$\alpha=0.01$		$\beta=0.01$			$\alpha=0.05$		$\beta=0.01$	
2/3	136	403	622	1172	2275	95	289	447	843	1639
1/2	46	119	182	340	657	33	90	138	258	499
1/3	19	41	61	113	216	13	30	45	83	160
1/5	9	15	22	39	74	7	13	20	36	69
1/10	5	6	9	15	28	4	6	9	15	29
		$\alpha=0.01$		$\beta=0.05$			$\alpha=0.05$		$\beta=0.05$	
2/3	101	291	448	842	1632	67	198	305	575	1116
1/2	35	87	132	245	472	23	59	90	168	326
1/3	15	30	45	82	157	10	21	32	59	113
1/5	8	13	18	33	62	5	8	12	22	41
1/10	4	4	6	10	18	3	4	5	9	17
		$\alpha=0.01$		$\beta=0.10$			$\alpha=0.05$		$\beta=0.10$	
2/3	83	234	359	675	1307	55	159	245	462	895
1/2	30	72	109	202	390	19	47	72	134	258
1/3	13	25	37	67	128	8	16	24	43	83
1/5	7	11	15	26	50	4	6	9	15	29
1/10	4	4	6	10	18	3	4	5	9	17
		$\alpha=0.01$		$\beta=0.25$			$\alpha=0.05$		$\beta=0.25$	
2/3	60	162	248	465	899	35	96	147	276	535
1/2	22	49	74	137	262	13	30	45	83	160
1/3	10	18	26	46	87	6	11	16	29	55
1/5	5	6	9	15	28	3	4	5	9	17
1/10	3	3	4	6	10	2	2	2	4	8

θ_1/θ_0	r	T/θ_0				r	T/θ_0			
		1/3	1/5	1/10	1/20		1/3	1/5	1/10	1/20
		n	n	n	n		n	n	n	n
		$\alpha=0.10$		$\beta=0.01$			$\alpha=0.25$		$\beta=0.01$	
2/3	77	238	369	699	1358	52	168	261	496	965
1/2	26	73	112	210	407	17	51	79	149	289
1/3	11	27	40	75	145	7	19	29	54	105
1/5	5	10	14	26	51	3	6	10	18	36
1/10	3	5	7	12	23	2	3	5	10	20
		$\alpha=0.10$		$\beta=0.05$			$\alpha=0.25$		$\beta=0.05$	
2/3	52	156	242	456	886	32	101	156	296	576
1/2	18	48	73	137	265	11	31	48	91	177
1/3	8	18	27	50	97	5	12	19	36	69
1/5	4	7	10	19	36	2	3	5	10	20
1/10	2	2	3	6	11	2	3	5	10	20
		$\alpha=0.10$		$\beta=0.10$			$\alpha=0.25$		$\beta=0.10$	
2/3	41	121	186	351	681	23	71	110	207	403
1/2	15	39	59	110	213	8	22	33	63	123
1/3	6	12	18	34	66	4	9	14	27	52
1/5	3	5	7	12	23	2	3	5	10	20
1/10	2	2	3	6	11	1	1	1	3	6
		$\alpha=0.10$		$\beta=0.25$			$\alpha=0.25$		$\beta=0.25$	
2/3	25	69	107	201	389	12	34	53	101	196
1/2	9	21	31	58	113	5	12	19	36	69
1/3	4	7	10	19	36	2	3	5	10	20
1/5	3	5	7	12	23	1	1	1	3	6
1/10	2	2	3	6	11	1	1	1	3	6

본 '표집 계획'에 대해 'OC-곡선'은 제공되지 않음. 단 'OC-곡선'상 두 점 (1, 1-α)와 (θ₁/ θ₀, β)는 주어짐.

'정시 중단' 수명 시험 – 교체,   (Table 2C – 4)

Life Test Sampling Plans for Specified α, β, θ₁/θ₀, and T/θ₀

θ_1/θ_0	r	T/θ_0 1/3 n	1/5 n	1/10 n	1/20 n	r	T/θ_0 1/3 n	1/5 n	1/10 n	1/20 n
		$\alpha=0.01$		$\beta=0.01$			$\alpha=0.05$		$\beta=0.01$	
2/3	136	331	551	1103	2207	95	238	397	795	1591
1/2	46	95	158	317	634	33	72	120	241	483
1/3	19	31	51	103	206	13	23	38	76	153
1/5	9	10	17	35	70	7	9	16	32	65
1/10	5	4	6	12	25	4	4	6	13	27
		$\alpha=0\,01$		$\beta=0.05$			$\alpha=0.05$		$\beta=0.05$	
2/3	101	237	395	790	1581	67	162	270	541	1082
1/2	35	68	113	227	454	23	47	78	157	314
1/3	15	22	37	74	149	10	16	27	54	108
1/5	8	8	14	29	58	5	6	10	19	39
1/10	4	3	4	8	16	3	3	4	8	16
		$\alpha=0.01$		$\beta=0.10$			$\alpha=0.05$		$\beta=0.10$	
2/3	83	189	316	632	1265	55	130	216	433	867
1/2	30	56	93	187	374	19	37	62	124	248
1/3	13	18	30	60	121	8	11	19	39	79
1/5	7	7	11	23	46	4	4	7	13	27
1/10	4	2	4	8	16	3	3	4	8	16
		$\alpha=0.01$		$\beta=0.25$			$\alpha=0.05$		$\beta=0.25$	
2/3	60	130	217	434	869	35	77	129	258	517
1/2	22	37	62	125	251	13	23	38	76	153
1/3	10	12	20	41	82	6	7	13	26	52
1/5	5	4	7	13	25	3	3	4	8	16
1/10	3	2	2	4	8	2	1	2	3	7

382   Be the Solver [문제회피] 신뢰성 분석

Table 2C − 4 _계속

θ_1/θ_0	r	T/θ_0				r	T/θ_0			
		1/3	1/5	1/10	1/20		1/3	1/5	1/10	1/20
		n	n	n	n		n	n	n	n
		$\alpha=0.10$		$\beta=0.01$			$\alpha=0.25$		$\beta=0.01$	
2/3	77	197	329	659	1319	52	140	234	469	939
1/2	26	59	98	197	394	17	42	70	140	281
1/3	11	21	35	70	140	7	15	25	50	101
1/5	5	7	12	24	48	3	5	8	17	34
1/10	3	3	5	11	22	2	2	4	9	19
		$\alpha=0.10$		$\beta=0.05$			$\alpha=0.25$		$\beta=0.05$	
2/3	52	128	214	429	859	32	84	140	280	560
1/2	18	38	64	128	256	11	25	43	86	172
1/3	8	13	23	46	93	5	10	16	33	67
1/5	4	5	8	17	34	2	3	5	10	19
1/10	2	2	3	5	10	2	2	4	9	19
		$\alpha=0.10$		$\beta=0.10$			$\alpha=0.25$		$\beta=0.10$	
2/3	41	99	165	330	660	23	58	98	196	392
1/2	15	30	51	102	205	8	17	29	59	119
1/3	6	9	15	31	63	4	7	12	25	50
1/5	3	4	6	11	22	2	3	4	9	19
1/10	2	2	2	5	10	1	1	2	3	5
		$\alpha=0.10$		$\beta=0.25$			$\alpha=0.25$		$\beta=0.25$	
2/3	25	56	94	188	376	12	28	47	95	190
1/2	9	16	27	54	108	5	10	16	33	67
1/3	4	5	8	17	34	2	2	4	9	19
1/5	3	3	5	11	22	1	1	2	3	6
1/10	2	1	2	5	10	1	1	1	2	5

본 '표집 계획'에 대해 'OC-곡선'은 제공되지 않음. 단 'OC-곡선'상 두 점 (1, 1-α)와 (θ₁/ θ₀, β)는 주어짐.

B. 미 국방부 신뢰성 표준류 모음

1) 분류

약자	유형(Type)	내용
MIL–HDBK	Defense Handbook	DSP가 다루는 재료, 프로세스, 실습 및 방법에 대한 표준 절차와 기술, 엔지니어링 또는 설계 정보가 포함된 지침 문서. MIL-STD-967은 본 핸드북의 내용과 형식을 다룬다.
MIL–SPEC	Defense Specification	구입 자재에 대한 필수 기술 요구 사항을 설명하는 문서로, 군용 고유 또는 수정을 거친 상업용 품목을 대상으로 한다. MIL-STD-961은 본 사양의 내용과 형식을 다룬다.
MIL–STD	Defense Standard	군대 자체 또는 수정을 거친 상업적 프로세스, 절차, 관행 및 방법에 대해 일정한 엔지니어링 및 기술 요구 사항을 설정하는 문서. 5가지 유형의 방위 표준이 있다: 인터페이스 표준, 설계 기준 표준, 제조 프로세스 표준, 표준 사례 및 테스트 방법 표준. MIL-STD-962는 방위 표준의 내용과 형식을 다룬다.
MIL–PRF	Performance Specification	성능 규격은 준수 확인 기준과 함께 요구 결과에 대한 요구 사항을 기술하지만 요구되는 결과를 달성하기 위한 방법을 기술하지는 않는다. 성능 사양은 항목에 대한 기능 요구 사항, 기능이 작동해야 하는 환경 및 인터페이스, 상호 호환성 특성을 정의한다.
MIL–DTL	Detail Specification	사용되는 재료, 요구 사항 달성 방법, 또는 제품이 어떻게 가공되거나 구성되는지와 같은 설계 요구 사항을 명시하는 사양. 성능 및 세부 요구 사항을 모두 포함하는 사양 역시 세부 사양으로 간주된다.

2) 신뢰성 관련 표준[109)

분류	규격 명	제목
[up to 199]	MIL-HDBK-108	Sampling Procedures and Tables for Life and Reliability Testing (Based on Exponential Distribution)
	MIL-HDBK-189C	Reliability Growth Management
[200-299]	MIL-HDBK-217F	Reliability Prediction of Electronic Equipment - Notice F
	MIL-HDBK-251	Reliability/Design Thermal Applications
[300-399]	MIL-HDBK-338B	Electronic Reliability Design Handbook - Revision B
	MIL-HDBK-344A	Environmental Stress Screening (ESS) of Electronic Equipment - Revision A
[400-499]	MIL-HDBK-470A	Designing and Developing Maintainable Products and Systems - Revision A
	MIL-STD-471A	Maintainability Verification/ Demonstration/ Evaluation - Revision A
	MIL-HDBK-472	Maintainability Prediction
[600-699]	MIL-STD-690D	Failure Rate Sampling Plans and Procedures - Revision D
[700-799]	MIL-STD-721C	Definition of Terms for Reliability and Maintainability - Revision C
	MIL-STD-750E	Test Methods for Semiconductor Devices - Revision E
	MIL-STD-756B	Reliability Modeling and Prediction - Revision B
	MIL-HDBK-781A	Handbook for Reliability Test Methods, Plans, and Environments for Engineering, Development, Qualification, and Production - Revision A
	MIL-STD-781D	Reliability Testing for Engineering Development, Qualification and Production - Revision D

---

109) http://www.weibull.com/knowledge/milhdbk.htm#100

분류	규격 명	제목
[700-799]	MIL-STD-785B	Reliability Program for Systems and Equipment Development and Production - Revision B
	MIL-STD-790F	Established Reliability and High Reliability Qualified Products List (QPL) Systems For Electrical, Electronic, and Fiber Optic Parts Specifications - Revision F
[800-899]	MIL-STD-882C	System Safety Program Requirements
	MIL-STD-882D	System Safety
	MIL-STD-882E	System Safety
	MIL-STD-883J	Test Method Standard Micro-circuits
[1000-1999]	MIL-STD-1543B	Reliability Program Requirements for Space and Launch Vehicles - Revision B
	MIL-STD-1629A	Procedures for Performing a Failure Mode Effects and Criticality Analysis - Revision A
[2000-2999]	MIL-STD-2073	Standard Practice for Military Packaging - Revision E Change 1
	MIL-STD-2074	Failure Classification for Reliability Testing
	MIL-STD-2155	Failure Reporting, Analysis and Corrective Action Systems
	MIL-STD-2164	Environmental Stress Screening Process for Electronic Equipment
	MIL-HDBK-2164A	Environmental Stress Screening Process for Electronic Equipment - Revision A
	MIL-STD-2173	Reliability Centered Maintenance Requirements for Naval Aircraft, Weapons Systems and Support Equipment
[3000+]	MIL-STD-3034	Reliability-Centered Maintenance (RCM) Process
	MIL-P-24534A	Planned Maintenance System: Development of Maintenance Requirement Cards, Maintenance Index Pages, and Associated Documentation
	MIL-PRF-19500P with Amendment 2	Performance Specification: Semiconductor Devices, General Specification For

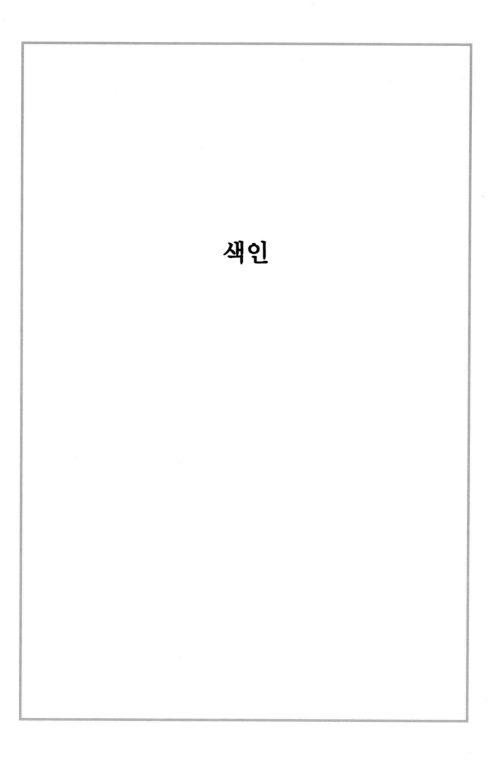

색인

송인식

(현) PS-Lab 컨설팅 대표

한양대학교 물리학과 졸업
삼성 SDI 디스플레이연구소 선임연구원
한국 능률협회 컨설팅 6시그마 전문위원
네모 시그마 그룹 수석 컨설턴트
삼정 KPMG 전략컨설팅 그룹 상무

인터넷 강의: http://www.youtube.com/c/송인식PSLab
이메일: labper1@ps-lab.co.kr

※ 도서 내 데이터 및 템플릿은 PS-Lab(www.ps-lab.co.kr)에서 무료로 받아보실 수 있습니다.

Be the Solver
신뢰성 분석

초판인쇄 2018년 9월 20일
초판발행 2018년 9월 20일

지은이 송인식
펴낸이 채종준
펴낸곳 한국학술정보㈜
주소 경기도 파주시 회동길 230(문발동)
전화 031) 908-3181(대표)
팩스 031) 908-3189
홈페이지 http://ebook.kstudy.com
전자우편 출판사업부 publish@kstudy.com
등록 제일산-115호(2000. 6. 19)

ISBN 978-89-268-8526-0 94320